ARNOLD ANGENENDT

LITURGIK UND HISTORIK

QUAESTIONES DISPUTATAE

Begründet von
KARL RAHNER UND HEINRICH SCHLIER

Herausgegeben von
PETER HÜNERMANN UND THOMAS SÖDING

189

ARNOLD ANGENENDT
LITURGIK UND HISTORIK

ARNOLD ANGENENDT

LITURGIK UND HISTORIK

GAB ES EINE ORGANISCHE LITURGIE-ENTWICKLUNG?

HERDER
FREIBURG · BASEL · WIEN

Die deutsche Bibliothek – CIP-Einheitsaufnahme
Angenendt, Arnold:
Liturgik und Historik. Gab es eine organische Liturgie-Entwicklung? / Arnold Angenendt. –
Freiburg im Breisgau ; Basel ; Wien : Herder, 2001
(Quaestiones disputatae ; 189)
ISBN 3-451-02189-7

Satz: Barbara Herrmann, Freiburg
Druck und Bindung: fgb · freiburger graphische betriebe 2001
www.fgb.de
Gedruckt auf umweltfreundlichem, chlorfrei gebleichtem Papier
ISBN 3-451-02189-7

Inhalt

Vorwort ... 9

Einleitung: Die Fragestellung ... 11

Teil I: Die Geschichte eines Problems

1. Die Liturgiewissenschaft ... 17
2. Die Benediktinische Liturgie-Spiritualität ... 24
3. Der Aufbruch um 1900 ... 28
   a) Kultur- und Religionsgeschichte ... 29
   b) Kult und Mystik ... 32
   c) Historie und Liturgie ... 33
4. Die Rolle von Religion und Kult in der Theologie ... 38
   a) Evangelischerseits: von der Religionsvergleichung zur Dialektischen Theologie ... 38
   b) Katholischerseits: vom Modernismus zur neuen Objektivität ... 41
   c) Das ‚Objektive' an der katholischen Liturgie ... 49
5. Der Rückgriff auf die Geschichte ... 54
   a) Der Anfang in der Alten Kirche ... 55
   b) Das ‚objektive' Mittelalter und sein ‚subjektivistischer' Zerfall ... 56
   c) Die ‚romanische' Ordnung und die ‚gotische' Auflösung ... 60
   d) Christozentrische Kirchenkunst ... 66
   e) Mystik und das Subjektive ... 67

6. Die Liturgische Bewegung 70
7. Zwischen ‚Deutschheit' und ‚Südländischem' 76
8. Liturgie und Politik 83
9. Geschichtswissenschaft seit 1945 88
a) Revision des deutschen Geschichtsbildes? 88
b) Positionen der Kirchenhistoriker und Liturgiker . . 91
c) Jungmanns These vom Umbruch im Frühmittelalter 95
10. Das derzeitige Interesse an Kulturanthropologie und Ritualität 98
a) Profangeschichte 98
b) Anthropologische Wende in der Theologie 104
c) Guardini-Renaissance 105
11. Zwischenbilanz 106

Teil II: Ritus und Liturgie in historischer Perspektive

1. Eine genetische Kultur- und Liturgiegeschichte 107
a) Das Beispiel der Pollutio 107
b) ‚Archaisch' und ‚subjektiv' 110
c) Mythos, Ritus und Ratio 115
2. Der christliche Grundansatz 118
a) Objektives Sakrament und subjektive Annahme . . 118
b) Wort und Buch 120
c) Bild und Kunst 124
3. Objektive Ritualität als Selbstwirksamkeit 131
a) Zwangstaufen 131
b) Die vielen Messen 134
4. Außen und Innen 137
a) Widerstreit von Ritualität und Intentionalität 137
b) Liturgie-Allegorese 139
c) Heilsgeschichtliche Wiederholung 140
5. Scholastik und Liturgie 142

6. Spätmittelalterliche Frömmigkeit 149
a) Neue Bewertung des Spätmittelalters 149
b) Verinnerlichung und Meßandacht 151
c) Messe als Passionsfrömmigkeit 156
d) Spiritualisierung versus Materialisierung 159
e) Mystik und visionäre Liturgie 160
f) Liturgie und Bild 165

7. Mittelalterliche Liturgie als Forschungsaufgabe 168

8. Die katholische Reform und die protestantische Verflüchtigung 171
a) Tridentinische Reform 171
b) Reformatorische Liturgien 174

9. Die größte Liturgiereform: das Zweite Vatikanische Konzil 176
a) Im Vorfeld 176
b) Liturgie-Konstitution 179
c) Für und Wider 180
d) Religionssoziologische und -psychologische Aspekte 186
e) Religionsgeschichtliche Befunde 190

10. Am Ende: Was ist organische Liturgieentwicklung? . . 196
a) Argumente der Diskussion 196
b) Die christliche Synthese von ‚Außen‘ und ‚Innen‘ . 198
c) Rückwärtsblickende Integration 200
d) Epochenhaftigkeit 201
e) Offene Zukunft 202

Quellenverzeichnis 205

Literaturverzeichnis 209

Personenregister 247

Vorwort

Allenthalben meldet sich ein neues Interesse an Kult, Ritus und Zeremoniell, sowohl im öffentlichen Diskurs wie in den Wissenschaften, so in Historie, Soziologie und Kulturanthropologie. Die in der Christentumsgeschichte größte Liturgiereform, die des Zweiten Vatikanischen Konzils, läßt weiterhin die Emotionen wie die Argumente hochgehen. Eine „Reform der Reform" wird gefordert, gemeint sowohl als Weitertreiben wie auch als Rückstufung. Zur Lösung wird eine „organische Liturgieentwicklung" empfohlen. Wie aber ist eine solche zu denken und zu praktizieren?

Die vorliegende Quaestio geht auf Vorüberlegungen zum Forschungsprojekt ‚Spätmittelalterliche Liturgie' zurück, das der Verfasser im Münsterschen Sonderforschungsbereich 496 ‚Symbolische Kommunikation und gesellschaftliche Wertesysteme' zu bearbeiten übernommen hat. Ausgangspunkt ist das in den gängigen Handbüchern vorfindliche Urteil, die spätmittelalterliche Liturgie sei nurmehr Verfall, was sich bei näherem Zusehen als ‚ideologisches' Beurteilungsschema erweist: Das erste christliche Jahrtausend sei ein Zeitalter der ‚Objektivität' und gerade dadurch auch der ‚wahren' Liturgie gewesen, demgegenüber spätestens mit der Gotik eine subjektivistischer Auflösung eingesetzt habe. Dieses Deutungsschema war in den Zwanziger Jahren sowohl in der Allgemeingeschichte – man denke nur an J. Huizingas Bestseller ›Herbst des Mittelalters‹ – wie auch in der Kunst-, Literatur-, Politik- und eben auch in der Liturgiegeschichte üblich. Während aber heute die Geschichtsforschung auf breiter Front eine neue und gutenteils positive Bewertung des Spätmittelalters vornimmt, gilt die Liturgie weiterhin als Verfall. Dies ist zu hinterfragen. Dabei ergeben sich auch Einsichten in das liturgiewissenschaftliche Selbstverständnis, sogar auch in die Liturgiereform des Zweiten Vatikanischen Konzils. Stand diese unter der Deutung des ‚Objektiven'? War sie eine Repristination? Und wichtiger noch: Inwiefern galt und gilt das Subjektive? Was bedeutet die derzeitige Guardini-Renaissance? Im Lichte eines kritischen Rückblicks auf jene Prämissen, unter denen Liturgieforschung im 20. Jahrhundert gestanden hat, versucht die vorliegende ›Quaestio‹ eine Neubewertung.

Der Verfasser dankt seinen Mitarbeitern, namentlich Dirk Hübers-van de Loo für die Bearbeitung und Kontrolle hauptsächlich des Literaturapparates. Dank gebührt sodann allen, die das Manuskript gelesen und gefördert haben, so den Kollegen Hans-Jakob Becker, Wilhelm Damberg, Wilhelm Geerlings, Angelus Häußling, Thomas Lentes, Hubertus Lutterbach und Klemens Richter. Ganz ungewöhnlich waren Offenheit und Engagement der nordwestdeutschen Liturgie-Konferenz, deren Teilnehmer unter Leitung von Kollegen Albert Gehrhards in Bonn einen Tag lang mit dem Autor diskutierten.

Gewidmet sei die ›Quaestio‹ zwei langverbundenen Weggefährten: Leo Langemeyer und Karl-Josef Repges.

Münster, den 22. Februar 2001 *Arnold Angenendt*

Einleitung:
Die Fragestellung

Der erst seit dem 16. Jahrhundert übliche Begriff Liturgie „bezeichnet die Gesamtheit der gottesdienstlichen Handlungen der christlichen Kirche“[1], und die Liturgiewissenschaft will „das systematische Fragen nach dem Wesen des Gottesdienstes begründen, die historischen und dogmengeschichtlichen Ausformungen seiner Gestalt verstehen, die seelsorgerliche Bedeutung erheben und die sach- wie gemeindegerechte Aktualisierung gestalten“[2]. Was das Verhältnis der Liturgiewissenschaft zur Geschichtswissenschaft angeht, haben beide im 19. Jahrhundert eigentlich kontaktlos nebeneinander gestanden. Erst um die Jahrhundertwende öffnete sich in Deutschland zunächst die Altertumswissenschaft der Religionsgeschichte und damit der Frage nach Kult und Liturgie. In der Zwischenkriegszeit begann sich auch die Mediävistik mit Liturgie zu befassen. Neuerdings zeigt sich sogar ein breites Interesse für Ritual, Symbol und Kommunikation. Wie stark etwa die Mediävistik, die früher vornehmlich auf ‚staatsjuristische' Betrachtung fixiert war, heute mit Zeremoniell und Ritual befaßt ist, sei an einem Zitat aus Gerd Althoffs Buch ›Otto III.‹ verdeutlicht:

„Ein wenig zugespitzt kann man sagen: Die Machtausübung des mittelalterlichen Königs bestand offensichtlich ganz wesentlich aus Akten der Repräsentation. Denn solche Akte waren zweifelsohne keine ‚leeren' Schauspiele, sie zeigten vielmehr das Verständnis des Herrschers und seiner Umgebung von seinen Aufgaben, Rechten und Pflichten, von seiner *dignitas* und seinem *honor*, und sie zeigten auch, welche Rollen andere – etwa geistliche und weltliche Große – in diesem Herrschaftssystem spielten. So hatten Akte der Repräsentation die stabilisierende Funktion der Selbstvergewisserung nach innen und der Zurschaustellung des Verbandes nach außen. Es waren spezifische Akte der Machtausübung, denen sich niemand entziehen konnte, der Einfluß behalten und dazugehören wollte. Die Wirkkraft dergestalt symbolischen Handelns scheint so stark gewesen

---

[1] *Häussling*, Liturgie I, S. 2026; *Ders.*, Liturgie.

[2] *Schmidt-Lauber*, Liturgiewissenschaft, S. 384.

zu sein, daß sie andere Akte der Machtausübung weitgehend überflüssig machte, so fremdartig uns dies anmuten mag“[3].

Gegen die lange übliche Entwertung repräsentativer Herrschaftsakte erweist sich, wie Karl Leyser (†1992) für die Ottonen betont, das „Ritual ... [als] der Brennpunkt der Wahrnehmung, [es] ermöglichte ein Eingehen auf Situationen, die man sonst hätte weder aktivieren noch bewältigen können; es war oftmals das einzige zur Verfügung stehende Ausdrucksmittel“[4]. Tatsächlich kann man das Mittelalter eine „Zeit der Gesten“[5] nennen. Frantisek Graus (†1989) ist zuzustimmen, daß die offiziellen Liturgieformen nicht ausgereicht hätten und darum vielerlei Versuche festzustellen seien, „außerhalb der offiziellen Liturgie zusätzliche Formen und eigene Wege zu suchen“[6]. Insbesondere waren für die weithin agrarische Lebenswelt Fruchtbarkeitsriten zu schaffen[7] und für die Feudalgesellschaft Rituale des Kampfes wie des Friedens, ebenso der Rangordnung wie der Bestrafung[8]. Vielfach vermischten sich solche Rituale – so wenig sie uns heute als liturgisch erscheinen – mit christlich-kirchlichen Elementen: Büßerhemd und Barfüßigkeit, Friedenskuß und Segensgestus, Reliquien-Schwur und Gottesurteil. Bis in die Literaturwissenschaft ist inzwischen die Diskussion vorgedrungen: „Literatur weist in ihrer Produktion und Rezeption, ihrer ästhetischen Form, ihrer Struktur, ihrem Inhalt und ihrer thematischen Bezugnahme, ihrer sozialen Einbindung, ihrer sozialen Inszenierung und ihrer sozialen Organisation Bezüge zum Ritual auf. Sie kann selbst als Ritual inszeniert und praktiziert werden. Form ist beim Ritual wie beim Kunstwerk Bewältigung“[9].

Um so dringender gebietet sich ein Blick auch auf die Liturgiegeschichte. Ihre Erforschung ist fast ganz auf die binnenkirchliche Liturgie beschränkt geblieben. Die altkirchliche Liturgie diente dabei als Leitbild, und alles Spätere wurde und wird zumeist als Wucherung, Entstellung und Mißbrauch abgetan. Theodor Klauser (†1988) nennt in seiner ›Kleinen Abendländischen Liturgiegeschichte‹ speziell das Hoch- und Spätmittelalter eine „Ära der Wucherungen, Um- und Mißdeutungen“[10]. Noch jüngst beklagte der

---

[3] *Althoff*, Otto, S. 30f.

[4] *Leyser*, Ritual, S. 25.

[5] *Schmitt*, Logik.

[6] *Graus*, Pest, S. 141.

[7] *Franz*, Benediktionen.

[8] *Althoff*, Amicitiae.

[9] *Braungart*, Ritual, S. 17.

[10] *Klauser*, Liturgiegeschichte, S.8.

Straßburger Liturgie-Historiker Marcel Metzger: „Wegen der Zentralisierung, des Traditionalismus und der Homogenisierung der Riten ist die Periode, die sich vom 12. Jahrhundert bis zum II. Vatikanischen Konzil erstreckt, für die Geschichte der wesentlichen liturgischen Einrichtungen nur von begrenztem Interesse“[11]. Daß solche Negativurteile gerade auch die Liturgie des Spätmittelalters betreffen, hat seine Gründe in einer besonderen Geschichtsauffassung des 19. und 20. Jahrhunderts, derzufolge seit dem Hochmittelalter ein politischer und geistiger Zerfall eingetreten war, ein sogar siebenhundertjähriger Zersetzungsprozeß; in der Liturgie zeige nur das erste Jahrtausend den wahren objektiven Charakter des Christentums, wohin es zurückzufinden gelte.

In der Liturgiewissenschaft wird derzeit die Bewertung des Historischen unterschiedlich angesetzt. Während in der deutschen Fachdiskussion „bis zum Zweiten Vatikanum die Liturgiegeschichte weitgehend als Geschichte einer ‚gewordenen Liturgie‘ betrieben“ wurde, „konzentriert sich der Blick ... [nun] auf Wendepunkte und Reformen, die als Paradigmen heutiger Inkulturation verstanden werden können“; folglich sei das Forschungsspektrum zu erweitern um „all jene Wissenschaftsbereiche und Methoden, die unter dem Sammelbegriff ‚Kulturwissenschaften‘ subsumiert werden“[12]. Demgegenüber möchte der Nordamerikaner Robert F. Taft an der Priorität von Geschichte festhalten: „Geschichte ist notwendig für die Ausbildung eines ‚beweglichen Standpunkts‘, eines Sinns für die Relativität, dafür, die Gegenwart als immer in dynamischer Spannung zwischen Vergangenheit und Zukunft, nicht als ein statisches ‚Gegebenes‘ zu begreifen“. Gerade in solcher historischen Aufarbeitung sieht Taft die fruchtbarste Quelle aller Erneuerungen: „Andere Disziplinen wie Soziologie und Kulturanthroplogie, Pastoraltheologie und Spiritualität haben natürlich auch ihren Teil dazu beigetragen. Aber sie haben auf der geduldigen Aufdeckung aller denkbaren in der Tradition angelegten Möglichkeiten aufgebaut“[13].

Schaut man indes auf den tatsächlichen Austausch der Liturgiewissenschaft und der Geschichtswissenschaft bleibt das Resultat für beide Seiten mager. Einführungsbücher in die historischen Fachdisziplinen erwähnen die Liturgie allenfalls nebenbei, geben keine eigentliche Erläuterung. Heinz Quirins ›Einführung in das Studium mittelalterlicher Geschichte‹ erübrigt zwar einige Seiten

---

[11] *Metzger*, Histoire, S.188; dt. *Ders,* Geschichte, S. 127f.

[12] *Gerhards – Osterholt-Kootz*, Kommentar, S. 132.

[13] *Taft,* Liturgiewissenschaft, S. 247f.

für die Kirchengeschichte, verweist dort auf Quellen, Urkunden und Akten speziell deutscher Provenieur, macht aber bei der Liturgie nur die gängigsten Angaben[14]. In Goetz' ›Moderne[r] Mediävistik‹ hat es nicht einmal für ein Stichwort im Register gereicht[15]. Im Grunde ist der Komplex Liturgie für Mediävisten absent.

Man (ver-)zweifelt an einem ganzen Buch, wenn darin über „den zweiten Teil" des mittelalterlichen Meßverlaufs zu lesen steht: Credo, Opferung von Brot und Wein, Händewaschung des Priesters vor Berührung der zu konsekrierenden Elemente, Präfations-Danksagung, dreimal Heilig und Gebet für die Lebenden, das Wunder der Transsubstantiation, Gebet für die Toten und Herrengebet, nach dem ‚Lamm Gottes' Empfang der Hostie, nach diesem unvergleichlichen Höhepunkt Reinigung der heiligen Gefäße durch den Priester, Einfüllung der nicht verwendeten Hostien in eine Pyxis, dann das Gebet des Herrn und das ‚Sanctus', Friedensgebot mit dem Kuß der Pax-Tafel, zum Schluß das ‚Ite missa est'[16].

Möglicherweise ist der Grund für die Fremdheit in dem primär kirchlichen und deswegen als ‚weltanschaulich' empfundenen Charakter der Liturgie zu suchen. Umgekehrt zeigt aber auch die Liturgiewissenschaft kein allzu reges Interesse an der Allgemeinhistorie, selbst bei einschlägigen Themen. Das von Gerd Tellenbach (†1999) initiierte und von seinen Schülern Karl Schmid (†1993), Joachim Wollasch und Otto G. Oexle entfaltete Projekt der mittelalterlichen Toten-Memoria[17] – ein ambitioniertes Unternehmen deutscher Mittelalter-Forschung – hat im ›Archiv für Liturgiewissenschaft‹ kaum Resonanz gefunden[18], wenig auch in dem neuen ›Handbuch der Liturgiewissenschaft‹, etwa im Band der ‚Eucharistie'[19].

Im Rückblick auf die letzten hundert Jahre ergeben sich gleichwohl einige klare Wendepunkte und auch verbindende Stränge. Es zeigt sich, daß die heutige Hinwendung der Historie zu Ritualität zwar neuartig, aber keineswegs präzedenzlos ist; man braucht ja nur an Namen wie Percy E. Schramm (†1970) und Ernst Kantorowicz (†1963) zu erinnern. Schon um die Wende zum 20. Jahrhundert meldete sich ein Interesse an Kultur- und Religionsgeschichte, was Auswirkungen sowohl für Geschichts- wie für Liturgiefor-

[14] *Quirin,* Einführung, S. 33, S. 120–126, S. 348–353.
[15] *Goetz,* Mediävistik.
[16] *Karant-Nunn*, Reformation, S. 112–114.
[17] *Schmid – Wollasch*, Memoria.
[18] Einzig in Literaturberichten, die Dr. *Mechthild Sandmann*, selbst Mitarbeiterin des Memoria-Projektes, verfaßt hat, sind gelegentlich die Namen O.G. Oexle, K. Schmid und J. Wollasch angeführt: *Sandmann*, Literaturbericht (1983), S. 364, S. 368f; *dies.*, Literaturbericht (1987), S. 303.
[19] *Kaczynski*, Begräbnisliturgie, S. 191–232; *Meyer*, Eucharistie.

schung hatte. In und nach dem Ersten Weltkrieg erfolgte eine weitere Wende, die als „antihistorische Revolution" bezeichnet worden ist[20] und die in der Theologie Karl Barths (†1968) ihre Kulmination erfuhr. Dies weckte ein spezielles Interesse am ‚Objektiven', nicht zuletzt in der Liturgie. Innerkirchlich entstanden die Liturgischen Bewegungen. Auf dem Feld der Historie wie auch der Politologie evozierte zudem der Kriegsumbruch neue Forschungen über Staatszeremoniell und Staatssymbolik; diese betrafen das Mittelalter und fast mehr noch die Antike und Byzanz. Der Kontakt zur Liturgieforschung war hierbei unvermeidlich; man denke etwa an Kantorowiczs ›Laudes regiae‹ über die Königsakklamation[21], die ohne liturgiehistorische Forschungen nicht möglich gewesen wären. Wichtige Vorarbeiten hatte schon der Benediktinerorden geleistet, der sich bei seiner Wiederbelebung im 19. Jahrhundert weitgehend der Liturgie verschrieb und damit für die Forschung wegbereitend wirkte. In Deutschland stehen dafür die Abteien Beuron und Maria Laach.

So ergibt sich ein ganzes Bündel an Beobachtungen und Fragen, in die nicht zuletzt auch die größte liturgische Veränderung der ganzen Christentumsgeschichte hineingehört: die Liturgie-Reform des Zweiten Vatikanischen Konzils, die eigentlich nur den Katholizismus betraf, aber inzwischen auch die anderen Konfessionen tangierte und dort eigene Reformen hervorrief.

---

20 *Graf*, Revolution.

21 *Kantorowicz*, Laudes Regiae.

Teil I:
Die Geschichte eines Problems

1. Die Liturgiewissenschaft

Das für die Liturgieforschung produktivste Land ist zweifellos Frankreich gewesen. Zu nennen sind schon die Mauriner, die nicht nur eine Urkundenlehre und Paläographie erarbeiteten, sondern auch die gallikanische Liturgie neu entdeckten[1]. Im 19. Jahrhundert hat die 1832 wiederbegründete Benediktiner-Abtei Solesmes (Dep. Sarthe) eine besondere Bedeutung erlangt. Ihr erster Abt, Prosper Guéranger (†1875)[2], favorisierte die alte römische Liturgie als eigentlichen Ausdruck christlichen Glaubens und suchte die Reste der (neu-)gallikanischen auszumerzen; seine weithin einflussreichen Publikationen litten indes „unter dem Mangel wissenschaftlicher Strenge in den Grundlagen“[3]. Das umfangreichste von Solesmes aus initiierte Forschungswerk ist das ›Dictionnaire d(archéologie chrétienne et de liturgie‹, herausgegeben und zumeist auch erarbeitet von den beiden Mönchen Fernand Cabrol (†1937)[4] und Henri Leclercq (†1945)[5], die nach der französischen Trennung von Kirche und Staat im englischen Farnborough lebten. Für die Gegenwart ist noch die von dem Benediktiner Jean Deshusses (†1997) vorgelegte Edition des ›Sacramentarium Gregorianum‹ anzuführen[6]. Neben dieser benediktinischen Forschungstradition stehen aus den letzten hundert Jahren noch die „bahnbrechenden“ Arbeiten des Abbé Louis Duchesne (†1922)[7], die breite Handschriften-Erfassung der wichtigsten liturgischen Buchgenera durch Victor-Martial Leroquais (†1946)[8], die Edition

---

[1] *Häussling,* Gallikanismus.
[2] *Neunheuser,* Guéranger.
[3] *Aubert,* Revolution, S. 471.
[4] *Vogel,* Cabrol, S. 869f.
[5] *Klauser,* Leclercq.
[6] *de Lacheisserie,* Deshusses.
[7] *Saxer,* Duchesne; *Gy*, Origines.
[8] *Fischer,* Leroquais.

der ›Ordines Romani‹ durch den Straßburger Liturgiker Michel Andrieu (†1956)[9], die Sakramentar-Studien von Antoine Chavasse[10], nicht zuletzt die Quellenübersicht von Cyrille Vogel (†1982)[11].

Nach Deutschland übertrug den benediktinischen Impuls schon im 18. Jahrhundert der Sanktblasianer Fürstabt Martin Gerbert (†1793)[12]. Bei der 1777 in Österreich durchgeführten Studienreform etablierte sich die Liturgik erstmals an den Universitäten, freilich nur als Teildisziplin der ‚Pastoral', zusammen mit Katechetik und Homiletik, die allesamt der Tugendweckung und Gottseligkeit dienen sollten; dafür waren anstößige und dem Vernünftigen widersprechende Zeremonien abzutun und die belehrenden Elemente bei Einführung der Volkssprachen zu verstärken[13]. Unter dem Einfluß der Romantik erschien indes das pure Element der Belehrung und des Tugenderwerbs als Verflachung. Erste religionswissenschaftliche Erkenntnisse rückten das Phänomen ‚Kult' ins Bewußtsein, ein Begriff, der sogar Liturgik ersetzen konnte. Während das erste katholische Lehrbuch von Franz X. Schmid (†1871) mit seinen drei Bänden von fast 2000 Seiten in der Erstauflage von 1832/33 noch ›Liturgik der christlichen Religion‹ hieß, betitelte sich die umgearbeitete Drittauflage von 1840/41 als ›Kult der christkatholischen Religion‹[14]. Offenkundig ist die Absetzungsbewegung von der Aufklärung, und durchgängig wird eine Bewunderung für altüberlieferte Formen spürbar; dennoch wollte der Autor auf Reformen nicht verzichten, etwa zugunsten einer größeren Volkssprachlichkeit zur andächtigeren Mitbeteiligung. Das umfänglichste und auch heute noch in der Materialerfassung zu bewundernde Werk verfaßte Valentin Thalhofer (†1891). In der theologischen Deutung steht der gottmenschliche Mittler bzw. „Centralmensch" Jesus Christus im Mittelpunkt, dessen Heilshandeln in der Kirche von den bestellten Liturgen nach autoritativ festgestellten Normen fortgesetzt werde[15], wobei die Priester „primäres Subjekt" der Meßfeier und die Gläubigen „sekundäres" sind, was alles heute leicht den Eindruck erweckt, Worte und Riten seien einzig „Material des korrekten Opfervoll-

[9] *Ders.*, Andrieu.
[10] *Klöckener,* Sakramentarstudien.
[11] *Vogel*, Liturgy.
[12] *Heinz,* Gerbert.
[13] *Kohlschein*, Geschichte, S. 9–15.
[14] *Wünsche*, Schmid.
[15] *Thalhofer*, Handbuch, S. 148–330.

zugs"[16]. Auch richten sich einzelne Wertungen gegen die Aufklärung mit ihrem „beklagenswerten Verfall"[17]. Doch kennt Thalhofer auch größte religions- und kulturgeschichtliche Zusammenhänge, spricht von einer durch Jesus Christus gestifteten „Urliturgie" und deren „objektivem" Charakter, betont aber ebenso die „subjektive Aneignung". Mit Recht ist „Thalhofer als bedeutendster Liturgiewissenschaftler des deutschen Sprachraums zu bezeichnen"[18].

Interessant ist seine Stellungnahme zur Volkssprachlichkeit. Zwar sei die Volkssprache wegen erweislichen Nutzens gegenüber dem toten Latein zu bevorzugen, tatsächlich aber lasse sich aufzeigen, daß „durch die Einführung der Volkssprachen in die katholische Liturgie ... die Frömmigkeit und Erbauung des Volkes ... geschädigt" würden, weil dann der Gottesdienst „bald das Gepräge einer Predigt" annehme[19]; die lateinische Sprache bilde ein „heiliges Gewand" und „einen bergenden Schleier", der zum Beispiel die Nachlässigkeit leichtfertiger Liturgen verdecke[20].

Die weitere Bearbeitung oblag Ludwig Eisenhofer (†1941), der für das Mittelalter nur sporadisch Wertungen vornimmt, daß etwa die allegorisch-mystische Deutung des Spätmittelalters „vielfach einen Zart- und Tiefsinn entwickelt" habe, hingegen Alberts des Großen Meßerklärung „allegorische Spielereien" bloßlege, daß insgesamt „Mängel in historisch-kritischer Beziehung" festzustellen seien[21]. Weiter ist Adolph Franz (†1916) anzuführen, dessen noch heute unentbehrlichen Werke, die ›Benediktionen des Mittelalters‹ wie ebenso die ›Messe im Mittelalter‹[22], ein bislang nicht ausgeschöpftes historisches Material enthalten, das freilich, obwohl an sich richtungslos, auch als Beweis für die Exuberanz der (spät-)mittelalterlichen Liturgie erscheinen mochte. Endlich ist der heute zu Unrecht vergessene Elsässer Nikolaus Paulus (†1930) anzuführen, der zunächst der ‚Verpreußung' entgegenwirken wollte, als Autodidakt dann das spätmittelalterliche Kirchenleben anging und dafür ein umfangreiches Quellenmaterial aufarbeitete; der neuscholastische Denkrahmen ist spürbar, aber nicht einfach konfessionelle Apologie, konnte er doch erheblich zum Abbau katholischer Vorurteile, etwa gegen die Person Luthers,

[16] *Birnbaum*, Kultusproblem, S. 25.
[17] *Thalhofer*, Handbuch, S. 108.
[18] *Malcherek*, Liturgiewissenschaft, S. 86–88, Zitat S. 176.
[19] *Thalhofer*, Handbuch, S. 420.
[20] Ebd., S. 413–416.
[21] *Thalhofer – Eisenhofer*, Handbuch, S.103–136, Zitate S. 122, S. 128f.
[22] *Maas-Ewerd*, Franz.

beitragen. Sein jetzt wieder im Nachdruck vorgelegtes dreibändiges Hauptwerk über den Ablaß wurde evangelischerseits als Beendigung diesbezüglicher Kontroversen und von Profanhistorikern, etwa von Wilhelm Levison, wegen seiner Objektivität gewürdigt[23].

Neben dem Universitätsfach Liturgik ist sodann die von Benediktinern und Jesuiten geleistete Forschung anzuführen. Besonders trat die 1863 (wieder-)begründete und von Solesmes inspirierte Benediktiner-Abtei Beuron hervor[24]. Hier betrieb Pater Alban Dold (†1982) ein Institut zur Erforschung von Palimpsesten, dem wir den Wiedergewinn vieler altchristlicher wie auch liturgischer Texte verdanken[25]; bis heute widmet sich die Abtei der altlateinischen Bibel-Übersetzung, der ›Vetus latina‹[26]. Weiter zeichnete sich das 1892 von Beuron aus neugegründete Maria Laach aus[27]. Daß der Solesmenser Fernand Cabrol, schon erwähnt als Mitinitiator des ›Dictionnaire d'archéologie chretiénne et de liturgie‹, in seiner 1907 publizierten ›Introduction aux études liturgiques‹ bei der Vorstellung der deutschen Arbeiten sein Erstaunen darüber ausdrückte, im Land der historischen Forschung nicht entsprechende Leistungen in der Liturgie vorzufinden[28], weckte deutsche Empfindlichkeiten. Die ausführlichste Antwort gab sein Laacher Ordensbruder Kunibert Mohlberg (†1963), der 1919 ein ausgedehntes Programm vorlegte: „Das höchste und letzte Ziel aller liturgiegeschichtlichen Forschung ist eine zusammenfassende, den Entwicklungsgang der christlichen Liturgie durch alle Jahrhunderte hindurch darlegende Geschichte"[29]. Aus dem Laacher Konvent sind mit wissenschaftlichen Leistungen hervorgetreten: Odo Casel (†1948) als Begründer der „Mysterientheologie" und als Herausgeber des ›Jahrbuchs für Liturgiewissenschaft‹[30] – des bis heute weiter in Laach redigierten ›Archivs für Liturgiewissenschaft‹ –, ferner Leo Kunibert Mohlberg[31] sowie Odilo Heiming (†1988) als Editoren wichtiger nicht-gregorianischer und ambrosianischer Sakramentare[32]. Endlich ist noch die römische Benediktiner-Hochschule

23 *Pfleger*, Gelehrtenleben; *ders.*, Paulus; *Lentes*, Einleitung, S. VII-XXIV.
24 *Petzolt*, Beuron, S. 133–489.
25 Art. Dold.
26 Siehe die seit 1951/52 erschienenen Jahresbände der Vetus Latina, zuletzt: Vetus Latina, 41. Arbeitsbericht.
27 *Häussling*, Erneuerung.
28 *Cabrol*, Introduction, S.115–123.
29 *Mohlberg*, Ziele, S. 36; *ders.*, Aufgabe.
30 *Schilson*, Theologie.
31 *Von Severus*, Mohlberg; *Neunheuser*, Mohlberg.
32 *Klöckener*, Sakramentar.

Sant Anselmo anzuführen, wo nach dem Zweiten Vatikanischen Konzil eine internationale Forschungsarbeit in Gang kam[33].

Unverzichtbar ist bis heute das Oeuvre einer Reihe von Jesuiten. Stephan Beißel (†1915)[34] und Joseph Braun (†1947)[35] haben unerschöpfliche Kompendien zur Sakralkunst geschaffen. Das gilt ebenso für die 55 Bände mittelalterlicher Hymnen, die Guido M. Dreves (†1905)[36] und sein Ordensbruder Clemens Blume (†1932)[37] in unermüdlicher Sammel- und Sichtungsarbeit gefüllt haben; beide Autoren sind dadurch zu Mitbegründern der Hymnologie geworden[38]. Materialreich sind desgleichen die vielen und oft an entlegener Stelle publizierten Arbeiten von Peter Browe (†1949)[39], der sich theologisch von der Neuscholastik zu trennen begann, ohne aber für seine frömmigkeitsgeschichtlichen Beobachtungen eine Nähe etwa zur Religionsgeschichte zu suchen. Den zweifellos folgenreichsten Beitrag leistete Josef Andreas Jungmann (†1975)[40], der mit seinem Werk ›Missarum Sollemnia‹, einer „genetischen Erklärung der römischen Messe", einen argumentativen Druck bewirkte, der zur Liturgiereform des Zweiten Vatikanischen Konzils hinführte.

Endlich ist noch dreier Liturgiker Erwähnung zu tun, die derzeit in Deutschland als Begründer der heutigen Fachdisziplin angesprochen werden[41]. Zu ihnen zählt der schon erwähnte Odo Casel, der bei seinem Studium der Alten Geschichte in Bonn die antiken Mysterienkulte kennenlernte und von dorther Anregungen für seine „Mysterientheologie" erhielt[42]. Weiter ist Anton Baumstark (†1948) für die Erkenntnis „vom Werden der christlichen Liturgie" anzuführen; er entstammte einer nach 1870 unter Beuroner Einfluß konvertierten Konstanzer Familie, wurde dann im Laufe seines Philologiestudiums Orientalist und fand zuletzt zur vergleichenden Liturgie[43]. Der erfolgreichste Propagator eines neuen Liturgieverständnisses war zweifellos Romano Guardini (†1968), der, als Sohn italienischer Eltern in Mainz aufgewachsen,

[33] *Neunheuser,* Liturgiewissenschaft.
[34] *Stenzel*, Beissel.
[35] *Berger*, Braun.
[36] *Häussling,* Dreves.
[37] *Brunhölzl*, Blume.
[38] *Prassl*, Hymnologie.
[39] *Stenzel*, Browe.
[40] *Bitter,* Jungmann.
[41] *Winkler – Messner*, Überlegungen.
[42] Aufsatzsammlung, Casel.
[43] *West,* Liturgy.

sich in Bonn habilitierte und die prägende Gestalt sowohl der frühen katholischen Jugendbewegung wie auch der Liturgiebewegung wurde[44]. Anzuschließen ist noch ein Außenseiter: John Henning (†1986). Im protestantischen Leipzig großgeworden, erschloß er sich früh schon die ‚objektive' katholische Welt, konvertierte daraufhin, mußte 1939 wegen seiner jüdischen Frau fliehen, schlug sich in Irland als Deutschlehrer und zuletzt als Angestellter einer Torf-Firma durch, erübrigte dennoch Zeit und Energie für liturgische Studien, so daß er rückblickend neben sich keinen anderen Laien glaubte ausmachen zu können, „der sich schriftstellerisch länger und breiter … mit Liturgie befaßt hat"[45], bis hin zu Themen wie „Rosenkranz, Kreuzweg, Herz-Jesu- und Herz-Mariä-Verehrung, ferner Beichte und Ablaß"[46].

Ein Blick ist sodann auf die evangelische Forschung zu werfen, die allerdings zu beklagen hat, daß es „im deutschen Sprachraum … bis heute keinen Liturgiewissenschaftlichen Lehrstuhl und kein Liturgisches Institut" gibt[47]. In den fünfziger und sechziger Jahren erschien das große mehrbändige Handbuch ›Leiturgia‹[48]. Als herausragende Leistungen sind anzuzeigen: einmal generelle Forschungen zum Kirchenlied[49], dann als Einzelunternehmen etwa Hans Lietzmanns (†1942) Untersuchung ›Messe und Herrenmahl‹ und seine Edition des karolingischen ›Gregorianum‹[50].

Wie sehr Lietzmann mit seiner Forschung alleine stand, zeigt ein an ihn gerichteter Brief eines Berliner Studentenpfarrers, der nach dem Studium von ›Messe und Herrenmahl‹ schrieb: „Ich habe bei dieser Untersuchung es geradezu schmerzlich empfunden, daß ich fortwährend von Katholiken umgeben war. Du bist wirklich der einzige, der, soweit mir bekannt ist, hier ernsthaft mitredet. … Auf der katholischen Seite dann Namen wie Baumstark, Dölger, Rücker, überhaupt die Leute um den Verlag Aschendorff und schließlich ja auch Herder. Noch schlimmer ist das ja, wenn man zu den Sakramentarien und Missalen kommt. Hier geht unser Unbeteiligtsein ja soweit, daß Du z. B. in Brauns liturgischem Handwörterbuch ohne Sternchen aufgeführt bist, also als Katholik giltst!"[51].

Weiter hat England eine beachtliche Liturgieforschung aufzuweisen. Im Zuge der Oxford-Bewegung, die das Nicht-Protestantische

---

[44] *Gerl*, Guardini; *Schilson*, Perspektiven.
[45] *Henning,* Autobiographie, S. 180.
[46] Ebd., S. 190f.
[47] *Schmidt-Lauber,* Liturgiewissenschaft, S. 391f.
[48] *Müller – Blankenburg*, Leiturgia.
[49] *Jenny,* Kirchenlied.
[50] Sacramentarium Gregorianum; *Lietzmann*, Messe.
[51] *Aland*, Glanz, Nr. 833, S. 743.

im Anglikanismus herausstellte und die theologische Autorität der Kirche betonte, vollzog sich eine neue Liturgisierung: gotischer Stil, abgegrenzter Chorraum mit festem Altar, liturgische Gewandung, Knabenchöre in Chorhemden, zuletzt noch Gebrauch von Weihwasser und Weihrauch, was alles einen heftigen ‚Ritualismus-Streit' auslöste[52]. Die liturgische Forschung hatte dabei die erforderlichen Argumente und Materialien zu liefern. Die Quellen-Editionen finden sich in der Serie der ›Henry Bradshaw Society‹, benannt nach dem 1886 verstorbenen Cambridger Universitätsbibliothekar dieses Namens[53]. Bedeutende Forscher waren der Konvertit und ‚geistige' Benediktiner Edmund Bishop (†1917)[54], weiter der Benediktiner Aidan (Francis Neil) Gasquet (†1929)[55] und sein anglikanischer Ordensbruder Gregory (George) Dix (†1952)[56].

Bishop konvertierte mit 21 Jahren, arbeitete sich in die Forschungen der Mauriner und Bollandisten ein, begeisterte sich an deutscher (katholischer) Geschichtsforschung, verstand sich als „Erz-Laie", trat in Downside ein und lebte doch außerhalb des Klosters, schrieb über „soberness and sense" der altrömischen Liturgie wie über mittelalterliche Eucharistie, sah Liturgie überhaupt als Ausdruck der „katholischen Religion" an, bezeichnete sich als Vor-Modernisten und hatte lebenslang „eine Antipathie gegen den Vatikan"[57]. Aidan Gasquet, der aus Gesundheitsgründen vom Prior-Amt zurücktrat, bearbeitete besonders katholischerseits brisante Fragen der englischen Reformation: Heinrich VIII. und die englischen Klöster, Edward VI. und das Common Prayer Book, vor allem die englischen Weihen, zu deren negativem Entscheid Leos XIII. er, teilweise mit Bishop, erheblich beitrug[58]; 1909 wurde er englischer Abtpräses, später im Vatikan Bibliothekar und Archivar der Römischen Kirche.

So bedeutsam alle diese Forschungen sind, sie bleiben insgesamt kirchenbezogen und fachspezifisch. Daß etwa das Mittelalter „the age towards ‚liturgyfying'" war[59], wird von der Liturgieforschung her kaum erkennbar.

---

[52] *Sheridan*, Bewegung; *Berger*, Liturgie.
[53] *Fischer*, Society.
[54] *ders.*, Bishop.
[55] *Steimer*, Gasquet.
[56] *Langbahn*, Dix.
[57] *Weitlauff*, Bishop, S. 163–180.
[58] *Hughes*, Ablehnung, S. 85–88, S. 98–102, S. 276–283.
[59] *Kantorowicz*, Laudes Regiae, S. 56.

Auffallen muß, wie stark die Liturgieforschung mit dem Benediktiner-Orden verbunden war, von den Maurinern über Solesmes bis (in Deutschland) zu Beuron und Maria Laach. So kann es nicht verwundern, daß neben und mit der historischen Forschung immer auch theologisch-spirituelle Deutungen einherliefen. Anzuführen ist wieder der Solesmenser Abt Guéranger. Kirchenpolitisch war er eine Figur der Restauration wie des Ultramontanismus und verfolgte dementsprechende Optionen: gegen Aufklärung, Jansenismus und Gallikanismus, aber für das Altüberlieferte und Römisch-Katholische, dazu noch mit einem romantischen Hang zum Mittelalter, so daß er sich einen „Mönch des 12. Jahrhunderts" nennen konnte[60]. Das Benediktinertum, wie er es in Frankreich wiederzubeleben unternahm, sollte strikt der Regel folgen und hauptsächlich Liturgie feiern, während die zahlreichen zeitgenössischen Ordensneugründungen sich der Sozial- und Schularbeit widmeten. Vorrangig sollte die Liturgie als Verobjektivierung des Römisch-Katholischen erscheinen, als Wort und Zeichen Gottes in seiner Kirche[61]. Dabei erkor sich Guéranger, weil das subjektive Moment der persönlichen Aneignung nicht fehlen durfte, Gertrud von Helfta (†1302) zur idealen ‚Benediktinerin', die in ihrer mystischen Frömmigkeit ausführlich auch von Taufe und Eucharistie gesprochen hatte[62], weswegen übrigens die erste wissenschaftliche Edition der Gertrud-Werke von Solesmes her inspiriert wurde und sich heute noch bis in die Reihe der ›Sources Chrétiennes‹ fortsetzt. Langfristig hat Guéranger bewirkt, daß Liturgie als höchster Dienst vor Gott erschien und im Benediktiner-Kloster ihre eigentliche Stätte fand[63].

Im nachhinein zeigt sich indes, daß Solesmes keineswegs die altrömisch-benediktinische Liturgie wiederherstellte, sondern sich beispielsweise für die Messe am, historisch gesehen, ‚eingefrorenen' Bestand des im Zuge der tridentinischen Reform ‚vorgeschriebenen' Meßbuchs Pius' V. orientierte. Das täglich in aller Feierlichkeit begangene Hochamt kannte keine Kommunionausteilung, weil die Mönche zuvor schon ihre Einzelmessen zelebriert hatten und Laien nicht täglich kommunizierten. Die Eucharistie kul-

[60] *Johnson*, Guéranger, S. 423; *Schilson*, Erneuerung.
[61] *Lutterbach*, Liturgie.
[62] *Bangert,* Demut, S. 3–10; *Petzolt*, Beuron, S. 147–149. Herrn Dr. Michael Bangert habe ich für spezielle Anregungen und Hinweise besonders zu danken.
[63] *Häussling,* Mönchskonvent, S. 1–17.

minierte in der Realpräsenz und darum kultisch im eucharistischen Segen[64]. Erst der jüngsten Liturgieforschung wurde bewußt, daß die alten Mönche „keine liturgischen Eiferer“ waren und „keine Konventsämter“ feierten[65].

Das 1863 wiedererstandene Beuron verdankte sich Maurus Wolter (†1890) und Placidus Wolter (†1908), einem Brüderpaar aus Bonn, die in Italien das Noviziat gemacht hatten, sich dann in ihren monastischen wie auch spirituellen Vorstellungen an Abt Guéranger orientierten, bis hin auch zu einem Gertrudenbuch[66]. Als Besonderheit ist die sogenannte Beuroner Kunst anzuführen, die zur ägyptischen Kultur als der ältesten auf der Welt zurückgehen wollte, um dort noch Elemente der Uroffenbarung aufzuspüren[67]. Der Initiator war Peter Lenz, seit 1878 als Pater Desiderius Mönch in der Abtei. Es wird sich zeigen, daß nicht wenige seiner theoretischen Positionen später in den Debatten um den wahren Geist der Liturgie wiederkehren.

Wie die Narzaner und Neugotiker stand er von vornherein gegen alles Barocke, forderte nun aber einen grundsätzlich neuen Stil: willenseinheitlich, notwendig, harmonisch, hieratisch; statt Dreidimensionalität allein noch Verflächigung zur Farbsilhouette. Die als katholischer Idealstil gefeierte Gotik war ihm zu zügellos und willkürlich, weil hervorgetrieben von unbändigem Subjektivismus. Zu schaffen sei wieder ein „Cultusbild“, das die dem menschlichen Wandel enthobene Göttlichkeit zeige; davon überlieferte die ägyptische Kunst noch paradiesische Erinnerungen und deute damit die göttlichen Schöpfungsgesetze an. Der Künstler sei dafür der Prophet in der Gegenwart, wobei aber dem Idealitätsstreben der Südlichen der Realitätssinn der Nordischen entgegenstehe[68].

Die Attraktivität dieser Kunst zeigt sich etwa daran, daß der niederländische Maler und Gauguin-Schüler Jan Verkade (†1946) nach seiner Konversion 1904 in die Abtei eintrat[69]. Wie stark überhaupt Beuron spirituell ausstrahlte, dafür noch die folgenden Hinweise: Romano Guardini war – wie er selbst sagt – „von Beuron angeregt, an die liturgischen Dinge gekommen“[70]. Der 1899 getaufte Max Scheler fand an dem Maler-Mönch Verkade seinen Beichtvater[71], und Edith Stein (†1942) verbrachte hier Tage und Wochen geistig-geistlicher Einkehr[72]. Der Langbehn-Schüler Be-

---

64 *Bouyer*, Piety, S. 10–21; *Buschmann*, Mönchtum, S. 348–357.
65 *Häussling*, Mönchskonvent, S. 6.
66 *Buschmann*, Mönchtum; *Petzolt*, Beuron.
67 *Lutterbach*, Liturgie.
68 *Siebenmorgen*, Kunstschule, S. 74–89, S. 161–181.
69 *Siebenmorgen*, Avantgarde; *Smitmans*, Verkade.
70 *Guardini*, Berichte, S. 23.
71 *Nota*, Scheler, S. 207; *Mader*, Scheler, S. 20, S. 59f.
72 *Gerl*, Licht, S.25.

nedikt Momme Nissen (†1943), im Jahre 1900 konvertiert und später Dominikaner geworden, empfing in Beuron vom Rottenburger Bischof Keppler die Firmung[73]. Der Theologe und in den 20er Jahren vielgelesene Essayist Hermann Hefele (†1936), Großneffe des gleichnamigen Tübinger Konzilshistorikers und Rottenburger Bischofs[74], bezeugte, „den lebensvollsten und schönsten Eindruck ... [von Benediktinertum] im stillen Beuron empfangen“ zu haben[75]. Selbst auch Martin Heidegger (†1976), geboren im benachbarten Meßkirch hatte sein „Beuron-Erlebnis“, nämlich die Anwesenheit bei einer nächtlichen Komplet: „In der Complet ist noch da die mythische und metaphysische Urgewalt der Nacht, die wir ständig durchbrechen müssen, um wahrhaft zu existieren“[76].

Ähnliches ist von Maria Laach zu berichten. Dort stand der junge, im Sommer 1913 zum Abt gewählte Ildefons Herwegen im Mittelpunkt[77]. Nach Lern- und Lehrjahren im österreichischen Seckau und belgischen Maredsous hatte er in Bonn bei Ulrich Stutz (†1938)[78], dem ‚Entdecker‘ des germanischen Eigenkirchenwesens[79], promoviert mit einer Arbeit über ›Das Pactum des Hl. Fruktuosus von Braga‹, einer besonderen Form des Mönchsversprechens; darin glaubte er Elemente „germanischen, näherhin westgotischen Rechts“ entdeckt zu haben, was er als „Vermittlung zwischen Volkstum und Liturgie“ ansah[80], eine Deutung, die er auf Einladung der Görres-Gesellschaft 1912 in einem Vortrag über ›Germanische Rechtssymbolik in der römischen Liturgie‹[81] noch prononcierte. Dank seiner anziehenden Persönlichkeit versammelte Herwegen Studenten und junge Akademiker vornehmlich aus Straßburg, Metz und Bonn um sich; nicht wenige dieser Laach-Einkehrer wirkten später führend im 1917 gegründeten katholischen Akademiker-Verband, der sich auch für Liturgie begeisterte und in der Abtei mehrmals Tagungen abhielt[82]. Zu Gast kam auch der im und nach dem Ersten Weltkrieg als junger ‚katholi-

[73] *Schmidt-Eppendorf*, Momme Nissen, S. 195.
[74] *Reifferscheidt*, Ermland, S. 50f.
[75] *Hefele*, Gesetz, S. 59; *Graf*, Laboratorium, S. 286f.
[76] *Safranski*, Meister, S. 215f, Zitat S. 216 (mit Quellennachweis).
[77] *von Severus,* Herwegen; *Ders.*, Kirche.
[78] *Erler*, Stutz.
[79] *Schäferdiek*, Eigenkirchen; *Schieffer*, Eigenkirchenwesen, (jeweils mit Erforschungsgeschichte).
[80] *Herwegen,* Pactum, S. 27, S. 50.
[81] *Ders.*, Rechtssymbolik; *Häussling*, Rechtssymbolik, S. 98–102.
[82] *Berning*, Platz (mit Beiträgen verschiedener Autoren); *Wolff,* Akademikerverband.

scher' Philosoph gefeierte Max Scheler (†1928), in seinem Gefolge weiter noch der 1919 konvertierte Otto Klemperer (†1973), damals Kapellmeister in Köln, wie ebenso der Romanist Ernst Robert Curtuius (†1956)[83].

Eine Sonderrolle nahmen die Benediktiner Belgiens ein. Von Beuron aus war 1872 unter Leitung des Placidus Wolter eine Filiation in Maredsous entstanden. Diese bildete zwischen Deutschland, Frankreich und England, wo 1876 zu Erdington gleichfalls ein Beuroner Priorat entstand, eine Austauschbasis, die sofort auch liturgisches Bemühen zeigte, ja eine Bewegung entfachte, die als „fondamentalement pastoral et même paroissial" bezeichnet worden ist.[84] Ein Mönch aus Maredsous brachte 1878 das erste ›Meßbuch für die Gläubigen‹ heraus, eine lateinisch-französische Ausgabe, gedacht als Hilfe zur vertieften Mitfeier der weiterhin im heilig erachteten Latein gefeierten Liturgie[85]. Die bald auch hervortretenden wissenschaftlichen Interessen schlugen sich in der seit 1890 erscheinenden ›Revue Bénédictine‹ nieder. Die Seele der neuen Bewegung wurde Dom Lambert Beauduin (†1960), Mönch aus der von Maredsous gegründeten Abtei Keizersberg bei Löwen[86]; mehrere Jahre war er Arbeiterseelsorger gewesen und öffnete nun die Liturgiebewegung vom Kloster zur Pfarrei. Dabei schienen Reformen unabdinglich; denn trotz vieler noch nicht erhellter Undurchschaubarkeiten waren doch wesentliche Mißverhältnisse evident, daß etwa die bei der Messe verlesenen Bibeltexte in einer fremden Sprache erklangen, aber in volkssprachlicher Predigt ausgelegt wurden, daß beim Kommunionritus der Messe keine Austeilung erfolgte, sondern erst nach dem Schlußsegen, daß die Osternachtsfeier schon am Karsamstagmorgen stattfand und nicht in der Nacht. Stärker wissenschaftliche Akzente setzte Dom Bernard Botte (†1980)[87], der den für die Liturgiegeschichte so wichtigen, dem römischen Gegenbischof Hippolyt zugeschriebenen Text der ›Traditio Apostolica‹ wiedergewinnen konnte. Ferner gehörte dazu der aus Caen stammende Dom Germain Morin (†1946), der ein hervorragender Philologe und Historiker war, aber auch ein Erfolgsbuch über monastische Spiritualität schrieb[88]. Man sieht sofort, daß bei durchaus dominan-

---

83 *Schaber*, Scheler.

84 *Haquin*, Histoire, S. 101.

85 *Ders.*, Beauduin, S. 6–13.

86 *Fischer*, Beauduin.

87 *Steimer*, Botte.

88 *Ghysens – Verbraken*, Morin; *Frank*, Morin; *Buschmann*, Mönchtum, S. 291–293.

tem Akzent für die Pastoralliturgie doch auch die Geschichtsforschung dazugehörte, schon deswegen, um notwendig erscheinende Reformen legitimieren zu können[89]. Die belgische Linie mit ihrer Betonung des Pastoralen sollte sich eine Generation später mit dem 1943 in Paris gegründeten ‚Centre de pastorale liturgique' fortsetzen[90].

Liturgiewissenschaft und Geschichte hatten – so kann man hier sehen – durchaus Gemeinsamkeiten. Doch verstand sich die Liturgik nie allein als historisch, und das mochte sie für die Profanhistorie inakzeptabel machen.

3. Der Aufbruch um 1900

Im Deutschland der Wende zum 20. Jahrhundert konstatiert Thomas Nipperdey einen „neuen Sinn für Mythos und Mystik, für Gott, für die Tiefe der Welt oder des Seins ...“; ja, so streicht er heraus, „Religion war ein Thema aller Lebens- und Reformreflektierer. Aber auch Wissenschaft und Philosophie, solange doch der Religion feindlich, entdecken um die Jahrhundertwende die Religion neu als Phänomen und Gegenstand der Reflexion, als anthropologisches Urphänomen“[91]. Zugleich artikulierte sich in der Historie „seit den neunziger Jahren des 19. Jahrhunderts ein Unbehagen an der herrschenden Geschichtsauffassung“, und das Neue habe sich, so Otto G. Oexle, in „Ansätzen einer Historischen Kulturwissenschaft um 1900“[92] zum Ausdruck gebracht; sogar einen „Schrei nach Kulturgeschichte“ wollen Jörg Rüsen und Friedrich Jaeger, ein zeitgenössisches Zitat aufgreifend, ausmachen[93]. Bei diesem Neuansatz erhoffte man sich speziell auch durch „die Erschließung der Geschichte der Religionen verläßliche Informationen über das menschliche Leben“[94]. Es entstanden daraus die Religionsgeschichte und die Religionssoziologie[95]. Zu nennen sind Max Weber (†1920), der in der Religion die stärkste sozialformative Kraft sah,

[89] *Haquin,* Histoire, S. 106f.
[90] Ebd., S. 107–118.
[91] *Nipperdey*, Geschichte 1, S. 524f.
[92] *Oexle*, Geschichte, S. 29; *Drehsen – Sparn*, Weltbildwandel.
[93] *Jaeger – Rüsen*, Geschichte, S. 142, zitieren *D. Schäfer*, Geschichte und Kulturgeschichte, Jena 1891.
[94] *Kippenberg*, Entdeckung, S. 186.
[95] *Krech – Tyrell*, Religionssoziologie.

und Ernst Troeltsch (†1923), der die relativierende Wirkung des Historismus beschrieb. Allgemeiner Ausgangspunkt war die Kritik an der als technizistisch erfahrenen und entseelt empfundenen Industrie- und Großstadtwelt wie auch an der sozialen Zerrissenheit. Bei vielen Kulturkritikern wiederholte sich unverkennbar das romantische Argumentationsschema von der Eigenständigkeit der Religion gegenüber allem Rationalismus, nun freilich mit einem bezeichnenden „Schwenk ...: nämlich von der Idealisierung des Mittelalters und seiner hierachischen Ordnung in der klassischen Romantik zur Idealisierung des Primitiven"[96]. In Deutschland läßt sich diese Tendenz etwa an der Häufung des Präfix ‚Ur-' veranschaulichen: Urbild, Ursatz, Urgrund, Urkraft, Ururerlebnis, Ursprüngliches und dergleichen mehr[97]. Als international herausragend sind zu nennen der Niederländer Gerardus van der Leeuw (†1950)[98], die Franzosen Emil Durkheim (†1917) mit seinem ›Les formes élémentaires de la vie religieuse‹[99] und Lucien Lévy-Bruhl (†1939) mit ›La mentalité primitive‹[100], dann weltweit erfolgreich in der zweiten Hälfte unseres Jahrhunderts Mircea Eliade (†1986) mit seinem großen zusammenfassenden Werk ›Geschichte der religiösen Ideen‹[101].

a) Kultur- und Religionsgeschichte

Mit Verzögerung gegenüber Frankreich, Schweiz, England, Schweden und den Niederlanden etablierte sich nach der Jahrhundertwende auch in Deutschland die Religionswissenschaft als eigene Universitätsdisziplin[102], nahm raschen Aufschwung und stand zum Teil in Verbindung mit der Theologie. Einen der ersten religionswissenschaftlichen Lehrstühle nahm 1912 in Leipzig der schwedische Theologe Nathan Söderblom ein, der aber schon zwei Jahre später Erzbischof von Uppsala wurde[103]. Eine breite öffentliche Diskussion entfachten zwei Bücher aus den Jahren 1917/18, nämlich der wissenschaftliche Bestseller des fast 50jährigen Marburger evangelischen Theologen Rudolph Otto (†1937) ›Das Heilige‹ und die jahrs darauf von dem gerade 25jährigen Friedrich Heiler

---

[96] *Kippenberg*, Einleitung S.17; vgl. auch *ders.*, Entdeckung, S. 181–187.
[97] *Flasche,* Religionsmodelle, S. 265f.
[98] *Kohl,* Leeuw, S. 287.
[99] *Ders.,* Durkheim, S. 280.
[100] *Ders.,* Lévy-Bruhl, S. 288.
[101] *Ders.,* Eliade, S. 280.
[102] *Köpf,* Kirchengeschichte, S. 45.
[103] *Kippenberg*, Entdeckung, S. 253–255; *Edsman,* Söderblom.

(†1967) vorgelegte Münchener Dissertation über ›Das Gebet‹. Beide Autoren errangen für einzelne ihrer Thesen Welterfolg. Zu Ottos Buch schrieb Adolf von Harnack, daß „selten ... ein theologisches Werk der Stimmung der Zeit so entgegengekommen und selten so restlos eingesogen worden“ ist[104]. Ebenso erzielte Heilers ›Gebet‹ einen „unvergleichbaren Erfolg“[105].

Otto definierte das Heilige als Erlebnis des Numinosen, als ‚tremendum‘ und zugleich ‚fascinosum‘, eine Aufteilung, die geradezu redensartlich geworden ist, wiewohl das Konzept einer eigenen religiösen Erlebnis-Kategorie fraglich bleibt[106]. Heiler vertrat einen mehr phänomenologischen und weniger einen historischen Ansatz, zuletzt noch in seinem abschließenden Werk ›Erscheinungsformen und Wesen der Religion‹ von 1961[107]. Beide Autoren wirkten für viele Jahre zusammen in Marburg und beide werden heute unter die Gründer der deutschen Religionswissenschaft gerechnet, wiewohl es ihnen eigentlich mehr um das Christentum innerhalb der allgemeinen Religionswelt ging und sie „sich der Gewißheit des eigenen Glaubens zu versichern“ suchten[108]. Beiden auch war an religiöser Praxis gelegen. Otto, der „tief darunter litt, keine ‚direkten‘ charismatischen Berufungserfahrungen gemacht zu haben“, pflegte um so intensiver eine „faszinierende“ Liturgie: „Die geist-gemäße Liturgie wie der Gottesdienst selbst bewegten ihn stets aufs Tiefste“[109]. Heiler wandte sich unter dem Einfluß Söderbloms evangelisch-hochkirchlichen Bestrebungen zu und ließ sich zum Bischof weihen[110].

Neben der Religionsgeschichte wirkte die Phänomenologie Edmund Husserls (†1938) stimulierend mit ihrem Aufruf: „Nicht von den Philosophien, sondern von den Sachen und Problemen muß der Antrieb zur Forschung ausgehen“[111]. Auch dadurch trat das Phänomen Religion neu in den Blick. Nicht wenige aus Husserls Schule bzw. Umkreis kehrten zur Praxis ihrer Konfession zurück oder ließen sich gar taufen wie Max Scheler und Edith Stein. Manchen schien überhaupt die Verabschiedung von Kants metaphysischem Skeptizismus möglich zu werden, mit der Hoffnung sogar – wie es in Ueberwegs ›Grundriß der Geschichte der Philosophie‹ hieß – auf ein „Wiedererstehen der Metaphysik“[112].

---

[104] *von Harnack,* Otto.
[105] *von Hügel – Söderblom – Heiler,* Briefwechsel, Nr. 22: Söderblom an Heiler, S. 133.
[106] *Ratschow,* Otto.
[107] *Lanczkowski,* Heiler.
[108] *Kohl,* Geschichte, S. 251.
[109] *Ratschow,* Otto, S. 562; *Wiefel-Jenner,* Liturgik.
[110] *Klement,* Versöhnung.
[111] *Husserl,* Philosophie, S. 339f.
[112] *Ueberweg,* Grundriß, S. 314.

Als „Laboratorium der religiösen Moderne“ agierte der Eugen Diederichs-Verlag in Jena. Der Inhaber verfügte über einen genialen Spürsinn, war fasziniert von der Macht der Religion, machte sich zum Organisator außerkirchlicher religiöser Bewegungen, griff nach links und rechts aus, verlegte Außenseiter und Querdenker, brachte Sammlungen nationaler wie internationaler Religionstexte heraus und präsentierte sie „einem begierigen Publikum“[113]. Religion deutete Diederichs „vitalistisch und dynamisch, als eine nach innen gerichtete Reflexionsbewegung des Menschen, die einen starken Handlungswillen erzeugt“[114]. Das Verlagsprogramm von 1910 wies für Religion zwanzig Abteilungen auf und begann mit ›Mystische Schriften‹. Seit 1903 erfolgte die Edition spätmittelalterlicher und frühneuzeitlicher Mystiker: Meister Eckhart, Tauler, Seuse, Böhme, Angelus Silesius und Sebastian Franck, dazu noch mystische Texte anderer Religionen und Kulturen. Diese Editionen „bewirkten einen folgenreichen Wandel der deutschen Religionsdiskurse. Diederichs stilisiert die Mystiker zu einzig wahren Christen“[115]. In den zwanziger Jahren meldeten sich stärker nationale Töne: „Der gottgleiche Mensch wird als ‚deutscher‘ und ‚gotischer Mensch‘ identifiziert“[116].

Die zivilisationskritische und religiös erregte Erwartungshaltung läßt sich weiter ablesen an dem gleich schon im Erscheinungsjahr 1890 in 15 Auflagen verkauften Buch ›Rembrandt als Erzieher‹, dessen Autor Julius Langbehn (†1906) zunächst anonym blieb, im Jahr 1900 konvertierte und in die 37. Auflage einen eigenen Abschnitt über Katholizismus einschob, ohne indes von Liturgie zu sprechen. Fritz Stern überschreibt in seinem wichtigen Buch ›Kulturpessimismus als politische Gefahr‹ das lange Kapitel über Langbehn mit „völkischer Irrationalismus“[117]. Ein Absatz aus dem Katholizismus-Kapitel mag dafür als Probe stehen.

„Zurück zu dem milden, poesievollen, deutschen aristokratischen Gemütsleben des Mittelalters; zurück zu den tiefen mütterlichen Instinkten der frühesten christlich-germanischen Periode; zurück zu dem harten, tapferen, kindlichen, bildsamen und bildersehenden Wesen des ältesten Deutschen, zum Deutschtum in seiner reinsten Form. Die deutsche Seele will ihr Recht! Aber diesem dreifachen Zurück entspricht auch ein dreifaches Vorwärts; der heutige Deutsche hat tapfer hineinzuschreiten in die neuen

[113] *Nipperdey*, Geschichte 1, S. 525.
[114] *Graf*, Laboratorium, S. 249.
[115] Ebd., S. 259.
[116] Ebd., S. 262.
[117] *Stern,* Kulturpessimismus, S. 125.

Bahnen einer künstlerischen, einer wehrhaften, einer adeligen Bildung; das Neueste berührt sich nochmals mit dem Alten und das Individuelle nochmals mit dem Vornehmen. Aus dem Kinde ist ein Mann und aus dem Bauern ein Adeliger geworden“[118].

b) Kult und Mystik

Für unsere Fragestellung sind speziell zwei Vorstöße bedeutsam: einmal das neue Interesse an Ritus und Kult, desweiteren an Mystik. Beide Stoßrichtungen haben breite Aufmerksamkeit erregt und sind hier näher vorzustellen. Kult und Ritus definieren sich – so die heutige Sicht – als „religiöse Handlungen, die zu bestimmten Gelegenheiten in gleicher Weise vollzogen werden, deren Ablauf durch Tradition und Vorschrift festgelegt ist und die aus Gesten, Worten und dem Gebrauch von Gegenständen bestehen mögen“[119]. Schon etymologisch leitet sich Ritus von dem Sanskrit-Wort ‚rta‘ her und bezeichnet „die auf Gesetzmäßigkeit und Regelmäßigkeit beruhende normale und deshalb richtige ... und ... wahre Struktur des kosmischen, weltlichen, menschlichen, rituellen Geschehens“[120]. Demgegenüber sucht die Mystik „nach einem Heilsweg, der zu einer Koinzidenz aller Gegensätze führt, zu einer letzten Einheit des Seienden in der Unio Mystica, wo das Endliche mit dem Unendlichen verschmilzt“[121]. Und wie es seit der Jahrhundertwende eine Wiederentdeckung von Ritus und Liturgie gab, so auch der Mystik; ja, „das Ende des 19. und der Anfang des 20. Jh. erlebten das Aufkommen eines großen Interesses an den Erscheinungen der Mystik, die dabei gemeinhin als etwas der gesamten Welt der Religionen Gemeinsames ... angesehen wurde“[122].

Für die Rezeption beider Phänomene berief man sich auf religionswissenschaftliche Einsichten. Zitate von damaligen Wortführern können dafür als symptomatisch gelten. So deduzierte Ernst Troeltsch als eines der klarsten Ergebnisse von Religionsgeschichte und Religionspsychologie, „daß das Wesentliche in aller Religion nicht Dogma und Idee, sondern Kultus und Gemeinschaft ist“[123]. Die Mystik folge dann als „Sekundäres“; sie sei „im weitesten Sinne des Wortes nichts anderes als das Drängen auf Unmittelbarkeit, Innerlichkeit und Gegenwärtigkeit des religiösen

---

118 *Langbehn*, Rembrandt, S. 374.
119 *Lang*, Ritual; *ders*., Kult.
120 *Gonda,* Religionen, S. 78.
121 *Gerlitz*, Mystik, S. 544.
122 *Louth*, Mystik, S. 577.
123 *Troeltsch,* Bedeutung, S. 147.

Erlebnisses. Sie setzt die Objektivierung des religiösen Lebens in Kulten, Riten, Mythen oder Dogmen bereits voraus und ist entweder eine Reaktion gegen diese Objektivierungen, die sie in den lebendigen Prozeß wieder zurückzunehmen sucht, oder eine Ergänzung der herkömmlichen Kulte durch die persönliche und lebendige Erregung. Sie ist also immer etwas Sekundäres ..."[124]. Ähnlich sah Ernst Cassirer (†1945) den „geistige[n] Gehalt jeder ... Religion ... vollständig erst in ihren Kultformen" und definierte darüberhinaus Mystik als „reine Dynamik des religiösen Gefühls ..., die alle starre und äußere Gegebenheit abzustreifen und aufzulösen bestrebt ist"[125].

Das Verlangen nach Mystik entfaltete – nicht anders als bei Kult und Liturgie – wissenschaftliche wie auch religionspraktische Konsequenzen. Forschungsbestrebungen wurden zum Beispiel im deutschen Judentum geweckt, etwa bei Martin Buber (†1965) mit seinen chassidischen Geschichten und bei Gershom Scholem (†1982) mit seiner Frage nach jüdischer Mystik[126]. In den religionspraktischen Konsequenzen zeigt sich gelegentlich auch ein Irrationalismus: „So errichtete die damalige Religionswissenschaft einen neuen Kult der Innerlichkeit und der Gefühle, vertiefte zugleich das Mißtrauen gegenüber allem Rationalen, förderte ein subjektivistisch-elitäres Bewußtsein ebenso wie Hingabe und Glaubensbereitschaft an das wahrhaft Seiende hinter allem Seienden"[127].

c) Historie und Liturgie

Unter den etablierten Disziplinen hat sich als erste die Klassische Philologie der Religionswissenschaft geöffnet. Zu nennen sind etwa Hermann Usener (†1905) und Eduard Norden (†1941)[128]. Richard Reitzenstein (†1931) publizierte 1910 seine ›Hellenistische Mysterienreligionen‹, ein – wie Walter Burkert im nachhinein hervorhebt – „einflußreiches Buch", doch noch „ohne die Praxis der Rituale samt dem sozialen Umfeld"[129]; 1921 folgten ›Das iranische Erlösungsmysterium‹ und weitere ›Studien zum antiken Synkretismus aus Iran und Griechenland‹, mit dem Nebeneffekt übrigens, daß „die Bedeutung der hebräischen Tradition, des ‚Semiti-

---

124 *Ders.,* Schriften 1, S. 850.
125 *Cassirer,* Philosophie, S. 264, S. 298.
126 *Dan,* Scholem; *Hamacher,* Scholem.
127 *Flasche,* Irrationalismus, S. 254.
128 *Burkert,* Altertum, S. 26f.
129 Ebd., S. 31.

schen'"[130], absank. Martin Nilssons ›Geschichte der Griechischen Religion‹ – von Walter Burkert heute noch das bedeutendste Handbuch genannt – vollzog bewußt die Verlagerung des Interesses an Dogmen und Mythen auf die ‚heilige Handlung'[131]. Bald auch öffnete sich die Mediävistik. Johannes Fried hat kürzlich von einer „Revolution" nach dem Ersten Weltkrieg gesprochen: „Jetzt wurden vermehrt Texte zur Kenntnis genommen, die zuvor ein eher randseitiges Dasein fristeten. Häretische Traktate, religiöse Schriften, Frömmigkeit, die Geistesgeschichte wurden entdeckt, ... auch die Einbettung der politischen Verfassung in die Liturgie"[132]. Auf je eigene Weise waren vom wiederentdeckten Ritus angeregt: Percy E. Schramm mit seinen ›Herrschaftszeichen und Staatssymbolik‹[133], Ernst Kantorowicz mit seinen ›Laudes regiae‹[134] und ›The Kings two Bodies‹, zuletzt noch Wolfram von den Steinen (†1967) [135] mit seinem ›Heiligen Geist des Mittelalters‹[136]. Kantorowicz hat gleich in der ersten Fußnote zu seinen ›Laudes regiae‹ einen der ersten liturgisch interessierten Theologen zitiert, nämlich Erik Peterson mit seinen Forschungen zu den antiken Akklamationen[137], wie er auch das Laacher ›Jahrbuch für Liturgiewissenschaft‹ als eine bedeutende historische Zeitschrift gewertet wissen wollte[138]. Von den Steinen bekämpfte „mit den strengen Methoden des Historismus ... dessen relativierenden und evolutionistischen Geist" und wollte „das für alle Zeit Vorbildliche und Gültige ... suchen"[139]. Daß indes einzelne Forscher ganz unbedarft und zufallsgeleitet vorgingen, zeigt Hans Hirsch (†1941), der als Direktor des ‚Österreichischen Instituts für Geschichtsforschung' 1929 in Salzburg über ›Der mittelalterliche Kaisergedanke in den liturgischen Gebeten‹[140] sprach und dabei bekannte, „daß der Weihnachtstisch des Jahres 1927 ein Missale Romanum aufwies"[141], der sich weiter auch bedankte bei dem bekannten Benediktiner und Organisator der Salzburger Hochschul-

---

[130] Ebd., S. 32.
[131] Ebd., S. 25.
[132] *Fried*, Zerfall, S. 51
[133] *Gussone,* Herrschaftszeichen.
[134] *Kantorowicz,* Laudes Regiae.
[135] *van der Moos,* Historiker.
[136] *von den Steinen,* Geist.
[137] *Kantorowicz,* Laudes regiae, S. 1, Anm. 1. Diese Rückbeziehung wird in der heutigen Kantorowicz-Literatur übersehen, s. z. B. *Klotz*, Herrscherakklamation.
[138] *Gussone*, Kantorowicz.
[139] *van der Moos,* Historiker, S. 4.
[140] *Hirsch*, Kaisergedanke.
[141] Ebd., S. 2.

wochen Thomas Michels (†1979)[142] wie ebenso bei „Zuhörern" seiner Seminare für spezielle Hinweise, etwa auf die Liturgie des Karsamstags[143].

In besonderer Weise hat der Kreis um Stefan George (†1933) „Anleihen beim Ritualismus und bei den sakralen Gemeinschaftsformen"[144] gemacht. Zugehörig bzw. davon beeinflußt waren die schon erwähnten Ernst Kantorowicz und Wolfram von den Steinen, ebenso Gerhard Ladner (†1993), der Verfasser des Korpus der ›Papstbildnisse‹[145], wie noch Friedrich Wolters (†1930), dem eine der besten Übersetzungen der lateinischen Kirchenhymnen zu verdanken ist[146]. Aber auch die allgemeine Mediävistik stand nicht zurück. Gerd Tellenbachs Untersuchung über ›Römischer und christlicher Reichsgedanke in der Liturgie des frühen Mittelalters‹ speiste sich ganz aus liturgiegeschichtlichen Quellen; der Autor lobte die Fortschritte in der Liturgiewissenschaft und verwies gleichfalls auf das Laacher ›Jahrbuch für Liturgiewissenschaft‹[147]. Mitten im Zweiten Weltkrieg publizierte der Münchener Kanonist Eduard Eichmann (†1946) die Geschichte der Kaiserkrönung, worin er dem Ritus besondere Beachtung schenkte und auch auf das „aus vorchristlicher Zeit bestehende Königpriestertum" hinwies[148]. Überhaupt meldete sich ein generelles historisches Interesse an Staatssymbolik und -zeremoniell. Für Byzanz publizierte Otto Treitinger ›Die oströmische Kaiser- und Reichsidee nach ihrer Gestaltung im höfischen Zeremoniell‹ (1938) und ›Vom oströmischen Staats- und Reichsgedanken‹ (1940), die zusammen 1956 als Buch erschienen[149]. Als Hintergrund dieses Interesses ist gewiß auch die allgemeine Zeitsituation anzuvisieren. Die aufklärerische Staatsidee mit ihrer Emanzipation von Kirche und Religion war durch die Umbrüche in und nach dem Ersten Weltkrieg erschüttert worden. Man fragte neu nach den Quellen und entdeckte dabei wieder den religiösen Hintergrund, so daß etwa Carl Schmitt (†1985) in seiner bekannten Schrift ›Politische Theologie‹ schreiben konnte: „Alle prägnanten Begriffe der modernen Staatslehre sind säkularisierte theologische Begriffe"[150].

---

142 Ebd., S. 1, Anm. 1; *Häussling*, Michels.
143 *Hirsch*, Kaisergedanke, S. 5.
144 *Breuer,* George, S. 861.
145 *Ladner*, Erinnerungen.
146 Freundlicher Hinweis von Prof. Angelus Häussling, Maria Laach/Benediktbeuron.
147 *Tellenbach,* Reichsgedanke, S. 4.
148 *Eichmann,* Kaiserkrönung, S. X.
149 *Treitinger*, Reichsidee.
150 *Schmitt*, Theologie, S. 49.

Die Historikerschaft der Zwischenkriegszeit war insgesamt ‚deutsch-national' eingestellt, wobei „die meisten deutschen Historiker zwar nicht direkt Nazis waren, aber doch die Geschichte so national, konservativ oder in anderer Weise rechtsorientiert lehrten und schrieben, daß sie die Nationalsozialisten nicht gleichschalten mußten"[151]. Gleichwohl konnten bei dieser Einstellung, was heute weniger leicht vorstellbar ist, durchaus Konflikte mit dem Regime entstehen, und diese wurden ‚deutsch-national' ausgetragen, wie es etwa der Streit um Karl den Großen zeigt, den die NS-Ideologen anfangs als ‚Sachsenschlächter' denunzierten, wogegen dann 1935 Karl Hampe (†1936) den Sammelband ›Karl der Große oder Charlemagne?‹ publizierte:

„Wir wollen nur zeigen, wie er als Gesamtpersönlichkeit von germanisch-deutscher Art und Abstammung erscheint. Seine Sachsenkriege sollen, ohne die furchtbaren Härten seines Vorgehens zu beschönigen, in ihrer grundlegenden Bedeutung für die deutsche Zukunft gewürdigt, seine richtunggebende Politik zur Eindämmung der Slawenflut und zur Vorbereitung germanisierender Siedlung im Osten ins rechte Licht gerückt werden. Auch der vom Papst ihm übertragene Kaisertitel konnte ihn nicht von diesem Wege ablenken und bedeutete für ihn selbst noch nicht, wie für so manche seiner Nachfolger, die Gefahr einer Romanisierung oder Abhängigkeit von der Kurie, die er vielmehr selbst beherrschte. Sogar die Entstehung des Namens ‚deutsch' für unsere Sprache, unser Land und Volkstum steht in engster Beziehung zu seiner geschichtlichen Leistung"[152].

Neben dem Nationalen stand die Faszination des ‚Objektiven', womit sich auch eine Wertschätzung des Benediktinertums verbinden konnte, wie sich im persönlichen Werdegang nicht weniger der hier aktiv Beteiligten zeigt; einige vollzogen dabei die Konversion zum Katholizismus.

Carl Schmitt feierte die „echte Wiedergeburt" des benediktinischen Mönchtums[153]. Ein anderer Jurist, Ernst von Hippel (†1984), entdeckte 1936 „im Hinblick auf die schwere Krise" die Benediktsregel „als Ausdruck frühchristlicher Gemeinschaftsbildung", verteidigte den mittelalterlichen Realismus gegen den neuzeitlichen Nominalismus wie auch Kantianismus und bekannte in der Zweitauflage von 1953, aus zunehmender innerer Begeisterung habe er, „der damals der Kirche noch fern stand, sich ihr auch äußerlich verbunden"[154]. Der 1933 konvertierte Gerhard Ladner verdankte den Aufenthalten in Subiaco und Montecassino „große Er-

[151] *Kocka*, Nationalsozialismus, S. 341.
[152] *Hampe*, Karl, Vorwort o.V., S. 6.
[153] *Koenen*, Schmitt, S. 82.
[154] *von Hippel*, Krieger, S. 7; *Kohlmann – Kriele*, Hippel.

fahrungen von religiöser Hoheit und Schönheit in meinem Leben"[155]. Der gleichfalls konvertierte Kunsthistoriker Otto von Simson (†1993) feierte 1945 in seinem nordamerikanischen Refugium Benedikt „als Mönch, als Vater der ersten christlichen Gemeinschaftsordnung des Abendlandes", als großen Römer, der „auf die Geschichte unserer Kultur den tiefsten Einfluß" ausgeübt habe[156]. Noch Ludwig Dehio (†1963), Sohn des bekannten Kunsthistorikers, nach 1948 als Ranke-Schüler erster Herausgeber der ›Historischen Zeitschrift‹ und dabei ein Gegenspieler des am Machtstaat-Prinzip festhaltenden Gerhard Ritter, war Konvertit: „Die furchtbaren Ereignisse … riefen in ihm Kräfte religiöser Abwehr hervor, die ihn schließlich in den Schoß der katholischen Kirche führten"[157]. Ebenfalls konvertierte noch auf dem Sterbebett Fritz Kern (†1950)[158], der uns ausführlicher noch in anderen Zusammenhängen begegnen wird. Anzuführen ist selbst noch Karl Barths Kampfschrift ›Theologische Existenz heute‹ vom Sommer 1933 mit der Aufforderung, „Theologie und nur Theologie zu treiben", und dem angeschlossenen Vergleich: „Wie der Horengesang der Benediktiner im nahen Maria Laach auch im Dritten Reich zweifellos ohne Unterbruch und Ablenkung ordnungsgemäß weitergegangen ist"[159].

Halten wir fest: Erst im Gefolge der ‚kulturgeschichtlichen Wende' von 1900, welche die Religionsgeschichte für sich entdeckte und damit auch Kult und Liturgie, drangen liturgiewissenschaftliche Erkenntnisse und Ergebnisse in den Raum des allgemeinen Geschichtsbewußtseins vor, freilich mit einer zuweilen weltanschaulichen Färbung. Wo nämlich Liturgie und kultische Phänomene positiv konnotiert wurden, fällt auf, daß die Wertschätzung sich primär auf das Hoheitliche bezog. Nicht wenige der in der Weimarer Zeit entstandenen Arbeiten interessierten sich für die religiösen und symbolischen Formen der Staatshoheit, zumal für die Herrscher-Liturgie; darum die Themen Zeremoniell, Krönungsordines, herrscherlicher Adventus, Akklamationen und Laudes regiae. Die tatsächliche Breite der mittelalterlichen Liturgie wurde nicht erfaßt, übrigens auch nicht von der Liturgieforschung, wie wir noch sehen werden.

---

155 *Ladner*, Erinnerungen, S. 58.

156 *von Simson*, Vermächtnis, S. 40; *Hausherr*, Spiegel, S. 9–16.

157 *Kienast*, Nekrolog, S. 263f; *Schieder*, Dehio, erwähnt in seiner langen Würdigung Dehios die Konversion nicht.

158 *Hallmann*, Kern, S. 375; *Hübinger*, Seminar, S. 23, S. 126–128.

159 *Barth*, Existenz, S. 3.

a) Evangelischerseits: von der Religionsvergleichung zur Dialektischen Theologie

Daß nun auch Neuaufbrüche in der Theologie geschahen, kann nicht verwundern[160]. Vorweg ist Adolf von Harnack (†1930)[161] anzuführen, der 1899 rückblickend seine Dogmengeschichte als Versuch beschrieb, „diese Geschichte auf dem Hintergrunde der Religions- und der allgemeinen Culturgeschichte zu zeichnen: eine Skizze der eigenthümlichen Art des religiösen Erlebnisses und der Frömmigkeit sollte in allen Perioden die Grundlage bilden für das Verständniß der Lehrentwickelung"[162]. Hier erscheint genau der eigentliche Punkt: das religiöse Erlebnis als Grundlage. Bei der Einordnung in die allgemeine Religionsgeschichte war sich Harnack sicher, daß „das Christentum in seiner reinen Gestalt nicht eine Religion neben anderen ist, sondern die Religion"[163]. Damit stand die Kirchengeschichte vor der Frage nach neuen Konzepten und Themen: statt Kirchengeschichte nunmehr Religionsvergleichung, nicht so sehr Ereignisketten als vielmehr Frömmigkeitsgeschichte, Verlagerung von der institutionellen Seite auf die subjektive. Und obwohl diese Postulate vielfach in Antrittsvorlesungen und Rektoratsreden vorgetragen wurden, sind sie doch „nie konsequent in Angriff genommen worden"[164]. Erfolgreicher verkündete dieses Programm vom ‚Christentum innerhalb der Religionen' – etwa in ›Gemeinverständlichen Vorträgen‹[165] – die Religionsgeschichtliche Schule, die sich in Göttingen um Wilhelm Bousset (†1920), Hermann Gunkel (†1932) und Ernst Troeltsch bildete[166] und von Walter Burkert heute noch als „bedeutendste Symbiose von Altertumswissenschaft und Theologie"[167] eingeschätzt wird.

Indes erfolgte im und vor allem direkt nach dem Ersten Weltkrieg eine so überraschende wie radikale Wende: die „folgenreiche Zäsur 1918/19" mit dem „elementaren Generationenkonflikt zwischen ‚Wilhelminern' und den antiliberalen Jungintellektuellen

---

160 *Schmitz,* Aufbruch.
161 *Neufeld,* Theologie.
162 *von Harnack,* Weinel, S. 513.
163 *Ders.,* Aufgabe, S. 172.
164 *Köpf,* Kirchengeschichte, S. 66.
165 Ebd., S. 43.
166 *Lüdemann Özen,* Schule, S. 618–624.
167 *Burkert,* Altertum, S. 27.

der zwanziger Jahre“[168]. Zumal die im Protestantismus nachrükkende Generation verweigerte sich in „antihistorischer Revolutuion“[169], bezichtigte die Religionsgeschichtliche Schule wie überhaupt den liberalen Kulturprotestantismus als Infragestellung christlicher Transzendenz, ja als deren Auflösung in allgemeine Religionsgeschichte. In ausdrücklicher Frontstellung gegen Harnack und Troeltsch sollte das Christentum aus der Symbiose mit bürgerlichen Kulturwerten, Liberalismus und Historismus, befreit werden. Zu proklamieren sei Gottes eigene Souveränität, was dann Karl Barth in seiner Dialektischen Theologie ausformulierte: Gottes „Senkrecht-von-oben“ löse das Christentum notwendig von allen „Bindestrichen“ zu Kultur, Bürgertum, Sozialismus, ebenso zur Religionsgeschichte; allenfalls Hilfsdienste vermöge das Historische zu leisten, selbst auch die theologische Fachdisziplin Kirchengeschichte, denn das absolut Jenseitige stehe über aller Geschichte. Zu den willkommenen Dienstleistungen gehörte indes die religionsgeschichtliche Einsicht, daß Kult zunächst nie das Subjektive und Emotionale, also nicht pietistische Ergriffenheit gemeint habe, sondern Liturgie sich als religiöse Vorgegebenheit erweise und insofern ‚objektiv‘ sei.

Vor der jungen Theologen-Generation begannen sich die Horizonte auszutauschen. Exemplarisch ist die neue Entwicklung an Erik Peterson (†1960) abzulesen, der als anfangs pietistisch orientierter Student den Subjektivismus des liberalen Neuprotestantismus als nicht mehr zureichend empfand, sich der antiken Mysterienforschung Richard Reitzensteins zuwandte, ebenso der Göttinger Religionsgeschichtlichen Schule, nicht zuletzt auch der Phänomenologie Edmund Husserls. Auf diese Weise fand er gegen den Kantschen Subjektivismus den „Zugang zu einer objektiven geistigen Welt“[170] und damit auch zur Liturgie; bald versetzte man ihn sogar „in den Umkreis des Benediktiner-Ordens“[171]. Zugleich stand Peterson im Austausch mit dem jungen Karl Barth, hat ihn sogar seinen „liebsten Zuhörer“[172] genannt und im Wintersemester 1923/24 eine Vorlesung über Thomas von Aquin geradezu für ihn gehalten[173]. Lebenslang auch behielt Peterson eine Wertschätzung für den niederländischen Religionsphänomenologen Geradus van

168 *Graf,* Modernisierer, S. 98.
169 *Ders.,* Revolution.
170 *Nichtweiss*, Peterson, S. 169–178, S. 340–382, S. 407–426.
171 Ebd., S. 156.
172 Ebd., S. 683.
173 Ebd., S. 655.

der Leeuw (†1950), der 1914 in Göttingen studiert hatte und dessen letztes Buch noch das ›Sakramentale Denken‹ (dt. 1959) behandelte[174]. Religionsgeschichtlich wie aber auch ‚objektiv' arbeitete Rudolf Bultmann (†1976). Paulus sah er nicht mehr nur als Wort-Verkündiger; vielmehr überschrieb er in seiner bekannten ›Theologie des Neuen Testaments‹ eines der Paulus-Kapitel mit: „Das Wort, die Kirche, die Sakramente"[175]; die Taufe habe als „Sakrament" gegolten, „als eine Handlung, die durch natürliche Mittel übernatürliche Kräfte wirksam macht"[176]; ebenso sei das Herrenmahl als „Sakrament" gefeiert worden[177]. Diesen frühchristlichen Sakramentalismus wie auch den neu herausgearbeiteten Kyrios-Kult wollte Bultmann ausdrücklich als Gegengewicht zum gängigen Moralismus aufgefaßt wissen[178]. Der schon erwähnte Hans Lietzmann blieb unabhängig von ‚Schulen', behandelte aber „mit dem neugeweckten Interesse vornehmlich das Ritual, die christliche Liturgie"[179], war darüber mit Maria Laach in Verbindung gekommen, hatte an der Begründung des ›Jahrbuchs für Liturgiewissenschaft‹ „im Hintergrund auch etwas mitgewirkt" und nannte dasselbe „ausgezeichnet"[180].

Und nicht nur aus Deutschland sind neue Ansätze zu vermelden. Eine religions- und kultgeschichtlich inspirierte Schule bildete sich schwerpunktartig in den skandinavischen Ländern. Der Norweger Sigmund Mowinkel (†1965) suchte „die grundlegende Bedeutung des *Kultes* als des ‚eigentlichen Ortes' des Religiösen in den Vordergrund zu rücken" und deutete beispielsweise die Psalmen als „Kultlieder", einige auch als „Thronbesteigungspsalmen"[181].

Der Ungewöhnlichkeit solcher Deutungen war sich Mowinkel bewußt: „Der moderne rationalistische Gedankengang hat früher eine gewisse Neigung gehabt, den Kultus, den Gottesdienst und seine Ordnungen als etwas verhältnismäßig Unwesentliches in der Religion zu betrachten. Besonders der Protestantismus war geneigt, die ‚Lehre' so stark zu betonen, daß er den Sinn für den Kultus verlor. Es wurde sogar als Zeugnis von recht ‚geistigem' evangelischen Christentum angesehen, daß man auf den Gottesdienst mit seinen ‚toten Formen' herabsah"[182].

---

174 Ebd., S. 373f.
175 *Bultmann*, Theologie, S. 306.
176 Ebd., S. 137.
177 Ebd., S. 146f.
178 Ebd., S. 563.
179 *Burkert*, Altertum, S. 26.
180 *Aland*, Glanz, Brief 838, S. 747f.
181 *Sæb* , Mowinkel, S. 386.
182 *Mowinkel*, Religion, S. 8.

Rückschauend ist speziell für die protestantische Kirchengeschichte festzustellen, daß die Themenstellung der Jahrhundertwende mit ihrer Tendenz zu einer religionsgeschichtlichen Orientierung heute neu ansteht, wie etwa Ulrich Köpf konstatiert: „Erst am Ende des 20. Jahrhunderts könnten die in der nichttheologischen Geschichtswissenschaft entwickelten frömmigkeits- und mentalitätsgeschichtlichen Überlegungen die Kirchengeschichte an theologischen Fakultäten anregen, sich mit dieser Aufgabe zu befassen“[183].

b) Katholischerseits: vom Modernismus zur neuen Objektivität

Die deutschen Katholiken empfanden den Kulturkampf auch nach Aufhebung bzw. Suspendierung der teilweise schikanösen Gesetze weiterhin als Damokles-Schwert, das jederzeit wieder auf sie niederfahren konnte. Die moderne Kultur hatte ihnen aufgezwungen werden sollen, ersichtlich am obligatorischen Kultur-Examen für Theologie-Studenten. Die Antwort war Abschließung, freilich nicht ausnahmslos. Wenige Einzelkämpfer blieben „liberal“[184], von den Ultramontanen statt ‚kirchenfromm‘ als ‚reichsfromm‘ denunziert. Als „bedeutendster Vertreter des liberalen Katholizismus“[185] galt der Freiburger Kirchenhistoriker Franz Xaver Kraus (†1901), „einer der wenigen Traditionsvermittler, welche die Generation der Döllinger und Montalembert mit der Epoche des Reformkatholizismus in der Zeit nach 1900 innerlich verbanden“[186]. Politisch war Kraus gouvernemental eingestellt, verabscheute zutiefst den „politischen Katholizismus“ des populistisch gescholtenen Zentrums. Sachlich und thematisch bedeuteten „für Kraus die Renaissance und mit ihr die Neuzeit und ihr Humanismus unaufhebbare Errungenschaften des menschlichen Geistes“, weswegen er beispielsweise „eine Affinität ... zu Erasmus von Rotterdam“ empfand[187]. Im Zuge der modernistischen Bewegung entstand bezeichnenderweise auch eine Zeitschrift mit dem programmatisch aufgeladenen Titel ›Renaissance‹[188]. In der kirchlichen Kunst meldeten sich Stimmen, die von der Neugotik loskommen wollten und für eine neue Wertschätzung der Renaissance plädierten[189].

---

183 *Köpf,* Kirchengeschichte, S. 66.
184 *Schwedt*, Katholizismus.
185 *Weber,* Kirchengeschichte, S. 48.
186 Ebd., S. 49.
187 *Kraus,* Katholizismus, S. IXf mit Anm. 6.
188 *Weiss*, Deutschland, S. 185–190.
189 *Smitmans,* Malerei, S. 50–62.

Im katholischen Aufbruch der Jahrhundertwende bildeten „Reformkatholizismus, katholischer Liberalismus, Liberaler Katholizismus und Modernismus ... ein grundsätzlich zusammengehörendes Phänomen“[190]. Der Kraus-Schüler und sich als „Erbe“ verstehende Joseph Sauer (†1949) bekannte sich nach außen nur verdeckt dazu[191]. Wichtiger war der als „verhinderter Kraus-Nachfolger“[192] zu bezeichnende Albert Ehrhard (†1940)[193], der sich dem Liberalen Katholizismus zwar in der Öffentlichkeit verweigerte, sich aber doch zum entschiedenen Fürsprecher eines Anschlusses an die moderne Kultur machte und das Mittelalter samt Scholastik nicht länger als katholische Glanzzeit gelten ließ. In seinem zur Jahrhundertwende bestsellerartig verkauften Buch ›Der Katholizismus und das zwanzigste Jahrhundert‹ zeichnete er eine kultur- und religionsgeschichtliche Entwicklung, die zu Subjektivierung und Individualisierung geführt habe und für die Gegenwart essentiell sei. Von daher wehrte er sich gegen den Vorwurf, „daß der Katholizismus der große Gegner der modernen Kultur sei“, wobei die antikatholische Kritik nicht materialistisch oder atheistisch, sondern überraschenderweise „mit Vorliebe im Namen der echten Religion“ spreche[194]. Traditionellerweise verteidige der Katholizismus das Mittelalter als „Glanzepoche“, bei „ausgesprochener Abneigung gegen die Neuzeit“[195]; da aber „die Arbeit der Menschheit im großen und ganzen sich in aufsteigender Linie bewegt“, könne „die Neuzeit nicht auf der ganzen Linie einen Rückschritt gegenüber dem Mittelalter bedeuten“[196]. Als „mächtigste Grundfaktoren“ sah Ehrhard den „Subjektivismus und Individualismus“, wobei sogar der „Subjektivismus zuerst auf dem religiösen Gebiet hervorbrach“[197].

Hervor traten diese Faktoren erstmals im 12. Jahrhundert infolge der Wandlungen in der materiellen Kultur, stärker dann zu Beginn der Neuzeit, als sie sich „auf den Gebieten des intellektuellen und künstlerischen Lebens Geltung verschafft und den Humanismus sowie die Renaissance als erste Blüte hervorgebracht“ haben. Beklagenswerterweise war die „neuzeitliche Befreiung der Persönlichkeit ... leider nur zu oft verbunden mit der Entfesselung der niedersten Leidenschaften“, und als „dunkelste Schattenseite des Humanismus“ zeigten sich „Aberglaube, der Indifferentismus und Fatalismus“.

---

190 *Schwedt*, Katholizismus, S. 886.
191 *Arnold*, Katholizismus, S. 145.
192 Ebd., S. 145–150.
193 *Weiss*, Deutschland; *Ruster*, Wahrnehmung; *Trippen,* Theologie, S. 110–182.
194 *Ehrhard,* Katholizismus, S. 3f.
195 Ebd., S. 46f.
196 Ebd., S. 50f.
197 Ebd., S. 73f.

Hinwiederum führte die Kunst der Renaissance „zu Kunstschöpfungen, die bis jetzt unübertroffen dastehen", und es wäre verfehlt, „wenn man die Vorzüge der neuen Kunst gegenüber der mittelalterlichen verkennen würde". Die Reformation resultierte aus einer „Empfänglichkeit weiter Kreise für die neuen religiösen und kirchlichen Ideen", und ihre „nationale Kraft lag in dem Gegensatze des germanischen Geistes zu dem romanischen und römischen, sowie in dem Streben nach kirchlicher Selbständigkeit". Gleichwohl war „die Reformation des 16. Jahrhunderts ... nicht die richtige Lösung"; sie stand zu sehr „unter dem Zeichen der Revolution, der mutwilligen Verachtung und Niederreißung des Alten", schuf ein „germanisches Christentum", aber nicht „des innerlichen Religionsgefühls" wie in der deutschen Mystik, sondern des „Nationalgeistes" mit seinem Staats- und Landeskirchentum, wobei jedoch im intellektuellen, sozialen und kulturellen Leben „Leistungen hohen und bleibenden Wertes" anzuerkennen seien. Anders die Altkirchlichen; sie „verstanden ihre Zeit nicht in demselben Maße wie ihre Gegner". Doch stehe der Katholizismus nicht im Gegensatz zum Nationalen, weil nämlich „die Germanen durch die römisch katholische Kirche in die Kulturwelt eingeführt wurden" und „ihre Kulturentwicklung ohne die wesentliche Bereicherung, die sie von der Kirche empfing, ... für alle Zeiten in eine wesentlich geringere Wertstufe eingeschätzt werden müßte". Auch anerkenne der Katholizismus durchaus „das Recht der Einzelpersönlichkeit" wie ebenso „das Gesetz des Fortschritts", vertrete „beide Geistesrichtungen, die konservative und die fortschrittliche". Eine allein konservative Richtung bewirke Stagnation, die „den Tod unfehlbar nach sich ziehe", während der Fortschritt mit den „allgemeinen Kulturbedingungen der Zeit" zusammengehe. So gelte es für die Gegenwart, „die religiöse Bildung ... auf das Niveau zu erheben, welches der Kulturstand der Gegenwart fordert"[198].

Hier ist – trotz der heute befremdlichen Töne von Nationalismus und Fortschrittsglauben – festzuhalten: Subjektivismus und Individualismus sind als treibende Kräfte aufgefaßt, in deren speziellem Kulturgefüge sich auch die Religion verändert habe, so daß sich die Gegenwart vom Mittelalter unterscheide und aufgrund ihrer kulturellen Situation nun auch von neuem ihre eigene religiöse Qualität suchen müsse. Innerkirchlich wurde Ehrhard sofort angegriffen, konnte sich aber unbehelligt halten. Doch erzielte er insgesamt keine Nachwirkung, denn sein Ansatz erschien der nachrückenden Generation „als etwas Überholtes", so daß er „keine rechten Fortsetzer fand"[199]. Ehrhard aber rückschauend einen nur „gediegenen Kirchenhistoriker" zu nennen[200], verkennt das Zukunftsweisende seines Programms.

---

198 Ebd., Zitate, S. 74, S. 81, S. 83, S. 87, S. 109f, S. 121, S. 123f, S. 131, S. 116, S. 316f, S. 320f, S. 326–328, S. 384.
199 *Dempf*, Ehrhard, S. 8.
200 *Weiss*, Deutschland, S. 171.

Nicht zuletzt ist der Münchener Dogmatiker Joseph Schnitzer (†1940)[201] zu nennen, der „einer der ganz wenigen deutschen Modernisten von wissenschaftlichem Rang“[202] war. Aus seiner Schule gingen eine Reihe von Modernisten bzw. Reformkatholiken hervor, als bekannteste Karl Adam (†1966), Friedrich Heiler (†1967), Joseph Bernhart (†1969) und Leonhard Fendt (†1957)[203]. Schnitzers kirchenamtliche Suspendierung[204] resultierte aus einer Rezension von Heinrich Günters ›Legenden-Studien‹, worin er dieselben „legendären Züge“ wie auch in der Jesus-Überlieferung antraf.

Ihn befremdete, daß die „mit wunderbaren Zügen ausgestatteten Heiligenlegenden legendären Charakter tragen und das Werk späterer Aufzeichnungen sind, während sich die den Ereignissen gleichzeitigen Berichte von Augen- und Ohrenzeugen durch schlichte Natürlichkeit auszeichnen. Nun unterliegt aber ohne Zweifel das Lebensbild Jesu demselben historischen Gesetze wie das seiner Heiligen; man wird also von vorneherein annehmen dürfen, daß auch das Bild des Erlösers, das ja die Phantasie der Gläubigen unaufhörlich aufs regste beschäftigte, von der stille umschaffenden, leise ausschmückenden und verherrlichenden Tätigkeit ... nicht verschont geblieben sein werde. Bedenken wir nun, daß ... unsere Evangelien nicht von Aposteln, überhaupt nicht von Augen- und Ohrenzeugen des Wirkens Jesu und überdies nicht gleichzeitig, sondern erst Jahrzehnte nach seinem Tod aufgezeichnet wurden, so werden wir uns nicht bloß nicht wundern, auch in den Evangelien legendäre Zusätze anzutreffen, sondern müßten uns im Gegenteil höchlichst wundern, wenn es anders wäre“[205].

Der Modernismus verstand sich nicht nur als „Ruf nach der Begegnung mit der modernen Kultur und Wissenschaft“, sondern erstrebte auch „die Verinnerlichung gegenüber der Veräußerlichung, die Begegnung mit Gott und der Kirche in der Seele gegenüber der bloß äußerlichen Gefolgschaft“[206]. Vertiefung der Religion wurde gesucht und zugleich wissenschaftlich-moderne Glaubensbegründung, sowohl eine Verankerung im Gewissen wie im Wissen und darum die Ausscheidung alles Magischen und Formalen. Gegen den neuscholastischen Intellektualismus stellte man die Mystik, freilich weniger in Deutschland, wo eher ein „Zug zum eigenständig Deutschen“ zu beobachten ist[207]. Wissenschaftlich-theologisch

---

[201] *Trippen,* Theologie, S. 268–404.
[202] Ebd., S. 19.
[203] *Weiss,* Deutschland, S. 478–502.
[204] *Trippen,* Theologie, S. 295f.
[205] *Schnitzer,* Legenden-Studien, S. 215.
[206] *Weiss,* Deutschland, S. 10.
[207] Ebd., S. 113.

ging es um „Geschichte und Geschichtlichkeit“, ferner um den „Subjektivismus als Mitvollzug der neuzeitlichen Wende zum Menschen“[208]. Noch bis in die Belletristik reichten die Auswirkungen, propagierte doch Carl Muth (†1944) für seinen Ansatz einer neuen katholischen Literatur „die Wiedergeburt der Dichtung aus dem religiösen Erlebnis“[209]; ja er will Prophetisch-Neues: „Was schon zuvor allen bekannt und in Worten ausgesprochen war, ist nicht mehr Gegenstand der Poesie, noch der Kunst“[210].

Von der jungen Generation gerieten nicht wenige in persönliche Krisen, die durch das harsche Vorgehen Pius' X. nur noch verschärft wurden. Sie alle quälte die bohrende Frage, ob nicht der Offenbarungsanspruch historisch relativiert werde. Antimodernisten wie etwa der unbeherrscht polemisierende Albert M. Weiß (†1925)[211] bejubelten die „so rasche und so kräftige Wirkung eines päpstlichen Machtwortes“, ja dessen „einschlagende Kraft“, habe sich doch der verhängnisvolle Liberalismus schon in der Geschichte als verderblich erwiesen, beispielsweise beim „ersten Liberalen“[212] Abaelard, dem Inbild überhaupt allen Liberalismus. In Wirklichkeit blieb speziell der deutsche Modernismus von eher bescheidenem Zuschnitt: „Selbst maßgebliche deutsche Modernisten ... waren weithin nur Vermittler dessen, was zuvor in Amerika, England, Frankreich und Italien gedacht worden war. Der deutsche Modernismus war epigonal und reproduktiv, ... ohne große Breitenwirkung“[213]. Dieses heutige Urteil steht übrigens im krassen Gegensatz zur Selbstwahrnehmung der Betroffenen selbst, sahen sie sich doch im Kontext der „Weltgeltung deutscher Wissenschaft“[214] stehend und glaubten darum, die speziell deutsche ‚historische Theologie‘ vor der ahistorischen römischen Neuscholastik retten zu müssen.

So jäh der Modernismus aufgebrochen war, so rasch folgte der Umbruch noch in und gleich nach dem Ersten Weltkrieg. „In keinem Land Europas wurde nach 1914 das ... Bemühen, den Katholizismus von innen her zu reformieren und den Gegebenheiten der modernen ... Erkenntnisse anzupassen, so sehr ‚vergessen‘ und in den Hintergrund gedrängt wie in Deutschland“[215]. Doch hierfür allein den kurialen Antimodernismus verantwortlich zu machen,

---

208 *Ders.,* Modernismus, S. 118f.
209 *Ders.*, Deutschland, S. 463.
210 *Muth*, Kunst, S. 745.
211 *Landersdorfer,* Weiß.
212 *Weiss,* Liberalismus, S. 2, S. 96.
213 *Weiss,* Modernismus, S. 128.
214 *Arnold*, Katholizismus, S. 351.
215 *Kraus*, Katholizismus, S. VII.

greift daneben, denn überdeutlich regte sich etwas anderes, nämlich die Begeisterung für das Objektive. Ein neu aufsteigendes „katholisches Hochgefühl“[216] verhieß Rettung angesichts der Weltkriegskatastrophe und des immer schon abgelehnten und nun für bankrott erklärten Liberalismus. Die für die protestantische Theologie so „folgenreiche Zäsur 1918/19“[217] zeigte sich ebenso im Katholizismus als „großer Umschwung von 1914/18“[218]. Der Essayist Herman Hefele, 1910 noch wegen Verweigerung des Antimodernisteneides aus dem Rottenburger Priesterseminar ausgetreten[219], distanzierte sich nun vom Immanenz-Erlebnis. Sein 1919 erschienener Essay ›Der Katholizismus in Deutschland‹ ist direkt als Bruch mit dem Modernismus bezeichnet worden[220]. In der erstmals 1917 und 1928 im siebten Tausend bei Eugen Diederichs erschienenen Schrift ›Das Gesetz der Form‹ pries Hefele die katholische Welt als „höchste Kultur“ und als „Objektivität“.

Die Kultur ruht „nicht im Innern der Seele, sondern im ichfremden Dogma, in der gegebenen und willig angenommenen Wirklichkeit; sie ist nicht naturhaftes Aufglühen, sondern kühles Bescheiden in Zucht und Form, nicht trunkenes, starkes Lebensgefühl, sondern kluge Fügsamkeit in das Werk der Regel, nicht gefühlsmäßige Einheit der Gesinnung, sondern gelassene, nüchterne Ordnung des Willens. Sie steht unter dem Gesetz der Form, und das Ganze ihrer Erscheinung ist die reinste und vollkommenste Verkörperung jenes Geistes der Objektivität und Ordnung ...“[221]. In „an den heiligen Benedikt“ gerichteten Erwägungen wird auch die Objektivität der Liturgie gefeiert: „Nicht in der tiefsten Glut der einzelnen Seele, sondern im kühlen, langsam-ruhigen Geist der Gesamtheit, in Schule, Lehre und Tradition lebt das Wahre, Form geworden und Form verleihend, fesselnd und gefesselt, und das Heilige und Ewige ist im Gottesdienst zu geltender Objektivität erstarrt und erstarkt“[222].

Der nach Tübingen berufene Karl Adam trumpfte geradezu auf in seinem Erfolgsbuch ›Das Wesen des Katholizismus‹, das übrigens gegen ein gleichnamiges Buch seines ehemaligen Gymnasialschülers und lebenslangen Freundes Friedrich Heiler[223] gerichtet war: Nach den gewaltigen Erschütterungen des Ersten Weltkrieges „wendet sich der Blick wie von selbst zu jener weltumspannenden

---

[216] *Ruster,* Nützlichkeit, S. 76.
[217] *Graf,* Modernisierer, S. 98.
[218] *Wolf,* Historiker, S. 88.
[219] *Weiss*, Deutschland, S. 377–382.
[220] *Graf,* Modernisierer, S. 100.
[221] *Hefele*, Gesetz, S. 58f.
[222] Ebd., S. 63.
[223] *Klement,* Versöhnung, S. 85–108.

Gemeinschaft, die sich wie ein hochragender, ungebrochener Fels mitten aus dem Trümmerfeld erhebt, unberührt vom Wetterschlag, die allein von allen irdischen politischen, wirtschaftlichen und religiösen Gebilden keinen Zusammenbruch erlitten hat, sondern jung ist wie am ersten Tag"[224]. Der Philosoph Peter Wust (†1940) prophezeite ›Die Rückkehr des Katholizismus aus dem Exil‹, eine Schrift, die heute als „Höhe- und Wendepunkt jenes ‚heiligen katholischen Frühlings'" der 20er Jahre angesehen wird[225] und damals als Triumph verkündete: „Der kantische Idealismus, der wie auf einem unerschütterlichen Felsen gegründet zu sein schien, wankt in seinen Fundamenten"[226]. Anhalts- und Leitpunkte waren die „neue Kultur der Objektivität", die „Rückkehr zur Objektphilosophie des Mittelalters", insgesamt die „Rechtfertigung des katholischen Weltbildes"[227]. Noch Joseph Ratzinger sortiert rückschauend seine Professoren, die er nach 1945 in Freising und München hörte, als solche vor bzw. nach der „theologischen Wende, die mit der generellen Bewußtseinswende nach dem Ersten Weltkrieg" stattfand[228].

Breitenwirkung gewann diese ‚objektive' Geistigkeit im und mittels des ›Verbandes Katholischer Akademiker zur Pflege der katholischen Weltanschauung‹, der 1917 aus der von Ildefons Herwegen versammelten jungen katholischen Intelligenz aus Bonn, Straßburg und Metz hervorgegangen war und worunter Namen erscheinen wie Heinrich Brüning (†1970), Robert Schuman (†1963), Hermann Platz (†1945), Thomas Michels (†1979), Franz Xaver Münch (†1940)[229], zeitweilig auch Max Scheler[230] und Carl Schmitt (†1985)[231]. Programmatisch betitelte sich das Verbandsorgan als ›Katholischer Gedanke‹. Mit der aus dem Kulturkampf hervorgegangenen Görres-Gesellschaft gab es Streit ob deren Mangels an katholischer Weltanschauung und des nur sachlich-kalten Wissenschaftsideals[232]. Weiter wurde ein Abendland-Bewußtsein gefördert, das sich sowohl gegen Hohenstaufen wie Hohenzollern, gegen Cäsarismus wie Staatsvergötzung wandte, sich aber in der positiven Perspektive spaltete: einmal wurde einem Sacrum Impe-

---

224 *Adam*, Katholizismus, S. 18.
225 *Ruster,* Nützlichkeit, S. 89.
226 *Wust*, Rückkehr, S. 30.
227 *Ruster,* Nützlichkeit, S. 89.
228 *Ratzinger*, Leben, S. 60.
229 *Dempf*, Intelligenz, S.234; *Maas-Ewerd*, Liturgie, S. 48–56.
230 *Mader*, Scheler, S. 59f.
231 *Koenen*, Schmitt, S. 32–37.
232 *Weber,* Finke, S. 143–153.

rium das Wort geredet, mitunter bei Betonung einer besonderen deutschen Sendung, weswegen man von einer „katholischen Reichsideologie" gesprochen hat[233]; zum andern propagierte etwa der „Reichsprälat" Georg Schreiber (†1963) ein Konzept von der Volkskunde her: als Basis das Volkstum sowohl in seiner deutschen wie auch europäischen Vielfalt[234]; man könnte sich an die heutige Idee des ‚Europa der Regionen' erinnert fühlen.

Sogar auch literarisch ist dieses Kirchlich-Objektive formuliert worden[235]. Man denke nur an Gertrud von le Fort's ›Hymnen an die Kirche‹, wobei, wie die Autorin im Vorwort schreibt, „die Seele mit ihrer eigenen Stimme mehr und mehr zurück[tritt], bis sie, der Heiligen Kirche gänzlich vereinigt, nur noch deren Stimme lauscht"[236].

In ihrem 1946 erschienen Roman ›Der Kranz der Engel‹ beschreibt sie einen Dechanten, der ihr zur Objektivität der Kirche wird: „Die herrscherliche Haltung und der etwas kleinbürgerliche Zug um den Mund verschwanden gleicherweise, es war, als trete das Persönliche des Gesichtes überhaupt zurück und mache einer großen einfachen Objektivität Platz. Ich hatte auf einmal gar nicht mehr das Gefühl, daß mir ein fremder Priester gegenüber stand, nein, es stand mir überhaupt kein Einzelner mehr gegenüber. Sondern gegenüber stand mir die Kirche selber, ihre Weisheit und ihre Wahrheit ..."[237].

Mag auch der Reformkatholizismus in Deutschland infolge der ‚objektiven' Wende „vergessen" worden sein – ohne Aus- und Nachwirkungen blieb er freilich nicht[238]. Anders als nach 1870 wurden nur wenige wie der von Harnack begeisterte Schnitzer-Schüler Leonhard Fendt[239] oder der exegetisch hervorgetretene Schell-Schüler Thaddäus Engert (†1945) evangelisch[240]. Manche auch resignierten und vergruben sich in wissenschaftlichen Fakten. Zu nennen ist hier, gerade auch im Blick auf die Liturgie-Forschung, Franz Josef Dölger (†1940)[241].

---

233 *Breuning,* Vision, S. 67–81, Zitat S. 68; *Nichtweiss,* Peterson, S. 722–727; *Koenen,* Schmitt, S. 43–56.

234 *Damberg*, Kirchengeschichte, S. 146f.

235 *Hoffmann,* Wiederkehr.

236 *le Fort*, Hymnen, S. 5.

237 *Dies.*, Kranz, S. 150f; dazu: *Schmidt*, Handlanger, S. 182–187; *Frühwald*, Einordnung.

238 *Weiss,* Überlegungen.

239 *Klaus,* Fendt.

240 *Hausberger,* Engert, S. 110–138.

241 *Klauser,* Dölger; *Schöllgen,* Dölger.

Sein Würzburger Dogmatik-Lehrer Hermann Schell hatte ihn geradezu entflammt für die Idee der Vervollkommnung in der Moderne. Mit einer Arbeit über ›Exorzismus im altkirchlichen Taufritual‹ habilitiert, verkündete er 1907, im Jahr der Modernismus-Verurteilung, sein wissenschaftliches Lebensziel mit Zitaten des französischen Erzmodernisten Alfred Loisy, fand in seinem Bischof von Schlör einen zwar zuhörenden, aber sachlich verständnislosen Vorgesetzten, verbrachte die Jahre von 1908 bis 1911 „in der Ruhe“ des vatikanischen Campo Santo Teutonico und publizierte dann den ersten Band seines ›Ichtys‹-Werkes, erhielt daraufhin einen Ruf nach Münster, wechselte später nach Breslau und zuletzt nach Bonn. In bis zur Manie getriebener Detailforschung arbeitete er Massen von Material, vor allem auch Inskriptionen, religionsgeschichtlich auf, ohne dabei noch nach größeren Zusammenhängen oder theologischen Konsequenzen zu fragen, so daß der Althistoriker M. Rostovtzeff ihn einen „Antiquar“ nannte[242]. Auf Dölger trifft zu, was E. Troeltsch den besten der katholischen Kollegen meinte nachsagen zu sollen: Sie „halten sich an historische Forschung auf unschuldigen Gebieten“[243].

Gleichwohl wurde Dölger der Entdecker der Forschungsaufgabe ‚Antike und Christentum‘, die er als zwei interaktive Kräftefelder behandelte, wobei an vielen Stellen auch die Liturgie zur Sprache kam[244]. Dölgers Schüler Theodor Klauser[245] brachte das ›Reallexikon für Antike und Christentum‹ in Gang, wobei die Betitelung als Reallexikon alle apologetischen Tendenzen, wie sie dem großen ›Dictionnaire‹ von Leclercq vorgeworfen wurden, zu vermeiden verhieß. Klauser schrieb auch eine bis heute als Standardwerk benutzte ›Kleine abendländische Liturgiegeschichte‹.

c) Das ‚Objektive‘ an der katholischen Liturgie

Angesichts der Euphorie für das Objektiv-Katholische mußte die Wiederentdeckung der ‚objektiven‘ Liturgie zu einem besonderen Erlebnis werden. Anstöße dazu gingen wiederum von der Abtei Maria Laach aus. Der junge Abt Ildefons Herwegen pries die Liturgie als „objektiv“, als „Wort und Geste der Kirche“, als „objektiven Weg zu Christus“[246], demgegenüber er die von Harnack vertretene Denkwelt als historisch-relativistisch ansah, ja als einen „Ausläufer von blasiertem, senilem Rationalismus“[247] abtat. Das

---

242 *Klauser,* Dölger, S. 110.
243 *Troeltsch*, Katholizismus, S. 23.
244 *Thraede,* Antike.
245 *Dassmann*, Klauser.
246 *Herwegen,* Lumen, S. 23.
247 Ebd., S. 109f.

1921 von Laach herausgebrachte ›Jahrbuch für Liturgiewissenschaft‹ wollte diesem Neuansatz Raum geben. Wie mit instinktsicherem Griff sind gleich im ersten Band jene Autoren präsentiert, die fortan zu den führenden Köpfen zählten und die heute als Begründer der modernen Liturgiewissenschaft benannt werden[248]. Der abteizugehörige Odo Casel (†1948) plädierte für eine „religionsgeschichtliche und vergleichende" Betrachtungsweise[249]. An der Bonner Universität hatte er beim Studium der Alten Geschichte die antiken Mysterien kennengelernt und daraus, in Beantwortung auch eigener monastischer Erfahrungen, seine „Mysterientheologie"[250] entwickelt. In weiteren Arbeiten zog er daraus die Folgerung, daß Christentum und hellenistische Welt eine für immer gültige Verbindung eingegangen seien: „Im Hellenismus haben sich uralte Menschheitsgedanken erhalten"[251], und die Kirche habe dann bei ihrem Eintritt in die Alte Welt „diese ‚antike' Denkart nicht ‚aufgelöst', sondern ‚erfüllt'"[252].

„Die Antike glaubte an die Epiphanie gewisser Götter in menschlicher Gestalt, die auf Erden Schlimmes und sogar den Tod erlitten, dann aber zum Leben zurückkehrten; sie beging deren Schicksale in dramatischen Riten, die die erstmalige Epiphanie und deren Taten darstellten und zur erneuten Wirklichkeit machten. Indem die Kultgenossen diese Riten begehen, nehmen sie an dem Geschick der Götter teil, treten so in den göttlichen Kreis ein, werden vergottet. Diese Feiern nehmen daher, zumal in hellenistischer Zeit, einen ausgesprochen ‚mystischen' Charakter an, insofern als der Teilnehmer dadurch in eine persönliche Beziehung zur Gottheit tritt, die nach dem Tode sich in einem seligen Leben fortsetzt. Das ist mit kurzen Worten der Inhalt der Mysterien. Die Mysterien, besonders im Hellenismus und seinem Zusammenströmen von orientalischer und hellenistischer Religion ausgebildet, stellen eine eigene, hochbedeutsame Form der religiösen Betätigung [dar]"[253].

Diesen vorgeblich historischen Befund benutzte Casel für eine theologisch-systematische Definition: „Das Mysterium ist eine heilige kultische Handlung, in der eine Heilstatsache unter dem Ritus Gegenwart wird; indem die Kultgemeinde diesen Ritus vollzieht, nimmt sie an der Heilstat teil und erwirbt sich dadurch das Heil"[254]. Damit vollzog Casel im Katholizismus, was für die prote-

---

[248] *Winkler – Messner*, Überlegungen, S. 229–243.
[249] *Casel*, Einführung, S. 2.
[250] *Schilson*, Theologie.
[251] *Casel*, Religionsgeschichte, S. 223.
[252] *Ders.*, Kultmysterium, S. 56.
[253] *Ders.*, Mysteriengedächtnis, S. 139.
[254] *Ders*, Mysterienfrömmigkeit, S. 104; *Ders.*, Kultmysterium, S. 79.

stantische Theologie in viel neuartigerer Weise Peterson, Bultmann und Barth bewirkt hatten, nämlich eine von der Religionsgeschichte her inspirierte Wiederentdeckung der objektiven Heilshandlungen. Für das katholische Liturgieverständnis wirkte Casels Entdeckung wegweisend. Denn bis dahin galt Liturgik – wie noch nachzulesen ist in dem zuletzt 1931 aufgelegten Handbuch von Richard Stapper – als „gesetzliche Auslegung der liturgischen Formen"[255], eben als Erklärung der rubrikengetreu zu vollziehenden Riten, die aus sich heraus kaum noch verständlich waren und auf mehr mysteriöse als mysterienartige Weise einen überirdischen Effekt herbeiführten. Daß nun die liturgische Feier in ihrem eigenen Sinn und Geist wiederentdeckt wurde – eben das verdankt sie dem „Mysterien-Theologen" Casel. Diese Entdekkung nennt Joseph Ratzinger sogar die bedeutsamste theologische Idee unseres Jahrhunderts[256]. Vom Blickpunkt der Religionsgeschichte her müssen wir heute allerdings zur Kenntnis nehmen, daß „von dem durch Reitzenstein geschaffenen Begriff der ‚Hellenistischen Mysterienreligionen' ... abzurücken" ist, und ein tieferer „Hiat" zwischen ihnen und dem Christentum besteht, ja daß man überhaupt „das Christentum nicht mehr als eine unter verschiedenen ‚hellenistischen Mysterienreligionen' betrachten" darf[257]. Auch vermögen wir heute das Abrücken vom Semitischen nicht mehr außerhalb des damaligen Zeitkontextes zu sehen.

Anton Baumstark, ausgebildet für Sprachen und Philologie des Orients, gab sich in seinem Beitrag zum Jahrbuch noch als „Orientalist", ließ sich dann aber für die westliche Liturgie interessieren, sprach 1921 vor den Laacher Mönchen ›Vom geschichtlichen Werden der Liturgie‹ und formulierte zuletzt das Programm „einer vergleichenden Liturgie". Zunächst beschwor er ebenfalls „für die Liturgie ihre Objektivität"[258]. Betonen wollte er jedoch, daß die Liturgie „auch ein Gewordenes" sei[259]. So diagnostizierte er „Werdeprozesse" mit einer „innere[n] Gesetzmäßigkeit auch liturgischer Entwicklung"[260]. Gängige Vorstellungen wurden dabei auf den Kopf gestellt: „Einheitlichkeit ist nicht der Ausgangspunkt, sondern das Ziel der liturgischen Entwicklung"[261]; anfangs habe

---

255 *Stapper*, Liturgik, S. 30–35.
256 *Ratzinger*, Begründung, S. 5; *ders.*, Leben, S. 61.
257 *Burkert,* Altertum, S. 41f.
258 *Baumstark*, Werden, S. 71.
259 Ebd., S. 1.
260 Ebd., S. 4.
261 Ebd., S. 35.

es „das Recht liturgischer Textimprovisation“[262] gegeben und infolgedessen auch eine „bunte Mannigfaltigkeit ältester Liturgiedeutung“[263]. Doch hielt Baumstark an einem Wesenskern fest, „dem in der Kirche eine nie abgerissene, bis in das apostolische Zeitalter hinaufführende liturgische Entwicklung seine wandelbare Form leiht“[264]. Baumstarks bekannteste Entdeckung ist das ›Gesetz der Erhaltung des Alten in liturgisch hochwertiger Zeit‹[265], wofür besonders die Kar- und Osterliturgie Beispiele bietet, etwa der wortlose, nur mit einer Proskynese vollzogene Anfang des Karfreitagsgottesdienstes, worin sich eine urchristliche, schon von Justin um die Mitte des zweiten Jahrhunderts bezeugte Weise erhalten hat. Freilich zeigt sich dabei auch, daß längst verschwundene Zustände wie eingefroren perpetuiert werden konnten, daß etwa bis 1955 in den Großen Karfreitagsfürbitten für den christlichen Kaiser gebetet wurde[266]. Im letzten Werk, in der posthum erschienenen ›Liturgie comparée‹[267], suchte Baumstark die Gesetzmäßigkeiten noch weiter zu differenzieren; beispielsweise sah er nun keineswegs nur das Entwicklungsgesetz vom Einfachen zum Entfalteten, sondern ebenso Reduktionen, etwa bei den Lesungen, wo die ursprüngliche Vierzahl zumeist auf die Hälfte gekürzt worden sei. Mit solchen Beobachtungen verrät sich Baumstark als ‚Texthistoriker‘, dem aber – bei aller Richtigkeit seiner Beobachtungen – Einwirkungen der Religionsgeschichte verborgen blieben.

Ein wiederum anderes Konzept legte der junge Romano Guardini vor. Die prägende Entdeckung seiner Studentenjahre war – wie er in seinen Lebenserinnerungen mitteilt – „nur eine einzige: die katholische Kirche in ihrer Autorität und Präzision“[268]. Mit seinen Studienfreunden betrachtete er sich als „dezidiert nicht-liberal“[269], und die von ihm vollzogene „Wende … vom Liberalismus zu einer kirchlichen, biblischen und ökumenischen Theologie“ hat jüngst Joseph Ratzinger als für die Charakterisierung dieses Umschwungs wie „nichts so hilfreich“ bezeichnet[270]. Von dieser Wende her entdeckte Guardini dann die Liturgie: die Kirche „als Garantin des Ewigen“ und dabei die Liturgie „als Einheit des kontem-

---

[262] Ebd., S. 31.
[263] Ebd., S. 33.
[264] Ebd., S. 30
[265] *Ders.,* Gesetz.
[266] *Klöckener,* Auswirkung, S. 384f.
[267] *Baumstark, Liturgie.*
[268] *Guardini,* Berichte, S. 72.
[269] Ebd., S. 86.
[270] *Ratzinger,* Leben, S. 184.

plativen, schauenden, betenden Tuns“[271]. Diese ihm 1907 in Beuron klargewordenen Grundeinsichten weckten den Gedanken, „vom Geist der Liturgie“ zu schreiben, vergleichbar Rudolf Iherings ›Der Geist des römischen Rechts‹. Das Büchlein erschien 1919 in Maria-Laach. Guardinis Beitrag im ersten Band des Jahrbuchs, der als „systematisch“ ausgewiesen ist, rückt von einem juristisch-rubrizistischen „liturgischen Gelten“ ab[272] und zielt stattdessen auf die „übernatürliche Bedeutung“, so daß „Gegenstand der systematischen Liturgieforschung die lebendige, opfernde, betende, die Gnadengeheimnisse vollziehende Kirche“ ist[273].

„Die Liturgie der katholischen Kirche … bildet einen Teil des von Gott gegebenen, und damit als wahr, gut, recht, heilig verbürgten übernatürlichen Lebens“. Eben darin liege ihr Schwerpunkt; infolgedessen sei „Gegenstand der systematischen Liturgieforschung … die lebendige, opfernde, betende, die Gnadengeheimnisse vollziehende Kirche, in ihrer tatsächlichen Kultübung und ihren … verbindlichen Äußerungen“. Dadurch bleibt diese Liturgiewissenschaft „von den natürlichen Wissenszweigen geschieden … z. B. der Religons-, Kultur-, Sozialwissenschaft“[274].

Man muß diese Definition genau lesen: Die Liturgiewissenschaft bleibt „von den natürlichen Wissenszweigen geschieden“. Nicht einmal die Liturgiehistorie hat Bedeutung, denn Guardini fehlte nach eigenen Worten „damals der Sinn für das Geschichtliche vollkommen“[275]. Was immer er von Weber, Troeltsch, Otto oder Heiler bereits kannte[276], ist hier noch beiseitegelassen, wird von ihm erst später und auch nur teilweise benutzt[277]. Wohl nahm er Anregungen von der Phänomenologie auf; für seine 1923 erfolgte Berufung auf den Berliner Lehrstuhl für ‚Religionsphilosophie und katholische Weltanschauung‘[278] gab ihm – wie er selbst sagt – als einziger Max Scheler „brauchbaren Rat“[279]. Aber ein Phänomenologe war Guardini nur als „transzendenter Phänomenologe“[280], ein solcher für „die Liturgie der katholischen Kirche“, für deren „heilig verbürgtes übernatürliches Leben“. Davon und nicht von kirchenamtlichen Verlautbarungen ließ er sich leiten; so wenig wie andere Liturgie-Theologen argu-

---

271 *Guardini,* Berichte, S. 88.
272 *Ders.,* Methode, S. 99.
273 Ebd., S. 104.
274 Ebd, S. 99, S. 104, S. 108; *Messner*, Liturgiewissenschaft.
275 *Guardini*, Methode, S. 86.
276 *Knoll,* Glaube, S. 340 (Weber), S. 145 (Troeltsch), S. 240f (Otto), S. 126 (Heiler).
277 Ebd., S. 240f.
278 *Gerl-Falkovitz,* Weltanschauung.
279 *Guardini,* Berichte, S. 45.
280 *Lutz-Bachmann,* Glaube, S. 55.

mentierte er mit Pius' X. Aufruf von der liturgischen „actuosa participatio" der Gläubigen. Ziel war die Liturgie der Kirche, nicht freilich die kirchlich rubrizierte. Im Blick auf die heutige Bewertung Guardinis als eines Fachbegründers bleibt an seine lapidare Selbsteinschätzung zu erinnern: „Ich war nun einmal kein Fachtheologe"[281]. Einen ersten Ruf auf einen Liturgie-Lehrstuhl lehnte er denn auch ab[282].

Schauen wir hier noch einmal sowohl auf den evangelischen wie katholischen Aufbruch zurück, auf „den elementaren Generationenkonflikt zwischen den ‚Wilhelminern' und den antiliberalen Jungintellektuellen der zwanziger Jahre"[283], so „zeigt sich, daß trotz aller konfessionskulturellen Besonderheiten die Diskussionslagen in den beiden Theologiekulturen um 1900 vielfältige Entsprechungen aufwiesen"[284], nämlich zuerst um 1900 die Wende zur Religionsgeschichte und dann noch viel radikaler nach 1918 die Wende zum Objektiven, wobei katholischerseits besonders die Liturgie den antiliberalen Jungintellektuellen ein wirksames Artikulations- und Aktionsfeld eröffnete.

5. Der Rückgriff auf die Geschichte

Die Christenheit verstand ihre kultisch verfaßten Heilsriten als von Jesus Christus gestiftet, und das Neue Testament forderte ausdrücklich zur Wiederholung auf: „Tut dies ... zu meinem Gedächtnis" (1 Kor 11,25). In diesen autorisierten Riten handelt der Stifter selber, so daß er sich im Gang der weitergehenden Geschichte jeweils neu vergegenwärtigt. Das Theologumenon von Jesu Christi Stiftung und Weiterwirken bettete sich ein in die geradezu urreligiöse Vorstellung vom heiligen Anfang: ‚Wie im Anfang so auch jetzt und alle Zeit und in Ewigkeit'[285]. Die stets von neuem vergegenwärtigende Liturgie eröffnete einen direkten Zugang zu Jesus Christus, und das löste immer auch den Schauer der Heiligkeit aus, was selbst noch in der Forschung zu spüren ist. Der liturgiewissenschaftlich führende Kopf in Solesmes, Fernand Cabrol, gab in einem (Gebet-)Buch ›Die Liturgie der Kirche‹ eine idealisierende

---

281 *Guardini,* Berichte, S. 34f.
282 *Schilson,* Perspektiven, S. 17.
283 *Graf,* Modernisierer, S. 98.
284 Ebd., S. 86.
285 *Eliade*, Kosmos, S.86–104.

Schilderung der Messe zu Rom am Anfang des 3. Jahrhunderts, wofür er sich auf „eine hinreichende Anzahl historischer, archäologischer und liturgischer Tatsachen“ berufen zu können glaubte, was aber vor allem der Ergriffenheit durch den heiligen Ursprung dienen sollte[286].

a) Der Anfang in der Alten Kirche

Selbstverständlich mußte sich auch die wissenschaftliche Erforschung auf die Anfänge zurückbeziehen. Schon im reformatorischen Streit des 16. Jahrhunderts, der erstmals verstärkt wissenschaftlich-historische Argumente in die Debatte brachte, ging es um die Alte Kirche, um deren Funktion als „Richtscheit“ des kirchlichen Lebens[287], und dabei wurde auch mit der Liturgie argumentiert. Ebenso berief sich die Katholische Kirche auf die Alte Liturgie[288]; zur Erforschung mußte man zwar auch ins Frühmittelalter gehen, weil erst aus dieser Zeit die großen Liturgie-Kodizes stammen; der Sache nach aber ging es primär um die Liturgie der Frühzeit. Über die deutsche katholische Liturgieforschung seit dem 18. Jahrhundert ist zusammenfassend gesagt worden:

> „Das Zurückgehen auf das christliche Altertum zeigte sich in der Aufklärung sehr stark, und zwar in praktischer Einstellung, in seinem Sinne zu reformieren. Die Romantik und teilweise auch die Restauration sieht dann ihr Ideal im Mittelalter …, wie sich schon aus der Bevorzugung und teilweise sogar Verabsolutierung der Gotik ergibt. Daneben beruft man sich aber auch öfters … auf das Altertum. Jedoch zieht man daraus kaum mehr weitergehende Folgerungen – oder sie sind und bleiben theoretisch“[289].

Für das 19. Jahrhundert ist wiederum nach der Haltung Guérangers zu fragen. Er habe sich die Erneuerung des Katholizismus (so ist ihm nachgesagt worden) nur als Rückkehr zum Mittelalter vorstellen können. Tatsächlich machten schon die Klosterbauten von Solesmes wie sonstiger Neugründungen den Eindruck eines wiedererstandenen Mittelalters, ersichtlich am neugotischen bzw. neuromanischen Stil[290]. Auch für seine Liturgiedeutung ist Guéranger des Mediävalismus geziehen worden[291], wobei ihm eine „altertümliche Rekonstruktion … von sehr zweifelhafter Authentizität“ und

[286] *Cabrol*, Liturgie, S. 104–136, Zitat S. 104.
[287] *Ditsche*, Richtscheit.
[288] *Jungmann,* Missarum Sollemnia 1, S. 168–186.
[289] *Trapp*, Vorgeschichte, S. 348.
[290] *Leclercq*, Renouveau, S. 168f.
[291] *Bouyer*, Piety, S. 15.

eben auch ein „Rückgang auf das Mittelalter“[292] nachgesagt worden sind. Eine sorgfältige Relecture bestätigt zwar vollauf eine „Erneuerung aus dem Geist der Restauration“[293], doch wird in neueren Untersuchungen ein Mediävalismus für die Liturgie bestritten: Bei aller Liebe zum Mittelalter habe Guéranger die vollendete Liturgie doch eher im Zeitalter Gregors des Großen finden wollen[294]. In Cabrols liturgiewissenschaftlichem Einführungsbuch klingt für das Mittelalter nur einmal ein vorsichtig wertender Akzent durch, indem die Zeit vom 10. bis zum 15. Jahrhundert als „ein nicht mehr goldenes Zeitalter der Liturgie“[295] firmiert. Es war also vorwiegend ein Rückgriff auf die Alte Liturgie. Auch im Kontext der reformerischen Liturgie-Forschung konnte Anton Baumstark kategorisch fordern: „Rückkehr zur christlichen Antike in ihrer nüchternen, klaren römischen Prägung läßt sich als das umfassende letzte Ziel solcher reformatorischen Bewegung bezeichnen“[296]. Dabei sah er aber bereits, daß am Anfang nicht einfach eine einheitliche Liturgie stand, aus der die spätere wie aus gemeinsamer Wurzel hätte emporsprießen können. Der heutigen Forschung ist klar, daß nach einer im einzelnen nicht immer erhellbaren Frühperiode erst im 4. Jahrhundert eine Standardisierung einsetzte, wobei es sowohl zu ersten Beschneidungen wie auch zu Fremdauffüllungen kam, was im einzelnen bereits störend auf die frühe Liturgie einwirkte[297].

b) Das ‚objektive‘ Mittelalter und sein ‚subjektivistischer‘ Zerfall

Für das Liturgieverständnis unseres Jahrhunderts ist eine Einwirkung von ganz anderer Seite prägend geworden, nämlich das in Mittelalter-, Kunst- und Philosophiegeschichte dominierende Interpretament vom ‚objektiven‘ Frühmittelalter und dem ‚verfallenen‘ Spätmittelalter. Stimulierend wie popularisierend wirkte das 1918 erschienene und 1923 ins Deutsche übersetzte Erfolgsbuch des Niederländers Johan Huizinga (†1945) ›Herbst des Mittelalters‹[298], worin eine schön-verspielte wie zugleich raffiniert-grausame, im letzten makaber-morbide Spätzeit aufscheint, eben das

292 Ebd., S. 12, 15.
293 *Schilson*, Erneuerung, S. 51–56.
294 *Johnson*, Guéranger, S. 16f, S. 36; *Schilson*, Erneuerung.
295 *Cabrol*, Introduction, S. 34.
296 *Baumstark*, Werden, S. 131.
297 *Bradshaw*, Homogenization.
298 *Strupp*, Kulturgeschichte.

„absterbende Mittelalter“, dem der „aufblühende Humanismus ... [als] goldene Harmonie des Klassischen auf einmal wie eine Erlösung“ sein mußte[299]. Mehr als die Hälfte des Buches ist der Religiosität gewidmet. Zu Beginn des ersten einschlägigen Kapitels ‚Der religiöse Gedanke und seine bildliche Gestaltung‘ wird der Generalschlüssel anhand eines längeren Zitats von Jacob Burckhardt (†1897) formuliert: „Eine mächtige Religion zeigt ihre Macht gerade darin, daß sie alles, jede Regung des Geistes und alle Dinge des Lebens, zu durchdringen“ vermöge, dann aber mit diesen Dingen sich so verflechte, daß ihr lauter Gefahren entstünden, weil dadurch nämlich der „Kern ... erstickt werden [kann] von den Vorstellungs- und Bilderkreisen, die sie einst in ihren Bereich gezogen hat“[300].

Die Folgekriterien sind dann klar: inniger Glaube zwar, aber umgeben von äußerer Volksfrömmigkeit; nach Zonen ruhigen Glaubens die Verzückungen der Gottschau und die Schauern der süßen Christusminne; gänzliche religiöse Durchtränktheit, aber ohne den Abstand zwischen Irdischem und Himmlischem; Gottallgegenwärtigkeit mit allerdings einer erschrekkenden Alltäglichkeit und einer gefährlichen Annäherung an das Erotische; durchaus Kraft des Gebetes, formalisiert aber zu einer quantitativen Abzählung mit fast mechanischer Vervielfältigung, etwa im Rosenkranz. Kurzum: es sei eine Last vielfältiger Einzelheiten geworden, und über allem ein Hauch dekadenter Gottlosigkeit. Dem Niederländer Huizinga drängten sich als Vergleich die Muschelkrusten an den Schiffsplanken auf.

In Deutschland waren ähnliche Deutungen in Umlauf. Schon 1915 hatte der Germanist Richard Benz (†1966) – übrigens der Übersetzer der verbreitetsten ›Legenda aurea‹ -Ausgabe – proklamiert, die Renaissance sei das „Verhängnis der deutschen Kultur“[301]. Der Kunsthistoriker Wilhelm Worringer (†1965)[302] stellte die Mystik als „ein nordisches Produkt“ dar, jedoch mit einem zuletzt negativen Individualisierungsprozeß, sogar einem „Zerbröcklungsprozess“[303]. Die Renaissance sei nurmehr ein künstliches „Bildungsprodukt“, und der „wirklichkeitsfremde Humanismus ... [ein] Privileg saturierter Existenzen“[304]. Noch über die Kunstgeschichte hinaus bis in die Architekturtheorie wirkte dieses Verfallskonzept. Hans Poelzig (†1936), einer der großen Architekten im ersten

[299] *Huizinga,* Herbst, S. 462.
[300] Ebd., S. 209.
[301] *Benz*, Renaissance.
[302] *Herwegen,* Lumen, S. 126f, S. 150 Anm. 31; *ders.*, Antike, S. 8f.
[303] *Worringer*, Formprobleme, S. 125.
[304] Ebd., S. 78f.

Drittel des 20. Jahrhunderts, wollte – wie er in einer Rede vor dem Werkbund 1919 darlegte – „eine Regeneration unserer Kunst überhaupt nur im Geiste der mittelalterlichen Kunst", und die „frühromanische Zeit" empfahl er der Gegenwart zur „stilistischen Reinigung"[305]. Andere klagten überhaupt: „Seit den romanischen Jahrhunderten hat jener große Gestaltungsgeist in Europa keine reine Verwirklichung mehr gefunden"[306].

Für die allgemeine Zeitdeutung ist bezeichnend der Scheler-Schüler Paul Ludwig Landsberg (†1944) mit seinem 1922 publizierten und vielgelesenen Buch ›Die Welt des Mittelalters und wir‹, das Otto G. Oexle „ein Schlüsselwerk der Epoche" genannt hat[307] und worin das Mittelalter als „eine menschliche Grund- und Wesensmöglichkeit" erscheint: Es stehe für Ordnung und Ordnungsvertrauen, während die Neuzeit ‚das Gepräge der Negativität' zeige und darum den Tod verdiene; begonnen habe die „Zersetzung" mit dem spätmittelalterlichen Nominalismus[308]. Landsberg rekurrierte seinerseits auf Ferdinand Tönnies (†1936) und sein erstmals 1887 erschienenes, aber erst nach 1918 enthusiastisch rezipiertes Buch über ›Gemeinschaft und Gesellschaft‹, worin erstere gegen letztere gestellt wird und damit Kultur gegen Zivilisation ausgespielt ist. Die Botschaft für die eigene Zeit wollte und sollte eindeutig sein: Das Mittelalter stelle die positive und organische Ordnung dar, während die Neuzeit das Unlebendige in und an sich sei[309]. Gemeinschaft und Gesellschaft stünden, weil jeweils „natürlich" und „mechanisch", weit getrennt voneinander, und „gerade dem ausgehungerten Nachkriegsdeutschland obliege es, ‚bei Strafe des Untergangs', der Welt den Gedanken der Gemeinschaft nahezubringen"[310]. Tatsächlich wurde „Tönnies' Begriffsunterscheidung ein zentrales, wenn nicht *das* zentrale Thema der sozialwissenschaftlichen Diskussion während der zwanziger Jahre"[311]. In der Geschichtsschreibung konzipierte Willy Andreas (†1967) das zuerst 1932 und dann 1959 im 20. Tausend erschienene ›Deutschland vor der Reformation‹ als „Zeitenwende". Will-Erich Peuckert (†1969) betitelte sein 1945 abgeschlossenes Spätmittelalter als ›Die große Wende‹, denn „der Mensch des fünfzehnten

[305] *Poelzig*, Werkbundrede, S. 114f.
[306] *Beyer,* Romanik, S. 111.
[307] *Oexle*, Mittelalter, S. 176.
[308] *Landsberg,* Welt, S. 7, S. 9, S. 78.
[309] *Oexle.*, Moderne, S. 320–326.
[310] *Baumgartner*, Sehnsucht, S. 54.
[311] Ebd., S. 55.

Jahrhunderts hatte Ja gesagt zu seinem Untergang"[312]; aber anders als Huizinga zielte Peuckert nicht auf das Klassische, sondern auf die Reformation und den damit geschehenen Umschlag von einer Bauernkultur zu städtischer Bürgerkultur.

Auch in der Kirchengeschichte erschien das Deutungsschema vom objektiven Mittelalter und der zersetzten Neuzeit. Anzuführen ist das von Ludwig A. Veit (†1939) 1931 neubearbeitete Hergenröthersche Handbuch, worin schon die Zeit von 1648 bis 1800 wie erst recht die von 1800 bis zur Gegenwart „im Zeichen des vordringenden Individualismus" steht und alles nur erdenklich Negative nachgesagt erhält: Liberalismus, Staatsallmacht, Nationalismus, Sozialismus und Bolschewismus[313]. Ihr verbreitetstes Echo hat das Interpretament der ‚zersetzten Neuzeit' bei Joseph Lortz (†1975) gefunden[314]. Seine auflagenhohe ›Kirchengeschichte in ideengeschichtlicher Betrachtung‹ präsentiert zunächst das christlich-objektive Mittelalter und dann die Zersetzung seit dem spätmittelalterlichen Nominalismus[315]; hier habe sich ein „Relativismus" entwickelt, der „recht eigentlich der große Krebsschaden der Renaissancezeit und der Neuzeit überhaupt"[316] sei, erkenntlich an den „Auflösungstendenzen, d. h. dem Subjektivismus und Individualismus, Nationalismus, Laikalismus, Säkularisierung und Demokratie"[317]. Zumal bei Erasmus von Rotterdam „fehlte das Absolute überall"; er war ein nur „stimmungsmäßig arbeitender Relativist", und darum „überwiegt der Schaden, den er der Kirche zugefügt hat"[318]. Im ‚Ausklang – Ausblick' entdeckt Lortz dann nach einem „siebenhundertjährigen Zerstörungsprozeß"[319] erste verheißungsvolle Anzeichen eines „inneren Umschwungs", darunter „die von Pius X. angebahnte liturgische Bewegung: aus dem Subjektiven der Einzeldevotien zum Gemeinschaftsgottesdienst"[320]. Unüberhörbar zeigt sich in dieser Einschätzung eine „antiliberalistische Wende"[321] mit deutlich „negativer ultramontaner Gegenwartsanalyse"[322].

---

[312] *Peuckert*, Wende, S. 21.
[313] *Veit*, Kirche, S. VI; *Wolf*, Historiker, S. 89.
[314] *Lautenschläger*, Lortz.
[315] *Damberg*, Spätmittelalter, S. 168–180.
[316] *Lortz*, Geschichte, $^{17/18}$*1953*, S. 244.
[317] Ebd., S. 217.
[318] Ebd., S. 249–253, Zitate S. 251–253.
[319] Ebd., ^{3}1934, S. 390; und weitere Auflagen.
[320] Ebd., ^{2}1933, S. 388; ebd., ^{21}1964, Bd. 2, S. 503f.
[321] *Wolf*, Historiker, S. 82.
[322] Ebd., S. 88.

Ein Blick ist auch auf Frankreich zu werfen. Jacques Maritain (†1973) sprach in seinem großen Plädoyer für eine Wiedergeburt des Thomismus provozierend ‚antimodern': „Die moderne Philosophie ist zum guten Teil durch den Individualismus gewisser Scholastiker des 14. und 15. Jahrhunderts, wie Duns Scotus und Occam, vorbereitet worden", woraufhin dann das 16. Jahrhundert „in der Ordnung der Weisheit ... einen einzigartigen Verfall erkennen" lasse, nämlich nur noch „Zeichen der Zersetzung (Nominalismus, Individualismus und Verachtung der Tradition, Tendenz zum Naturalismus und Subjektivismus, Unfähigkeit zur Metaphysik ...)"[323]. Wie weit dieses Konzept in der französischen (Kirchen-)Geschichtsschreibung verbreitet war, braucht hier nicht eruiert zu werden. Immerhin erscheinen bis heute in der bekannten Reihe ›Sources chrétiennes‹ nur Texte von vor 1200.

c) Die ‚romanische' Ordnung und die ‚gotische' Auflösung

Ein Franzose hat auch ein für die Liturgie gerade das Mittelalter einbeziehendes Deutungsschema vorgelegt, nämlich Maurice Festugière (†1950)[324], Mönch aus Maredsous und abkünftig von einer hochbürgerlichen, dezidiert katholischen Familie aus Paris. Im römischen Benediktiner-Kolleg Sant' Anselmo hatte er Theologie studiert und publizierte 1913 die damals Aufsehen erregende Schrift: ›La liturgie catholique‹[325], die freilich nur erst ein Konzept von deren Theorie und Geschichte projektierte[326]. Die prosperierende Liturgiephase habe bis ins 12./13. Jahrhundert gedauert; ihr verdanke sich die Verchristlichung der Massen nach der Konstantinischen Wende, ebenso die Bekehrung und Zivilisierung der Barbaren durch die Söhne des Heiligen Benedikt. Obendrein habe sich mit der Liturgie die Volksfrömmigkeit entfaltet, was Cluny, der Heilige Bernhard und auch die Franziskaner und Dominikaner noch weiter gefördert hätten[327]. Ganz anders dann die Mystik; sie müsse man als rein subjektiv ansehen, während doch die Liturgie ganz das Objektive wolle[328]. Zu beklagen sei, daß Ignatius von Loyola zwar den Subjektivismus in den

---

323 *Maritain,* Antimodern, S. 82, S. 105, S. 107.

324 *Chaussy*, Festugière (der nicht zu verwechseln ist mit dem Patristiker Festugière); *Neunheuser,* Frömmigkeit.

325 *Festugière*, Liturgie.

326 *Haquin*, Beauduin, S. 189–193.

327 *Festugière*, Liturgie, S. 13–21.

328 Ebd., S. 24.

Katholizismus integriert, aber die Behebung der liturgischen Misere versäumt habe[329].

Die Gründe für den evidenten Verfall im Spätmittelalter seien die Auseinandersetzungen zwischen Staat und Kirche, das Schisma des Papsttums, der Niedergang der Benediktinerklöster wie auch des Klerus und des Pfarrlebens; die Bemühten hätten sich daraufhin einem individualistischen Mystizismus zugewandt. In der Renaissance habe sich dann die Religiösität gegen den Glauben und der Individualismus gegen die Liturgie gewandt[330].

Mit kriegsbedingter Verzögerung, aber gleich im ersten Laacher ›Jahrbuch für Liturgiewissenschaft‹ von 1921 rezensierte Festugières Buch kein anderer als der junge Guardini, der freilich die Gesamtthese nicht billigte: Neben dem Objektiven – so bemängelte er – könne auf das Subjektive des Ignatius nicht verzichtet werden[331]. Der Laacher Redaktion erschien dieses Urteil sofort korrekturbedürftig[332]. Aber Guardini beharrte auf der Zweipoligkeit: Die Kirche „legt mir die Liturgie als verbindlich vor; andererseits empfiehlt sie mir aufs nachdrücklichste die ignatianische Methode"[333]. Tatsächlich schied Guardini bald aus der Schriftleitung des Jahrbuchs aus[334].

Aber schon als 1919 Guardinis ›Vom Geist der Liturgie‹ auf Laacher Initiative herauskam, hatte Abt Herwegen ein aktualisierendes Vorwort vorangestellt, das Gedanken vorbrachte, die sich wie eine Parallele zu Festugière lesen: Das „Individuum, durch Renaissance und Liberalismus großgezogen", verlange wieder „nach Gemeinschaft"; eine solche, sofern auf Gott ausgerichtet, müsse „einen öffentlichen gemeinsamen Kult" haben; das Beten werde „durch die Liturgie auf ein objektives Fundament gestellt, auf ein großes, überpersönliches Ziel gerichtet"[335]. Lebenslang wiederholte der Abt, daß nur die Hinwendung zum Objektiven und damit zur Liturgie Rettung verheiße: „Somit ergibt sich als der Sinn der liturgischen Erneuerung, daß sie eine Antwort ist auf das große Sehnen unserer Zeit nach dem Objektiven, Überpersönlichen, nach der Gemeinschaft"[336]. Viel stärker aber als Guardini, dem ja Geschichtsinteressen fernlagen, zog der Abt auch liturgiehistorische Konsequenzen: In der mittelalterlichen Liturgie sei seit

329 Ebd., S. 34–45.
330 Ebd., S. 34.
331 *Guardini*, Gebetsleben.
332 Ebd., S.125, Anm. 1.
333 *Ders.*, Jahrbuch, Brief 4, S. 192.
334 *Schilson*, Perspektiven, S. 67–69, Anm. 20.
335 *Herwegen*, Einführung, S. IXf.
336 *Ders.*, Sinn, S. 387.

dem 12. Jahrhundert eine Entartung der Frömmigkeit zu einem formlosen, nämlich individualistischen, subjektivistischen und anthropozentrischen Denkstil aufgekommen, was geistes- und kunstgeschichtlich als „gotisch“ zu gelten habe, als „diejenige Kunstrichtung ..., in der also das Persönliche, Subjektive, Zufällige, Ungeregelte überwiegt“[337]. Noch im Nachruf, den W. Kahles in dem Laacher Periodicum ›Liturgie und Mönchtum‹ dem 1946 verstorbenen Abt widmete, hieß es: „Er leitete eine Zeitenwende ein, die im Gegensatz zu der Entwicklung steht, die durch die beiden Worte Gotik und Barock bezeichnet wird“[338].

Guardini hat indes das Vorwort Herwegens ausdrücklich anerkannt, gab er doch noch 1934 sein Einverständnis, „das erste Vorwort von 1918 ohne die Anmerkungen unverändert abzudrukken“[339]. Als er 1923 sein Erst- und Erfolgsbuch mit ›Liturgische Bildung‹ „tiefer führen“ wollte[340], ließ er nun auch pointierter historische Deutungen einfließen[341]: Wohl habe das Mittelalter die Persönlichkeit gekannt, aber deren Eigenbewußtsein nicht so kritisch geschärft, daß die Gemeinschaft zersprengt worden sei wie in der Neuzeit, als sich die Nationen immer weniger als Teile eines übergreifenden Ganzen verstanden hätten und die große Gemeinschaft im Nacheinander der Jahrhunderte sich zum bloßen Heute reduziert habe[342]. Renaissance und Reformation hätten die objektive Haltung gelockert, und „an die Stelle der mittelalterlichen objektiven ‚Ordnung‘ als Maßbild rechten Seins und Schaffens setzte sich die selbstherrliche Subjektivität“[343]. Aus Landsbergs ›Welt des Mittelalters‹ erstrahle „wirklich altes Gut, [das] von den letzten Jahrzehnten der ‚Neuzeit‘ verleugnet, nun ... als das wahrhaft Neue erwacht“[344]. Doch wird anmerkungsweise hinzugefügt, damit sei nicht irgendeine Rückkehr zum Mittelalter gemeint[345], wie es zuvor schon geheißen hatte, man solle nicht so ausschließlich das Mittelalter nachahmen, als habe die Neuzeit keine eigenen Werte hervorgebracht[346]. Guardinis Folgerung für die Liturgie behielt eine gewisse Doppelpoligkeit: „Die strenge Liturgie ist jene Form

[337] *Ders.,* Lumen, S. 150, Anm. 29.
[338] *Kahles,* Herwegen, S. 10.
[339] *Guardini*, Herwegen, Nr. 50, S. 262.
[340] *Ders.*, Bildung, S. 7.
[341] *Knoll,* Glaube, S. 176–182.
[342] *Guardini*, Bildung.
[343] Ebd., S. 69.
[344] Ebd., S. 84.
[345] Ebd., S. 70, Anm. 3.
[346] Ebd., S. 52, Anm. 2.

des religiösen Verhaltens, darin sich das Objektive am stärksten verwirklicht. Ihr steht als Gegenpol jene gegenüber, die von einem Höchstmaß subjektiver Haltung getragen ist: die persönliche religiöse Versenkung ..., die große Zahl geordneter, durch lange Tradition geformter religiöser Übungen und Volksandachten"[347]. Obwohl also Guardini keineswegs eine gänzliche Eliminierung des Subjektiven wollte, sah er es dennoch lebenslang als erstes Ziel der Liturgieerneuerung an, „aus dem Subjektiven herauszukommen und das Leben der Kirche in ihrer großen, durch alle Zeiten und alle Völker gehenden Einheit mitzuvollziehen"[348].

Ähnlich steht es auch in Guardinis ›Vom Sinn der Kirche‹ zu lesen. Der gleich eingangs beschworene „Vorgang von unabsehbarer Tragweite", nämlich „die Kirche erwacht in den Seelen", wurde zum Motto einer umfassenden Bewegung: Die „individualistische Entwicklung seit dem ausgehenden Mittelalter" habe die Kirche zurücktreten und die Gemeinschaft nicht mehr als etwas „Ursprüngliches" erfahren lassen. Dem Mittelalter selbst aber sei „die objektive Wirklichkeit der Kirche, wie der Gemeinschaft überhaupt, unmittelbar gegenwärtig" gewesen. So sehr nun das Objektive als „von vornherein gegebenes, notwendiges Wesensstück des religiösen Lebens" gelten müsse, so setze dennoch „katholische Gemeinschaft ... von Beginn an die frei in sich stehende Persönlichkeit voraus", so daß „die Gemeinschaft der Kirche wesentlich persönlichkeitsbezogen" sei[349].

Von der subjektiven und individualistischen Renaissance sprach ebenso Odo Casel. Seinen 1932 unter dem Titel ›Das christliche Kultmysterium‹ veröffentlichten Aufsätzen stellte er ein Vorwort mit der Überschrift „Die Wende zum Mysterium" voran, worin er zunächst die Anfänge des neuzeitlichen Individualismus als allzu verführerisch hinstellte, nämlich als Hinaufsteigen der Gotik aus Düsternis und Wucht der romanischen Epoche, dann die verlokkende Frührenaissance, die wie ein Wandeln durch einen blumenreichen Frühling gewesen sei. Aber „Humanismus und Mysterium passen nicht zueinander"[350], denn seither erhebe sich „auch in der Frömmigkeit der freie, selbständige Mensch, der seinen Weg zu Gott sucht ... Das Individuum ringt in einsamem Kampfe sich zur Höhe empor"[351]. Begonnen habe diese Auflösung im 12. Jahrhundert, als unter der Dominanz germanischer Völker ein Denken aufgekommen sei, „bei dem der Mensch als Einzelwesen, losgelöst

[347] Ebd., S. 74.
[348] *Ders.*, Pius, S. 129.
[349] *Ders.*, Sinn, Zitate, S.1, S. 31, S. 13, S. 26, S. 28.
[350] *Casel*, Kultmysterium, S. 21.
[351] Ebd., S. 20f.

vom gottgegebenen Ganzen, immer mehr sich in den Mittelpunkt rückte, sich sein eigenes Gesetz gab und sich seine eigene Welt erbaute, in der es keinen übergeordneten Gott mehr gab“[352]. Wie schon bei Herwegen läßt sich wiederum ausmachen, daß „Geist der Gotik und der Renaissance … die ständig wiederkehrenden Topoi [sind], an denen sich Casels kritische Einschätzung … festmacht“[353].

Die Abneigung ist sogar noch gesteigert zum Ressentiment gegen alles Moderne, etwa gegen die Verstädterung: „Gott ist kein Freund der stolzen Städte. Er führt seine Getreuen hinaus in die Einsamkeit, in die wilde Natur, wo sein Odem weht, wo der Mensch sich abhängig fühlt“[354]; dort erst vermag der Mensch „aus all der Äußerlichkeit einer durch Industrialismus, Mammonismus, Demokratismus entgotteten Welt sich in die Tiefen der Seele zurückzuziehen und dort den geheimnisvollen Stimmen lauschen, die aus einer besseren Welt herübertönen“[355].

Popularisierend wirkte Anton L. Mayer(-Pfannholz) (†1982), dessen Aufsätze zu den einzelnen Epochen der Liturgiegeschichte der Laacher Prior E. von Severus (†1997) noch 1971 neu herausbrachte[356]. Im Blick auf ›Altkirchliche Liturgie und Germanentum‹ deutete Mayer Liturgie als „Form gewordenes religiöses Leben“, paradigmatisch ablesbar an der romanischen Kunst, an deren „geistiger Zucht und seelischer Geschlossenheit“. Der antik-altchristliche Primat des Logos habe sich mit dem „ethisch-voluntaristischen Grundcharakter der germanischen Seele“ vereint, so daß sich „das Individuum dem Zauber und der Lockung subjektiver Gefühlsergüsse nicht ganz [habe] hingeben“ können. Erst der Geist der Gotik sei ordnungszerstörend geworden. Für die Liturgie konnten die Konsequenzen nur verheerend sein: „Die Befriedigung irgendwelcher subjektiv persönlicher Bedürfnisse des Liturgen widerspricht dem tiefsten sozial-objektiven Wesen der Liturgie‘“[357].

Schon seit dem 12. Jahrhundert ging „ein gewaltiger Riß durch die Zeit“, bewirkt durch das „Freiwerden von Einzelkräften mit all seinen schöpferischen und destruktiven Folgen“; es siegte „der faustische, romantische, der ethizistische Typ“, und am Ende war es eine „gotische Zersetzung“. Selbst die Scholastik habe letztlich den „entschiedenen Sieg des Individualprinzips“ gefördert, denn das neue „Individuum zerbricht den heiligen

[352] Ebd., S. 56.
[353] *Schilson,* Theologie, S. 47.
[354] *Casel,* Mysterium, S. 349.
[355] *Ders.,* Liturgie, S. VII.
[356] *Mayer,* Geistesgeschichte.
[357] Ebd., S. 26.

Ordo". Die weiteren Auswirkungen des „asozialen, egozentrischen Individualismus" sind dann „mystische und lyrische Subjektivität", vor allem auch „Auflösung der eucharistischen Opfergemeinschaft"[358].

Bis heute wird Mayers „Konzentration auf den alles beherrschenden *Geist* einer Epoche" als von „hochrangiger Bedeutung" gefeiert[359], als „eine wahre ‚Pioniertat'" und ein „Meisterstück scharfsichtiger Zeitdiagnose"; man müsse bedauern, „daß ähnliches für die Gegenwart fehlt"[360]. Bei näherem Hinsehen zeigt sich jedoch, daß Mayer ein antimodernistisches Konzept befolgte, sogar mit dem Injurienvokabular gegen den „Modeprofessor" Abaelard[361]. Wie anders hatte da Albert Ehrhard argumentiert: Subjektivismus und Individualismus als treibende Kräfte, mit einer Revolution schon im 12. Jahrhundert und Hochleistungen in Renaissance und Moderne: „Das moderne religiöse Bedürfnis unterscheidet sich von dem mittelalterlichen durch zwei besonders charakteristische Momente: Individualismus und Innerlichkeit. Sie ergeben sich aus den allgemeinen Kulturfaktoren der Gegenwart"[362].

Das Ergebnis, das wir hier zu registrieren haben, und zwar für die allgemeine Geschichtsschreibung wie mehr noch für die Liturgieforschung, ist zunächst einmal die Negativbewertung des Spätmittelalters mit dem Vorwurf des Subjektivismus. Gerade an der Auflösung der religiösen Formen hatte schon Huizinga in seinem ›Herbst des Mittelalters‹ die Verfallsthese demonstriert. Auch theologisch wurde der Subjektivismus negativ konnotiert. Dieses Anti-Subjektivismus-Konzept wirkte blockierend auf die Liturgieforschung ein, die sich von solch weltanschaulich bedingter Abwertung des ‚gotischen Menschen' gänzlich täuschen ließ. Selbst ein Theodor Klauser, der doch seinem ›Reallexikon für Antike und Christentum‹ ein die ganze Mittelmeerwelt umfassendes Programm von Religionsforschung voranstellte[363], folgte dieser Deutung: Seit dem Hochmittelalter sah er nur noch ein „trübes Bild"[364]. Aber auch für das als objektiv gepriesene Frühmittelalter ergaben sich Probleme. Das vermeintlich Objektive der Antike wie auch das des romanischen Frühmittelalters zwangen eine Deutung auf, die – wie zu zeigen sein wird – gerade die gesuchte Objektivität verzeichneten.

---

358 Ebd., Zitate S. 1, S. 2, S. 14, S. 19f, S. 24, S. 34f, S. 42.
359 *Schilson,* Theologie, S. 91.
360 *Ders.,* Liturgie, S. 133, S. 135f.
361 *Mayer,* Geistesgeschichte, S. 26.
362 *Ehrhard,* Katholizismus, S. 363.
363 *Klauser,* Vorwort (ohne Paginierung).
364 *Ders.,* Liturgiegeschichte, S. 99.

d) Christozentrische Kirchenkunst

Im ›Kirchlichen Anzeiger für die Erzdiözese Köln‹ hatte Kardinal Fischer noch 1910 verordnet, daß neue Kirchen romanisch oder gotisch zu erbauen seien, wobei aber ‚romanisch' bereits ein Zugeständnis war, denn der wahre Kirchenstil konnte nur der des Kölner Domes sein; Gotik war katholischerseits „Normalstil"[365]. Auch hier wandelte sich die Situation nach dem Ersten Weltkrieg. Ein erstes Programm formulierte Johannes van Acken (†1937) mit der 1922 erschienenen ›Christozentrischen Kirchenkunst‹[366]. Die Objektivität der Liturgie übergehe alles Subjektive; die „organische Gemeinschaft"[367] erfordere eine „christozentrische Raumgestaltung"[368], wolle die „Betonung des Ursprünglichen"[369]. Nun habe aber jede Zeit das Recht und die Pflicht, aus eigener künstlerischer Art die „Fundamentalwahrheiten mit siegreicher Kraft darzustellen"[370], und so seien durchaus auch moderne Mittel zu benutzen, etwa der „Eisenbeton"[371]. Vorbild aber blieb die „Monumentalkunst des Frühchristentums und des Frühmittelalters"[372], denn im gotischen Wogen und Blühen „überwuchert doch sichtlich die Vielheit der Formen"[373], und so könne „die gotische Raumauflösung"[374] nicht mehr befriedigen, ebenso wenig die Neugotik und noch weniger die völlig versagende „anthropozentrische Richtung unserer Kultur seit der Renaissance"[375]. Das liturgische Gütesiegel für die Romanik gab Maria Laach: Es war der „Gemeinschaftsraum, der die romanische Basilika gerade für das liturgisch-kirchliche Leben so geeignet macht", was schon die Gotik nicht mehr vermocht habe[376]. Die ‚neuen Dome', wie sie evangelischerseits German Bestelmeyer (†1942) und katholischerseits Albert Bosslet (†1957) oder auch Dominikus Böhm (†1955) bauten, präsentierten sich in moderner Bautechnik und zugleich romanisierenden Formen[377]. Ebenso romanisierend gestalteten sich das liturgische Ge-

---

[365] *Smitmans,* Malerei, S. 46–80.
[366] *van Acken,* Kirchenkunst.
[367] Ebd., S. 22.
[368] Ebd., S. 24.
[369] Ebd., S. 27.
[370] Ebd., S. 21.
[371] Ebd., S. 32.
[372] Ebd., S. 38.
[373] Ebd., S. 40.
[374] Ebd., S. 20.
[375] Ebd., S. 22.
[376] Die betende Kirche, S. 47f.
[377] *Brülls*, Dome, S. 31–138.

rät und die Gewandung, wie man zugleich für den Choralgesang die ältesten, aus der Romanik stammenden Neumen bevorzugte.

Auffällig ist wiederum Guardini. Wohl spricht auch er von der „Wucht des gottesdienstlichen Raums“[378], war jedoch „kein Fürsprecher historisierender Sakralarchitektur“[379]. Die Burgkapelle auf Rothenfels, für die er persönlich mit Rudolf Schwarz (†1961) als Architekten verantwortlich zeichnete, wurde ganz „avantgardistisch“ gestaltet: „In der Tat gibt es im Neuen Bauen kein vergleichbares Beispiel, bei dem vorgefundene, fabrikmäßig hergestellte Serienelemente mit so selbstverständlicher Kompromißlosigkeit ... einen festlichen Innenraum gestaltet hätten“. Um einen klaren Raumwürfel zu bekommen, hatte man allerdings „allerlei barocke Ornamente“ herausgenommen und „gotische Portale ... kurzerhand zugemauert“[380]. Es war der erste neuzeitlich gestaltete Kapellenraum, der nach 1945 vielfach vorbildlich wirkte.

e) Mystik und das Subjektive

Neben den Folgen, welche die religionsgeschichtliche Entdeckung von Ritus und Kultus nach sich zogen, ist auch noch auf die Nachwirkung der parallel verlaufenden Entdeckung der Mystik zu schauen. Wiederum ist eine zunächst breite Bewegung festzustellen. Schon vor dem Ersten Weltkrieg erschienen Ausgaben der mittelalterlichen Mystiker[381]. Künstler und Literaten ließen sich davon anregen[382], wie man bei Wassily Kandinsky (†1944) und Marc Chagall (†1985) eruieren und bei Maurice Maeterlinck (†1949), Martin Buber (†1965), Hugo von Hofmannsthal (†1929), Rainer M. Rilke (†1926) und Hermann Hesse (†1962) direkt nachlesen kann[383]. In der zweiten Hälfte der zwanziger Jahre ist dann „eine auffallend stark anwachsende Hinneigung zur Deutschen Mystik, vornehmlich zu deren Hauptvertreter Meister Eckhart, festzustellen“[384].

Davon schien nicht zuletzt der Katholizismus zu profitieren. Der Benediktiner Alois Mager (†1946) beschrieb 1919 als neue Stimmung: „Vor zwei Jahrzehnten durfte man es kaum im Kreis

---

378 *Guardini*, Bildung, S. 38.
379 *Brülls*, Dome, S. 148.
380 *Pehnt,* Schwarz, S. 40f.
381 *Maass,* Mystik, S. 19–24.
382 Ebd., S. 25–35.
383 *Spörl,* Mystik; *Ackermann*, Sprache; *Gorceix*, Maeterlinck.
384 *Maass,* Mystik, S. 22.

weniger Vertrauter wagen, Dinge zur Sprache zu bringen, die heute im Mittelpunkte des lebhaftesten Interesses einer weiten und selbst ... außerkirchlichen Öffentlichkeit stehen: mystisches Leben und Mystik“[385]. In Frankreich begannen 1919/20 gleich zwei neue Zeitschriften zu erscheinen, nämlich ›La vie spirituelle‹ sowie die ›Revue d’ascetique et mystique‹; in Deutschland folgte ab 1925/26 die ›Zeitschrift für Askese und Mystik‹[386]. Die römisch-päpstlichen Universitäten richteten spezielle Lehrstühle für Spiritualität ein[387]. Interessant ist auch, wie sich der Theologie-Student Guardini zwischen Mystik und Liturgie entschied; sein liturgisches Initialerlebnis in Beuron entzündete sich zunächst an einem Mystikverlangen: „[Ich] hatte ... manches von der deutschen Mystik kennengelernt und liebte sie; doch habe ich immer gedacht, es müsse noch eine andere Mystik geben, in welcher die Innigkeit des Geheimnisses mit der Größe der objektiven Gestalten verbunden sei. In Beuron und seiner Liturgie habe ich sie gefunden“[388].

Im nachhinein zeigt sich: „In der ersten Hälfte unseres Jahrhunderts tobte ein heute fast vergessener, nahezu 40 Jahre währender Streit um kein geringeres Thema als die Art und Vorbereitung der Gnadenerfahrung und ihr Verhältnis zum christlichen Glaubensalltag. Das alte ‚Kampffeld‘ um die Mystik, das Nervenzentrum der Glaubenspraxis, sah, anhebend in der Zeit des Modernismus (der auf diese Weise innerkirchlich doch zum Zuge kam), eine neue Generation von Streitern. Sieht man im Hintergrund den ewigen Widerstreit zwischen Schwärmern, inspirierten Reformatoren und kirchlich institutionalisiertem gesunden Menschenverstand, zwischen Mystikern und Aszeten, Quietisten, Illuminaten und Praktikern des Alltags, zwischen – um wenigstens zwei Namen zu nennen – Fénelon und Bossuet, so wird man sagen müssen, daß selten mit soviel scholastischer Akribie, soviel Verbissenheit und Subtilität in der Wendung der Begriffe und Argumentationsfiguren, soviel verstecktem Florett gefochten worden ist wie in der hier zur Verhandlung stehenden Zeit“[389].

Im Nebeneinander der Konfessionen meldeten sich Empfindlichkeiten und sogar Neid. Der evangelische Kirchenhistoriker Karl Holl (†1926) ließ 1923 verlauten: „Die Form der Religion, von der man heute am meisten redet ... und die vielen als die heute allein noch mögliche gilt, ist die Mystik, und zwar eine katholisch

385 *Mager*, Wege, S. 305.
386 *Maass,* Mystik, S. 59–61.
387 Ebd., S. 63.
388 *Guardini,* Berichte, S. 88; *Schilson*, Perspektiven, S. 52, S. 57–60.
389 *Salmann*, Gnadenerfahrung, S. 95.

bestimmte Mystik. Wiederum muß man feststellen, daß auch protestantische Prediger lieber Meister Eckhart und Franziskus oder auch Augustin anführen als etwa Luther“[390]. Gerade aber Holl, der nach dem Ersten Weltkrieg einen Kurs gegen die liberale Theologie steuerte und eine ‚Luther-Renaissance‘ heraufführte[391], lehnte zusammen mit Karl Barth und der ganzen Dialektischen Theologie jede Art von Mystik als unprotestantisch ab, weil dieselbe nur auf Selbsterlösung hinauslaufe[392]. Überhaupt, „die protestantische deutsche Theologie der 20er Jahre kennt kaum einen schlimmeren Vorwurf als den der Mystik“[393].

Für den deutschen Katholizismus ist im Ergebnis zu konstatieren, daß Mystik- und Liturgiebewegung zunächst nebeneinander herliefen. Der scharfsinnig das Zeitgeschehen beobachtende Jesuit Erich Przywara (†1972)[394] stellte 1923 in den ›Stimmen der Zeit‹ fest: „Wir haben eine mystische Bewegung, haben eine liturgische Bewegung“[395], wobei aber sein eigener Orden lange mehr auf seiten der Mystik stand, wie es von der ignatianischen Exerzitien-Praxis her auch nicht anders zu erwarten war. Für dieses Nebeneinander ist weiter auch die Regie des ›Hochland‹ zu nennen: Romano Guardini, der Propagator einer erneuerten Liturgie, publizierte dort 1922 seinen epocheweisenden Aufsatz über „Das Erwachen der Kirche in der Seele“[396]. Gleichfalls im ›Hochland‹ ließ jahrs darauf der für die andere Seite, für das Geistig-Mystische, ähnlich wirksame Joseph Wittig (†1949) seine berühmte und alsbald verketzerte Artikelfolge „Jesus in Palästina, Schlesien und anderswo“ erscheinen[397]. Eine Vermittlung zwischen beiden Richtungen schien nicht möglich. Unter den Mystik-Kritikern opponierten am lautesten diejenigen, die das Objektive der Liturgie sichern wollten; wenn sie auf Mystik zu sprechen kamen, geschah das nurmehr in Absetzung von ihr, weil eben Mystik zu subjektiv sei. Zu erstaunen vermag eigentlich nur, daß nicht alle Benediktiner auf Seiten der Liturgiker standen. Denn der neben dem schon erwähnten Alois Mager noch anzuführende Anselm Stolz (†1942) wollte zwar Mystik und Liturgie zusammenbringen, hat aber die für die Liturgie-Bewegung so wichtige „Mysterientheologie (Ma-

---

390 *Holl*, Protestantismus, S. 516.
391 *Wallmann*, Holl.
392 *Maass*, Mystik, S. 127–136.
393 *Wiefel-Jenner*, Liturgik , S. 255.
394 *Ruster*, Nützlichkeit, S. 268–293.
395 *Przywara*, Bewegungen, S. 445.
396 *Guardini*, Erwachen.
397 *Wittig*, Jesus.

ria Laach, O. Casel) … abgelehnt, da sie trotz der Dynamisierung des Mysteriums … der heidnisch-pantheisierenden Seinsmystik und ihrer Opfertheologie verfallen bleibe“[398].

Wie nicht selten divergierende Streitpunkte untergründige Gemeinsamkeiten aufweisen, so wohl auch hier im Streit um Mystik und Liturgie. Gerade die von Casel inspirierte Mysterientheologie intendierte eine Verschmelzung, eine solche in das ‚corpus Christi mysticum‘, also das Eingehen in den Leib Christi, letztlich mit dessen Haupt Christus.

6. Die Liturgische Bewegung

Der Ausdruck ‚liturgische Bewegung‘ findet sich schon bei Guéranger[399]. Doch empfanden die kämpferischen Vertreter der Liturgie-Erneuerung vor diesem Vertreter der Restauration eher Berührungsängste[400]. Als eigentlicher Anfang gilt das ‚Mechelner Ereignis‘ von 1909, nämlich das bei Gelegenheit eines Katholikentages von Dom Lambert Beauduin vorgetragene Plädoyer für eine verlebendigte, auch den Gemeinden verständnisvolle Liturgie. Einem solchen Konzept konnte letztlich nur eine ‚Pastoralliturgik‘ dienlich sein[401]. Kirchenoffiziell wirkte legitimierend Pius’ X. Postulat der ‚actuosa participatio‘, der tätigen Teilnahme des Kirchenvolkes an der Liturgie, ebenso dessen Ermahnung zur häufigeren Kommunion wie auch zu einer früheren Erstkommunion[402]; dadurch mußte das Interesse an Liturgie wachsen. In Deutschland erlangte der Beuroner Mönch Anselm Schott (†1896), nach bereits vielerlei Versuchen vor ihm, einen überragenden Erfolg mit der Übersetzung des römischen Meßbuchs, dem ›Schott‹; Anregungen aus der ‚aufklärerischen‘ Liturgiepraxis seiner Heimatdiözese Mainz wie auch aus Maredsous, wo er zeitweilig mit zum Gründungskonvent gehörte, dürften mitgewirkt haben[403]. Wie schon in Belgien wurde eine Verlebendigung der Liturgie angestrebt, aber in Deutschland nicht sofort – was heute überraschen mag – eine

398 *Salmann,* Gnadenerfahrung, S. 54.
399 *Schilson*, Erneuerung, S. 38f.
400 Ebd., S. 37f.
401 *Kranemann,* Liturgiewissenschaft, S. 989; *Maas-Ewerd – Richter*, Bewegung.
402 *Maas-Ewerd,* Bewegung.
403 *Häussling*, Missale, S. 93–100; *Ders.*, Schott.

Reform: „Von einem in Kreisen der Liturgischen Bewegung allgemein verbreiteten Verlangen nach einer generellen Liturgiereform kann gar keine Rede sein"[404]. Das gilt selbst auch für jene, welche die Liturgie im Kirchenvolk verständlich machen wollten. Der Laacher Mönch Athanasius Wintersig (†1942), den man den „Vater der ‚Pastoralliturgik'" genannt hat, hielt die Texte der Meßfeier für unveränderlich und lehnte es überhaupt ab, „sich kritisch zu den Textgestalten zu äußern"[405]. Weiterhin wurde wie selbstverständlich auch das Latein vorausgesetzt, weswegen es beispielsweise Abt Herwegen für „dringend wünschenswert" hielt, „daß von jedem katholischem Kinde schon in der Volksschule die Hauptgesänge der hl. Messe, Gloria, Credo usw., lateinisch auswendig gelernt" würden[406]. Überhaupt ging es Herwegen „viel eher um den Wandel des religiösen Bewußtseins als um eine Änderung – sei es auch Verbesserung – der rubrizistisch geregelten Feierform"[407]. Als erfolgreichster Inspirator wirkte Romano Guardini[408], dessen Büchlein ›Vom Geist der Liturgie‹[409] zum Manifest der Liturgischen Bewegung wurde. In seinem Beitrag zum ersten ›Jahrbuch für Liturgiewissenschaft‹ definierte er Liturgie „als wirkliche Lebensäußerung wirklicher religiöser Gemeinschaften"[410].

Arno Schilson, der für die deutsche Liturgie-Bewegung nach dem kultur- und geistesgeschichtlichen Kontext fragt, verweist auf die Krisenstimmung nach dem Ersten Weltkrieg, auf den schon zuvor feststellbaren Zusammenbruch des Fortschrittsdenkens, speziell auch auf die Skepsis gegenüber Individualismus und Subjektivismus, und schließt mit der Feststellung: „All das und vieles andere bricht um die Jahrhundertwende ohne klar erkennbaren Anlaß wie ein Kartenhaus zusammen"[411]. Vor diesem Horizont macht er „als drei herausragende Bestrebungen" aus: „die Sehnsucht nach dem Objektiven, die Sehnsucht nach Gemeinschaft und die Sehnsucht nach Transzendenz"[412]. Dies waren genau die spezifischen Postulate der neuen Generation: der Wandel in und nach dem Ersten Weltkrieg sowohl als Paradigmenwechsel wie zugleich als Generationenbruch. Den „nach dem großen Um-

---

[404] *Wagner*, Anliegen, S.147.
[405] *Jeggle-Merz,* Erneuerung, S. 7, S. 150.
[406] *Herwegen*, Liturgie, S. 622.
[407] *Häussling,* Gabendarbringung, S. 288.
[408] *Maas-Ewerd*, Anwalt.
[409] *Gerl*, Guardini, S. 112–121.
[410] *Guardini*, Methode, S. 97.
[411] *Schilson*, Bewegung, S. 23f.
[412] *Ders.*, Guardini, S.70.

schwung von 1914/18"[413]. Nachrückenden war erst in eminenter Weise an der Liturgie gelegen. Zurecht fragt darum Arno Klönne, ob „in der liturgischen Bewegung auch Motive mitwirkten, die nicht originär religiös geprägt waren, sondern sozialhistorisch auf eine durch Krieg und Nachkriegssituation bedingte Staatsunsicherheit der nachwachsenden Intelligenz bzw. ‚Führungsschicht' zurückzuführen sind"[414]. Seiner Antwort wird man zustimmen können: „Liturgische Bewegung und katholische Jugendbewegung reflektierten diesen ‚Zeitgeist', waren keineswegs nur innerkirchlich bedingt"[415].

Für diesen Bruch nur ein Beispiel, nämlich zwei sich von unterschiedlichen Standpunkten her ergänzende Statements, einmal von Joseph Sauer und dann von Romano Guardini. Sauer, der sich zeitlebens als Statthalter des liberalen und kunstbeflissenen F. X. Kraus verstand, dabei in seiner Dissertation die symbolische Bedeutung des mittelalterlichen Kirchbaus, also ein der Liturgie mindestens nahestehendes Thema, behandelt hatte, weckte im Studenten Guardini, der sich damals gerade für Liturgie zu interessieren begann, kein Interesse: „Das Studium machte mir Freude ...; [doch von] Sauer und anderen ... blieb ich innerlich unberührt"[416]. Andererseits ging Sauer für Jugendbewegung, für Akademikerbewegung und Liturgische Bewegung der „Enthusiasmus ... gänzlich ab"[417]; abschätzig notierte er 1927 in seinem Tagebuch über einen Studentensprecher: „ein ‚Jugendbewegter', der sich ihrer [der Jugendbewegten] Traditionslosigkeit rühmt"[418].

Tatsächlich radikalisierte die Jugend-Bewegung die allgemeine Suche nach dem Objektiven, dem Wahren und Echten, wie sie ebenso gegen Verbürgerlichung und Liberalismus protestierte, obendrein die als so verhängnisvoll erachtete Individualisierung durch ein neues Gemeinschaftsbewußtsein ersetzen wollte. Dabei wurde Tönnies' Dissoziation von Gesellschaft und Gemeinschaft aufgenommen und letztere als „Bund" verstanden, der aus ‚natürlicher', ‚naturhafter' Zusammengehörigkeit erwachse[419]. Daß die neue Generation in diesem Protest wesentlich auch ihre Emanzipation betrieb, gab der Bewegung eine kämpferische Schubkraft. Was Guardini in seinen Erinnerungen als selbstvollzogene Abkehr von dem als individualistisch empfundenen Liberalismus und als

---

413 *Wolf*, Historiker, S. 88.
414 *Klönne*, Bewegung, S. 17.
415 Ebd., S. 19.
416 *Guardini*, Berichte, S. 78.
417 *Arnold*, Katholizismus, S. 362.
418 Ebd.
419 *Baumgartner*, Sehnsucht, S. 57.

Suche nach dem Objektiven beschreibt, das entdeckte jetzt die ganze junge Generation, ausformuliert als Recht auf Selbstbestimmung und Jugendlichkeit. Guardini antwortete darauf mit dem Postulat einer freien Selbstbindung an das Objektive, daß Jugend „aus eigener Bestimmung, vor eigener Verantwortung, mit innerer Wahrhaftigkeit ihr Leben gestaltet“[420]. Genau dafür aber stand die schon seit dem 19. Jahrhundert als objektiv deklarierte Liturgie wie auf Abruf bereit: „Aus innerer Notwendigkeit wird unsere Zeit reif zur Liturgie“[421]. Natürlich wollten die Liturgiebewegten keine ‚archäologische‘ Repristination, sondern das lebendige Zeugnis und vor allem die organische Gemeinschaft der um den Altar Stehenden, und das begeisterte. Guardini teilte seine Arbeitskraft jahrelang für zwei Bereiche: für die Vorlesungstätigkeit an der Universität in Berlin und für den Jugendbund Quickborn auf Burg Rothenfels am Main. Dabei war ihm anfangs durchaus klar, „daß man wußte, ich stehe in der Jugendbewegung“, und er deswegen „kaum auf eine Professur rechnen“ konnte[422]. Auch Josef Andreas Jungmann, der als Pastoraltheologe von der Liturgieerneuerung her eine Aktivierung des traditionalen Volkskatholizismus erhoffte, sah sich bestätigt durch die junge Generation, durch die „bündische Jugend der 1920er Jahre, die zuerst von der [liturgischen] Bewegung ergriffen wurde“[423].

Die von der Jugend begeistert aufgenommene Liturgie-Bewegung fand nicht überall Zustimmung, sondern bei den Älteren auch Widerstand. In der Argumentation geht es erneut um ‚Subjektivismus‘ und ‚Objektivität‘: „Irrwege und Umwege“ wurden angeprangert, denn „die idealisierende Richtung des Liturgismus [sei] auf dem Holzwege, wo sie vom Primat des Sakramentalen, der Gnade, des opus operatum, des Objektiven vor dem subjektiv-menschlichen Tun“ spreche[424] oder sich in „übertriebener Forderung zur fast ausschließlichen Benutzung des Missale“ ergehe und die „kirchlich empfohlenen nichtliturgischen Gebete“ ablehne[425]. Die Übertreibungen der „Hyperliturgen“ seien verhängnisvoll: „Sie huldigen einem Gebetsobjektivismus und neigen zum Quietismus, der das ‚persönliche‘ Wirken fast ausschaltet“[426].

420 *Guardini*, Jugend, S. 13.
421 *Ders.*, Bildung, S. 13.
422 *Ders.*, Berichte, S. 34, S. 36.
423 *Jungmann*, Grundanliegen, S. 130.
424 *Kassiepe*, Irrwege, S. 73.
425 Ebd., S. 23, S. 25.
426 *Doerner*, Ecclesia, S. 318.

Man hat von einer Krise der Liturgischen Bewegung gesprochen[427]. Die Enzyklika ›Mediator Dei‹, die 1947 eine erste Zustimmung zur liturgischen Erneuerung aussprach, beendete die Diskussion[428].

War im katholischen Bereich der Modernismus „ohne große Breitenwirkung“ geblieben[429], so gelangte die neue Liturgie dank der Jugendbewegung bis in die Gemeinden. Zusammen mit der von Pius X. empfohlenen häufigeren Kommunion erbrachte die Liturgiebewegung bedeutsame, ja erweislich einzigartige Wirkungen. Ein besonders bekanntes Exempel schuf das Leipziger Oratorium, das in dem seelsorglich schwierigen Arbeiterviertel Lindenau eine ‚liturgische‘ Diaspora-Gemeinde aufzubauen vermochte[430]. In ganz Deutschland erreichte das kirchliche Leben – soweit es sich statistisch erfassen läßt – im Jahre 1934 seinen absoluten Höhepunkt: Nie zuvor und niemals später war die Zahl der Osterkommunikanten so hoch. Das betrifft gerade auch solche Regionen, die sich industrialisiert hatten und bis 1914 eine sinkende Kirchenbeteiligung aufwiesen, etwa der Nordrand des zum Bistum Münster gehörigen Ruhrgebietes. In der Mitte der 20er Jahre stieg hier die Kirchenpraxis erheblich an, obendrein auch die Zahl der Priesteramtskandidaten[431]. Die Gründe gerade für letzteren Trend werden in der Jugendbewegung gesucht, in deren Liturgiebegeisterung und der damit einhergehenden Überdrüssigkeit am katholischen Vereinswesen, das schon Guardini in seiner Kaplanszeit „besondere Schwierigkeiten“[432] bereitet hatte. Man wollte die liturgische und altarzentrierte Gemeinschaft. Prophetisch proklamierte der Laacher Mönch Athanasius Wintersig, es werde die „Rettung der Pfarrgemeinde und damit die dauernde Befruchtung der ordentlichen Seelsorge sein, wenn man darauf verzichtet, sie mit immer neuen äußeren Mitteln und Organisationen zu stützen, und stattdessen von dem ausgeht, was sie wesentlich konstituiert: von dem Mysterium“[433]. Als dann das NS-Regime das kirchliche Verbandswesen immer mehr einschränkte und zuletzt unterdrückte, erwies sich die Konzentration auf die Pfarrei sogar als Rettung und Hoffnung: statt der Vereinsmeierei nun die Altargemeinschaft. Dies

---

427 *Maas-Ewerd,* Krise.
428 *Ders.,* Signal.
429 *Weiss,* Modernismus, S. 128.
430 *Poschmann,* Oratorium.
431 Arbeitskreis für kirchliche Zeitgeschichte, Katholiken; *Kösters,* Verbände; *Schulte-Umberg*, Profession, S. 407–478.
432 *Guardini,* Berichte, S. 98.
433 *Wintersig*, Pfarrei, S. 143.

hatte auch für die kirchliche Neugestaltung der Nachkriegszeit Folgen: Die liturgisch aktivierte Pfarrei sollte im Mittelpunkt stehen und die Außenbastionen geschleift werden. Selbst noch politische Konsequenzen ergaben sich, denn „das Vertrauen auf die Tragkraft einer letztlich durch die Liturgie innerlich gefestigten, individuellen katholischen Identität und deren gesellschaftliche Gestaltungskraft dürfte Raum für den Verzicht auf eine katholische Partei geschaffen haben und ermöglichte vermutlich erst den Übergang zur interkonfessionellen CDU“[434]. Der Jesuit Ivo Zeiger, der sofort nach Kriegsende im Auftrag Pius XII. Deutschland bereiste, um ein Bild über die Situation der Katholiken zu gewinnen, glaubte feststellen zu können, daß es in der CDU viele „‚supranatural liturgische‘ Katholiken“ [435] gebe.

Eine Liturgische Bewegung kennt auch die Evangelische Kirche. Insbesondere ist der ‚Berneuchener Kreis‘ anzuführen, der gleichfalls aus der Jugendbewegung hervorging und seinen Namen von einem 1923 auf Gut Berneuchen in der Neumark abgehaltenen Treffen erhielt[436]. Ziel war die „festliche Vergegenwärtigung des Heils“ und die Überwindung der Predigtdominanz; neue Ordnungen und Bücher entstanden für Stundengebet, für Beichte und vor allem für die Eucharistiefeier, sogar auch für (reformatorischen) Choralgesang[437]. Die 1931 aus der Berneuchener Bewegung hervorgegangene ‚Evangelische Bruderschaft‘ steht bis heute für dieses Programm[438]. Zu nennen sind weiter die liturgischen Bestrebungen der Hochkirchlichen Bewegung, welcher sich besonders Friedrich Heiler verpflichtete[439]. Als ein bemerkenswertes Beispiel sei die ‚Communität des Casteller Ring‘ auf Schloß Schwanberg bei Kitzingen angeführt, eine geistliche Frauengemeinschaft, die sich zeitweilig an die Abtei Münsterschwarzach anlehnte und heute eine evangelische Klostergemeinschaft bildet[440].

---

434 *Damberg*, Liturgie, S. 183.
435 *Volk*, Stuhl, S. 74, Anm. 72.
436 *Grethlein*, Liturgik, S. 69.
437 *Schmidt-Lauber*, Bewegungen.
438 H*enche,* Michaelsbruderschaft.
439 *Mumm*, Bewegung.
440 *joest,* Kommunitäten, S. 235–269.

Im Tonfall der zitierten ‚Geistesführer' aus dem Deutschland der ersten Hälfte des 20. Jahrhunderts sind immer wieder auch völkische Anklänge zu vernehmen, wie sie damals nur zu oft zu hören waren. Viele Stimmen wären zu zitieren; achten wir hier vornehmlich auf solche Autoren, wie sie etwa Abt Herwegen in seinem Sinne zitiert hat[441]. Der Germanist Richard Benz nannte das Mittelalter eine Epoche, in der „der deutsche Geist zu einer Weltmachtstellung"[442] gelangt sei. Der Kunsthistoriker Wilhelm Worringer erklärte in seinen ›Gotischen Formproblemen‹ (1911) das „nordische Kunstgefühl" zum Urgrund dieses Stils und zielte in zuweilen gewundenen Deutungen immer nur auf eines hin: die Gotik als „Endresultat einer spezifisch nordischen Entwicklung"[443]. Nicht eigentlich wollte er nationalistischer Überheblichkeit das Wort reden, vielmehr eine Disposition überall dort erkennen, wo er germanisches Blut eingemischt sah; zwar sei die Gotik in Frankreich entstanden, aber „nur das gotische System"[444], demgegenüber das „Land der gotischen Reinkultur ... der germanische Norden"[445] sei. Der angesehene Georg Dehio (†1932), Initiator des bis heute fortgesetzten ›Dehio-Handbuches der Kunstdenkmäler‹, formulierte das Axiom: „Der romanische Stil ist aufgebaut aus spätantikem Formenmaterial, dennoch nicht ein Abkömmling der Antike; sein innerer Sinn, seine seelische Form, alles was in ihm lebendiges Wachstum ist, empfing er von den germanischen oder mindestens mit germanischem Blut reichlich durchsetzten Völkern Mitteleuropas"[446]. Karl Scheffler (†1951), ebenfalls Kunsthistoriker, feierte die Gotik einfachhin „als eine Tat deutscher Initiative"[447].

All diese Vorstellungen hatten auch wieder einen zeitgenössisch-religiösen Kontext. Denn die mit dem neuen Interesse an Liturgie und Kult zeitlich parallel entstandenen „deutschgläubigen Bewegungen" wollten religiöse Artreinheit, forderten deswegen die Beseitigung aller Fremdreligiosität und beim Christentum mindestens die Reinigung vom Semitischen[448]. Evangelischerseits bot

---

441 *Herwegen*, Antike, S. 8; allgemein dazu *Oexle*, Mittelalter, S. 163–186.
442 *Benz*, Renaissance, S. 39f.
443 *Worringer*, Formprobleme, S. 27.
444 Ebd., S. 29.
445 Ebd., S. 96f.
446 *Dehio,* Geschichte, S. 75.
447 *Scheffler,* Kunst, S. 17.
448 *Nowak,* Bewegungen.

sich eine Lösung an, wie sie sich in zwei Auflagen des Lexikons ›Religion in Geschichte und Gegenwart‹ findet: Das deutsche Wesen sei mit dem Christentum artverwandt, wobei im Mittelalter die vorangeschrittene Germanisierung nur dessen wahren Kern freigelegt habe; Luther dürfe als der Vollender dieses Prozesses gelten[449]. In seiner großen Dogmengeschichte charakterisierte Reinhold Seeberg (†1935) das Mittelalter als „Reaktion des germanischen Geistes gegen die ihm fremdartigen romanisierten Formen“[450]. Derselben Interpretation folgte Hans von Schubert (†1931) in seiner ›Geschichte der christlichen Kirche im Frühmittelalter‹ und noch in weiteren, mehr allgemein gehaltenen Publikationen[451].

Katholischerseits hat besonders Joseph Lortz die Deutung von den jungen Germanen und ihrer auch für die Kirche fruchtbaren Schöpferkraft vertreten. Wann und wo Lortz, der Luxemburger war und seine Theologie-Studien in Rom und Fribourg absolviert hat, zu dieser Germanen-Deutung gekommen ist, lassen die bisherigen Arbeiten über ihn ungeklärt[452]. In die 3./4. Auflage seiner ›Geschichte der Kirche‹ von 1934 schob er folgenden Paragraphen ein:

Das Mittelalter war „in entscheidendem Sinne eine germanische Zeit“; die „jungen Völker“ übernahmen das Imperium und schufen das „christliche Abendland und damit das Deutsche Reich“. Sie eigneten sich die großen kulturellen Errungenschaften an, mieden aber instinktiv die römische Stadtsiedlung, „den Herd der Zersetzung“. Zum Christentum hin bestand „die innigste und schöpferischste Verwandtschaft“, ja es kam zu einer „ideale[n] Zeugungsmöglichkeit, als der Samen des Christentums auf einen mit allen Möglichkeiten reichster Veranlagung ausgestatteten, aber noch unverbrauchten und noch unausgeformten Mutterboden stieß: das junge, weitgehend noch ganz eigenständige und unvermischte germanische Volkstum. In dieser Sicht bildet das Germanentum eine unvergleichliche Mitgift an die Kirche“. Gerade „der Mangel an fertiger, hochgezüchteter und in feste Formen gebannten Geisteskultur war die Voraussetzung für das Gelingen jener weltgeschichtlichen ... Zeugung größten Stils: aus Christentum, Germanentum und Antike das christliche Europa zu bilden“. Hervorzuheben sei „gerade heute im nationalen Aufbruch ... [der] überwältigende Beweis für die innigste und schöpferischste Verwandtschaft zwischen Christentum und Germanentum!“[453].

---

449 *Jaeger.,* Germanisierung; wortgleich wiederholt in der 2. Auflage 1928.

450 *Seeberg,* Dogmengeschichte, S. 797.

451 *von Schubert, G*eschichte; *Angenendt,* Frühmittelalter, S. 33.

452 *Lautenschläger*, Lortz, geht darauf nicht ein, ebensowenig *Conzemius*, Lortz.

453 *Lortz*, Geschichte, ^{3}1934, § 33, S. 85–87; vgl. auch ebd., ^{4}1936, § 33, II S. 2–7; und ebd., $^{5/6}$1937, § 33, II (ohne Paginierung).

Selbst auch für die Liturgie entdeckte Theodor Klauser einen „fränkisch-deutschen Beitrag“, ja „eine fränkisch-deutsche Führung“, mit dem nicht ohne Stolz unterstelltem Ergebnis: „Die fränkisch-deutsche Kirche hat in historischer Zeit die römische Liturgie für Rom selbst und für die christliche Welt des Mittelalters gerettet“[454]; folglich ist „die heute von uns geübte Liturgie ... wohl römisch, aber sie ist zugleich auch die unsrige. Männer unseres Stammes haben sie sich geistig zu eigen gemacht und ihr die letzte Vollendung verliehen“[455].

Grundsätzlich konnten allerdings katholische Autoren nicht unbesehen völkisch-germanischen Deutungen folgen, durften sie doch das ‚Römisch-Katholische‘ nicht verleugnen. Abgelehnt wurden darum Positionen, wie sie in den zwanziger Jahren etwa F.W. Schaafhausen vorbrachte in ›Der Eingang des Christentums in das deutsche Wesen‹, wo längst vergangen geglaubte kulturkämpferische Töne nachklangen: „undenkbar, daß es innerhalb des Stammes Priester gab, die ihre Befehle von außen erhielten“; „Kirche als überstaatliche Gemeinschaft, zentral geleitet ..., wurde verworfen“; „nur Beziehungen, die der Staat souverän beschloß“[456]. Letztlich wird nur widerwillig eine Verbindung von Christentum und Deutschtum zugestanden:

> „Die Völker des Nordens mußten überhaupt erst denken lernen ...; sie bemächtigten sich nur ungern einer fremden Methode ...; man wurde nicht anders, nicht besser damit, daß man die eigene Vorstellungsart durch eine fremde ersetzte; es war das Unausweichliche, wenn man sich ... dem Christentum gegenüber innerlich behaupten wollte“; weil, „eingespannt in den starren Rahmen des antiken Begriffs“, es ein Zwang war für die deutschen Menschen mit ihrem „innigsten Bemühen, mit dem heißesten Herzen und dem stärksten Wollen“[457].

Für Katholiken bot sich indes vom Zeitgeist her eine Lösung an, wie wir sie schon bei Wilhelm Worringer und Karl Scheffler vernommen haben und ebenso noch bei vielen anderen ausgesprochen finden. So sehr für Worringer der „nordische Mensch“ mit seinem „nordischen Kunstgefühl“ die treibende Kraft des Mittelalters war, ebenso sehr habe dieser nordische Mensch, dem als solchem „nichts Ruhiges“ und nur die „ungehemmte maßlose Bewegtheit“[458] zu eigen gewesen sei, bei der Christianisierung seine

---

[454] *Klauser,* Liturgiegeschichte, S. 80.
[455] Ebd., S. 86.
[456] *Schaafhausen*, Eingang, S. 112.
[457] Ebd., S. 148f., S. 154.
[458] *Worringer*, Formprobleme, S. 55.

„feste Form“ erhalten, sich von derselben zwar nicht ganz gefangennehmen lassen, aber doch die Romanik geschaffen: „Der romanische Stil … repräsentiert … [die] Auseinandersetzung von nordischem und antikem Kunstgefühl“, und das spiegele sich in diesem Stil als „großartiger, charaktervoller Ernst“[459]; andauernd hätten die nordischen Völker „geschwankt zwischen dem Griechischen und dem Gotischen“[460].

Am stärksten propagierte eine solche Überformung der elitäre Kreis um Stefan George. Der dazugehörige Germanist Ernst Bertram (†1957) publizierte 1915 einen Essay ›Wie deuten wir uns?‹, worin er der „Deutschheit“ vom „Süden“ her eine ambivalente Herausforderung unterstellte, nämlich eine Gefährdung durch das südliche Romanentum und den Hellenismus, wie andererseits dasselbe Deutschtum durch das Südländische eine wesensgemäße Steigerung und Überhöhung erfahre; denn Deutschheit bedeute „deutscher zu werden“, sei ein „Steigerungswort“; gemäß Nietzsche habe es immer „die schönste Blüte germanischer Liebessehnsucht nach dem Süden“ gezogen [461].

Diesem Essay folgte 1918 ein Nietzsche-Buch, das in wenigen Jahren sechs Auflagen erfuhr und in einem speziellen Abschnitt wieder „das deutsche Werden“ behandelte: Eine „unendliche Verbesserlichkeit des deutschen Wesens [sei] eben das Tiefste dieses deutschen Wesens“; in solchem Sinne gelte es, sich zu „entdeutschen, das Deutsche in sich zu überwinden“. Zugleich bestehe eine „germanische Liebessehnsucht nach dem Süden“; mit Nietzsche sei „die griechische Höhe … aus einer … eingeborenen Dämmerung und Chaosnähe hervorgewachsen und biegt so die Schicksale dieser beiden Völker und Kulturen … zu mystischer Einheit entgegen“[462].

Der Heros, der die „alte Gleichung von ‚sehr deutsch‘ gleich südlich-überdeutsch“ zu erfüllen schien, erstand in Friedrich II. (†1250), dem „großen Hohenstauferkaiser“[463]. Eröffnet war damit der Weg zum „letzten Höhepunkt“[464] des George-Kreises, zu Ernst Kantorowicz’ ›Kaiser Friedrich II.‹[465], worin das Überdeutsche „zentrales Thema“[466] ist. Kantorowicz, der sich im Frühjahr 1933 mutig gegen die wegen seines Judentums drohende Verdrängung

---

459 Ebd., S. 83.
460 *Scheffler,* Gotik, S. 28.
461 *Bertram,* Deuten, S. 122.
462 *Ders.,* Nietzsche, S. 75–77, S. 95.
463 Ebd., S. 60, S. 40.
464 *Groppe*, Macht, S. 650.
465 *Grünewald,* Kantorowicz; *Groppe*, Macht, S. 663–672.
466 *Oexle*, Mittelalter, S. 207.

von der Frankfurter Professur wehrte[467], konnte zur Eröffnung des Wintersemesters noch einmal eine Vorlesung halten, die kürzlich veröffentlicht wurde und hier von besonderem Interesse ist: Thema war ›Das geheime Deutschland‹ als „geheime Gemeinschaft der Dichter und Weisen, der Helden und Heiligen, der Opferer und Opfer"[468]. Doch dürften das Römische und Hellenische, das Italienische und das Englische „nicht als undeutsche Fremdheiten, sondern als menschlich ursprüngliche Gegebenheiten der deutschen Urtiefen" gedeutet werden[469]. Das „Nur-Faustische" sei eher eine Gegenkraft und darum auch das Nietzsche-Wort, es schlummere etwas im Deutschtum, das nur bei Berührung mit dem Süden erwache[470].

Rückblickend auf die deutsche Geschichte glaubte Kantorowicz vielfache Belege aufweisen zu können, sogar auch aus der römischen Kirche: „Solche Beseeltheit vermittelte wohl einstens die römische Kirche den Deutschen: denken Sie an das Bildnis des Bischofs Hohenlohe im Dome zu Bamberg oder an den adligen Geist des Cusaners ... Und auch heute ist diese menschenformende Kraft der Kirche, zumal in ihrem eigensten Bereich noch ungebrochen. Wem jemals das Glück beschieden war, in Rom in der Vaticana zu arbeiten, dem wird unvergesslich jenes schönste Greisenhaupt sein, welches ein schwäbischer Kirchenfürst, der Kardinal Ehrle, über einen Pergamentband beugt – auch er durch seine Beseeltheit zum ‚geheimen Deutschland' gehörig"[471].

Diese heute nur schwer begreiflichen Ausführungen empfanden die Zuhörer – unter ihnen Gräfin Marion Dönhoff – als „sehr mutig"[472], und Kantorowicz hat bald seinen Lehrstuhl räumen müssen. Im Nachhinein müssen wir von „Tragik"[473] sprechen, hat doch das Friedrich-Buch als „Waffe im politischen Kampf gegen die Weimarer Republik"[474] gedient; Göring und Himmler sollen es geschätzt und Hitler sogar zweimal gelesen haben[475]. Aber wird man deswegen Kantorowicz zum „Nazi-Professor"[476] stempeln wollen?

Diese vorgeblich ‚notwendige' Begegnung zwischen Nordisch-Germanischem und Südlich-Antikem fand besonders auch im Ka-

467 *Grünewald,* Mord, S. 60.
468 *Kantorowicz,* Deutschland, S. 80.
469 Ebd., S. 84.
470 Ebd., S. 89.
471 Ebd., S. 91.
472 *Grünewald,* Mord, S. 64.
473 *Oexle*, Mittelalter, S. 211.
474 Ebd. S. 215.
475 Ebd., S. 212.
476 *Cantor,* Inventing: „The Nazi Twins. Percy Ernst Schramm and Ernst Hartwig Kantorowicz".

tholizismus Resonanz, vermochte sie doch das Germanische zu wahren und das Römische zu rechtfertigen. Der bereits mehrfach zitierte Herman Hefele sinnierte 1919 über das „innerste Verhältnis zwischen Katholizismus und deutschem Wesen“[477], ob denn und wie nun die „nationalen Eigentümlichkeiten ... zu feindlicher Auseinandersetzung mit dem Stamm katholischen Wesens führen mußten“[478], daß tatsächlich „diese dem katholischen Wesen feindliche Entwicklung des deutschen Geisteslebens eine Notwendigkeit war und im Grunde genommen Mystik, Gotik, Protestantismus und Deutschtum verwandte oder gar identische Erscheinungsformen“[479] seien; dem stehe entgegen das Römische, und in der Reformation habe der Katholizismus „aus der aristokratischen Haltung der aus römischen und katholischen Geist geborenen Kultur der Renaissance“ seine Gegenkraft bezogen[480].

Wohl seien „die engen Zusammenhänge mit römischem Wesen und lateinischem Geist ... dem deutschen Katholizismus oft und gern zum Vorwurf gemacht worden“; aber „das asiatische Lebensgefühl mit seinem Element des Grenzenlosen und der Auflösung“ sei „der im Katholizismus verkörperten, wesentlich römischen Form europäischen Geistes“ entgegenzustellen, als „Brücke vom deutschen Wesen zu den dem römischen Geist enger verwandten Kulturen Westeuropas“[481].

Durchaus bemerkenswert ist, wie die Vertreter der objektiven Liturgiedeutung auf die völkische Interpretation reagiert haben. Bei Guardini fehlt sie verständlicherweise so gut wie ganz. Immerhin gibt es eine frühe Äußerung über ‚germanische Irrationalität‘ und ‚schöpferische Gemütstiefe‘, die beide aber mit der antik-klassischen Kultur und ihrer Ordnung verbunden werden müßten[482]. Wenn Guardini später in den ›Briefen vom Comer See‹ wie nebenbei von „germanischer Innerlichkeit“ spricht, dann sofort unter Ablehnung „alle[r] Rassenphantasien“[483]. Hingegen äußerte sich Herwegen ausführlich zur germanisch-römischen Begegnung: Nur erst die antik-christliche Formgebung habe dem Germanentum zu einer gefestigten Existenz verholfen und es angesichts der wesenseigenen Unruhe und Maßlosigkeit vor Selbstzerstörung bewahrt. Zugespitzt vorgetragen hat Herwegen seine Position auf den Salz-

---

[477] *Hefele,* Katholizismus, S. 7.
[478] Ebd.
[479] Ebd., S. 11
[480] Ebd., S. 17.
[481] Ebd., S. 49f.
[482] *Knoll,* Glaube, S. 178ff.
[483] *Guardini,* Briefe, S. 100.

burger Hochschulwochen von 1931. Jeweils sind Antike und Germanentum kontrastiert; erstere bedeutet: „Vollendung im Ewigen“, letzteres „Streben ins Unendliche“ wie „Eintauchen in unklare Phantasien“.

Erkenntlich werde diese Gegensätzlichkeit schon an der Horizontalen der antiken Tempel und an der Vertikalen der Gotik. „Hat der antike Mensch den Sinn des Lebens in der Vollendung des Seins erkannt, so der germanische Mensch in der Unrast des Werdens“. Die Auswirkungen für die Liturgie sah er in zentralen Punkten: Die Meßfeier „verstand die germanische Auffassung ... als Aufforderung zu subjektiver Erinnerung“, nämlich anhand der zuerst von Amalar von Metz († um 850) praktizierten „allegorischen Auslegungsmethode“; weiter „erstrebte das germanische Mittelalter ... das persönliche Alleinsein mit Gott, das trauliche Zusammensein mit dem Geliebten der Seele“. Das Schwergewicht lag „nicht im objektiven Sein, sondern in der subjektiven Aneignung“. Dem Christentum, das über jedem Volkstum stehe, „hatten die Germanen eine kindlich-naturhafte Erlebnisfähigkeit“, „eine jugendliche Aufgelockertheit“ entgegengebracht, wobei aber dieses selbst deren Wesen heilsam zu ergänzen habe: „Der germanische Mensch muß seine individuelle, jeder Bindung abholde Lebendigkeit vor dem Abschweifen ins Grenzenlose bewahren und sie den ewigen Normen des Absoluten unterordnen“. So konnte dem Germanentum nichts besseres widerfahren, als christlich überformt zu werden[484].

Kehren wir zurück zur Liturgie-Forschung! Die Vorstellung von der notwendigen Überformung des faustisch-zerfließenden germanischen Wesens, die von so vielen Geisteswissenschaftlern und auch Liturgikern wie Herwegen vertreten wurde, steht in auffälliger Parallele zu einer damals häufig postulierten Symbiose von Nordischem und Südlichem. Das ist auch den Zeitgenossen aufgefallen, weswegen Guardini den Kreis um George als beispielhaft bezeichnete[485] und Peter Wust sogar einen „katholischen Georgekreis“ anregte[486], ohne daß aber die Existenz eines solchen behauptet werden könnte[487]. Immerhin dürfte hier endgültig klarwerden, wie stark die Liturgie-Bewegung von zeittypischen Strömungen bestimmt gewesen ist und wohl deswegen gerade bei Akademikern und Jugendbewegten eine so lebhafte Resonanz fand. Die Liturgie-Begeisterung war eine katholische Form der allgemeinen Suche nach dem Objektiven, nach Transzendenz wie nach Volksgemeinschaft, sogar auch mit ‚deutschem‘ Akzent, aber ohne Rassismus.

---

[484] *Herwegen*, Antike, S. 17–20, S. 54, S. 62f, S. 67–69.

[485] *Knoll*, Glaube, S. 85.

[486] *Wust*, Werke 7, S. 185.

[487] *Faber*, Katholizismus, S. 136–158.

Das als Heilmittel gegen die auflösende und zersetzende Subjektivität aufgebotene Objektive sollte von neuem Autorität herstellen. Eine solche hatte sich zunächst theologisch zu begründen, wie es etwa Erik Peterson forderte, für den Theologie so lange nur subjektive Anmutung blieb, wie sie nicht durch eine Autorität gedeckt war, in deren Namen sie verbindlich gelehrt werden konnte; das aber vermochte für Peterson allein die Gestalt der Kirche zu leisten. Diese Auffassung ging auch ins Politische über. Für den in den zwanziger Jahren als katholischer Starintellektueller geltenden Carl Schmitt[488] besaß die Kirche „die Kraft zur Repräsentation"[489]; entgegen dem „mythischen Arsenal des Kulturkampfes", nämlich der „Angst vor der unfaßbaren politischen Macht des römischen Katholizismus"[490], sei die eigentliche politische Idee des Katholizismus in seiner einzigartigen Autorität zu sehen, der grundsätzliche Bedeutung zukomme, „weil es keine Politik gibt ohne Autorität und keine Autorität ohne Ethos und Überzeugung"[491]. Infolgedessen besitze die katholische Kirche „jenes Pathos der Autorität in seiner ganzen Reinheit"[492], habe darum die „Kraft der Repräsentation"[493], und diese komme ihr mitten aus ihrem gottesdienstlichen Zentrum zu: „Sie repräsentiert die civitas humana, sie stellt in jedem Augenblick den geschichtlichen Zusammenhang mit der Menschwerdung und dem Kreuzesopfer Christi dar, sie repräsentiert Christus selbst, persönlich, den in geschichtlicher Wirklichkeit Mensch gewordenen Gott"[494]; demgegenüber ist „die bürgerliche Gesellschaft ... keiner Repräsentation mehr fähig"[495]. Vertreter der Dialektischen Theologie konnten ihre Christus-Darstellungen „stark an Herrschaftskategorien"[496] orientieren und sahen zum „antiliberalen Politikbegriff Carl Schmitts ... elementare strukturelle Entsprechungen"[497]. Karl Adam feierte „das ganze Verfassungssystem der Kirche ... [als] aristokratisch, von oben, von Chri-

---

488 *Lönne,* Schmitt.
489 *Schmitt,* Katholizismus, S. 26.
490 Ebd., S. 5
491 Ebd., S. 23.
492 Ebd., S. 26.
493 Ebd.
494 Ebd.
495 Ebd., S. 28.
496 *Graf,* Revolution, S. 398.
497 Ebd., S. 395.

stus her bestimmt, nicht demokratisch“[498]. Auch die Liturgie-Bewegung sah hinter der Liturgie stets die Autorität der Kirche und ließ sich durch dieses zunächst rein theologische Argument ebenfalls zu politischen Stellungnahmen verlocken. Schon bei Peterson muß aus seiner theologischen Entscheidung für die Autorität eine „antidemokratische politische Einstellung“ unterstellt werden[499]. Casel sprach abschätzig von „Demokratismus“[500]. Freilich fehlte es im Katholizismus nicht an Gegenstimmen; neben Vertretern der Zentrumspartei sei etwa der Jesuit Gustav Gundlach (†1963) zitiert: „Dem Kurs der Ideen ‚Freiheit‘, ‚Gleichheit‘ und ‚Demokratie‘ folgt heute die Hochkonjunktur des Antidemokratismus, der Parlamentsablehnung, des ‚autoritären Führertums‘, der mit ‚Sendung‘ begabten ‚Elite‘, kurz, des ‚Neukonservativismus‘“[501].

Unterschiedlich waren die Reaktionen im Jahre 1933. Die Sondertagung des Deutschen Akademikerverbandes am 21.–23. Juli 1933 in Maria Laach[502] ist für die Harmonisierungsversuche von Katholizismus und Nationalsozialismus zwar „nicht als historischer Schlußpunkt, wohl aber als Höhepunkt und Zusammenfassung“[503] anzusehen. Aus den Reden und Referaten ist hier von besonderer Bedeutung der so oft als kompromittierend zitierte Satz von Abt Herwegen anzuführen: „Was auf religiösem Gebiet die Liturgische Bewegung ist, ist auf dem politischen Gebiet der Faschismus“[504]. Aber – so ist hier wie in vielen anderen Fällen zu fragen – war das eine Zustimmung zu allem, was dann mit dem Hitler-Regime folgte?

Die Namensliste der Teilnehmer frappiert noch heute: vornean Professoren wie Alois Dempf, Martin Spahn, Franz Schnabel, Johann Steffes, Peter Wust, Albert Mirgeler, weiter Freiherr von der Heydte, Prinz Rohan, die Theologen Abt Ildefons Herwegen, Pater Damasus Winzen und Robert Grosche, ferner die Publizisten Edgar J. Jung, Emil Ritter und Wilhelm Spael, dazu noch eine Reihe führender Persönlichkeiten des neuen deutschen Reichs: Vizekanzler von Papen (direkt nach der römischen Unterzeichnung des Reichskonkordats eingetroffen), der neue Oberpräsident der Rheinprovinz Freiherr Herrmann von Lüninck, der neue Regierungspräsident von Köln zur Bonsen, die preußischen nationalsozialistischen Staatsräte Fritz Thyssen, Wagner und Carl Schmitt. „Neben der braunen

---

498 *Adam*, Katholizismus, S. 33.
499 *Nichtweiss*, Peterson, S. 409.
500 *Casel,* Liturgie, S. VII.
501 *Gundlach,* Konservativismus, S. 289.
502 *Breuning,* Vision, S. 207–211; *Spael*, Deutschland, S. 308–310.
503 *Breuning*, Vision, S. 207.
504 *Spael*, Deutschland, S. 309; *Breuning*, Vision, S. 209.

Uniform erschien auch die feldgraue des Stahlhelms, die der Prinz von Hohenzollern-Namedy trug"[505]. Und so schlich sich in die alte Vertrautheit auch Befremdlichkeit ein: Es „kam unter den 150 Teilnehmern die alte innere Verbundenheit ... nicht mehr auf ... Von den Trägern des Parteigenossen-Abzeichens distanzierte man sich unwillkürlich"[506].

Parteipolitisch am stärksten engagierte sich Anton Baumstark, nicht nur als NSDAP-Mitglied, sondern sogar als Wahlkämpfer und 1933 noch als wendiger um nicht zu sagen verschlagener Universitätspolitiker[507]. Weiter äußerte sich im Sommer 1933 der gleichfalls in die NS-Partei eingetretene Joseph Lortz, der in der Universität Königsberg über einen ›Katholischen Zugang zum Nationalsozialismus‹ sprach und denselben ganz aus der Linie seiner Kirchengeschichte hervorgehen sah.

In der Druckfassung des Vortrags verweist eine Vorbemerkung eigens auf die „rechtfertigende Unterlage ... in der ... ›Geschichte der Kirche in ideengeschichtlicher Betrachtung‹". Das tiefere Wesen des Nationalsozialismus sei sein „tatsächlicher Widerspruch gegen den Bolschewismus", ganz „wie die Kirche". Der Totalitätsanspruch des nationalsozialistischen Staates besage „also nicht etwas der kirchlichen Entwicklung Fremdes, sondern trägt bei zu ihrer Vollendung". Denn indem die neue Bewegung wesenhaft als Gegner des Bolschewismus, des Liberalismus, des Relativismus auftrete, eben der „Zersetzungsfrüchte des die Neuzeit beherrschenden Subjektivismus" und der „Todeskrankheiten der Zeit", werde genau das verkündet, „was im 19. Jahrhundert die Päpste Gregor XVI., Pius IX. und Leo XIII. lehrten". Hinzu komme die Forderung nach einer „deutschen Renaissance", die „durchaus mit Recht" angestrebte Zurückführung zu den „eigenen, germanischen Quellen", bestehe doch eine „tiefe Verwandtschaft zwischen katholisch und germanisch". Für die Verbindung von Kirche und Volkstum sei „vielleicht das lehrreichste Beispiel ... jene Zeit, in dem die germanischen Kräfte das Feld beherrschten: im Mittelalter ...". Doch „seit dem Spätmittelalter veränderte sich ... die Situation ...: die nationalen Besonderheiten ..., [das] separatistische Landeskirchentum". Der Nationalsozialismus bahne mit seiner Betonung des Vorrechts der Gemeinschaft über dem Individuum „eine wichtige Ergänzung des partikularistischen germanischen Menschentyps" an und damit die Beseitigung des „einseitigen Subjektivismus", was alles ebenso der Katholizismus anstrebe, so daß letztlich „nur der Katholizismus den Nationalsozialismus erfüllen" könne. Die neue Bewegung wolle „die gesamte Nation in all ihren Schichten und allen Stämmen, den katholischen Süden wie den protestantischen Norden" erfassen, und deswegen müsse auch die Wunde des konfessionellen Risses geheilt werden. Recht besehen verdiene der Nationalsozialismus

---

505 *Breuning*, Vision, S. 207.

506 *Spael*, Deutschland, S. 310.

507 *Heiber*, Universitäten 1, S. 465–472; *ders.*, Universitäten 2/2, S. 703–707.

„unsere absolute, restlose, fanatische Reichstreue". Proklamatorisch heißt es zum Schluß: Der Nationalsozialismus als „elementare Welle des Lebens", als „unbeirrbares Wachsen" und „Aufbruch des Lebens" gehe einher mit der „elementaren Reaktion gegen eine Zersetzung von mindestens 600 Jahren, daß also der Nationalsozialismus Erfüllung der tiefsten Strebungen der Zeit in einem ganz ungewöhnlichen Sinne ist[508].

Man kann Victor Conzemius nur beistimmen, wenn er Lortz eines „leichtfertigen Umgangs mit Ideengeschichte und theologischer Geschichtsdeutung" bezichtigt[509]. Aber der bei Lortz so deutlich vernehmbare „Zusammenklang von klassischem ultramontanen Antiliberalismus und Nationalsozialismus"[510] kam auch sonst noch vor. Karl Bihlmeyer (†1942) beklagte in seiner ›Kirchengeschichte‹ den „Subjektivismus und Individualismus, der von Renaissance, Reformation und Aufklärung" ausging, und erwähnte in der 8./9. Auflage von 1934, wenn auch nur kurz, die nationalsozialistische Bewegung „mit ihrer Sehnsucht nach einem neuen deutschen Lebensideal und einem starken, nicht individualistisch zersetzten Staat"[511]. Ludwig Veit, der gleichfalls den Individualismus der Neuzeit verurteilte, galt in seiner Freiburger Fakultät zeitweise als nationalsozialistischem Gedankengut aufgeschlossen[512].

Glaubten manche Theologen, wie am stärksten Lortz, eine durchgehende Linie zum neuen Staat ziehen zu können, sahen sich andere zur Verweigerung aufgerufen. Gerade aus dem Lager der ‚objektiven' Liturgiker kam auch entschiedener Widerstand. Der inzwischen konvertierte Erik Peterson formulierte damals seine „politische Theologie": Nicht politische Gewalt vermöge das wahre Reich zu errichten; das sei allein Tat Gottes[513]. Weiter ist Gerhard Ladner zu nennen, der als Jude 1933 konvertierte, weil für ihn nur das Frühchristentum und Mittelalter „einen Sinn für über-individuelle und supra-politische Gemeinschaft" besaßen und gerade nach Hitlers Machtergreifung „die Sehnsucht nach einer anderen, nicht politischen, sondern religiösen Art der Gemeinschaft ... sehr lebendig" wurde[514]. Ludwig A. Winterswyl (wie sich der inzwischen aus Laach ausgetretene Wintersig nannte) entfaltete eine wahre publi-

---

508 *Lortz*, Reich, ^{2}1934, Zitate, S. 2, S. 3f, S. 9f, S. 12f, S. 20f, S. 15, S. 18, S. 15, S. 17, S. 19, S. 24. Die gleichzeitig erschienene dritte Auflage des zitierten Kirchengeschichtsbuches enthält ein Nachwort mit der Kurzfassung der Königsberger Ausführungen.

509 *Conzemius*, Lortz, S. 247.

510 *Wolf,* Historiker, S. 91.

511 *Bihlmeyer*, Kirchengeschichte, S. 399, S. 432.

512 *Arnold*, Katholizismus, S. 382, S. 407.

513 *Nichtweiss*, Peterson, S. 763–830.

514 *Ladner*, Erinnerungen, S. 46–50, Zitat S. 47.

zistische Offensive gegen die Konstrukte völkisch-germanischer Religiosität[515]. Auch zog die Abtei Laach Konsequenzen aus Baumstarks Verhalten, daß er nämlich für seinen „Eintritt in die NSDAP und [seine] aktive Kämpfertätigkeit“ von Odo Casel kurzerhand aus der Redaktion des ›Jahrbuchs für Liturgiewissenschaft‹ „hinausgeworfen“ wurde[516]. Nicht zuletzt ist die Widerstandsgruppe ‚Weiße Rose‘ anzuführen, wo neben den protestantisch-liberal aufgewachsenen Geschwistern Scholl sich der katholisch sozialisierte Otl Aicher auf Jacques Maritain und das französische Renouveau catholique wie weiter auf Romano Guardini, Theodor Haecker und Carl Muth mit dem ‚Hochland berief[517]. Es ist darum allzu vereinfachend, „aus dem Radikalismus der religiösen ordo- und Gemeinschaftsideologie ... zwangsläufig eine Affinität zur autoritären Politik“[518] in dem Sinne abzuleiten, daß deren Anhänger alle schon auf der braunen Straße marschiert wären. Genau besehen sind viele unter ihnen, obwohl sie wie Herwegen von „Blut und Boden“ [519] sprechen konnten, eben keine Rassisten gewesen, vielmehr Propagatoren einer notwendigen Überfremdung des germanischen Wesens. Weiter, die des öfteren unterstellte Affinität von ‚autoritärem‘ Katholizismus und diktatorischen Regimen bestätigt sich insofern nicht, als sich gerade die Modernisten keineswegs als unanfällig erwiesen. Friedrich W. Graf spricht sogar von einer „intimen Nähe vieler ‚modernistischer Theologen‘ zu den neuen aggressiven Nationalismen“[520]. Die Rom-Feindschaft gebot sozusagen wahre Deutschheit, so daß etwa der Modernist Thaddäus Engert zwar den Anti-Modernisten-Eid verfemte und die katholische Kirche verließ, dann aber als evangelischer Pfarrer den 1938 propagierten Sondereid auf den Führer zu schwören bereit war[521].

Insgesamt dürfte klar geworden sein, daß zwar Katholiken ‚autoritär‘ und ‚germanisch‘ denken konnten, aber doch nicht rassistisch; zu deutlich blieb das Theologumenon von der Berufbarkeit aller Völker zum Christusglauben. Auch die lange Zeit gern geübte Stilisierung der Modernisten als Antifaschisten und umgekehrt der ‚Objektiven‘ als Steigbügelhalter Hitlers bewährt sich generell nicht.

---

515 *Jeggle-Merz,* Erneuerung, S.125–213, S. 385–398.
516 *Aland*, Glanz, Nr. 925, S. 829.
517 *Schüler,* Weiße Rose.
518 *Brülls*, Dome, S. 149.
519 *Herwegen*, Antike, S. 21.
520 *Graf,* Modernisierer, S. 79.
521 *Hausberger,* Engert, S. 38–66, S. 212–226.

a) Revision des deutschen Geschichtsbildes?

Die 1945 alle und alles bewegende Frage war, wie eine solche Katastrophe hatte eintreten können, wo und weshalb sie sich in der deutschen Geschichte angebahnt hatte[522]. Ins Kreuzfeuer geriet vor allem die preußische Machtstaat- und Militärpolitik. Das danach ausgerichtete Geschichtsbild zu revidieren, erhob sich in solcher Breite[523], daß man von einer „Revisionsliteratur" hat sprechen können. In Wirklichkeit zeigte sich nur „eine begrenzte Revisionsbereitschaft"[524], und allgemein blieb es bei „der Bedeutung des Politischen als dem Kern aller Geschichtsschreibung"[525]. Repräsentativ stand für diese Linie Gerhard Ritter (†1967), ein Mann des aktiven Widerstandes und doch auch Verteidiger des Borussismus, der dann 1948 erster Vorsitzender des wiedergegründeten Historiker-Verbandes wurde[526].

Eine Gegenposition, nämlich die Forderung nach „Entpreußung" der deutschen Geschichte, erhob sich auf zwei Seiten, „vor allem auf katholischer und sozialistischer Seite"[527]. Erstere kam aus süddeutsch-rheinischem Antiborussismus und wollte eine abendländisch-christliche Konzeption, deren wichtigster Vertreter, Franz Schnabel (†1966), bereits während der dreißiger Jahre eine entsprechende Geschichte des 19. Jahrhunderts vorgelegt und dabei breit auch religiöses Leben geschildert hatte, was alles aber damals keine Anerkennung fand und dem gerade auch Ritter „relativ fern stand"[528]. Zur Beförderung eines entpreußten und christlich-abendländischen Geschichtsbildes fand sich ein ökumenisch ausgerichteter ‚Arbeitskreis christlicher Historiker' zusammen, organisiert von dem aus dem Bund Neudeutschland hervorgegangenen und 1935 aus politischen Gründen nicht zur Habilitation zugelassenen Wilhelm Wührer (†1950). Von den Älteren war dabei neben Franz Schnabel besonders der Bonner Mediävist Fritz Kern (†1950) eine treibende Kraft, der noch im Frühjahr 1945 in die Schweiz entwichen war. Von den Jüngeren in diesem Kreis sollten

---

[522] *Eberan*, Schuldfrage.
[523] *Schulze,* Geschichtswissenschaft.
[524] Ebd., S. 214.
[525] Ebd., S. 215.
[526] *Dorpalen*, Ritter.
[527] *Schulze*, Geschichtswissenschaft, S. 216.
[528] Ebd., S. 217.

sich viele bald einen geachteten Namen verschaffen: Heinrich Büttner, Eugen Ewig, Heinz Gollwitzer, Karl Josef Narr, Oskar Köhler, Ludwig Petry, Theodor Schieffer, Georg Stadtmüller, Wolfgang Zorn. Institutionalisiert wurde dieser Ansatz in dem mit Hilfe des französischen Kultur-Offiziers Raymond Schmittlein in Mainz begründeten ‚Instituts für Europäische Geschichte'. Kern entwarf dafür ein ‚europäisches' und ‚christliches' Forschungsprogramm, organisiert in einer Abteilung für ‚Universalgeschichte' und einer zweiten für ‚Abendländische Religionsgeschichte'. Der europäisch-universalistische Ansatz mündete in das Projekt ›Historia Mundi‹[529]. Der zweite, der europäisch-christliche für Religionsgeschichte, wurde dem in Münster nicht wieder zugelassenen Joseph Lortz[530] anvertraut, der dann zum international renommierten Ökumeniker aufstieg, aber eigentlich keinen Zugang zur christlich-demokratischen Tradition Europas fand, die er doch zu fördern berufen war; in den Nachkriegsauflagen seines Handbuchs galten weiterhin als verderblich „Subjektivismus und Individualismus, Nationalismus, Laikalismus, Säkularisierung und Demokratie"[531]. Wiewohl in heutigen Rückblicken über das Europa-Bewußtsein nach 1945 das erste Nachkriegsjahrzehnt als „die Pionierzeit der Geschichte der Europaidee" erscheint, wird das Mainzer Institut nicht einmal erwähnt; sogar ein Forschungsdefizit „über die Rolle der Religion und die Säkularisierung in Europa"[532] wird beklagt. So ist W. Schulze zuzustimmen, daß die nach 1945 angestrebte „demokratische Identität Europas ... sich erheblich [unterschied] von der Idee eines ‚christlichen Europas', wie es etwa den Vertretern der abendländischen Bewegung und auch Lortz vorschwebte"[533].

Die sozialistische Neuinterpretation meldete sich zunächst unter marxistisch-leninistischen Vorzeichen in der sowjetisch besetzen Zone[534], für die Religiösitätsgeschichte mit der Folge, „daß religiösen Handlungsimpulsen und Verhaltensweisen kein selbständiger Wert mehr beigelegt wurde."[535] Im Westen setzte sich spätestens in den sechziger Jahren ein eigenes Konzept von Sozialgeschichte durch, die Forderung nach einer Geschichte nicht des Staates, sondern der Gesellschaft, nicht der großen Männer und Mächte, son-

---

529 Ebd., S. 212f, S. 274–277; *Ders.*, Institut.
530 *Damberg*, Kirchengeschichte, S. 151–164.
531 *Lortz*, Geschichte, $^{11/14}$1948, S. 217; ebd., $^{17/18}$1953, S. 217.
532 *Kaelble*, Europabewußtsein, S. 5, S. 15.
533 *Schulze*, Gründung, S. 30.
534 *Iggers*, Forschungsproblem. Sammelband.
535 *Borgolte*, Sozialgeschichte, S. 21.

dern der Massen und kleinen Leute, statt der Staatsaktionen nun die alltäglichen Lebenswelten und anstelle hochfliegender Theorien die allgemeinen Mentalitäten[536]. Selbstredend verstand sich dieser Ansatz eher ‚links', also schichten- und klassenspezifisch. Auch engagierte sich diese Richtung aktuell-politisch, denunzierte nunmehr abendländisches Denken als primitive Antithese zu Marxismus und Sozialismus, ja verwahrte sich gegen ein vergeblich europäisch-atlantisches Geschichtsbild. Wo immer es aber um eine Ausweitung des historischen Wahrnehmungshorizontes ging, beriefen sich manche der Neuen – wie Thomas Nipperdey[537] und Immanuel Geiss[538] – für ihr antinationales und gegenpolitisches Konzept sachlich oder namentlich auf Franz Schnabel. Und sofern Religion zunächst nicht als genuine Kraft erschienen war, sondern eher als Herrschaftsinstrument, wurde nun Max Weber neu bzw. erstmals entdeckt.

Die Methodendebatten der 70er Jahre – so schreibt Heinz Schilling – „waren von einem reduktionistischen Modell von Gesellschaftsgeschichte bestimmt und hatten keinen Sinn für die Geschichtsmächtigkeit religiöser Wirkfaktoren ... In dieser Situation wurde der neue historisch-religionssoziologische Forschungsansatz entwickelt, und zwar in doppelter Abgrenzung – zum einen gegen den erwähnten sozialwissenschaftlichen Reduktionismus einer Geschichte ohne religiöse und kulturelle Erklärungsmodelle, zum anderen gegen einen nicht weniger reduktionistischen Idealismus, dem jede sozial- und gesellschaftsgeschichtliche Interpretation religiöser und kirchlicher Phänomene suspekt war ... Durch die Rezeption der Max-Weber-Debatte, und zwar vor allem ihrer Rationalitäts-These, kam eine explizit entwicklungsgeschichtliche Perspektive ins Spiel"[539].

Vollends kompromittiert erschien nun die national-deutsch-germanische Komponente. Am radikalsten wandte sich Ernst Kantorowicz ab, der in die USA übergesiedelt und zuletzt in Princton ansässig geworden war; er bezeichnete sich nunmehr als „Polish born", distanzierte sich von aller deutschen Mystifizierung, widerrief einer Neuauflage seines ›Friedrich II.‹ und bedauerte deren tatsächlichen Erfolg[540]. Ein umfassendes Konzept hatte schon 1949 Karl Jaspers publiziert unter dem Titel ›Ursprung und Ziel der Geschichte‹. Nicht eine völkische Wesensgeschichte von Germanentum und Romanentum legte er vor, sondern eine Entwicklungsge-

---

536 Ebd. (ganz).
537 *Nipperdey*, Gesellschaftsgeschichte.
538 *Geiss*, Studien, S. 95.
539 *Schilling*, Konfessionalisierung, S. 2f.
540 *Oexle*, Mittelalter, S. 212–215.

schichte, konzentriert auf die „Achsenzeit“ mit ihrer Herausbildung von Hochkultur und Hochreligion[541]. In dieser Deutung standen die Germanen untenan. Ein konsequenter Neubeginn geschah aber erst mit der Hinwendung zur Sozial- und Religionsgeschichte. Klaus von See verlangte als Germanist die totale Eliminierung der deutsch-völkischen Wesensschau und brandmarkte die Germanen-Ideologie: In der historischen Entwicklung stünden die Germanen für ein frühes Stadium, und die dafür typischen Kennzeichen habe die deutsche Nationalgeschichtsschreibung zu festen Eigenschaften des Volkscharakters gemacht, ja zu „typisch germanischen Tugenden“ hochstilisiert, etwa „Sippengefühl“, „Ehrbewußtsein“, „Treue“ und „Gefolgschaft“[542]. Durchgängig hat dann Theodor Schieffer dieses Konzept von Kulturgenese im ersten Band des ›Handbuchs der europäischen Geschichte‹ angewandt. Gleich eingangs warnt er vor biologistischen Kategorien wie „Aufblühen“ und „Altern“, ebenso vor der Etikettierung „junge unverbrauchte Völker“ und „überzüchtete Spätkulturen“. Schieffers entscheidende Sätze lauten: Die politisch-soziale Welt des Frühmittelalters ist „nicht aus dem ‚Volkscharakter‘, wohl aber aus der historischen Entwicklungsstufe der Germanen“ zu erklären[543].

b) Positionen der Kirchenhistoriker und Liturgiker

Speziell die katholische Publizistik war sich nach 1945 darin einig, der Nationalsozialismus stelle „als letzte Konsequenz des abendländischen Säkularisierungsprozesses eine unvermeidliche Folge der Haltlosigkeit [dar] in einer Welt ohne inneren Zusammenhang und ohne Substanz, [als] ‚organisiertes Chaos‘ die überspielte Verzweiflung, die Flucht vor der inneren Leere in einer Welt ohne Gottsein“[544]. Unter den Theologen äußerten sich besonders auch Kirchenhistoriker zur neuen Situation[545]. Joseph Lortz blieb indessen sowohl beim Interpretament der jungen Germanenvölker wie auch der Abwertung des neuzeitlichen Subjektivismus. In den Nachkriegsauflagen seiner Kirchengeschichte von 1948 und von 1953 beließ er das Germanen-Kapitel von 1934 und sah die Neuzeit weiterhin „beherrscht durch … Auflösungstendenzen“[546]. Winfried

---

541 *Jaspers,* Ursprung.

542 *von See,* Germanen-Ideologie, S. 5–11; *ders.*, Kulturkritik.

543 *Schieffer*, Europa, S. 27f; *ders.*, Reichskirche, S. 504.

544 *Eberan*, Schuldfrage, S. 158.

545 *Hürten*, Topos.

546 *Lortz*, Geschichte, $^{11/14}$1948, S.217; ebd.,$^{17/18}$1953, S. 217.

Schulze dürfte Recht haben, daß sich wegen solch theologischer Befrachtung die „Konzeption offensichtlich [als] nicht tragfähig genug"erwies[547]. Tatsächlich kamen gerade Profanhistoriker in der Folgezeit zu gänzlich anderen Ergebnissen: „Die frühe Neuzeit ist möglicherweise in einem Maße religiös und fromm, wie es in solcher alle Menschen, Stände, Schichten, Gruppen umfassenden Breite zu keiner Zeit des sogenannten ‚Mittelalters' gewesen ist"[548]. Obendrein ist auf einen Einwand von Walter Dirks hinzuweisen: Das Postulat eines christlichen Europas habe wesentlich „das doppelte Ergebnis der Aufklärung und Säkularisation nicht gesehen oder unterschätzt", ebenso den „Abfall eines großen Teils der Bevölkerung und die Freisetzung von Weltlichkeit der Welt"[549].

Erst in der zweibändigen, „bis auf wenige Stellen neu geschriebenen" 22./ 23. Auflage von 1962 bringt Lortz in den Germanen-Kapiteln Differenzierungen an, wahrt aber „den Rahmen", „die Gliederung" und „die Grundkategorien". Immer noch ist die Rede von einer „idealen Zeugungsmöglichkeit, als der Same des Christentums bei den germanischen Stämmen auf einen reich ausgestalteten und unausgeformten Mutterboden fiel"; kennzeichnend für das „Einströmen des Germanischen" sei „die Kraft des Gemütes, der Phantasie, des Affekts"; weiterhin gilt das christliche Sittengesetz „durch sittlich Unterwertiges in seiner Reinheit geschwächt", aber „die jungen, geistig unmündigen Völker" brachten „eine unverbrauchte Kraft des Volkstums" und „ein neuartiges, tief gemütvolles Empfinden" mit[550].

Nach Jahren erst erfuhr die Verdammung des neuzeitlichen Subjektivismus eine Kritik. Otto Hermann Pesch, gründlicher Kenner sowohl der thomasischen wie lutherischen Theologie, und Bernhard Lohse (†1997), ausgewiesener evangelischer Reformationshistoriker, wollten Lortzens Deutung eines „wurzelhaften Subjektivismus" Luthers nicht länger hinnehmen[551].

Das enfant terrible im Nachkriegs-Katholizismus war zweifellos Friedrich Heer (†1983): „ geprägt als Österreicher und Christ, geprägt und motiviert durch die politischen und geistig-religiösen Katastrophen der Jahre 1933–1945"[552]. Im Nachwort seines heftigst diskutierten Bestsellers ›Aufgang Europas‹ von 1949 verwirft er jegliches Ausspielen vom heiligen Reich des Mittelalters gegen

[547] *Schulze*, Geschichtswissenschaft, S. 271f.
[548] *Meuthen*, Mittelalter, S. 116.
[549] *Dirks*, Abendland, S. 121.
[550] *Lortz*, Geschichte, $^{22/23}$1962, Zitate, S. 217, S. VIII, S. 171f, S. 175.
[551] *Pesch*, Überlegungen; *Lohse*, Bedeutung.
[552] *Gaisbauer*, Heer.

Preußen, ja erhebt Anklage gegen eben dieses Reich: „Der Totalstaatsversuch Hitlers läßt sich nur von reichischen Bezügen her verstehen – aus der Perversion, gewiß, aber auch aus der echten Nachfolge des alten Sacrum Imperium“[553]. In der Einleitung erfährt der Leser, daß der Autor sein Konzept 1937/38 – damals gut 20 Jahre alt– erarbeitet hatte. Dank erfahren unter anderem „der Kreis um I. Herwegen, Maria Laach und das Liturgiewissenschaftliche Jahrbuch“, in besonderer Weise die Arbeiten von A. Mayer (-Pfannholz), deren Positionen denn auch aufklingen. Im Ganzen aber ist der Aufriß aufreizend neu.

Wohl kehren bekannte Topoi und Deutungsmuster wieder: Die „‚romanischen‘ Kirchen kämpfen einen schweren Kampf gegen die Sentimentalität der Gotik“; erwachsen ist diese Romanik aus einer „kirchlich-byzantinischen und einer mehr weltlich-germanischen Richtung“, und so blieb eine „Kontinuität der alten germanisch-volkhaften politischen Religiosität“. In den Nonnenklöstern trat „zum erstenmal eine ‚Erweichung‘ der romanischen Härte ein“, und darum Marienlyrik, Brautmystik, eben Gotik. Die Kernaussage des Buches zielt aber auf ganz anderes: „Das germanisch-mittelalterliche Christentum des ‚Volkes‘ war eine im höchsten Maße politische Religion“, hervortretend in einer Ambiguität der Reichsidee, einmal „als organischer Höhepunkt des irdischen Reiches“, zugleich aber auch „als Absage an das irdische Reich“: Christus als Kaiser und dessen Himmelsburg, der Mensch in Gefolgschaft des Christkönigs, aber auch Gottkönig gegen Teufelskönig. Die Achsenzeit des Buches ist das 12. Jahrhundert; die Staufer-Zeit darf „mit vollem Recht als das erste Jahrhundert eines neuen Europa angesehen werden“. Nach dem großen Kampf der Staufer „beschränkt sich aber das Sacrum Imperium auf jene ‚weltlichen Waffen‘, die zum erstenmal in ihrer totalen Fülle angewandt wurden vom Erzvater des europäischen Totalstaates, von Karl dem Großen ..., [zuletzt] brutal offen im 20. Jahrhundert“. In der Neuzeit und in der Gegenwart war es die pure Gewalt bei entleerter Glaubenskraft: „Ohne Setzung und Zersetzung des deutschen Katholizismus ist Hitlers reichische Gegenkirche ... undenkbar“. Was aber ebenso in der Mitte des 12. Jahrhunderts und auch inmitten des Buches steht, ist der „moderne Aufbruch“: Anselm von Canterbury, Bernhard von Clairvaux und vor allem auch Abelaerd, letzerer als „Weltmacht“ mit „revolutionärer Ethik“, als „faktisch autonomes Individuum“, repräsentierend das „Maß der Welt“ und dabei der „Anwalt des neuen persönlichen Gewissens“[554].

Auch Liturgiker meldeten sich. So plädierte Anton Mayer(-Pfannholz) für eine „Revision der historischen Wertungen“, speziell des

---

[553] *Heer*, Aufgang, S. 659.

[554] Ebd., Zitate, S. S. 14, S. 44, S. 53, S. 57f, S. 69, S. 103f, S. 15, S. 658f, S. 237, S. 251, S. 274.

nationalen Prinzips und der preußischen Machtpolitik, rief dabei die antiborussische Geschichte eines Johannes Janssen in Erinnerung, redete gegen jede egoistisch-staatlich-nationale Abschließung und für eine christlich-abendländische Fundierung der Werte, beklagte kurz auch die von Gott abgefallene Neuzeit, wiederholte aber nicht mehr seine frühere Position des objektiven (Früh-)Mittelalters und der subjektivistischen Neuzeit[555].

Romano Guardini erreichte sein großes Publikum erst in den Nachkriegsjahren, ersichtlich schon daran, daß nun seine Werke in viele Sprachen übersetzt wurden und er 1952 den Friedenspreis des Deutschen Buchhandels erhielt. Fanalartig wirkte sein 1950 erschienenes Buch ›Ende der Neuzeit‹, hervorgegangen aus Vorlesungen an der Münchener Universität im Wintersemester 1947/48. Prophetisch und zuletzt apodiktisch ging es ihm um die Erkenntnis, „worin die Neuzeit zuende geht, und was in der kommenden, von der Historie noch nicht benannten Epoche zu werden beginnt“[556]. Ganz sicher gab er sich darin, daß die Neuzeit nicht deswegen ende, weil ein weiteres Neues nachfolge, sondern weil die abgelaufene Neuzeit zur Offenbarung zurückkehren müsse und ihren „Empörungsglaube[n] des Autonomismus“[557] aufzugeben habe. Folglich könne die Zukunft nicht in einer nachneuzeitlichen Moderne liegen, sondern in der Ordnung des Mittelalters, freilich nicht in dessen reiner Repristination.

„Die mittelalterliche Anthropologie ist, im Grundlegenden wie im Ganzen gesehen, der neuzeitlichen überlegen“, denn „der Mensch glaubt an die biblische Offenbarung. Diese macht ihn einer Gotteswirklichkeit gewiß, welche außer und über der Welt steht“; den „absoluten Stützpunkt gibt die Offenbarung“. Realisiert wird diese Gesamtordnung „im Kult“, denn „dieser vollzieht im jeweiligen geschichtlichen Augenblick durch symbolische Formen immer neu das ewig gültige Heilsgeschehen“. Bedeutungsvoll scheint dabei – wie aber nur im Nebenbei gesagt wird – „der Einstrom des germanischen Wesens, ... die innere Dynamik, der Trieb ins Unbegrenzte“; diese Haltung „steigt über die Welt hinaus zu Gott empor, um sich von Ihm her zur Welt zurückzuwenden und sie zu formen. Hinzu kommt der ebenfalls germanische Drang zum Allumfassenden und Ganzen“[558].

---

555 *Mayer*, Probleme.

556 *Guardini*, Neuzeit, S. 47.

557 Ebd., S. 72; s. auch *Kurth*, Denken, S. 24f, Anm. 23: „Weder die ... vorgenommene Periodisierung nach dem Schema Antike – Mittelalter – Neuzeit noch das von Guardini gezeichnete Mittelalterbild sind in dieser Form haltbar“.

558 *Guardini*, Neuzeit, S. 21, S. 15, S. 19, S. 24, S. 16f.

Das Neuzeit-Buch wurde „für viele Guardini-Kenner ein Problem“[559]. Im Nachhinein hat der Philosoph Michael Theunissen ›Das Ende der Neuzeit‹ in der Serie ‚Wiedergelesen‘ der ›Frankfurter Allgemeinen Zeitung‹ am 3. März 1977 „fast mit Wehmut“ der Kritik unterworfen und Guardini einen „rückwärtsgewandten Propheten“ genannt, „daß das Buch nichts Neues voraussagt, sondern nur die Möglichkeit der Wiederkehr des Alten“; nunmehr zeige sich vollends „die durchgehende Ungeschichtlichkeit seines Ansatzes“, und Hans Blumenbergs (†1996) ›Legitimität der Neuzeit‹ beziehe von hierher ihre Plausibilität[560].

Die Abwendung erfolgte oft radikal, etwa beim Philosophen Kurt Flasch: „*Das Ende der Neuzeit* von 1950 mit seiner vagen Kritik an der Moderne und seinen unhistorischen Bemerkungen über ein historisches Thema wie das *Mittelalter* konnten mich nicht mehr erreichen ... Ich empfand die Abwehrhaltung und die Weltscheu in Guardinis Zelebrationen, die mir so lange ... Eindruck gemacht hatten. Ich bekehrte mich von geisteswissenschaftlichen Herzenserhebungen zum Tatsachensinn“[561].

Gleichwohl sah Guardini auch absolut Neues freilich als neuartig Böses. Vor der Tübinger Studentenschaft sprach er im Frühjahr 1952 über ›Verantwortung‹[562] und ging dabei auf die Ausrottung der Juden ein, ebenso auf die Atombombe[563]. Beides zeigt für die „Geschichte unserer letzten zwanzig Jahre etwas Ungeheuerliches ..., das noch vollkommen unaufgearbeitet ist“[564]. Prophetisch prangerte er an: „Das ist neu. Das hat es ... als Faktor des Geschichtsganzen nicht gegeben ... Erreicht [ist] damit etwas, das noch furchtbarer ist als das Böse“[565].

c) Jungmanns These vom Umbruch im Frühmittelalter

Die große Ausnahme unter den Stimmen der Nachkriegszeit war Josef Andreas Jungmann und blieb doch ungehört. Er veröffentlichte 1947 – also noch vor seinem 1948 erschienen Werk ›Missarum Sollemnia‹ – den Aufsatz ›die Abwehr des germanischen Arianismus und der Umbruch der religiösen Kultur im frühen Mit-

---

559 *Van der Vloet*, Guardini, S. 124.
560 *Theunissen*, Alarm, S. 19.
561 *Flasch*, Augustin, S. 483, S. 481.
562 *Guardini*, Verantwortung, S. 27.
563 Ebd., S. 39.
564 Ebd., S. 19.
565 Ebd., S. 21.

telalter‹[566]. Zwischen Gregor dem Großen und Bernhard von Clairvaux sah er ein halbes Jahrtausend, das keine bedeutende Lehrsynthese hervorgebracht habe, aber auch nicht einfach Stillstand zeige:

„Es ist in den zwei Jahrtausenden der Kirchengeschichte an keiner Stelle ein größerer Umbruch sowohl im religiösen Denken wie in den entsprechenden Einrichtungen erfolgt, als es in den fünf Jahrhunderten zwischen dem Ausgang der Patristik und dem Beginn der Scholastik der Fall ist“; innerhalb der vom Dogma abgesteckten Möglichkeiten seien „in aller Stille Akzentverschiebungen und Aspektveränderungen vor sich gegangen, deren Tragweite offenkundig ist, da sie der ganzen Folgezeit bis heute das Gepräge gegeben haben“[567].

Gegenüber der ausdrücklich anvisierten „Laacher Schule“, die den Bruch in die Zeit der Gotik bzw. ins späte Mittelalter gesetzt hatte, war dies eine epochale Neubewertung: der Umbruch schon im frühen Mittelalter und dazu noch der größte in der Kirchengeschichte. Denn bereits „mit der Karolingerzeit“ habe die Auflösung des Gemeinschaftscharakters des Gottesdienstes eingesetzt[568]; im Kirchenjahr des frühen Mittelalters sei die (den Liturgie-Theologen so wichtige) Dominanz des Osterfestes verloren gegangen; auch habe die Kunst des frühen Mittelalters „die „heilsgeschichtliche Perspektive“ ... abgeschwächt und die historische Erzählung verselbständigt“[569]. Ausdrücklich wird gegen Herwegens Annahme eines Bruchs im hohen Mittelalter eingewendet, daß die beklagten Phänomene „schon in wesentlich früherer Zeit“[570] festzustellen seien, daß es obendrein schwer falle, „die ganze Breite der ... schon für die karolingische Zeit angedeuteten und zum Teil schon aus gallischer Überlieferung stammenden Offenbarungen ... vom Subjektivismus und Ethizismus des germanischen Geistes herzuleiten“[571]; auch der zuvor dem Germanentum oft als wesensentsprechend aufgefaßte Arianismus sei „einfach derjenige, den Wulfila und seine Goten um die Mitte des 4. Jahrhunderts von Byzanz übernommen hatten“[572]. Somit waren alle völkischen Deutungen beiseite geschoben und stattdessen „eine gewisse volkstümliche Vereinfachung der christlichen Botschaft

---

566 *Jungmann,* Abwehr; Nachweis zur Erstveröffentlichung S. 558.
567 Ebd., S. 3f.
568 Ebd., S. 5.
569 Ebd., S. 8.
570 Ebd., S. 12.
571 Ebd., S: 13.
572 Ebd., S. 30.

[unterstellt], wie sie der primitiven Geistesart dieser Menschen und der oft mehr als notdürftigen Unterweisung entsprach"[573].

Jungmanns These vom großen Umbruch im Frühmittelalter hat in der nach 1945 noch intensiv weitergeführten Debatte über „Kulturbruch und Kontinuität im Übergang von der Antike zum Mittelalter" keine Resonanz gefunden[574], ebensowenig in heutigen Überblicken über die Geschichte der Liturgie-Bewegung, worin Jungmann zuweilen überhaupt unerwähnt bleibt. In Wirklichkeit hatte dieser ein verheißungsvolles Forschungsfeld eröffnet, auf das er „jüngere Kräfte"[575] ausdrücklich hinwies. Tatsächlich sind aus diesem Ansatz wichtige Schüler-Arbeiten entstanden: Willibrord Godels Darstellung des irischen Betens[576], Hans B. Meyers Analyse der Theologie Alkuins[577] und Angelus A. Häußlings Werk über Eucharistie und Mönchskonvent[578]. Im ganzen bestätigen diese Untersuchungen den tiefreichenden Umbruch im Frühmittelalter, ziehen dann aber kaum Konsequenzen für die Liturgieforschung oder die Allgemeingeschichte. Indem aber Jungmann von „gewissen volkstümlichen Vereinfachungen", sogar von einer „primitiven Geistesart" und einer „mehr als notdürftigen Unterweisung" gesprochen hatte, hätte eigentlich die schon von Albert Ehrhard gestellte Frage nach der Interdependenz von Religion und Kultur aufgegriffen werden müssen, freilich jetzt nicht in ‚aufsteigender', sondern ‚absteigender' Richtung: ob es angesichts solcher Vereinfachungen nicht auch weniger elaborierte Religionsformen gebe, etwa entsprechend der ‚primitiven' Geistesart auch eine ‚einfachere' Religionsart, ob weiter nach einer notdürftigen Unterweisung – etwa aus Mangel an Schulen, also einem unzureichenden Zivilisationsapparat – nicht auch geminderte Formen von Unterweisung aufkommen mußten. Allein Angelus A. Häußling stellte die frühmittelalterliche Liturgie in den Zusammenhang der karolingischen Herrschaft[579] und kam noch zu einem weiteren bedeutsamen Ergebnis, daß nämlich die Liturgie – obwohl deren äußeres Gehäuse intakt bestehen geblieben sei – sich in ihrem inneren Verständnis mit einem neuen Geist gefüllt habe[580]. Tatsächlich hat dieser veränderte Geist auf Dauer auch das äußere Gehäuse

[573] Ebd., S. 56.
[574] *Hübinger*, Kulturbruch.
[575] *Jungmann*, Abwehr, S. 4.
[576] *Godel*, Beten.
[577] *Meyer*, Alkuin.
[578] *Häussling*, Mönchskonvent.
[579] *Ders.*, Alkuin.
[580] *Ders.*, Mönchskonvent, S. 357f.

nicht einfach unberührt gelassen. Für die Werdegesetze der Liturgie bedeutet das nichts weniger als eine Erweiterung der Baumstarkschen ‚Gesetze', nämlich von der Textgeschichte zur Religions- und Sozialgeschichte. Dennoch, aufs Ganze wurde ein wirklicher Schritt in die Religions-, Kultur- und Zivilisationsgeschichte nicht getan. So hat denn auch Jungmann selbst für das Spätmittelalter nicht zu einer entschlossenen Neudeutung gefunden; noch kurz vor seinem Tod schrieb er: „Gerade das spätere Mittelalter zeigt eine gewisse Hochblüte, ja eine Hypertrophie des Liturgischen"[581].

10. Das derzeitige Interesse an Kulturanthropologie und Ritualität

a) Profangeschichte

Wie die aufklärerische Kult-Verachtung auf dem ganzen 19. Jahrhundert gelastet hatte, so auch auf der Geschichtsschreibung. In der Mediävistik kam Liturgisches einfach nicht vor. Erst die um und nach 1900 vollzogene religionsgeschichtliche Wende brachte, wie oben dargelegt, eine erste Offenheit. Derzeit bahnt sich – so Hans-Werner Goetz in seiner ›Moderne[n] Mediävistik‹ – wiederum ein „Trend zu einer historischen Anthropologie", ja zu einer „Historischen Kulturwissenschaft" an[582]. Zufolge Hans Iggers geht es um die Erweiterung der Sozialgeschichte von einer Geschichte sozialer Strukturen und Prozesse zu einer Geschichte von Leben und Kultur, eben zu einer „Kulturanthropologie", die „sich in symbolischen und rituellen Handlungen" zeige[583]. Johannes Fried spricht gleichfalls von „historischer Kulturanthropologie" und einem „neuen Humanismus"[584]. Otto G. Oexle sieht derzeit eine „umfassende Aneignung von Kulturwissenschaft um 1900", freilich nicht als bloße Rückkehr, sondern als „weiterführende Aneignung ganz oder teilweise vergessener oder ... nicht ausgeschöpfter Erkenntnisse"[585]. Dabei tritt auch wieder ein Interesse an Ritus und Ritual hervor. In der angelsächsischen Forschung hat sich vor Jahren schon eine Art ‚ritualistic turn' vollzo-

---

581 *Jungmann,* Umbruch, S. 223.
582 *Goetz,* Mediävistik, S. 262ff, 330ff.
583 *Iggers,* Geschichtswissenschaft, S. 77.
584 *Fried,* Zerfall, S. 64, S. 72.
585 *Oexle,* Geschichte, S.16, S. 21.

gen, einsetzend mit Victor Turners ›Das Ritual‹[586], daß nämlich Rituale die Brüche und Übergänge zu begleiten vermöchten, sowohl bei „Statuserhöhung" wie bei „Statusumkehrung"[587] und darum von „Riten der Lebenskrisen" zu sprechen sei.

Diese Ausweitung eröffnet eine Fülle von Fragestellungen, Themenfeldern und Forschungsansätzen. Schon die französische Annales-Schule hatte Einstellungs-, Empfindungs- und Deuteweisen, Plausibilitäten und Imaginäres als „Mentalitätsgeschichte" in den Vordergrund gerückt, und dabei „ihren Schwerpunkt von Anfang an (und bis heute) auf Aspekte der Religion und Frömmigkeit gelegt"[588]. Das in der Taschenbuchreihe ‚Fischer Weltgeschichte' 1965 publizierte ›Hochmittelalter‹ des jungen Jacques LeGoff spricht gleich eingangs von der „Wende in der Mitte des 11. Jahrhunderts", von einer „gesteigerten Aktivität" und von „geistigen Umwälzungen"[589]. Auch für die Liturgie hat diese Wende besondere Folgen herbeigeführt, jedenfalls werden wir sehen, daß neben die ‚archaische' Praxis bald noch eine andere Art trat: eine spiritualisierte.

Wichtige Beispiele sind ebenso aus der deutschen Forschung anzuführen. Das eingangs schon erwähnte Freiburgisch-Münsterische Memoria-Projekt[590] sollte ursprünglich der Erforschung des karolingischen Adels dienen, erhielt dann aber durch Otto G. Oexle eine liturgische Richtung: das Toten-Gedenken, gedeutet als „Gegenwart der Toten"[591] und zugleich als konstitutives Faktum mittelalterlichen Gesellschafts- und speziell Adelsbewußtseins[592].

„Im Christentum ist das Gedenken an göttliche Heilstaten in der Vergangenheit Inhalt des Glaubens und Gegenstand des Kultes. Ein wesentliches Element ist dabei das gemeinsame Mahl. Die Gemeinschaft der Gläubigen fand sich zusammen nicht nur im Gebet und im Hören des Wortes, sondern auch in der Gemeinschaft des ‚Herrenmahles' (1 Kor 11,21), das (wie der älteste schriftlich fixierte Abendmahlstext erläutert (seinem Wesen nach Memoria, Anamnesis ist: ‚Dies tut zu meinem Gedächtnis' (1 Kor 11,24f) … Das Mahl, das gemeinsame Essen und Trinken, in seinen verschiedenen liturgischen und nicht-liturgischen, in jedem Fall aber religiös konstituierten Formen wurde damit die Grundlage aller Formen von Memoria … Vergleichbare Elemente finden wir auch in der Memoria adliger Familien, die doch zugleich eine wiederum andere Welt bedeutet. Adel wird konstituiert durch

---

586 *Turner*, Ritual.
587 Ebd., S. 161–170.
588 *Goetz*, Mediävistik, S. 280.
589 *LeGoff*, Hochmittelalter, S. 15.
590 *Schmid – Wollasch*, Memoria.
591 *Oexle*, Memorialüberlieferung; *Ders.*, Gegenwart; *Ders.*, Mahl.
592 G*euenich* – *Oexle*, Memoria.

die Überzeugung einer langen und herausragenden Abstammung. Diese wird in der Memoria sichtbar. Da im Nachweis einer langen Abstammung auch ein Nachweis der Befähigung zur Herrschaft liegt, ist Memoria beim Adel zugleich Grundlage jeglicher Herrschaftslegitimation. Deshalb steht Memoria am Beginn der Konstituierung adeliger Geschlechter. In der Adels-Memoria verknüpfen sich die religiösen Momente der Memoria (Totengedenken in den Hausklöstern mit Grablegen) mit den Erscheinungsformen des profanen Gedenkens an des Ruhmes würdige Taten"[593].

Weitere Beispiele lassen sich anschließen. Für das Königtum konnten neben den schon älteren Forschungen zu Herrschersalbung und (Fest-)Krönung neue Aspekte hinzugewonnen werden, so die religionsgeschichtliche Idee des ‚rex et sacerdos'[594], ebenso die herrscherliche Feier der Kirchenfeste[595] und die Auswahl der Pfalzen für die Osterfeier[596], die Teilnahme der Herrscher an Kirchweihen[597] und Reliquienerhebungen[598], ferner die Taufe und Patenschaft der Könige[599] (alles Phänomene, welche die Herrschaftsausübung liturgisch mitgestalteten. Neuerdings werden denn auch Rituale und Symbole, überhaupt Repräsentationen als wesentliche Herrschaftelemente erkannt, was eigentlich einen fundamentalen Umsturz bedeutet. Denn nichts betrieb die deutsche Mediävistik intensiver als Verfassungsgeschichte, ob nun der Staat als „adelige Königsherrschaft" oder als „Aristokratie mit königlicher Spitze" aufgefaßt wurde – immer war es ein institutionalisierter Staat, der sich in rechtsrelevanten Normen und Akten auswies[600]. Aber wir stoßen – so nun Hagen Keller – „überall dort, wo wir Institutionen suchen, zunächst einmal auf ein Geflecht personaler Bindungen als die wichtigste Grundlage der Königsherrschaft"[601], ja auf ein „personales Gefüge ohne ausgeprägten institutionellen Hintergrund"[602]. Diese nur wenig institutionalisierte Herrschaft agierte kaum mit verschriftlichen Gesetzen und schon gar nicht mit bürokratischer Verwaltung, vielmehr mit zeichenhafter Symbolik, mit Gesten, Riten, Festen und Gewohnheiten, regulierte sich nicht zuletzt nach Ehrvorstellungen. Die heutige

593 *Oexle*, Memoria, S. 302f, 312f.
594 *Angenendt*, Königssalbung, S. 100–118; *Ders.*, Karl.
595 *Sierck,* Festtag.
596 *Grundmann,* Geschichtsschreibung, S. 25f.
597 *Benz*, Untersuchung.
598 *Goerich,* Otto.
599 *Angenendt*, Kaiserherrschaft; *Jussen*, Patenschaft.
600 *Goetz,* Mediävistik, S. 67–72.
601 *Keller*, Reichsorganisation, S. 179.
602 *Ders.,* Investitur, S. 54.

Rechtshistorie sucht Lösungen auch nicht mehr zuerst in Rechtsverfahren mit Anwendung juristischer Normen[603].

Zwei Beispiele: Die Königserhebung Heinrichs I., zuvor angesehen als konstitutiver, freilich zeitlich gedehnter und doch fest umrissener ‚Rechtsakt' für die Entstehung des ‚deutschen' Reiches, wird nun von Johannes Fried zum Exempel einer rituellen Rechtssetzung in der oralen Gesellschaft erhoben[604], deren Sprache in der neuzeitlichen Historie nicht mehr verstanden worden sei: „Das ... Erklärungsmuster heutiger Historiker unterliegt dem modernen, logisch-kausalistischen Geschichtsdenken, wonach Früheres die Ursache für Späteres ist. Die Typik oraler Tradition, welche die Vergangenheit an der eigenen Gegenwart kontrolliert, verlangt indessen die umgekehrte Argumentation: Ein Ereignis offenbart seine Ursachen, Späteres konstituiert gleichsam Früheres, die friedliche Nachfolge Heinrichs forderte die Designation seines Vorgängers. Es kam nicht auf die ereignistreue Rekonstruktion der Vergangenheit an, sondern auf die Fundierung der Gegenwart in einer legitimierenden Vergangenheit"[605]. Statt ein festgefügtes Rechtsmodell zu befolgen, habe Heinrich möglichst „an das karolingische Königtum an[geknüpft]. Das familiäre Gebetsgedenken schloß seine Vorgänger von Konrad I. über Arnulf bis hin zu Karl dem Großen und Pippin ein"[606].
Zum zweiten seien die Königs- und Kaiser-Insignien angeführt. Nachdem Percy E. Schramm deren Symbolträchtigkeit herausgearbeitet hatte, fragt nun Jürgen Petersohn nach ihrem Gebrauch, nach der „Alltagsgeschichte des herrschenden Insigniengebrauchs". Für die Herrscher waren bestimmte Insignien „unabdingbar, wenn sie gekrönt werden und als Monarchen auftreten wollten": als „signa, die den Herrscher als solchen auswiesen", als „Zeichen, deren Gebrauch durch das König- und Kaisertum monopolisiert war", wobei sogar „an der Spitze des deutschen Insignienbestandes ... Reliquien" standen. Die Übernahme dieser Insignien war ein „signierendes, dispositives oder legitimierendes Ritual"; es wurde zusammen mit der Salbung „im Rahmen der Meßfeier" vollzogen „und in einen herrschaftstheologischen Zusammenhang" gestellt. Konstitutiven Charakter hatte ebenso das Sitzen auf dem Thron: „Wer ihn ‚besaß', besaß das Reich". So bestätigt sich: „Öffentliches Handeln im Mittelalter ist weitgehend symbolbezogenes Handeln"[607].

Gerd Althoff konnte ein Buch betiteln mit ›Verwandte, Freunde und Getreue‹, in dem „die Formen und Rituale der Gruppenbildung", deren „Ehr- und Rangvorstellungen" behandelt sind[608].

603 *Dilcher*, Rechtgewohnheit, S. 38, 47.
604 *Fried*, Kunst.
605 Ebd., S. 495.
606 Ebd., S. 502.
607 *Petersohn*, Insignien, Zitate, S. 48, S. 51, S. 54, S. 56, S. 61–63, S. 66, S. 74.
608 *Althoff*, Verwandte, S. 1, S. 3.

Für den politischen Zusammenhalt wirkte „eine Fülle von Ritualen, zeremoniellartigen Handlungen, Gesten und Gebärden, Sitten und Gebräuchen, die bereits vor oder anstelle einer verbalen Kommunikation vieles klarstellten“[609]. In unserem Zusammenhang ist wichtig, „daß jede Gruppenbildung verwandtschaftlicher, genossenschaftlicher oder freundschaftlicher Art die Verpflichtung der Gruppenmitglieder zum Gebet füreinander mit sich brachte“[610]. Von daher erklären sich auch „das Hauskloster und die Stammburg“, wobei ersteres „einen wesentlichen Schritt bei der Formierung eines Adelsgeschlechts bezeichnet“ und „Gottes Segen zur Folge“ haben sollte[611]. Hier setzen auch Althoffs Forschungen zu den ›Spielregeln der Politik‹ an: Gegen das ‚vorstaatliche‘ und darum vermeintlich so gewalttätige Mittelalter erarbeitet er „ein ganzes Regelwerk, das die Funktion hatte, die Eskalation von Konflikten zu vermeiden und den Frieden wiederherzustellen“[612].

Es waren Regeln, „die auf Rang und Ehre basierten, die Kommunikation auf Grund von Verwandtschaft und Freundschaft erlaubten, die das Prinzip der gegenseitigen Unterstützung (do-ut-des) beachteten und vieles andere mehr. Es waren Regeln einer Gesellschaft, in der staatliche Strukturen und Institutionen das Zusammenleben noch nicht dominierten“. Sie bewährten sich „mindestens bis ins 13. Jahrhundert hinein [als] Praktiken zur Konfliktbeendigung, wie sie sich ... auch in ganz anderen Kulturen etabliert hatten, die auf einer vorstaatlichen Stufe menschlichen Zusammenlebens standen“. Um Verläßlichkeit zu garantieren, waren es „festliegende Verhaltensmuster, deren Aussagegehalt bekannt war. Auch ohne langwierige Absprachen über Details war man auf diese Weise in der Lage, öffentliche Auftritte von Herrschern und Großen zu inszenieren, so lange sich alle an die Spielregeln hielten“[613].

Wie weit man sich mit solchen Phänomenbeschreibungen bereits auf das Feld der Religionswissenschaft zubewegt, zeigen etwa Überlegungen zu „Ritenkomplexen“ und „Ritualsequenzen“: „Typische Ritualsequenzen, die Wiederholung der gleichen rituellen Elemente innerhalb unterschiedlicher Rituale, können dabei ‚rituelle Zitate‘ erzeugen, die ihrerseits so etwas wie eine ‚Inter-Ritualität‘ begründen: Kathartische Sequenzen innerhalb vieler Rituale ... liefern ‚Querverbindungen‘ der Rituale, die ... das

---

609 Ebd., S. 182.
610 Ebd., S. 27.
611 Ebd., S. 64–66.
612 *Ders.*, Spielregeln, S. 1f.
613 Ebd., S. 9, S. 12.

gesamte rituelle Netzwerk stabilisieren“[614]. Eben dieses rituelle Netzwerk mitsamt seinen Zitaten wäre jetzt weiter zu analysieren.

Ein Beispiel für solch ein rituelles Netzwerk findet sich bei einem quasiliturgischen Phänomen, das überraschenderweise in letzter Zeit mehrfach bearbeitet worden ist: bei den mittelalterlichen Prozessionen. Das Ergebnis ist gespalten; während die einen Abgrenzungsstrategien der Herrschenden entdecken, wollen andere eine Integration in den Sozialkörper wahrnehmen. Für erstere Auffassung steht vor allem Miri Rubin mit ihrer Untersuchung der englischen Fronleichnamsprozessionen: „Die Möglichkeit, mit Hilfe der Prozession eine einprägsame und klare Verteilung der Macht zu zeigen, wurde von denen, die die Macht besaßen, nach ihrem Willen gestaltet. Ihre politische Bedeutung wurde überlegt inszeniert, und dies brachte am Ende des 1. Jahrhunderts etwas hervor, das mehr war als eine liturgische Prozession mit der Hostie, nämlich: ein großes städtisches Ereignis, das eine ganze Anzahl parallel laufender Hierarchien abbildete“[615]. In Deutschland ist diesem Ansatz Andrea Löther mit der Untersuchung ›Prozessionen in spätmittelalterlichen Städten‹ gefolgt: „Die Botschaft und die Wahrnehmung einer Prozession waren abhängig vom politischen Kontext“, und insofern gab es eine „Prozessionspolitik“[616]. Eine früher schon publizierte Untersuchung aber hatte bereits formuliert: „The theme of Corpus Christi is society seen in terms of body“ – bei aller sozialen Differenzierung durchaus mit Betonung des Ganzen, nämlich korporative Identität der Kirche als Widerspiegelung im Sozialkörper etwa einer Stadt[617]. So durfte der von Dieter Scheler beschrittene Mittelweg das Richtige treffen: Prozessionen seien „vielleicht tatsächlich im 15. Jahrhundert die geschätzteste Frömmigkeitsform“ gewesen, waren gewiß „auffällige öffentliche Rituale“, eingebettet „in die ‚Sprache‘ der öffentlichen Kommunikation zwischen Obrigkeit und ‚Volk‘“[618], verbunden aber auch mit zunehmenden Seelsorgsbemühungen, so daß „der grundlegend religiöse Charakter der Prozession wieder deutlich zu Wort“[619] kam. Die integrierende Kraft speziell der der Fronleichnamsvorstellung setzte beim Leib Christi an und wirkte in Richtung auf die alte Idee des Sozialkörpers: die Fronleichnamsprozession als Symbol des sozialen Körpers, für dessen Einheit wie auch Differenzierung. So kritisierte der reformerische Windesheimer Probst Johannes Busch den Brauch, daß in Halle jede Pfarrei ihre eigene Monstranz rundtrage, mit dem Argument, es dürfe nicht der Eindruck entstehen, jede Pfarrei habe ihren eigenen Gott[620]. Für die Gespal-

[614] *Gladigow*, Opfer, S. 89.
[615] *Rubin,* Symbolwert, S. 312.
[616] *Löther,* Prozessionen, S. 298.
[617] *James*, Ritual, S. 4.
[618] *Scheler,* Wirklichkeit, S. 128.
[619] Ebd., S. 127.
[620] Des Augustinerpropstes Iohannes Busch Chronicon Windeshemense und Liber de reformatione monasteriorum, S. 445.

tenheit der Forschungssituation ist wiederum bezeichnend, daß die genannten Arbeiten allesamt kaum auf liturgiewissenschaftliche Arbeiten eingehen, wie übrigens umgekehrt die liturgiewissenschaftliche Arbeit von Sabine Felbecker über die Prozession sich streng auf die eigene Disziplin eingrenzt[621].

Selbst noch die Zeitgeschichte ist anzuführen. Werner K. Blessing möchte bei der Beurteilung popularer Frömmigkeit vor methodischer Verengung warnen: „Weder mit einem engen sozialgeschichtlichen Ansatz noch mit der popularen Frömmigkeit als Brennpunkt lotet man die Wirkung der Kirchen aus“[622]; deren tatsächliche Wirkung zeigt sich vielmehr in einer andauernden, wenn auch in der Gegenwart sich säkularisierenden Ritualität: „Es gibt ein religiöses Substrat vor aller hochreligiösen Formierung von Glauben und Sitte, das sich seit jeher auf vielerlei Weise gesellschaftlich äußert, und das keineswegs nur in vormoderner Zeit und bei ‚einfachen Leuten‘“[623].

b) Anthropologische Wende in der Theologie

Als 1957 der erste Band der Nachkriegsausgabe des ›Lexikon für Theologie und Kirche‹ erschien, schrieb Karl Rahner dafür den Artikel „Anthropozentrik“. Hatte es in der Erstauflage von 1930 in einem (ablehnenden) Elf-Zeilen-Artikel geheißen, es handele sich um eine Denkweise, die den Menschen und sein Bewußtsein zum Ausgang und Mittelpunkt der Weltanschauung mache, was Kant zufolge eine kopernikanische Tat sei[624], aber im Gegensatz zum christlichen Kosmozentrismus bzw. Theozentrismus stehe, so sah nun Rahner einen katholisch-positiven Sinn: „Die wirkliche Theozentrik des Menschen ist aus ihrem eigenen Wesen (als freie Tat des Glaubens und der Liebe einer Person) notwendig die Gerichtetheit eines *Subjekts*, also ‚existentiell‘“[625]. Johann B. Metz forderte dann in seiner Dissertation ›Christliche Anthropozentrik‹ ein von Thomas von Aquin her zu begründendes „anthropozentrisches Seinsverständnis“, um die „neuzeitliche Denkepoche in ihrem Grundzug positiv verstehen zu lernen“[626]; die Theologie dürfe sich nicht mit der Unterstellung abfinden, „das neuzeitliche Den-

---

621 *Felbecker*, Prozession.
622 *Blessing*, Kirchengeschichte, S. 44.
623 Ebd.
624 *Adrian*, Anthropozentrisch, S. 482.
625 *Rahner*, Anthropozentrik, S. 633.
626 *Metz*, Anthropozentrik, S. 127.

ken sei in seinem Kern ‚unchristlich'"[627]. Vollzogen war damit, was inzwischen die ‚anthropologische Wende' der katholischen Theologie heißt. Die derzeit erscheinende Ausgabe des ›Lexikon für Theologie und Kirche‹ bietet einen mehrspaltigen Artikel, der die Öffnung zur Anthropozentrik geistesgeschichtlich begründet: „Theologisches Denken konnte nicht mehr auf eine allgemeine Ontologie aufbauen; es mußte den tradierten Glauben von der Selbsterfahrung und dem Selbstverständnis der Menschen her neu durchdenken"[628]; behandelt werden noch die Folgen für Ethik und Religionspädagogik, nicht allerdings für Liturgie. Doch war hierfür schon seit längerem eine „Pastoralliturgik" favorisiert worden[629].

c) Guardini-Renaissance

Der derzeitigen Liturgiewissenschaft stellen sich neue Fragen, die letztlich Kirche und Gesellschaft betreffen: Veränderungen im Grundgefüge der theologischen Disziplinen, die inzwischen eingetretene Zeitdistanz zum Zweiten Vatikanischen Konzil, nicht zuletzt der Generationenwechsel. Für die Geschichte des Faches sind wichtige historische Untersuchungen vorgelegt worden: über die Liturgie der Aufklärung und das 19. Jahrhundert, dann auch zu einzelnen Liturgikern. Intensiv wird auch nach neuen Grundkonzepten gefragt, etwa unter dem Stichwort „Wider das Schwinden der Sinne"[630]. Zudem zeichnet sich eine Guardini-Renaissance ab, was insofern verwundert, als Guardini mitsamt seinem Werk nach dem Zweiten Vatikanum aus dem katholischen Bewußtsein wie herausgefallen schien; eine neue Sachlichkeit hatte sich an zu viel Ästhetischem, sogar Betulichem gestoßen. Erstaunlich ist nun seine Rückkehr: Biographien, Werkausgabe, Dissertationen zu Hauf, Tagungen und – auch das – ein Guardini-Preis. Josef Ratzinger möchte seinen Kassandra-Ruf, die heutige Krise in der Kirche sei eine solche der Liturgie, gerade mit dem Rückgriff auf Guardini stützen, was nämlich „Guardini am Ende des Ersten Weltkriegs in einem völlig anderen geschichtlichen Kontext ausgeführt hatte, in den Zusammanhang unserer gegenwärtigen Fragestellung, Hoffnungen und Gefahren [zu] versetzten"[631].

---

627 Ebd., S. 135.

628 *Langemeyer*, Anthropozentrik, S. 741f.

629 *Kranemann*, Grenzgängerin, *Maas-Ewerd – Richter*, Bewegung.

630 *Höhn,* Ästhetik.

631 *Guardini*, Liturgie, S. 8.

11. Zwischenbilanz

Es ist ein langer Weg, den die Forschung gegangen ist. Für die Liturgiker des 20. Jahrhunderts war zentral das Konzept des ‚Objektiven', mit dessen Hilfe sie die ganze Christentumsgeschichte in zwei Perioden aufteilten: eine positive – andauernd bis zum Ende der Romanik – und eine negative – beginnend mit der Gotik –, was alles man aber erst in der eigenen Gegenwart vollauf erkannt zu haben glaubte. Für diese Aufteilung bildete die Liturgie sowohl den wichtigsten Indikator, wie sie zugleich selbst am stärksten davon betroffen war. Dringlichst mußte sie zur objektiven Form zurückgeführt werden. Die Liturgische Erneuerung verstand sich wesentlich von daher. Daß aber, historisch gesehen, diese Licht/Dunkel-Geschichte so gar nicht haltbar ist, ja daß nach heutiger Forschungslage ein ganz anderes Urteil ansteht und darum auch eine neue Liturgiegeschichte geschrieben werden muß, beginnt sich nur erst langsam abzuzeichnen.

Teil II:
Ritus und Liturgie in historischer Perspektive

1. Eine genetische Kultur- und Liturgiegeschichte

a) Das Beispiel der Pollutio

Die These Jungmanns vom großen Umbruch schon im Frühmittelalter, die der Laacher Schule mit ihrer Auffassung vom ‚objektiven' Charakter dieser Epoche so gänzlich widersprach, war rein von Liturgieforschungen her begründet. Doch lag schon seit Beginn der 30er Jahre eine Untersuchung vor, welche die Hochschätzung des frühmittelalterlichen Objektivismus von der Moraltheologie her infrage stellte, nämlich das 1932 erschienene Buch ›Ethik und Recht‹ von Michael Müller (†1970). Sehen wir von dem nach heutiger Auffassung mißverständlichen Titel ab, so geht es darum, ob für die sittliche Verantwortlichkeit der faktisch eingetretene Tatbestand oder aber die Gesinnung des Täters zähle. Müller legte mit einem Rückgriff bis in die Antike dar, daß seit der philosophischen Ethik „die Größe einer Sünde … niemals nach dem Erfolg, sondern einzig nach der fehlerhaften Gesinnung des Täters bemessen" worden sei[1], und so habe es auch für die Propheten, das Neue Testament und die Patristik gegolten. Anders dann im frühen Mittelalter, als die „jugendlichen", aber noch „rohen Völker"[2] einen Zerfall der griechisch-römischen und christlichen Kultur bewirkt hätten; dadurch erst sei „die primitive Imputationsform, die sich auf das Faktum stützte, wieder stärker in den Vordergrund" getreten[3].

Zurückgeführt wird diese „Abstellung auf das äußere Faktum … vor allem [auf] die im Volksbewußtsein verankerten primitiven Rechtsanschauungen"[4]. Als zu bereinigendes Sündenfaktum seien nicht zuletzt sexuelle Vorgänge und Stoffe angesehen worden, die – wenn auch naturgegeben

---

[1] *Müller,* Ethik, S. 17.
[2] Ebd., S. 27.
[3] Ebd., S. 41.
[4] Ebd., S. 44.

und unvermeidlich wie Samenerguß und Menstruationsblutung – dennoch als befleckend galten[5]. Für die sittliche Bewertung ergebe diese „objektive“ Beurteilung die Forderung auf Reinigung nicht nur bei bewußtem Vollzug, etwa nach Onanie, sondern auch bei unwillentlichem Samenerguß oder bei Menstruationsblutung. Eben daran nahm Müller Anstoß: „In der frühmittelalterlichen Bußdisziplin wurden also auch rein natürliche Vorgänge des sexuellen Lebens als unrein erachtet und mit Ausschluß vom Kirchenbesuch und Kommunionempfang, ja teilweise direkt mit Buße belegt“[6].

Für die Liturgie hat aus diesem Befund Peter Browe in seinen zeitgleich 1932 erschienenen ›Beiträgen zur Sexualität des Mittelalters‹ bereits erste Konsequenzen gezogen. Tatsächlich schildern die Quellen Verhaltensweisen der folgenden Art, etwa die ‚Gewohnheiten‘ aus Rolduc, einem Kanoniker-Stift des 12. Jahrhunderts:

„Über die Pollution und den Wechsel der Hosen. Wenn auf Grund einer nächtlichen Traumerscheinung oder aus ‚Überfluß der Natur‘ solches geschehen ist, was einige schamhafte Schwäche nennen, soll (der Bruder), wenn es zum erstenmal geschehen ist, die sieben Bußpsalmen mit dem Gebet des Herrn sprechen ... Derjenige (Bruder) aber, der das nicht von Natur, sondern durch seine Schuld geschehen ließ, darf ohne unvermeidbare Notwendigkeit an diesem Tag den Altarraum nicht betreten, nichts von den heiligen Gegenständen oder Gefäßen berühren, nicht zum Kuß des Altares herankommen ... Die Priester und die Altardiener müssen drei oder mehr Hosen zum Wechseln haben ..., damit nicht der Schuld eine vielleicht noch größere Gefahr folgt und aus der Erinnerung der Kitzel der Schwäche entsteht“[7].

Selbst auch bei unwillentlichem Geschehen wird eine Buße verhängt. Hingegen hat das als subjektiv gescholtene Spätmittelalter nichtgewollte Pollution zu entschulden vermocht, wie es die Consuetudines von Bursfelde tun:

„Wenn aber einer täglich oder mit allzu großer Häufigkeit einen derartigen Ausfluß erleidet, wie es bei manchen allein infolge eines Gedankens oder Aussprechens oder Hörens von Fleischsünden bei der Beichte oder sonstwie auch gegen ihren Willen und während sie sich unter Verabscheuung der Sünde dem widersetzen, vorzukommen pflegt, soll er sich deshalb nicht veranlaßt fühlen, seltener zu zelebrieren oder sich der heiligen Kommunion zu berauben“[8].

---

[5] *Lutterbach*, Sexualität, S. 70–96.
[6] *Müller,* Ethik, S. 64.
[7] Consuetudines I, 9, S. 156–161.
[8] Caeremoniae III, 7, S. 148.

Inzwischen ist die Pollutio als kultische Verunreinigung breit untersucht worden, mit dem Ergebnis, daß in der Alten Kirche „weder die Samenpollution noch der eheliche Verkehr, auch nicht die Menstruation ... einen Menschen im Blick auf die Begegnung mit dem Heiligen verunreinigen“ konnten[9]. Hingegen wurde die spätantike und vor allem frühmittelalterliche Liturgie vielfältig und intensiv von Pollutio-Vorstellungen geprägt[10]. Besonders gravierend traf es die Frauen, sogar noch die Nonnen: Das Menstruationsblut galt als extrem verunreinigend und setzte deswegen gerade die Frau kultisch zurück[11]; auch Eheleute sollten vor der Kommunion wenigstens für einige Tage enthaltsam bleiben. Dabei war es eine der großen religionsgeschichtlichen Leistungen des Neuen Testamentes und der Alten Kirche gewesen, daß man sich von all dem frei gewußt hatte[12], und noch Gregor der Große suchte die altkirchliche Auffassung zu verteidigen, daß nur das aus dem Herzen Aufsteigende, nicht das vom Körper Ausgeschiedene verunreinige[13].

Obwohl diese Pollutio-Vorstellung stärkstens die Liturgie betraf, machten sich die Vertreter des Objektivismus in ihrer Verherrlichung des Frühmittelalters blind für diese krass unchristlichen Phänomene. Tatsächlich hätte die bereits von Müller und Browe dekuvrierte Objektivität bei der Gesamtbewertung der Epoche wie ebenso bei der Liturgie grundstürzende Folgen haben müssen: Wenn das gerade ob seines objektiven Charakters gerühmte Frühmittelalter auch unwillentliche Tatbestände als bußfällig verrechnete, wie stand es dann zur christlichen Tradition? Vor diesem Hintergrund hätte die ethische Imputation, die von Willentlichkeit und damit von Subjektivität ausgeht, gerade nicht als subjektivistischer Verfall, sondern eindeutig als ‚Fortschritt‘ aufgefaßt werden müssen, ja als neutestamentliche Wiederentdekkung. Für die liturgische Periodisierung wäre infolgedessen zu realisieren gewesen, daß gerade das von den Vertretern der Objektivität ob seines Subjektivismus geschmähte 12. Jahrhundert die ethische Imputation wieder zum ersten Maßstab erhob und damit eigentlich christlich dachte. Radikal argumentierte hier der von den Objektivisten besonders geschmähte Abaelard: Eine Sünde ziehe sich nur zu, wer mit Absicht eine Bosheit begehe; Unwissen-

[9] *Lutterbach*, Sexualität, S. 53f.
[10] Ebd., S. 64–267.
[11] *Muschiol,* Famula Dei, S. 192–222.
[12] *Wendenbourg*, Reinheitsgesetze.
[13] *Kottje,* Studien, S. 69–83.

heit und Irrtum bewirkten keine Schuld[14]. Für die Forschungssituation der 30er Jahre ist es bezeichnend, daß Müller Abaelard für diese Wiederentdeckung seine „Bewunderung“[15] aussprach, während der mehrfach zitierte Liturgiker A. L. Mayer ihn als „Modeprofessor“[16] verunglimpfte. Weiterführend wirkte hier besonders die französische Forschung. So nannte Marie-Dominique Chenu (†1990) Abaelard wegen seines Plädoyers für Subjektivität, für die Berufung auf Verstand und Gewissen den „ersten modernen Menschen“[17].

Wir haben mit der Pollutio ein Beispiel vor uns, das die Unabdinglichkeit des Intentional-Subjektiven klarlegt und zusätzlich zeigt, daß sich Jungmanns These vom Umbruch im frühen Mittelalter noch weiter bestätigt, ja daß ohne Zurkenntnisnahme eines irgendwie ‚archaischen‘ Untergrundes nicht auszukommen ist.

b) ‚Archaisch‘ und ‚subjektiv‘

Eine genetische Betrachtung stellt die Frage nach dem Anfänglich-Frühen, dem „Archaischen“. Die Bezeichnung ‚archaisch‘ diente zunächst als eine Art Sammelbegriff, um in der Kunstgeschichte alles Vorklassische und in der Psychologie das Vor- bzw. Unterbewußte zu bezeichnen[18]. In der Religionsgeschichte wurde ‚archaisch‘ „ein Epochen- und Stilbegriff, ein religiös aufgeladener Ausdruck zur Benennung ‚ursprungsmächtiger Frühe‘ oder ‚Ferne‘, eine Bezeichnung des ‚kollektiven Unbewußten‘ überhaupt“[19]. Mircea Eliade hat diese „archaische Ontologie“ erst richtig bekannt gemacht, ja popularisiert:

> „Wenn man das Verhalten des archaischen Menschen im allgemeinen betrachtet, fällt einem folgendes auf: die Gegenstände der Außenwelt besitzen ... *keinen selbständigen inneren Wert.* Gegenstände oder Handlungen gewinnen – nur – einen *Wert* und werden damit *wirklich*, weil sie auf die eine oder andere Weise einer Wirklichkeit teilhaftig sind, die über die Grenzen hinausgreift ... Ihre Bedeutung, ihr Wert sind nicht an ihre rohe körperliche Gegebenheit gebunden, sondern daran, daß sie einen urtümlichen Akt nachvollziehen, ein mythisches Beispiel wiederholen. Die Nahrungsaufnahme ist nicht einfach eine physiologische Handlung, sondern erneuert eine Kommunion. Hochzeit und kollektive Orgie verweisen auf

---

14 *Angenendt,* Abaelard, *S. 157.*
15 *Müller,* Ethik, S. 125.
16 *Mayer,* Liturgie, S. 76.
17 *Chenu,* Conscience, S. 17.
18 *Schweizer,* Archaisch.
19 *Faber,* Archaismus, S. 51.

mythische Urbilder, und man wiederholt sie, weil sie im Anfang ... von Göttern, ‚Ahnen' oder Heroen geweiht worden sind"[20].

Die wie von selbst sich anschließende Frage, ob neben oder nach dem Archaischen noch andere Religionsformen bestehen können und welcher Art sie seien, beantwortet Eliade eigentlich nicht mehr. Denn angesichts der technisch-wissenschaftlichen Zerstörungen der Moderne wollte er – trotz eingestandener Unmöglichkeit einer Rückkehr zu den Mythen – eher dafürhalten, „die *anderen* mythologischen Überlieferungen und zuvörderst die archaischen Traditionen für das moderne westliche Bewußtsein neu zu interpretieren"[21].

Der Deutung Eliades steht eine andere entgegen, die auf Entwicklung setzt und dabei die Religionsart wie auch die ‚Religionshöhe' nach der Subjektivität bemißt. So schreibt der Tübinger Religionshistoriker Burkhard Gladigow im neuen ›Handbuch religionswissenschaftlicher Grundbegriffe‹: „Die historisch greifbaren Differenzierungen von Gottesvorstellungen orientieren sich an den Möglichkeiten von Kulturen, ‚Person', Personalität und Subjektivität zu konzipieren und sie in das politische System, das Kultwesen, die Rechts- und Wirtschaftsordnung einzuordnen und zu ‚institutionalisieren'"[22]. Ein solches Konzept der Herausbildung eines verstärkten Subjektivismus setzt die Forschungsliteratur oft wie selbstverständlich voraus, daß nämlich der Kult im Zuge einer Höherentwicklung das Anfängliche und darum das „Primitive" gewesen sei[23]. Mary Douglas, die eigentlich „jede allzu selbstgefällige Verachtung primitiver religiöser Anschauungen ... erschüttern"[24] möchte, hält ebenso dafür, daß Religion „subjektiv" werde, sobald sie mehr auf Innerlichkeit achte und die Dinge des Herzens als entscheidend ansehe[25].

In unserem Zusammenhang ist auf eine Reihe von Phänomenen hinzuweisen, die gewissermaßen eine Kriteriologie für Einfach- und Hochreligionen und damit für eine entsprechende Einschätzung von Kult und Ritual ermöglichen. Zuerst schon ist zu beobachten, daß sich der archaische Kult in Kategorien bewegt, die nicht notwendigerweise ethisch sind. Denn der religiöse Frevel, der den Zorn der Himmlischen erregt, hat anfangs „nichts mit sittlicher Verschuldung und Schuldbewußtsein zu tun, wie auch zu-

---

20 *Eliade*, Kosmos, S. 15–17.
21 *Ders.*, Mittelpunkt, S. 267.
22 *Gladigow*, Gottesvorstellungen, S. 32f.
23 *Lang*, Kult.
24 *Douglas*, Reinheit, S. 97.
25 *Dies.*, Ritual, S. 20–22.

nächst nicht das Tatmotiv (absichtlich – unabsichtlich) unterschieden wurde"[26]; vielmehr ging es darum, „das gestörte Gleichgewicht zwischen den Menschen und der heiligen Macht sowie zwischen den Menschen untereinander wiederherzustellen"[27]. Religiöse Vergehen sind hier weniger eine bewußt intendierte Beleidigung Gottes als vielmehr die Störung eines kosmisch gedachten Gleichgewichts, das sofort und unbedingt wieder auszugleichen ist. Folglich zählt die objektiv eingetretene Störung auch dann, wenn sie „dem, der sie begangen hat, oft unbekannt" ist[28]. In „unbeabsichtigter" Weise wirkt aber auch der Ritus. Denn religionsgeschichtlich gilt: Wo immer, „wenn auch nur versehentlich, die richtige Formel und Gebärde vollzogen werden, tritt automatisch der daran geknüpfte Erfolg ein"[29].

Zumal an der objektiv begangenen Untat zeigt sich noch ein Weiteres. Weil in den Frühformen nicht ein eigenes subjektives Schuldbewußtsein leitend war, bedurfte es eines anderen Regulativs, und das war die Scheu vor dem Heiligen sowie vor der Schande bei den Anderen. Eric R. Dodds hat dafür die Formel geprägt: „von der Schamkultur zur Schuldkultur"[30]. Über die griechische Welt glaubt er sagen zu können: „Der höchste Wert für einen homerischen Menschen ist nicht ein ruhiges Gewissen, sondern das Genießen der *timé*, der öffentlichen Hochschätzung ... Und die stärkste moralische Macht, die der homerische Mensch kennt, ist nicht die Furcht vor Gott, sondern die Rücksicht auf die öffentliche Meinung, [auf den] *aidós*"[31]. Obwohl diesem ‚aidós' neuerdings doch auch „eine Minimalart von Gewissen" zugesprochen wird[32], hat sich die wirkliche „Verlagerung des Akzents von der Schande zur Schuld, ... von der Furcht vor dem Urteil anderer zur Furcht vor der Selbstverurteilung" erst später vollzogen[33]. Jedenfalls unterschied die homerische Gesellschaft „nicht genau und deutlich zwischen moralischem Vergehen und bloßem Versehen. Sie beurteilte die Handlungen eher vom Ergebnis als von den Absichten her"[34]. Erst eine verinnerlichte Selbstreflexion führte zur Auffassung von einer subjektiven Schuld.

[26] *Speyer*, Fluch, S. 1163.
[27] Ebd., S. 1161.
[28] *Burkert*, Kulte, S. 142.
[29] *Hattenhauer,* Rechtsgeschichte, S. 11.
[30] *Dodds*, Griechen, S. 17.
[31] Ebd., S. 15f.
[32] *Cairns*, Aidós, S. 145f.
[33] *Chadwick,* Gewissen, S. 1027.
[34] Ebd., S. 1029.

Diese Wende zum Subjektiven hat für Ritus und Kult eine außerordentliche Bedeutung. In der griechischen Religionsgeschichte besteht sie in dem Postulat eines „geistigen Gottesdienstes“: Dem Gott darf sich nur nähern, wessen Gewissen rein ist, während das bewußt Böse – und nur das – Sünde ist[35]. Auch im Alten und Neuen Testament zeigt sich diese Wende: Gutes wie Böses kommen aus dem Herzen[36]. Aufgrund dieses Befundes haben vornehmlich protestantische Exegeten, wie in Deutschland Julius Wellhausen (†1918) und in England Robertson Smith (†1894), ausgehend vom Dogma eines rein geistigen Gottesverhältnisses, den Prophetismus an die erste Stelle gesetzt und die Formen eines nicht verinnerlichten Religionsverhaltens als ‚kultisch‘ bezeichnet und damit pejorisiert[37]. Wenn zum Beispiel Max Weber den Propheten mit seinem Charisma gegenüber dem Priester mit seiner Magie herausstreicht, ist solche Absetzung noch spürbar: „Kein Prophet [ist] aus der Priesterschaft auch nur hervorgegangen“[38].

Mit der Verinnerlichung der Kultformen pflegt weiter die Ratio geweckt zu werden, die das mythische Weltbild anzufragen beginnt. Der Ritus kann dann rasch wesenlos werden, ja degenerieren zum unverständlichen Getue, und zwar in dem Maße, wie „der Intellektualismus den Glauben an die Magie zurückdrängt und so die Vorgänge der Welt ‚entzaubert‘ werden, ihren magischen Sinngehalt verlieren, nur noch ‚sind‘ und ‚geschehen‘, aber nichts mehr ‚bedeuten‘“[39]. Praktische Religionsausübung und überlieferter Ritus treten in Diastase. Der kürzlich verstorbene Philosoph Josef Pieper (†1997) hat das eindrucksvoll an einem Erlebnis auf einer religionskundlichen Indien-Reise beschrieben, während der ihn Studenten zu einer brahmanischen Morgenandacht in ihr Elternhaus einluden.

„Man hatte uns in der Wohnung schon erwartet; ich zog die Schuhe aus und trat in ein kahles Zimmer; an den Wänden ziemlich billige Drucke mit Götterdarstellungen; auf dem Fußboden, unter einem Baldachin, ein altarähnlicher Aufbau. Davor hockte in seinem orangefarbenen Gewand der ‚Priester‘, ein ziemlich junger, gesammelt und intelligent wirkender Mann, der sogleich mit dem Vollzug der Riten begann. Um ihn herum Schalen mit Früchten, Reis, Wasser, Weihrauchkörnern. Fünf oder sechs kleine bronzene Götterfiguren wurden gewaschen und gesalbt, schließlich

---

35 *Burkert,* Religion, S. 452–495.
36 *Bauer – Felber,* Herz.
37 *Kippenberg*, Entdeckung, S. 100–103.
38 *Weber*, Wirtschaft, S. 268.
39 Ebd., S. 308.

mit bereitgelegten Gewändern bekleidet und auf den Altar gestellt. Das alles geschah unter ständigem Psalmodieren des ‚Priesters', der zugleich sehr präzis festgelegte Gebärden und Handhaltungen zu beobachten hatte. Zwischendurch wurde ein Gong angeschlagen, eine Glocke geschwungen; in ein Becken mit glühender Holzkohle wurden Weihrauchkörner gestreut; und schließlich setzte der Liturge eine große weiße Muschel an den Mund und brachte damit einen dreimal wiederholten, sehr lauten Ton hervor, woraufhin mit raschen Schritten die bisher verborgen gebliebene Frau des Hauses in den Raum geeilt kam, sich niederwarf und lange Zeit schweigend mit der Stirn den Boden berührte. Der Vater hatte zwischendurch immer wieder einmal kurz zur Tür hereingeschaut. Die beiden Studenten beobachteten offenbar nur mich; ich allein achtete voller Wißbegier auf den liturgischen Vollzug. Als ich nun meine jungen Begleiter nach dem Sinn einzelner Riten fragte, lachten sie mir nur ins Gesicht: das alles bedeute eben nichts, schlechterdings nichts! So wandte ich mich an den Vater, einen ernsten, gebildeten Mann; der aber zog die Schultern hoch: ‚Das ist bei uns seit je der Brauch; seit tausend Jahren macht man das so!'"[40].

Für das nicht mehr verstandene Ritual ist oft dasselbe zu beobachten, was angesichts des Logos dem Mythos widerfährt: Wie dieser wird nun auch der Ritus allegorisiert. Weil nämlich den mittlerweile unverstehbar gewordenen Gesten und Worten weiterhin eine göttlicherseits eingestiftete Bedeutung unterstellt wird, muß diese auf besondere, eben allegorische Weise herausgefunden werden. So bleibt einerseits die alte Grundvorstellung erhalten, daß der Ritus Mächtiges und sogar Göttliches vermittelt, andererseits aber nur erst dank allegorischer Auslegung verständlich wird. Zuletzt gewinnt der Ritus eine symbolische Funktion, wie es in der Hochreligion geschieht und durch Kultkritik begründet wird. Die Gottesbegegnung geschieht nunmehr grundsätzlich im menschlichen Innern als geistiger Austausch, der dabei noetisch und ethisch wird. Das hat vielerlei Voraussetzungen wie auch Konsequenzen. Zuerst einmal bindet Gott sich selbst und sein Verhalten an Einsicht, Weisheit und Ethos. Als geistiger Gott kommuniziert er mit den Menschen, näherhin mit ihrem innerem Zentrum, eben mit Geist und Herz[41]. Weil diese Kommunikation geistig ist, muß sich auch der Ritus spiritualisieren. So entsteht notwendig die Kultkritik: Der Ritus meine immer nur Geistiges, indem er sichtbar anzeige, was letztlich unsichtbar geschehe. Folglich erscheint das Ritual als ein System von Zeichen, in denen das Höhere und Göttliche auf das Innere des Menschen abzielen und es verwan-

---

[40] *Pieper,* Abend, S. 233f.
[41] *Burkert,* Religion, S. 452–495.

deln[42]. Die Liturgie wird dabei ethisch und katechetisch, soll sie doch die Innerlichkeit befördern und das Ethos befestigen. Gebete für Krieg, gutes Wetter, Gesundheit oder eine gute Ernte werden damit hinfällig oder aber ‚volksreligiös'. Auf der spirituellen Ebene behält allein noch Geltung, was der subjektiven Innerlichkeit in ihrer Beziehung zu Gott dient. Damit hat sich die Liturgie ganz davon entfernt, automatisch schon dadurch zu wirken, daß sie als rituelle Technik fehlerlos abläuft. Vielmehr entscheidet jetzt die Nützlichkeit für den inneren Menschen. Der nur objektiv vollzogene Kult wird dabei als geist- und herzlos abgetan.

Aber das ist nicht alles. Denn auch subjektive Religionsformen entwickeln von neuem Kultregeln. Paul Ricoeur hat von einem „nach-ethischen Ritualismus" gesprochen, der sogar eine „Ritualisierung der Ethik" nach sich ziehen könne, wenn nämlich der Ritus zum Werkzeug jener Genauigkeit werde, die das Gewissen gebiete[43]. Auch das ist zu bedenken.

c) Mythos, Ritus und Ratio

Ein Deutungsschema, das auf Akkulturation setzt, eröffnet eine weit in die Religionsgeschichte zurückreichende Dimension. Walter Burkert entdeckt bei seinem Versuch, die Religion mit Hilfe der Humanbiologie bis zu ihren Anfängen zurückzuverfolgen, „gemeinsame Charakterzüge, die, eben als Altes und vielleicht Ursprüngliches, Hinweise geben könnten auf den Anfang der Religion"[44]. Dabei zeige sich eine bis in die Vorgeschichte zurückreichende Kontinuität wie auch eine „erstaunliche Kompatibilität des Religiösen"; denn in der Auffassung und Praxis von Religion überwögen „die Ähnlichkeiten, in den Mythen wie in den Ritualen, den Tempeln, Weihgeschenken und Opfern"[45]. Weiter sei zu beachten, „daß zur Religion immer auch eine andere Form von ‚Sprache' gehört, die älter sein kann als die artikulierte Sprache", und „dies ist das Ritual"[46]. Zu den vorsprachlichen Ritualen der frühen Hominiden rechnet er „Jagdtänze und Kriegertänze, Tänze der Geschlechterbegegnung, … vielleicht auch ‚Verehrung' unsichtbarer Wesen so gut wie die Ehrung von Toten. Man könnte in dieser Weise einen Komplex vorsprachlicher Prä-Religion ent-

[42] *Lang,* Kult, S. 482f.
[43] *Ricoeur,* Symbolik, S. 156.
[44] *Burkert,* Kulte, S. 11.
[45] Ebd., S. 14.
[46] Ebd., S. 35.

werfen, der in gewissem Maße noch in unseren entwickelten Religionen bewahrt ist"[47].

Gängigerweise gilt, daß in älteren Kulturen Ritus und Mythos zusammengehen[48]: Der Mythos erzähle die „fundierende Geschichte"[49] vom göttlich-ewigen Ursprung in der Vorzeit, und der Ritus setze diesen Ursprung in der Kultfeier von neuem gegenwärtig, um die Fortdauer in der Jetztzeit zu gewährleisten. Der Kult ist darum mit Mircea Eliade als Vergegenwärtigung des (göttlichen) Ursprungs anzusehen: „Jede rituelle Handlung hat ein göttliches Modell, ein Urbild; ... alle religiösen Handlungen sind nach diesen Vorstellungen von den Göttern, kulturbringenden Heroen oder mythischen Ahnen eingesetzt worden"[50].

Für die alte Streitfrage, ob der Mythos oder der Ritus erstrangig sei, sieht W. Burkert eine „Korrelation": „Menschliches Verhalten ist weithin erlernt; dies gilt auch für Rituale ... Jedenfalls ist mit einer kontinuierlichen, nie abgerissenen Tradition im Fortbestand menschlicher Gesellschaft zu rechnen, als Tradition des Erlebens und des rituellen Handelns in stetiger Korrelation, vor und neben der Sprache, die dann die wichtigste Form geistig prägender Tradition geworden ist"[51]. Im neuen ›Handbuch religionswissenschaftlicher Grundbegriffe‹ werden mehrere Verhältnisbestimmungen vorgenommen: „Das Ritual kann den Mythos dramatisch darstellen ...; im Rahmen eines Rituals kann ein Mythos rezitiert werden ...; ein Mythos kann erklären, warum eine bestimmte Kulthandlung vorgenommen wird ...; ein Mythos kann ein Ritual auslegen"[52].

Mit Mary Douglas wird man den Menschen „ein rituelles Wesen" nennen müssen, weil er „durch den Glauben an die Wirksamkeit institutionalisierter Zeichen" geprägt ist und „das Ritual für die Gesellschaft mehr ist, als es die Worte für das Denken sind"[53]. Ideell liegt dem zugrunde: Der Ritus ist in Form und Inhalt ‚jenseitig', stammt aus einer anderen Welt, ragt aber in diese Welt hinein und erneuert den guten Anfang vermittels seiner jenseitigen Kraft. Die Wirkung geschieht irgendwie automatisch, nur schon durch den geheiligten Vollzug. Dafür muß man sich genau an den tradierten Verlauf halten und zumeist auch noch in besonderer Weise legitimiert sein.

Von hierher erklärt sich die Objektivität von Ritus und Kult. Weil

---

[47] Ebd.
[48] *Lang,* Kult.
[49] *Assmann,* Gedächtnis, S. 66–86, Zitat S. 75.
[50] *Eliade*, Kosmos, S. 34.
[51] *Burkert*, Anthropologie, S. 29.
[52] *Lang,* Ritual, S. 451.
[53] *Douglas,* Reinheit, *S, 84.*

beide aus anderen Sphären stammen, sind sie menschlicher Willkür entzogen; auch nur Details abzuändern hieße die Wirkmacht zerstören. So gilt religionsgeschichtlich: Ein falsches Wort oder ein falscher Gestus erzürnen die Götter, machen alles zunichte, ja bewirken das Gegenteil. Daraus resultiert die ‚Formstrenge', wie sie sowohl in Kult wie Recht anzutreffen ist[54]. Eine geradezu extreme Ritusgenauigkeit verlangte die römische Pontifikalreligion: „Der Priester mußte", so Karl Prümm (†1981), „bei einem Opfer nicht nur die Handlung ganz nach dem ererbten Ritual verrichten, sondern auch die Gebete genau in den alten Worten sprechen, selbst wenn er sie nicht verstand"[55]. Gefordert war, wie Kurt Latte (†1964) resümiert, „eine minutiöse Genauigkeit"[56]. Dieselbe Genauigkeit ist bemerkenswerterweise auch im alten Recht erforderlich: „Wird die Formel oder Gebärde unvollständig oder erweitert gebraucht", so stellt der Rechtshistoriker Hans Hattenhauer fest, „hat sie nicht die gewünschte Kraft"[57]. Verfahrensgemäße Richtigkeit, nicht subjektive Beteiligtheit war hier das Postulat. In Wirklichkeit allerdings ist die Unveränderlichkeit nur scheinbar. Mag auch der Ritualismus erfordern, daß in Mythos und Ritus nicht ein Jota verändert werden darf, so wird faktisch doch geändert, was indes wegen der Langsamkeit im Fortgang der Dinge nicht ins Bewußtsein tritt.

Endlich wirken Rituale auf das gesellschaftliche Leben ein. Denn immer auch stabilisieren und regulieren Kollektivrituale das Zusammenleben, wie der Ethnologe Klaus E. Müller schreibt:

> „Wann immer sie stattfinden bzw. angesetzt werden, stets handelt es sich um – potentielle oder akute – Krisensituationen: um Phasenübergänge (Jahreszeitenwechsel, Inthronisation eines neuen Herrschers, Friedensschluß) oder ernste Bedrohungen (Naturkatastrophen, Mißernten, Seuchen). Das Ritual hat dann die Funktion, die Betroffenen aus dem Alltag herauszunehmen und einzuschließen in einen künstlich konstituierten sakralen ‚Ruheraum', um dort ihr Handeln durch strikte Synchronisation zu komprimieren, so daß alle wie ‚an einem Strang ziehen' und das entsprechend euphorisierende Hochgefühl übermächtigen Wirkvermögens teilen, das Zuversicht schenkt und kräftigt; denn ‚Einigkeit macht stark'"[58].

Zumal in der Kultfeier am Grab des Gründers erfahren die Stammeskulturen mittels Kontakt zu ihren Erstvorfahren ihre jährliche Regeneration:

---

[54] *Kaufmann*, Formstrenge.
[55] *Prümm*, Handbuch, S. 69.
[56] *Latte,* Religionsgeschichte, S. 198f.
[57] *Hattenhauer,* Rechtsgeschichte, S. 11.
[58] *Müller,* Ring, S. 57.

„In traditionellen Gesellschaften" – so wieder Müller – „blieb der Kontakt auch über das Grab hinaus bestehen. Lebende und Verstorbene waren durch die Verwandtschaft unauflöslich miteinander verbunden, bildeten einen einzigen geschlossenen Sozialorganismus. Verbindungsträger konnten Erinnerungsstücke aus dem persönlichen Besitz der Toten, auch Knochen von ihnen sein, an denen immer noch etwas von ihrer Vitalität haftete, waren vor allem aber die Freiseelen, die im Traum Zugang zum Jenseits und so auch zum Totenreich hatten, wo sie mit den Verstorbenen, d. h. deren ehemals unter den Lebenden eingekörperten Freiseelen in Kontakt treten konnten – wie ebenso umgekehrt: Tote erschienen den Ihren auf Erden im Traum, forderten unterbliebene Opfer ein, erteilten nützliche Ratschläge, warnten vor Gefahren oder wiesen, gleichsam erhobenen Fingers, auf begangene, noch ungesühnte Verfehlungen hin"[59].

Burkert zufolge ist „Ritual ... standardisiertes Verhalten in kommunikativer Funktion, wobei die pragmatische Grundlage zurücktreten oder ganz verschwinden kann; dafür wird eine ‚Botschaft' vermittelt, ein ‚symbolischer' Gehalt. ... [Denn] es gibt praktisch überall das zeremonielle Essen als Ausdruck von Gemeinschaft"[60]. Selbst auch hochkulturelle Gesellschaften konstituierten sich durch den Kult, etwa das alte Ägypten: „Der Abbruch der Riten bedeutete im ägyptischen Denken den Zusammenbruch der sozialen und kosmischen Ordnung ... Die Feste vermittelten den Menschen nicht nur Gottesnähe, sondern auch das Bewußtsein sozialer Zugehörigkeit"[61].

Von hier aus wird bereits deutlich, daß die vormodernen Gesellschaften zutiefst von Kult und Liturgie geprägt wurden. Insofern kann es nicht verwundern, wenn sich auch für die europäische Vormoderne zeigt, daß sie nicht ohne Liturgie zu leben vermochte.

2. Der christliche Grundansatz

a) Objektives Sakrament und subjektive Annahme

Rudolf Bultmann hat bei seiner Neuentdeckung des Sakramentalen auch eine religionsgeschichtliche Situierung vorgenommen: Im primitiven Stadium sei kaum zwischen Magie und Sakrament unterschieden worden; in der weiteren Entwicklung aber werde für

---

[59] Ebd., S. 59.
[60] *Burkert*, Anthropologie, S. 28f.
[61] *Assmann*, Moses, S. 49f.

die sakramentale Wirksamkeit „eine seelische Bereitschaft“ gefordert[62], und so geschehe es auch im Neuen Testament. Das indikativisch-sakramentale Heilsangebot Gottes richte sich imperativisch-ethisch an den Menschen: „Als ein neues, nicht mehr zum alten Äon gehörendes Leben kann es im Indikativ beschrieben werden; aber so lange es in der alten Welt geführt werden muß, steht es unter dem Imperativ“[63]. Freilich könne daraus die Paradoxie entstehen, ob und wie geistige Kräfte an materielle Elemente gebunden seien; die Folge sei eine Verflüchtigung des Sakraments zum nur noch anzeigenden Symbol[64]. Aber das wurde erst der Neuzeit zum Problem. Zunächst einmal ist festzuhalten, daß die Verbindung des Sakramentes mit subjektiv-menschlicher Einwilligung etwas besonderes ist, insofern nämlich „dessen Spendung an die Voraussetzung geknüpft ist, daß sie nur dem vor Gott ethisch Gereinigten zum Heil gereicht“[65].

Für die Epoche der Patristik darf die Doppelung von sowohl indikativischer wie auch imperativischer Heiligkeit als durchgängiges Theologumenon gelten. Augustinus (†430), in dem sich das Denken der Alten Kirche gewissermaßen sammelte und dann fort-tradierte ins Mittelalter, widersprach entschieden einem Sakramentsverständnis von der Art, daß schon gerettet seien, „die durch Christi Taufe abgewaschen und seines Leibes und Blutes teilhaftig geworden sind, sie mögen im übrigen gelebt haben, wie sie wollen, und in jede beliebige Ketzerei und Gottlosigkeit geraten sein“[66]; ja es „dürften ... solche Leute, die ein lasterhaftes und verdammliches Leben führen, sich nicht deswegen in Sicherheit wiegen, weil sie vielleicht bis ans Ende scheinbar in der Gemeinschaft der katholischen Kirche verharren“[67]. Nicht daß Liturgie und Ritus kein Heil zu bieten vermöchten, aber dieses Heil kann nur dem zuteil werden, der sich geistig darauf vorbereitet, es gläubig annimmt und ethisch verwirklicht. Damit ist eine Balance hergestellt: die Liturgie durchaus als göttliches Heilshandeln, aber bei gleichzeitiger Inanspruchnahme der menschlichen Subjektivität.

Der Anteil des Subjektiven war im frühen Christentum so bedeutend, daß wir auf einen religionsgeschichtlich erstaunlichen Befund stoßen: Das Neue Testament schreibt bei den Heilsriten keine

---

[62] *Bultmann,* Theologie, S. 138.
[63] Ebd., S. 552.
[64] Ebd., S. 138.
[65] *Weber*, Wirtschaft, S. 322.
[66] Augustinus, De civitate Dei XXI,25, S. 794[4]; Üb. *Thimme*, S. 728.
[67] Ebd., S. 795[59]; Üb. ebd., S. 730.

verbindlich fixierten Formen vor; selbst das ›Gebet des Herrn‹ ist in zwei Versionen (Mt 6,9–13; Lk 11,2–4) überliefert. Für die paulinischen Gemeinden ist jüngst wieder lapidar festgestellt worden: „Es gab noch keine festgeformte Liturgie“[68]. Wohl wurden von Anfang an „Sakramente“ gefeiert, nämlich Taufe und Herrenmahl, und beide haben bald auch eine bestimmte Verlaufsstruktur angenommen[69]. Vor allem galten sie – um nochmals Bultmann zu zitieren – „als Sakrament, d. h. als eine Handlung, die die durch natürliche Mittel übernatürlichen Kräfte wirksam macht“, folglich „eine aktuelle Vergegenwärtigung des Heilsgeschehens“ bewirkten[70]. Dennoch verpflichtete hier keine ‚liturgical correctness‘. Das zeigt deutlich etwa die gemeinhin Hippolyt von Rom (†235/36) zugeschriebene ›Apostolische Tradition‹, hielt es doch deren Verfasser „keineswegs [für] nötig, daß er [der Bischof] bei der Danksagung [der Eucharistie] dieselben Worte verwendet, die wir gebraucht haben, so als hätte er sie auswendig gelernt“[71]; vielmehr galt als „selbstverständlich, daß in den Hochgebeten der Eucharistiefeier der Bischof seine Worte frei wählen, daß jeder Bischof seinem eigenen spirituellen und sprachlichen Können entsprechend beten konnte“[72]. Mit Recht hat man von einer Situierung zwischen „Charisma und Tradition“[73] gesprochen. Generell kann man die Liturgie des ersten halben Jahrtausends als „frei“ bezeichnen.

Die Balance zwischen freier und fixierter Liturgie hat sich im Laufe der weiteren Christentumsgeschichte verschoben, und zwar nach beiden Seiten hin: zunächst in Richtung auf den selbstwirksamen Ritus, später in Richtung auf Subjektivität. Dieses Wechselspiel ist näher zu erforschen, wobei für das Hoch- und Spätmittelalter weithin Erstarbeit beziehungsweise Aufräumarbeit zu leisten ist.

b) Wort und Buch

Das Christentum war nie ohne Buch, hatte vielmehr von Anfang an die Bibel, zunächst das Alte und bald auch das Neue Testament. Sie bildeten die Grundlage des Gottesdienstes wie des Gebetes: Das schriftlich niedergelegte Offenbarungswort war eine ‚Ansprache‘ Gottes, die eine menschliche Antwort erforderte,

---

68 *Lohse,* Paulus, S. 137.

69 *Gnilka*, Christen, S. 285–306.

70 *Bultmann,* Theologie, S. 137, S. 146.

71 Traditio apostolica 9, S. 239.

72 *Geerlings,* Einleitung, S. 193.

73 *Geerlings*, Einleitung, S. 158f.

und von daher erklärt sich das liturgische Grundgesetz von ,lectio et oratio'[74]: Der Glaube komme – wie schon Paulus gesagt hatte – vom Hören, um sich so in Herz und Geist festzumachen, weiter auch um sich öffentlich zu bezeugen. Weil die Bibel die Grundlage dafür bildete, war sie von Anfang an das eigentliche liturgische Buch.

Demgegenüber war der Schritt zum speziell liturgischen Buch sekundär, ja mit der fundamentalen Bedeutung der Bibel gar nicht vergleichbar. Natürlich sind während der ersten christlichen Jahrhunderte liturgische Texte entstanden und auch verschriftlicht worden, aber keineswegs mit kirchenamtlicher Autorität. Die Liturgie war – wie schon dargelegt – „frei". Erst in der Spätantike setzte eine Kodifizierung ein, der dann mehr und mehr auch Verbindlichkeit zugesprochen wurde, wie es schlagwortartige Formulierungen der Forschungsliteratur zum Ausdruck bringen: Die Entwicklung sei „von einer Phase der Intuition zu einer solchen der Institution"[75] oder „from freedom to formula"[76] verlaufen.

Bemerkenswert ist die Übergangssituation, wie sie sich aus Augustinus' Schriften erheben läßt: „Das in den ersten Jahrhunderten übliche improvisierte Beten des Zelebranten kommt mehr und mehr zum Ende. Zwar wird es nicht ausdrücklich verboten, doch fördert die konziliare Gesetzgebung stark den Prozeß der Kodifizierung ... Schriftliche Vorlagen existieren seit längerem; sie werden offenbar gerade von weniger gebildeten Priestern benutzt, die sie bei anderen abschreiben. Diese ,libelli' können jedoch vom einzelnen korrigiert und verändert werden. Die Vielfalt schriftlich niedergelegter liturgischer Texte ist anfangs ungeschmälert, und es scheint dem Ermessen des einzelnen überlassen zu sein, die Auswahl zu treffen ... Ohne eine Beschneidung der möglichen Gebetsvielfalt zu intendieren, bedürfen doch seit Beginn des 5. Jahrhunderts liturgische Gebete, vor allem das Hochgebet, konziliarer Approbation bzw. der Prüfung von theologischen Gebildeten ... [Dabei] hat sich eine relativ feste Struktur herausgebildet, die als unveränderliche Elemente den Einleitungsdialog, die Konsekrationsworte und das ,Amen' der Gemeinde kennt. Austauschbare Teile sind die Präfation, der Einsetzungsbericht außer den Herrenworten, die Anamnese und Epiklese, ein Darbringungsgebet sowie die Kommemoration von Lebenden und Verstorbenen"[77].

Erst im Übergang von der Spätantike zum Frühmittelalter entfaltete sich eine rituell fixierte und zur Gänze verschriftlichte Liturgie. Zentrale Gebete wie besonders das Hochgebet mit den

---

[74] *Angenendt*, Religiosität, S. 477f., *de Vogüé*, Septies.
[75] *Niebergall,* Agende, S. 762.
[76] *Bouley*, Freedom.
[77] *klöckener*, Hochgebet, 493f; *Kilmartin*, Legislation.

Abendmahlsworten hießen fortan ‚oratio periculosa', weil bei ihrem Vollzug die Gefahr bestand, Fehler zu machen und damit die eigentliche Wirkung zu verfehlen[78]. Sichtbar wird hier ein folgenschwerer Umschwung: War die antike Liturgie von ‚Mysterientheologie' gesteuert worden, so die frühmittelalterliche von Ritualität. Als Beispiel kann etwa der irisch-angelsächsische Ritenstreit des 7./8. Jahrhunderts angeführt werden, als man um die rechte Form der Tonsur und den rechten Ostertermin stritt[79]; viele hätten befürchtet, so der gelehrte Beda (†735), „trotz des angenommenen Christennamens ins Leere zu laufen oder gelaufen zu sein"[80], womit auf eine Formulierung Pauli im Galater-Brief über drohenden Heilsverlust angespielt ist (Gal 2,2). Auch ein Bonifatius (†754) dachte ‚ritualistisch', hat er sich doch mehrfach in rubrizistischen Fragen an Rom gerichtet, ob etwa bei der Meßzelebration zwei oder drei Kelche auf dem Altar stehen dürften, ob eine Taufe bei falsch gesprochener Taufformel („in nomine patria et filia") wirksam sei und wo im Meßkanon die Kreuze gemacht werden müßten[81]. Alkuin (†804), der als maßgeblicher Berater Karls des Großen etwa die Zwangstaufe in Sachsen kritisierte, sah gleichwohl die dreimalige Tauchung als unabdingliches Zeichen der Rechtgläubigkeit, während noch Papst Gregor der Große (†604) dieser Frage keine Bedeutung hatte beimessen wollen[82]. Die karolingische Liturgie-Erneuerung entfaltete sich weitgehend unter dem Postulat des richtigen Ritus, als welcher nun der römische galt[83]. Zur Durchsetzung waren normgerechte Bücher bereitzustellen, denn man bete schlecht, so hieß es in Karls des Großen ›Admonitio generalis‹, wenn man es mit nichtbereinigten Büchern tue[84]. Von diesem Kontext her verstehen sich die berühmten ‚Musterkodizes', die Karl an seinem Aachener Hof zur Vervielfältigung auslegen ließ[85]; seine erklärte Absicht war, „daß in den Kirchen die richtigen offiziellen Bücher (libri canonici veraces) benutzt werden"[86]. Gegenüber der Freiheit der altkirchlichen Liturgie war dies eine Fixierung, auf welche wesentliche Kennzeichen des religionsgeschichtlichen Ritualismus zutreffen. Doch ist es für die ka-

---

[78] *Kottje*, Oratio; *Lutterbach*, Mass; *Angenendt*, Libelli.

[79] *Angenendt*, Libelli.

[80] Beda Venerabilis, Historia ecclesiastica III,25, S. 296.

[81] *Angenendt*, Libelli, S. 125f.

[82] *Ders.*, Bonifatius, S. 171.

[83] *Ders.*, Libelli.

[84] Admonitio generalis a. 789, can. 72, S. 60[5].

[85] *Bischoff*, Hofbibliothek.

[86] Capitulare missorum a. 802–813, can. 1, S. 147[11].

rolingische Erneuerung auch bezeichnend, daß sich Stimmen meldeten, welche eine pure Ritualität für unzureichend hielten. Angesichts der Entscheidung nämlich, ob bei den Dienern Gottes eher der gute Gesang und das korrekte Lesen oder aber die rechte Lebensführung zu befördern seien, war das Urteil klar: „Erträglicher … erscheint die Unvollkommenheit des Singens als der Lebensführung“[87]. Hier blieb die Unabdinglichkeit des Subjektiv-Ethischen mitbewußt.

Wenn man der karolingischen Liturgie nachrühmt, „im achten und neunten Jahrhundert mutig und zugleich mit hohem schöpferischem Vermögen ausgestaltet“ zu haben[88], so darf hier nicht neuzeitlich-moderne Kreativität supponiert werden. Vielmehr ist an das kultgeschichtliche Phänomen der ‚Ritualsequenzen‘ zu denken, daß nämlich ‚rituelle Zitate‘ zu neuen Liturgien verkettet wurden[89].

Ein Beispiel aus karolingischer Zeit ist der Sterberitus: Die altkirchlichen Elemente von Sterbebuße, Viaticum, Totenmesse und Beerdigung sind nun zu einer langen Ritualkette ausgestaltet, beginnend mit dem Priesterbesuch am Krankenbett und endend mit einem letzten Segen über Leiche und Grab, dazwischen dann eine geradezu ausgeklügelte Bußprozedur mit Niederlegung auf eine Bußmatte und Bestreutung mit Asche, mit Aufteilung auch des vom Sterbenden nicht mehr abgeleisteten Bußpensums auf die Angehörigen, weiter Anmahnung letztmöglicher Verdienstwerke in Almosen und Meßstiftungen, daraufhin fürbittende Absolution und Letzte Ölung (für die speziell hohe Stolgebühren üblich wurden), dann das Viaticum, im Moment des Sterbens die ›Commendatio animae‹ zur Anempfehlung an Gott und für eine gute Seelenreise, zwischendurch möglichst Psalmengebet und Passionslesung, danach Totenwache und in den Klöstern das Toten-Officium, zuletzt Beerdigung mit Leichen- und Grabsegnung, endlich noch eine Abfolge von Meßfeiern am dritten, sechsten und dreißigsten Tag, ebenso am Jahrtag des Versterbens. Bis ins Spätmittelalter ist diese Ritualsequenz mit immer neuen Einzelheiten weiter ausgestaltet worden, etwa noch in der ‚Kunst des Sterbens‘ und eklatant in der Steigerung der zuletzt in die Tausende zählenden Seelenmessen[90].

Die Propagatoren der modernen Liturgie-Bewegung mit ihrer Suche nach dem Objektiven nahmen die altkirchliche Phase der freien Liturgie kaum zur Kenntnis. Eine von Laach aus inspirierte bibliophile Neuausgabe des Altarmeßbuches sollte Athanasius Wintersig zufolge „dem objektiven Geiste der Liturgie und dem

[87] Capitula de causis a. 811, can. 11, S. 164[7].
[88] *Klauser*, Liturgiegeschichte, S. 81.
[89] *Gladigow*, Opfer, S. 89.
[90] *Angenendt*, Religiosität, S. 659–683.

ehrfürchtigen Eifer für den Kultus der Kirche in Klarheit und Treue dienen"[91], zumal auch dem „Verständnis für die Würde des im Buchstaben festgehaltenen Geisteswortes"[92]; denn „im Missale Romanun spreche und lebe Christus unmittelbar und mittelbar, als Verbum Dei und Verbum ecclesiae"[93]. Hier ist ein Lobpreis angestimmt, wie ihn die Alte Kirche auf die Bibel sang. Wintersig hielt, konfrontiert mit der historischen Vielfalt der Hochgebete, unbeirrt dafür: Eine „Einheitlichkeit und Gemeinsamkeit kann für den eucharistischen Gottesdienst der ältesten Kirche in dem Sinne und Maße vorausgesetzt werden, als ihr nur ein einziges und eindeutiges Vermächtnis ihres scheidenden Herrn zuteil geworden war und deshalb eine sachlich differenzierte Eucharistiefeier nicht im Bereich der Möglichkeit lag"[94].

Gerade aber der Aufweis einer von vorneherein nicht schriftlich fixierten, sondern einer zunächst ‚freien' Liturgie hat Bedeutung noch bis zur heutigen Diskussion um die Verbindlichkeit von Liturgie-Texten. Dem Verdikt, es sei „niemandem erlaubt, ... besondere nicht approbierte Riten zu verwenden"[95], steht entgegen, daß es für Jahrhunderte keine schriftlich fixierten und für anderthalb Jahrtausend keine päpstlich approbierten gab.

c) Bild und Kunst

Der religionsgeschichtliche Befund besagt, daß Kultbilder den Gott bzw. die Gottheiten vergegenwärtigt und erst eine kritische Philosophie wie auch das Bilderverbot des Alten Testaments eine Ablehnung aussprachen.

Im neuen ›Handwörterbuch religionswissenschaftlicher Grundbegriffe‹ findet sich folgende Charakterisierung: „Als Kultbild wird die bildliche Wiedergabe eines Gottes bezeichnet, der unmittelbare kultische Verehrung zukommt, die also ständig oder zeitweilig mit dem Gott gleichgesetzt wird oder ihn repräsentiert ... Kultbilder ziehen im allgemeinen Rituale nach dem Modell sozialer Interaktion an sich: Sie werden begrüßt und angeredet, berührt und geküßt, darüber hinaus regelmäßig versorgt, gespeist, gewaschen, gekleidet, geschminkt; ihnen wird – in Form von Räucherwerk, Gastmählern, Ausfahrten, musikalischen und szenischen Aufführungen – jede Art von Unterhaltung zuteil, die kulturell jeweils üblich ist ... [Hinzu kommen] Vorstellungen von der grundsätzlichen Belebtheit des Bildes: Spre-

---

[91] *Wintersig*, Buchkunst, S. *522*.
[92] Ebd., S. 515.
[93] *Jeggle-Merz*, Erneuerung, S. 84.
[94] *Winterswyl*, Vermächtnis, S. 502.
[95] *Sepe*, Einführungswort, S. 15.

chende, lachende, weinende, schwitzende und blutende Kultbilder werden in den unterschiedlichen kulturellen Kontexten erwähnt und bezeugt“[96].

Die philosophische Religionskritik wie ebenso die Bilderverbote des Alten Testaments erklärten die Götterbilder als menschliche Gemächte, die der göttlichen Geistigkeit nicht entsprächen. Die Antwort der Bild-Verehrer war eine doppelte: In Wirklichkeit seien die Bilder gar nicht von Menschenhand geschaffen (Acheiropoieta, non a manu facta), sondern vom Himmel gekommen und darum göttlich legitimiert; desweiteren könnten Bilder geweiht werden, so daß zwar nicht Gott selbst in ihnen wohne, wohl aber seine Kraft.

Als neutestamentlicher Befund wird im neuen ›Lexikon für Theologie und Kirche‹ angegeben: „Das alttestamentliche Bilderverbot wird, auch wenn es sich im Neuen Testament nicht zitiert findet, ...im ganzen Neuen Testament vorausgesetzt“[97]. Josef Engemann, Theologe und klassischer Archäologe, sieht in den frühchristlichen Bildwerken ein Thema, das „es eigentlich überhaupt nicht hätte geben dürfen. Wenn die Lehren des Christentums tatsächlich von Beginn bis heute unverändert und unverfälscht geblieben wären ..., müßte diese Religion noch heute bildlos sein“; dies um so mehr, wie Engemann noch einflicht, als in anderen Fragen die Unveränderlichkeit oft so nachdrücklich hervorgekehrt werde[98]. Als Forschungskonsens formuliert ebenso die ›Theologische Realenzyklopädie‹: „Eine christliche Kunst erschien ebenso wenig denkbar wie ein neutral-ästhetisches Verhältnis zur heidnischen Kunst“[99]. Gleichwohl ist an die überraschenden Befunde des in der Zwischenkriegszeit ausgegrabenen Dura Europos am Euphrat zu erinnern, wo sowohl ein Kirchenraum wie auch eine Synagoge mit Wandgemälden aus der Zeit vor 250 zum Vorschein kamen[100]. Die christlicherseits empfundene Problematik zeigt die kurz nach 300 im spanischen Elvira tagende Synode, die ausdrücklich Malereien an Kirchenwänden verbot. Die theologischen Diskussionen zogen sich bis ins 6. Jahrhundert fort[101]. Daß dann die Entwicklung über das implizit im Neuen Testament enthaltene Bilderverbot hinwegging, macht bewußt, was es bedeutet: „Christliche Kunst war eine Neuerung“[102].

---

96 *Gladigow*, Kultbild, S. 9–10.
97 *Dohmen*, Bild, S. 442.
98 *Engemann*, Deutung, S. 7.
99 *May*, Kunst, S. 262.
100 *Schubert – Warland*, Dura Europos.
101 *May*, Kunst, S. 262.
102 *Engemann*, Deutung, S. 7.

Demgegenüber betont Joseph Ratzinger, daß jüdische Synagogen bis ins 3. Jahrhundert mit Darstellungen biblischer Szenen ausgeschmückt gewesen seien: die Bilder als Gestalt gewordenes Gedächtnis der liturgischen Vergegenwärtigung. Damit habe sich die Kirche „in tiefer innerer Einheit mit dem Ansatz der synagogalen Bildwerke" befunden, bei Zuerkennung sogar eines „Mysteriencharakters", ja einer „sakramentalen Bedeutung". Von weittragender Wirkung sei das Auftauchen der ersten Acheiropoieta gewesen, ebenso der Ikone, die „förmlich die Stufe des Sakramentes" einnahm: „Sie gestattete eine Kommunion, die nicht geringer war als die Eucharistie", freilich bei Gefahr einer „falschen Sakramentalisierung des Bildes", was dann den Ikonoklasmus ausgelöst habe. Dennoch, „die Ikone kommt aus dem Gebet und führt ins Gebet", und der Ikonoklasmus sei „Leugnung der Inkarnation, als Summe aller Häresien"[103].

Nachdem die Bilder rezipiert waren, entfalteten sie auch im Christentum ihre uralte Religionslogik: „Die Vorstellung von der Identität Götterbild und Gott setzt sich ... ins Christentum fort"[104]. Im Jedinschen ›Handbuch der Kirchengeschichte‹ bringt Hans-Georg Beck Beispiele für die dadurch ausgelöste Problematik:

„Ihren Siegeszug als Kultbild trat die Ikone umfassend erst im 6. und 7. Jh. an, einen Siegeszug, den wuchernder Volksglaube, Sage, Legende und Mirakel stärkstens beförderten. Zahlreiche Wunderbilder tauchen auf, Christusbilder, die nicht von Menschenhand gemacht sind (acheiropoieta), Madonnen des Malerevangelisten Lukas, Ikonen, die vom Himmel gefallen sind, die Blut vergießen und sich gegen Feinde des Kultes zur Wehr setzen, die Städte beschützen, Kranke heilen und Tote wieder zum Leben bringen ... Wir können die Stimmen, die zur Mäßigung und Nüchternheit aufriefen, immer noch aus verstreuten Katenenfragmenten, aus der monophysitischen Literatur, aus Zitaten aus orthodoxen Schriften gegen jüdische Propaganda usw. vernehmen. Es gab ganze Kirchenbezirke, die bilderfeindlich blieben, vor allem in Armenien"[105]. Das entscheidende Gegenargument lautete, ein adäquates Bild Christi repräsentiere sich ausschließlich in der Eucharistie, das positive Argument, als Menschgewordener sei Jesus Christus auch darstellbar[106].

Im Westen wurde immer wieder die Autorität Gregors des Großen bemüht mit seiner Interpretation der Bilder als einer Bibel der Illiteraten: „Was denen, die lesen können, die Bibel ist, das gewährt den Laien das Bild beim Anschauen, die als Unwissende in ihm sehen, was sie befolgen sollen, in ihm lesen, obwohl sie die Buchstaben nicht kennen, weshalb denn vorzüglich das Bild für das

[103] *Ratzinger*, Liturgie, S. 99–116, Zitate, S. 101, S. 103–105.
[104] *Funke*, Götterbild, S. 777.
[105] *Beck*, Ikonoklasmus, S. 32.
[106] Ebd., S. 35.

Volk als Lektüre dient"[107]. In Wirklichkeit galten Bilder aber auch hier als wundertätig, vermochten sich zu bewegen und zu reden, rächten sich für Verletzungen, kehrten bei gewaltsamer Entfernung an ihren angestammten Platz zurück, begannen zu weinen oder zu schwitzen[108]. Kurzum, das ganze urreligiöse Potential der Bilder meldete sich im Mittelalter zurück.

Hans Belting leitet denn auch sein Buch ›Bild und Kult‹ ein mit einem Kapitel über „die Macht der Bilder und die Ohnmacht der Theologen", die in Bilderfragen immer nur die Theorie zu einer schon bestehenden Praxis geliefert hätten[109]. Als Definition gibt Belting an: „Authentische Bilder schienen zum Handeln befähigt, also Dynamis, übernatürliche Wirkkraft, zu besitzen. ... Solche Bilder besaßen charismatische Eigenschaften, die sich gegen die kirchlichen Institutionen wenden konnten ..., beschützen Minoritäten und machten sich zum Anwalt des Volkes ... Solche Bilder ... haben in der Bildtheologie keinen Platz"[110]. Auch Klaus Schreiner bietet in seinem Buch ›Maria‹ ein umfängliches Kapitel über „Macht und Ohnmacht der Bilder"[111], denn speziell „von mittelalterlichen Mariendarstellungen gingen normative Erwartungen aus"[112].

So verhielt sich der Westen nicht weniger ‚bildnisgläubig' als der Osten und unterstellte eine „Realpräsenz der Kultperson in ihrem Bild", wie Thomas Lentes sagt, mit der Folge: „Das Bild war das Sakrament der Frommen"[113]. Ja, der Westen ging noch einen Schritt weiter und erneuerte die Vollplastik. Dies geschah auf eigentümliche Weise, nämlich mittels der Reliquien[114]. Diesen gab man im Blick auf die Auferstehung ein künstlerisch erahntes Vorausbild des neuen Leibes[115]. Oder mit Hans Belting: „Die Reliquie ist, als Pars pro toto, der Körper der Heiligen ... Die Statue stellt diesen Körper in der dreidimensionalen Erscheinung dar ... Im vollrunden Bildwerk ist der Heilige körperlich präsent"[116].

„Das Bild inszenierte die Erscheinung der Reliquie und fesselte die Phantasie der Gläubigen. Es war also keineswegs Gegenstand einer eigenen Betrachtungsweise, die nur dem Bild allein gegolten und es um seiner selbst willen geschätzt hätte ... So läßt sich das Phänomen des körperhaf-

---

107 Gregor der Große, Registrum epistolarum XI, 10, S. 874[23].
108 *Angenendt,* Heilige, S. 183–189.
109 *Belting*, Bild, S. 11.
110 Ebd., S. 16.
111 *Schreiner*, Maria, S. 251–293.
112 Ebd., S. 147.
113 *Lentes*, Gebetbuch, S. 348.
114 *Angenendt*, Heilige, 183–189.
115 *Ders.*, Reliquien.
116 *Belting*, Bild, S. 333.

ten Bildwerks, von dem hier die Rede ist, nicht ästhetisch fassen, sondern eher als Thema der Religionsgeschichte ... Religionsgeschichtlich ist die Realität des weiterlebenden Heiligen, dessen Grab man aufsucht, der Kern des Phänomens. Man bringt ihm Opfergaben, sucht sich durch Teilhabe an seiner Identität zu verewigen und fordert von ihm Gegenleistungen ... Der Heilige kann seinen Anhänger enttäuschen, aber dieser kann auch wiederum den Heiligen enttäuschen, dann nämlich, wenn er sich an seinem Besitz vergeht. In einem solchen Falle stellen seine lokalen Rechtsvertreter die Reliquie wie jemanden, der trauert, vom Sockel herab auf den Erdboden"[117].

In unserem Zusammenhang das Kultbild zu behandeln gebietet sich aus einem themenspezifischen Grund, nämlich aus der Deutung, die R. Guardini als ›Brief an einen Kunsthistoriker‹ publiziert hat. Seit der Jahrhundertwende unterschied die Kunstgeschichte ‚Historienbild', ‚Repräsentationsbild' und ‚Andachtsbild'. Der junge Erwin Panofsky definierte 1927 „das ‚Andachtsbild' in einem ähnlichen Sinn, wie etwa Lyrik sich auf der einen Seite von der Epik und Dramatik, auf der anderen Seite von der liturgischen Dichtung unterscheidet: durch die Tendenz, dem betrachtenden Einzelbewußtsein die Möglichkeit zu einer kontemplativen Versenkung in den betrachteten Inhalt zu geben", während umgekehrt das Repräsentationsbild „die Darstellungselemente in einem zeitlosen und seelisch gleichsam undurchdringlichen Dasein vor uns hinstellt"[118]. Guardini griff diese Unterscheidung auf und deutete sie auf seine Art: „Das Kultbild geht nicht vom menschlichen Erleben, sondern vom objektiven Sein und Walten Gottes aus"[119].

Es hat „keine ‚Innerlichkeit'", bleibt im „Bereich der Entrücktheit", in der „Sphäre des ‚Himmels'", es hat „Wirklichkeit, Wesenheit, Macht", ist „ein Waltendes", steht „im Zusammenhang mit dem Dogma, dem Sakrament, der objektiven Wirklichkeit der Kirche"; letztlich ist es „Kerygma". Dagegen geht das Andachtsbild „vom Innenleben des gläubigen Einzelnen aus ..., [ist] Inhalt menschlicher Frömmigkeit", bleibt „im menschlichen Bereich", ja man „fühlt die Persönlichkeit eines bestimmten Menschen"[120].

Hatte Guardini eingangs noch um Nachsicht für historische Unzulänglichkeiten gebeten, erscheint am Ende seine typische Periodisierung: „Das Kultbild ist in besonderer Weise früheren Perioden zugeordnet ..., während das Andachtsbild in späteren Zuständen

---

117 Ebd., S. 336.
118 *Panofsky*, Imago, S. 264.
119 *Guardini*, Kultbild, S. 8.
120 Ebd., Zitate S. 9, S. 11–13.

auftaucht“[121], erstere nämlich in der romanischen, letztere in der gotischen Periode. In und für die Moderne könne ein Kultbild nur „im Zusammenhang mit jener Bewegung [entstehen], die wir die liturgische nennen; dem Verlangen also, aus dem neuzeitlichen Subjektivismus heraus in ein seinsmäßig ... bestimmtes christliches Leben zu kommen“[122].

Weniger prinzipiell wie beim Bild, aber wiederum epochal war der Durchbruch zum Sakralbau. Nach neutestamentlicher Auffassung steht im Mittelpunkt des christlichen Gottesdienstes nicht ein Heiligtum oder ein Altar, sondern die Gemeinschaft der „Heiligen“, der in der Taufe „Bezeichneten“: Gott ergreift Besitz nicht von einem Raum, der dann heilig wäre, sondern von Menschen, die fortan geheiligt sind. Diese bilden die Versammlung im Geiste Jesu Christi, die Gemeinde in geschwisterlicher Liebe, und hier lässt sich Gottes Geist nieder.

Für Paulus ist christlicher Gottesdienst das „convenire in unum“ (1 Kor 11,20), wobei die „ganze Kirche zusammenkommen muß“ (1 Kor 14,23). Auf diese Weise stellt die Gemeinde selbst den heiligen Tempel dar: „templum Dei sanctum est, quod estis vos“ – „der Tempel Gottes ist heilig und der seid ihr“ (1 Kor 3,17). Dieser Tempel ist durch Jesus Christus grundgelegt und wird durch ihn zusammengehalten: „Durch ihn werdet auch ihr im Geist zu einer Wohnung Gottes auferbaut“ (Eph 2,21f). Alle sollen sich auf ihn, den Eckstein Jesus Christus – so der erste Petrusbrief – „als lebendige Steine auferbauen lassen“ zu einem „geistigen Haus“, zu einem „heiligen Priestertum“, welches „geistige Opfer“ darbringt (1 Petr 2,5). Folglich muß es darum zu tun sein, sich in Liebe zu versammeln, nicht einen wie immer sakralisierten Ort aufzusuchen – so die neutestamentliche Aussage. Nicht der heilige Ort, ob nun als Stein, Quelle, Baum, Weltmitte oder wie immer aufgefaßt, sondern die heilige Gemeinschaft entspricht dem Christentum.

Die Folge war – religionsgeschichtlich gesehen – eine Ungeheuerlichkeit: die Christen lehnten Sakralorte ab, so die Tempel als Gehäuse für den heiligen Ort wie auch die Altäre als den letztmöglichen Konzentrationspunkt heiliger Örtlichkeit[123]. Friedrich-Wilhelm Deichmann stellt kurzweg fest: „In jedem Raum durfte und konnte die Gemeinde zur Eucharistie und zum Gebet sich versammeln“[124]. Bekanntlich fanden die gottesdienstlichen Versammlungen zunächst in Häusern statt, die von Gemeindemitgliedern

[121] Ebd., S. 21.

[122] Ebd., S. 22f.

[123] *Richter*, Räume; *Angenendt*, Religiosität, S. 431–439; *Ders.*, Säkularisation.

[124] *Deichmann,* Tempel, S. 56.

zur Verfügung gestellt wurden, also in profanen Räumen, die erst später zu ‚Hauskirchen' wurden. Hugo Brandenburg hat es mit Blick auf die ersten Kirchen Roms „einzigartig in der antiken Welt und ihren Kulturen und Religionsgemeinschaften [genannt, daß es] während der ersten drei Jahrhunderte des Christentums keine christliche Sakralarchitektur gab"[125]. Erst in einer weiteren Phase entstanden besondere, allein für die Gottesdienste geschaffene Kultbauten[126]. Und weil die frühen Christen mit ihrem ungewöhnlichen Verständnis ganz deutlich sein wollten, belegten sie weder ihre Versammlungsräume noch auch die dort benutzten Utensilien mit antiken Sakralwörtern. So sprachen sie nicht von Tempel, Naos oder Temenon; ebenso wenig kannten sie feste Altäre, sondern benutzten beim Herrenmahl das profane Möbel Tisch. Nicht Gäste am Altar Christi nannten sie sich, sondern „Gäste am Tisch des Herrn" (1 Kor 10,21). Ebensowenig benutzten die Christen die sakrale Berufsbezeichnung Priester, also weder das griechische ‚hiereus' noch das lateinische ‚sacerdos'. Nur einer war Priester: Jesus Christus[127].

Endlich sei für die Musik in Erinnerung gerufen, daß in der frühen Christenheit „jegliche Instrumentalmusik ferngehalten [wurde]; denn gerade die Instrumentalmusik gilt als hervortretende Eigenschaft der heidnischen Gedankenwelt"[128].

Bild, Kunst und Musik, obwohl keine neutestamentlichen Kategorien, stoßen doch wichtige Überlegungen an. Angesichts der verpflichtenden neutestamentlichen Tradition von Wort und Sakrament mußte es sich auswirken, daß dafür kein Ritus mitgegeben war. Vielmehr blieb Freiraum für Gestaltungsmöglichkeiten, die in der Alten Christenheit sogar soweit führten, das Bilderverbot zu übergehen. Im Verlauf speziell der abendländischen Geschichte entfaltete sich die anfangs bild- und kunstlose Liturgie zu einem der wirkmächtigsten Kunst- und Kultfaktoren. Waltet auch im Christentum eine ‚List der Geschichte'?

---

125 *Brandenburg*, Kirchenbau, S. 421.
126 *Ders.*, Basiliken, S. 8.
127 *Angenendt*, Religiosität, S. 422–465.
128 *Musch*, Musik, S. 12.

Als entscheidender Test für den Charakter christlicher Liturgie erweist sich die Analyse ihrer tatsächlichen ‚Objektivität', daß sie zuerst als Gottes Werk gilt, dem aber der Mensch subjektiv antworten soll. Dennoch steigerte sich die Liturgie im Frühmittelalter bis zur Selbstwirksamkeit, daß sie nämlich, sofern nur richtig und legitim vollzogen, ihren Effekt freisetze, unabhängig auch von der Einstellung der Beteiligten. Speziell für die irische Frömmigkeit hat sich beispielsweise ergeben, daß „bestimmten Worten, Anrufungen, Riten, falls ordnungsgemäß vollzogen, Kräfte zugeschrieben [wurden], die die überirdische Macht zur erwünschten Gegenleistung zwingen"[129]. Das ist rituelle Selbstwirksamkeit! Ein besonders frappierendes Beispiel bietet die spanisch-westgotische Geschichte mit dem Thronsturz des Königs Wamba im Jahre 680. Ihn hatte man betäubt, während der Ohnmacht das Haar geschoren und zuletzt die Mönchskutte angelegt. Damit wurde am König jener Ritus vollzogen, mit dem ein Todkranker auf honorable Weise in den Stand der Büßer versetzt wurde, um sich seiner Sünden zu entledigen; im Falle der Genesung mußte ein solcher freilich sein weiteres Leben im Kloster zubringen. Der hintergangene König hat, ohne dem Geschehen jemals zuzustimmen, tatsächlich die Konsequenz des Klosterlebens auf sich genommen. Als die nächste Reichssynode von Toledo den Vorfall behandelte, lautete ihr Urteil, der Ritus sei rechtens vollzogen und damit unumstößlich; für die Folgezeit sei allerdings ein solches Vorgehen zu verbieten[130]. Wir haben hier ein Beispiel dafür, wie die Selbstwirksamkeit des Ritus neue Bedeutung erhielt.

a) Zwangstaufen

Von liturgischer Signifikanz sind vor allem die Beispiele erzwungener Taufen. Eigentlich war hier aller Zwang verboten, weil Sakramente und speziell das erste, der Eintritt ins Christentum, nur in freier Zustimmung empfangen werden durften[131]. Aber genau hierin wurde sich das Frühmittelalter unsicher und war geneigt, dem wie immer geschehenen Taufvollzug eine bleibende Wirkung zuzusprechen. Maßgeblich wurde ein Kanon des 7. Toledaner

[129] *Godel,* Beten, S. 438.
[130] *Orlandis – Ramos-Lisson*, Synoden, S. 244–248, S. 252–254; *Claude,* Adel.
[131] *Schreiner*, Toleranz, S. 462–470.

Konzils von 633 über die Taufe von Juden: Mit Zwang zu taufen sei und bleibe verboten; sofern aber die Taufe, auch gegen den Willen der Betroffenen, vollzogen sei, sollten die Zwangsgetauften Christen bleiben müssen[132]. Mit dieser Doppelaussage ist der Kanon bezeichnend für den Trend des Frühmittelalters zum ‚Objektiven'; einerseits wird an der altkirchlichen Auffassung der Freiwilligkeit festgehalten, andererseits aber sollen die gegen ihren Willen Getauften zur Christlichkeit verpflichtet bleiben. Letztlich also wirkt der Ritus stärker als die Zustimmung. Dieser janusköpfige Kanon hat im Frühmittelalter Schule gemacht[133] und ist sogar in Gratians ›Decretum‹ eingegangen[134].

Das Schwanken zwischen der Auffassung von einem ‚objektiven' Ritus, verstanden als nur schon durch Vollzug wirksam, und von einem ‚subjektiven' Ritus, verstanden als für den Betroffenen allein bei innerer Mitbeteiligung wirksam, durchzieht das ganze Mittelalter. Als höchst bemerkenswertes Beispiel kann wieder die Judentaufe angeführt werden. Neuere Forschungen zum ersten großen abendländischen Judenpogrom anläßlich des Ersten Kreuzzugs (1096) liefern für unsere Fragestellung bemerkenswerte Befunde. Die bislang bekannte Situation, daß die ins Rheinland einrückenden Kreuzfahrer die Juden töten wollten, die Bischöfe diese aber zu schützen suchten, muß unter Beiziehung erstmals auch jüdischer Quellen folgenderweise differenziert werden: Gegenüber standen sich einerseits eine „vulgärtheologisch begründete Judenfeindschaft der Prediger des Kreuzzugs"[135] samt der ob ihrer Zahl erdrückenden Tötungsmacht der Kreuzritter, andererseits bei den Juden die Bereitschaft, sich eher selbst zu töten als zwangsgetauft zu werden. Dazwischen standen die Bischöfe, die als Reichsfürsten den kaiserlichen Judenschutz zu garantieren hatten und nun versuchen mußten, beide Gruppen vom Töten abzuhalten. Bei den Christen wurde die Idee der Nichtigkeit erzwungener Taufen reaktiviert, jetzt auch für die Juden. Ähnliches geschah bei den Juden; während sich nicht wenige unter ihnen dem Ideal des heldenmütigen Selbstopfers verpflichtet fühlten, wurde bei anderen „schon früh das Ziel des Überlebens ... durch die Hinnahme der Scheintaufe"[136] propagiert. Diese Situation nutzten die Bischö-

[132] *Orlandis – Ramos-Lisson*, Synoden, S. 164–166, 250f; Concilium Toledanum IV, c. 57, S. 210ff.

[133] *Gilchrist*, Treatment.

[134] Decretum Gratiani I, dist. 45, c. 5, S. 161f.

[135] *Lotter*, Zwangstaufen, S. 124.

[136] Ebd., S. 150.

fe zur Rettung der Juden mittels einer „Scheintaufe“, das heißt: eines nur äußeren Getauftwerdens ohne die innere Zustimmung, also ohne wirkliche Christwerdung. Das Fazit war beachtlich, daß nämlich „letztlich das Eingreifen der Stadtherren in der zweiten Phase der Verfolgungen durch die irregulären Kreuzfahrer im Juni 1096 den Fortbestand der Judenheit in Mitteleuropa gesichert hat[137]“.

So ergab sich beispielsweise in Trier: „Insgesamt bestätigen die Trierer Ereignisse, wie sie sich aus den gegensätzlich tendenziösen Darstellungen des jüdischen und des christlichen Chronisten rekonstruieren lassen, demnach [die] ... Beobachtung von einer grundsätzlichen Änderung in der Haltung der Christen. Diese resultierte aus der Erfahrung der durch die Todesdrohungen provozierten Massenselbsttötungen [der Juden], die es mit allen Mitteln zu verhindern galt. Andererseits gelang es nur dann, die Mordbereitschaft der Verfolger zu dämpfen, wenn der Taufakt an den Juden auch gegen deren Willen vollzogen wurde. Beiden Seiten dürfte dabei früher oder später deutlich geworden sein, daß es sich um Scheintaufen handelte, deren Gültigkeit auch auf christlicher Seite vielfach angezweifelt wurde“. In Trier „ging der Gesetzeslehrer Micheas mit gutem Beispiel voran und bat, die Taufe möglichst schnell zu vollziehen, um den Händen der Verfolger zu entgehen. Ähnliches erklärten auch die anderen, und so wurden alle getauft. Der Chronist schließt jedoch mit dem Satz, daß alle Juden im folgenden Jahr wieder abfielen, nur jener Micheas blieb dem christlichen Glauben treu“[138].

Kurzum, daß zur Sakramentswirkung die Glaubenszustimmung gehörte, konnte sich, wenn auch nicht generell, dennoch durchhalten. Erstaunlicherweise vermochte aber nicht einmal die Scholastik die konstitutive Bedeutung des Glaubens bei der Taufe wieder ins allgemeine Bewußtsein zu heben. Obwohl Thomas von Aquin (†1274) die Taufe jüdischer Kinder verbot, blieb es bei rigorosen Praktiken, wie Frantisek Graus, der die Judenmorde von 1348 untersucht hat, feststellt:

„Die Theologen und die kirchlichen Instanzen wurden durch die Zwangstaufen in eine schwierige Lage versetzt, und es tauchte die Frage auf, wie man sich den Zwangsgetauften gegenüber, die meist bestrebt waren, baldmöglichst zu ihrem alten Glauben zurückzukehren, verhalten sollte. Während im 11. und 12. Jahrhundert die Rückkehr der unter Zwang Getauften zuweilen noch formal gestattet worden war, wurde in der Folge sowohl die Lehre als auch die Praxis immer rigoroser; allmählich drang die Verurteilung von Zwangsgetauften, die zum Judentum zurückkehrten , als ›Apos-

137 Ebd., S. 147.
138 Ebd., S. 146.

taten‹ allgemein durch. Bekannt und berüchtigt ist das Vorgehen der spanischen Inquisition gegen die sog. Maranen“[139].

Deutlich ist zu erkennen, daß im Mittelalter wieder das Phänomen der selbstwirksamen Riten aufkam, was sich vom Neuen Testament her hätte verbieten müssen. Daß die Vertreter der ‚objektiven‘ Liturgie die erste Hälfte des Mittelalters insgesamt zu einem ‚objektiven‘ Zeitalter erklärten, machte sie blind für diese Selbstwirksamkeit.

b) Die vielen Messen

Wie bei der Taufe danach zu fragen ist, ob nur schon der rituelle Vollzug oder erst die gläubige Annahme die Heilswirkung herbeiführe, so stellte sich dieselbe Frage bei der Eucharistie. Bewirkte schon die rituelle Feier oder erst die Opferwilligkeit der Beteiligten die Gnade? Die Diskussion darüber geht – wie Erwin Iserloh (†1996) in seiner wichtigen Untersuchung über die Meßopfertheorien des Mittelalters herausgearbeitet hat – „durch das ganze Mittelalter“[140]. Das patristische Zueinander von objektivem Ritusvollzug und subjektiver Aneignung hatte schon im Frühmittelalter eine gravierende Veränderung erfahren. Den Anfang machte das irische Bußsystem, das anstelle der normalerweise verhängten Fastenzeiten auch andere, intensivere Bußmöglichkeiten zuließ und dabei neben der Psalmenrezitation auch Meßzelebrationen anführte. Das kurz vor 800 entstandene ›Sacramentarium Rhenaugiense‹ enthält folgende Verrechnungstabelle:

Pro I solido	C psalmus (!) aut	III missas;
Pro I untia	CL psalmus (!) aut	III missas;
Pro VI untias	VI psalterios et	missas III;
Pro I libra	XII psalterios et	XII missas[141].

Nach Geld lassen sich die Angaben in folgender Weise umrechnen:

1 Pfund	= 240 Denare	= 1800 Psalmen	= 12 Messen
6 Unzen	= 120 Denare	= 900 Psalmen	= 3 Messen (richtig: 6)
1 Unze	= 20 Denare	= 150 Psalmen	= 3 Messen
1 Solidus	= 12 Denare	= 100 Psalmen	= 3 Messen (richtig: 2)[142].

Durch solche Verrechnungen erhielt die Messe einen begrenzten Wert zugesprochen, der sogar in Geldwerten verrechenbar war.

139 *Graus*, Pest, S. 262.
140 *Iserloh*, Messe, S. 413.
141 Sacramentarium Rhenaugiense, Nr. 1370b, S. 281.
142 *Angenendt,* Missa, S. 172–175.

So mußte sich bei vermehrter Zelebration ein numerisch steigerbarer Effekt ergeben: Eine Messe, gefeiert für eine Person, bedeutete für diese Person mehr als dieselbe Messe für zwei, wie auch viele Messen für eine Einzelperson die Wirkung für den einzelnen erhöhten. Daß wirklich die Anzahl der gefeierten Messen ausschlaggebend war und nicht mehr die Opfergesinnung derjenigen, die zelebrierten oder für die zelebriert wurde, zeigt sich daran, daß solche Zelebrationen meist im Kloster geschahen und die virtuellen Empfänger der Meßgnaden gar nicht mehr anwesend waren; insofern scheint der subjektive Anteil sogar irrelevant geworden zu sein.

Die tatsächlichen Zahlen frappieren. Die seit Ende des 8. Jahrhunderts üblich gewordenen Gebetsbünde, beim Versterben eines ‚Verbündeten' drei und anschließend am 3. und am 30. sowie am Jahrestag weitere Messen zu feiern, bewirkte zum Beispiel in Fulda, einem Kloster mit 600 Mönchen und davon 200 Priestern, daß bei jedem Todesfall schlagartig 600 Messen zu feiern waren; in Cluny wurde für jeden verstorbenen Mönch 30 Tage lang von 6 Mönchen je fünf Messen gesungen, was die Zahl 900 ergibt. Eine 847 unter Rhabanus Maurus in Mainz versammelte Synode versprach Ludwig dem Deutschen (†876) 3.500 Meßzelebrationen und 1.700 Psalterrezitationen[143]. Weitere Beispiele ließen sich anfügen und führen bis ins späte Mittelalter. So ließ Herzog Philipp der Gute von Burgund (†1467) nach einem festen Tarif jeweils beim Tod seiner Großen Messen lesen, für einen Baron 400, für einen Ritter 300, für einen Edelmann 200 und für einen Hofbediensteten 100[144].

Im Ganzen dominierte das Verständnis, daß ritusgerechtes Zelebrieren primär sei, dagegen die subjektive Beteiligung des Meßpriesters nur sekundär. Das hatte nicht zuletzt Auswirkungen für das priesterliche Amtsverständnis, denn im Mittelalter galt allgemein, daß die Konsekrationsbefähigung den eigentlichen Kern der Priestertätigkeit darstellte und nicht etwa die Seelsorge[145]. Eine der Folgen war, daß sich die Zahl solcher Priester vermehrte, die allein nur Messen zelebrierten und für Seelsorge gar nicht eigens ausgebildet waren, so daß ihnen sowohl theologische Schulung wie asketische Formung abgingen. Man nannte sie, weil sich ihre Tätigkeit auf das Messezelebrieren beschränkte[146], „Halbpriester"[147].

---

143 *Neiske*, Frömmigkeit; *Angenendt*, Missa, S. 203–212.
144 *Huizinga*, Herbst, S. 251.
145 *Angenendt*, Religiosität, S. 444–450.
146 Concilium Lateranense I, 16, S. 193.
147 Rupert von Deutz, De vita vere apostolica, Lib. III 8, PL 170, S. 637 B.

Im Grunde wurde hier jenes „Priesterproletariat" geschaffen, das so oft als Verfallserscheinung angeprangert worden ist und in manchen katholischen Ländern sogar bis in die Neuzeit fortbestand. Noch Valentin Thalhofer konnte gegen Ende des 19. Jahrhunderts der Meinung sein: „Es ist bekanntlich noch strittig, ob ... die Kirche den Liturgen ... zu mehr als zum correcten und vollständigen äußeren Vollzug der betreffenden Handlung ... verpflichten wolle. Uns scheint, die Kirche ... müsse ihre Diener im Gewissen auch zur attentio et intentio *interna* verpflichten"[148].

Andererseits ist zu beobachten, daß nun eine bestimmte Vorbedingung anderer Art erforderlich wurde, nämlich die kultische Reinheit des Priesters, durfte doch derselbe nur mit ‚reinen Händen' zum Altar treten, was man primär als sexuelle Abstinenz verstand; wenn ein Priester mit befleckten Händen zelebrierte, verzehrte sich das dargebrachte Opfer für seine eigene Unreinheit und wirkte nicht mehr für andere, auch nicht für diejenigen, die für die Meßfeier eine besondere Opfergabe dargebracht hatten[149].

So ist als durchgehender, wenn auch nicht ausschließlicher Zug festzustellen: Jede rituell richtig vollzogene Liturgie setzte Gnaden frei, freilich jetzt mit der Bedingung, daß der vollziehende Priester ‚rein' sei. Das aber bedeutete gegenüber der augustinischen Sakramentenauffassung nahezu eine Umkehr der Positionen: Dieser für die ganze abendländische Sakramententheologie so wichtige Kirchenvater hatte bekanntlich die Sakramentsgnade abhängig gesehen von der Würdigkeit der Empfänger und unabhängig von der Würdigkeit der Spender[150]. Im Frühmittelalter verlagerte sich nun die subjektive Bereitung teilweise auf den Sakramentenspender, eben auf seine kultische Reinheit, während nach der subjektiven Einstellung des Empfängers kaum mehr gefragt wurde. Hatte für Augustinus das ‚opus operatum' das Handeln Gottes auch durch einen unwürdigen Sakramentenspender bezeichnet, so wurde nun dieses ‚getane Werk' als der mit dem Sakramentsvollzug geradezu selbstwirksam eintretende Effekt verstanden. Wiederum ist zu konstatieren, daß die angebliche Objektivität der frühmittelalterlichen Liturgie sich gutenteils aus dem religionsgeschichtlichen Phänomen des ‚selbstwirksamen Ritus' herleitete: Der korrekt vollzogene Ritus tut seine Wirkung.

---

[148] *Thalhofer*, Handbuch, S. 260.
[149] *Angenendt*, Reinheit.
[150] *Ders.*, Religiosität, S. 451–453.

a) Widerstreit von Ritualität und Intentionalität

Die Religionsgeschichte kennt die Unterscheidung von ‚außen' und ‚innen' und analysiert deren Korrelation, wie nämlich im religiösen Verhalten Äußeres und Inneres aufeinander abgestimmt wurden[151]. Im Neuen Testament sind ‚außen' und ‚innen' zentrale Kategorien: „nicht, was von außen kommt" sondern „von innen" (vgl. Mk 7, 15.21). Wenn das Verhältnis zwischen Gott und Mensch personal und dialogisch verstanden wird, muß das gesteigerte Konsequenzen für die Innerlichkeit und auch für die Liturgie haben: Sie muß ‚personal' werden und nicht unbedingt ‚formstreng' sein.

Für die Zeit der Alten Kirche haben wir gesehen, daß zwar die Liturgie früh schon Konturen, Strukturen und auch Formeln aufwies, nicht aber einem aufs Wort verschriftlichten und buchstäblich vorgeschriebenen Ritus folgte. Eine solche Ritualität setzte sich erst in der Spätantike und endgültig dann im Frühmittelalter durch, wobei frappierenderweise diese eigentlich schriftschwachen Epochen für wenig anderes so viel Schriftlichkeit aufbrachten wie für die Liturgie. Der religionsgeschichtlich sattsam bekannte Ritualismus vermochte sich gerade hier zur Geltung bringen; ein festes liturgisches Gehäuse entstand, in dem dann aber wieder unterschiedliche Geister wohnen konnten. Klärend ist hierfür eine Beobachtung, die Angelus Häußling gemacht hat: Die „Praxis der Eucharistiefeier ... [erfährt] einen Umbruch, der ihren Stellenwert grundlegend ändert, obwohl – und das ist größter Beachtung wert – die Formen im einzelnen und die leitenden Rechtsnormen und gehandhabten Texte weithin unverändert und theoretisch anerkannt bleiben und darum der Umbruch in weiten Partien kaum aktenkundig wird"[152]. Und so wird es nun bleiben für das ganze Mittelalter: eine rituell fixierte Liturgie, die sich, obwohl im einzelnen festgeschrieben, doch in wechselnde Kontexte und Verständnishorizonte einordnete. War in der Alten Kirche die Liturgie vom „Beten in Geist und Wahrheit" (Joh 4,23) her stets neu verlebendigt worden und darum in ihrem äußeren Gehäuse nicht endgültig fixiert gewesen, so kehrte sich dieses Verhältnis im Mittelalter geradezu um: ein festes Gehäuse, aber wechselnde Auffüllungen und Interpretationen.

---

[151] *Shaked*, Religionsgeschichte.

[152] *Häussling,* Mönchskonvent, S. 348.

Indes ging im Mittelalter die altkirchliche Auffassung vom aktiven Mitvollzug des Empfängers nicht gänzlich verloren. Mit den Zwangstaufen der Juden, die ob fehlender Empfangswilligkeit eben nicht als wirkliche Taufen interpretiert wurden, haben wir sogar ein auch politisch bedeutsames Gegenbeispiel. Bei der Messe lassen sich befremdlicherweise weniger deutliche Beispiele für die Notwendigkeit einer auch inneren Beteiligung des mitfeiernden Volkes erbringen. Die ‚bestellte' und ‚bezahlte' Messe, an der man persönlich gar nicht teilnahm, galt als quasi-automatisch wirksam[153]. Aber trotz dieser allgemeinen Praxis ist für einzelne Phänomene doch auch eine bleibende Wirksamkeit der Subjektivität mit sogar bedeutsamen Folgen zu beobachten. So hat die Kanonistik im Blick auf die Sakramentenspendung insgesamt die überragende Wichtigkeit aufgezeigt, die aus dem inneren Beteiligtsein für die persönliche Freiheit abgeleitet wurde. Zu erinnern ist wieder an das neutestamentliche Postulat, Gott „zu lieben mit ganzem Herzen und ganzer Seele, mit all deinen Gedanken und all deiner Kraft" (Mk 12,30); dieses galt als erstrangig auch für die Sakramente, und da Liebe nicht befohlen werden kann, mußte folglich der Sakramentenempfang frei sein. Für den ureigensten Bereich der Kirche, nämlich für die Sakramentenspendung – so der Kanonist Peter Landau –, habe sich das kanonische Recht mit dem Freiheitsstatus des Menschen befassen müssen, und so sei die Stellungnahme zu den Sakramenten „unter dem Gesichtspunkt der Freiheit … für die mittelalterliche Gesellschaft von größter sozialer und praktischer Bedeutung" gewesen[154]. Landau verweist besonders darauf, daß die Taufe, das Mönchsgelübde und die Ordination ‚frei' vollzogen werden sollten, daß auch Sklaven nach kirchlicher Auffassung ohne Zustimmung ihrer Herren heiraten konnten. Nicht, daß für diese Akte immer Freiheit gegeben worden wäre, gleichwohl bestand die ideelle Forderung, und diese wurde zu einer Quelle der persönlichen Freiheit in der mittelalterlichen Gesellschaft.

Für die hier anvisierte Thematik ist im weiteren die folgende Sprachregelung zu beachten. Wenn von ‚Subjektivität' geredet wird, ist damit die innere Beteiligung des Menschen gemeint. Vorausgesetzt wird dabei, daß Gott oder seine transzendenten Kräfte in diese Welt hineinreichen und dort wirksam werden. Erst die nachaufklärerisch-moderne Welt wird sich mehr und mehr außer-

---

153 *Angenendt*, Missa.

154 *Landau*, Kanonistik, S.177.

stande erklären, solche Direktheit göttlichen Wirkens zu akzeptieren. Damit wandelt sich nochmals die Rolle von Subjektivität; sie wird innerweltliche Autonomie und setzt Religion in Ethik um. In der westlichen Moderne vollziehe sich – so Mary Douglas – „der noch immer andauernde Prozeß, in dessen Verlauf die Offenbarungselemente der christlichen Religion herausgeschnitten und an ihre Stelle ethische Prinzipien zum zentralen Kern der wahren Religion erhoben wurden"[155].

b) Liturgie-Allegorese

Im frühmittelalterlichen Prozeß der Ritualisierung mußte die Liturgie ihre Fähigkeit verlieren, ‚selbstredend' zu sein und bedurfte daraufhin einer besonderen Erklärung. Wie schon für heilige Texte immer dann, wenn sie wegen ihres älteren Welt- und Religionsverständnisses unverständlich geworden sind und doch heilig bleiben, eine neue Erklärung in der Allegorie gesucht und gefunden werden muß, so nun auch bei der Liturgie. Erstmals hat dies im Westen Amalar von Metz († um 850) unternommen[156]. Historisch steht er genau an jener Stelle, wo die Liturgie in ihren geronnenen Zustand eingetreten war und nun im Zuge der karolingischen Renovatio neuer Erklärungen bedurfte. Das hierbei angewandte System ist bekannt, daß nämlich der Meßfeier das Leben und näherhin die Passion Jesu unterlegt wurden: „Mit dem Introitus beginnend wurden den Riten und Gebeten zunächst Jesu Predigt, dann vom Offertorium bis zum Paternoster die Passion und zuletzt die Auferstehung und Himmelfahrt unterlegt, so daß eine Art Synchronismus von Meßhandlungen und Jesus-Leben entstand. Für den Beter war damit „das Gedächtnis … historisiert und psychologisiert"[157], denn der Meßfeiernde betrachtete die „Passion Jesu und zieht daraus für sein geistliches Leben praktische Nutzanwendungen"[158].

Im Einzelnen sind zum Beispiel das Offertorium der Einzug Jesu in Jerusalem, die Präfation die johanneische Abschiedsrede und das hohepriesterliche Gebet, die Anamnese (Unde et memores) und Epiklese (Supplices) die Kreuzigung Jesu; die Erhebung des Kelches am Ende des Hochgebetes erinnert an Josef von Arimathäa, die Mischung von Leib und Blut Christi weist auf die Auferstehung und der Schlußsegen auf die Himmelfahrt.

---

155 *Douglas*, Ritual, S. 23.
156 *Suntrup*, Bedeutung; *ders.*, Zahlenbedeutung.
157 *Messner*, Hermeneutik, S. 424.
158 Ebd., S. 418.

Dem Rückbezug auf die Passion folgt dann die Anwendung: die Abtötung und Kreuzigung des Fleisches mit seinen Lüsten und Begierden.

Die neuere Liturgiewissenschaft hat der allegorischen Deutung wenig Verständnis entgegengebracht. Als durchgehenden Zug konstatiert Josef A. Jungmann: „Die Messe wird aufgefaßt als dramatische Darstellung eines heilsgeschichtlichen Vorgangs, vor allem des Leidens, Sterbens und Auferstehens Christi, beginnend mit den Sehnsuchtsrufen der Patriarchen und Propheten und schließend mit der Himmelfahrt des Herrn“[159]. Dieses Grundschema sei „trotz aller Schwankungen das ganze Mittelalter hindurch festgehalten worden“[160]: Wohl habe die allegorische Deutung „im 13. Jahrhundert eine Krise zu bestehen“ gehabt, weil durch die „Hochscholastik ... ihre geistigen Grundlagen in Frage gestellt“ worden seien[161], in Wirklichkeit aber sei die scholastische Kritik an der allegorischen Meßdeutung „fast spurlos vorübergegangen“[162], was bewirkt habe, daß diese „im späteren Mittelalter noch einmal einigermaßen in Verwirrung geraten“ sei[163]. So endet es bei allem Wohlwollen eben doch mit Verwirrung, denn die Allegorese bot einen nur „fragwürdigen Ersatz für das aktualpräsentische Verständnis der Gegenwart des Heilshandelns Gottes, insbesondere des Heilswerkes Christi“[164].

c) Heilsgeschichtliche Wiederholung

Als weiteres, wiederum durchaus ‚logisches‘ Interpretament mittelalterlicher Liturgie ist der Rückbezug auf die Etappen der Heilsgeschichte zu benennen. Friedrich Ohly (†1999) hat überzeugend herausgearbeitet, daß im mittelalterlichen Sündenverständnis „der Vorgang beim [paradiesischen] Sündenfall ... [als] identisch mit dem Ablauf eines jeden heutigen Sündenfalls“ galt und darum das „Urmuster für die Beurteilung einer jeden Versündigung“ abgab[165]. Demgegenüber bot nun die Liturgie das genau entsprechende Gegenmittel, indem sie die Heilsgeschichte wiederholte. Wie also jede Sünde den Sündenfall repetierte, so jeder Frömmigkeitsakt die Heilsereignisse. Gemäß dieser Auffassung

---

[159] *Jungmann,* Missarum Sollemnia 1, S. 145.
[160] Ebd., S. 154.
[161] Ebd., S. 149.
[162] Ebd., S. 152.
[163] Ebd., S. 153.
[164] *Meyer*, Eucharistie, S. 228.
[165] *Ohly,* Metaphern, S. 49f.

deutete man nicht nur das ganze Jahr, sondern seit dem hohen Mittelalter auch die täglichen Gebetsstunden als Durchgang durch die Heilszeit. Denn, so Sicardus von Cremona (†1215), „ein jeder Tag vergegenwärtigt die Zeit dieser Welt, die in sieben Perioden unterschieden wird"[166]. Der Tag wurde auf diese Weise zum „Zeiten-Mikrokosmos", dessen sieben Gebetszeiten den „Zeiten-Makrokosmos" der Heilsgeschichte vergegenwärtigen.

„Und schließlich ist beim Officium dieses nicht zu übersehen, daß ... das Nachtofficium noch einmal vergegenwärtigt ... die Zeit von Adam bis zu Noah, die Matutin die Zeit von Noah bis zu Abraham, die Prim von Abraham bis zu Moses, die Terz von Moses bis zu David, die Sext von David bis zur Ankunft Christi, die Non von der ersten bis zu seiner zweiten Ankunft, wenn der Herr kommen wird zu richten. In der Vesper verstehen sie den Seelensabbat, an dem sie ruhen werden von ihren Mühen; in der Komplet jene Zeit der großen Feier, zu der die Erwählten kommen werden, das Reich zu empfangen, wo sich die Freude der Heiligen vollenden, der Kampf ein Ende nehmen und der ewige Friede kommen wird. In ihm wird der Bräutigam der Braut das Schlafen und das unwandelbare Ruhen geben"[167].

Entsprechend der hochmittelalterlichen Passionsfrömmigkeit praktizierte man auch eine Kombination der sieben Zeiten des Stundengebets mit Leben, Leiden und Auferstehung Jesu[168]. Schon Honorius Augustodunensis (†12. Jh.) bietet Entsprechungen sowohl mit der Passion wie aber auch der Auferstehung. Erstere lautet: am Morgen die Verspottung, zur Prim die Auslieferung an die Heiden (gemeint sind die Römer), zur Terz die Geißelung, zur Sext die Kreuzigung, zur Non der Tod, zur Vesper die Kreuzabnahme (woraus übrigens das Vesperbild, die Pietà, herrührt), zur Komplet die Grablegung[169]. Die österliche Reihe lautet: Das Nachtgebet erinnert an Jesu Aufstoßung des Höllentores, das Morgengebet an seine siegreiche Auferstehung, die Prim an die Erscheinung vor Maria von Magdala, die Terz an die Begegnung der zum Grab eilenden Frauen, die Sext an Jakobus, die Non an Petrus, die Vesper an die beiden Emmaus-Jünger und die Komplet an das gemeinsame Mahl mit den Aposteln[170]. Auch die Meßfeier erhielt heilsgeschichtliche Zeiten unterlegt, besonders anhand jener Kreuzzeichen, die der Priester während des Kanons zu vollzie-

---

166 Sicardus von Cremona, Mitrale IV,3, S. 159D.

167 Ebd. IV,9, S. 185D; Üb. *Ohly*, S. 255.

168 Ebd. IV,3, S. 161f; Rupert von Deutz, De divinis officiis I,1–15, S. 7–13; Honorius Augostodunensis, Gemma animae II,55–57, S. 633f.

169 Honorius Augostodunensis, Gemma animae II,55, S. 633f.

170 Ebd. II,56, S. 634A.

hen hat: Das erste Kreuz bedeutet die Zeit des natürlichen Gesetzes von Adam bis Moses, das zweite das mosaische Gesetz, das dritte die Propheten von Samuel bis Zacharias, das vierte die Entstehung des Evangeliums, das fünfte die Zeit der Kirche aus den Heiden und das sechste endlich die Vollendung[171]. Wiederum treffen wir auf ‚Ordnung': auf die Abfolge der Heilsgeschichte, und erneut ist festzustellen, daß dieses für die spätmittelalterliche Liturgie offenbar grundlegende Schema kaum untersucht ist.

Wenn wir die hier zu ‚außen' und ‚innen' erhobenen Befunde wiederum in den Gesamtduktus der Liturgie-Diskussion des 20. Jahrhunderts einfügen, ergibt sich ein deutliches Resultat: Christliche Liturgie ist – bei aller äußerlich ablaufenden Ritualität – primär ‚innerlich'. Das ist ein durchgehender Zug, und selbst in den Zeiten höchster Ritualisierung blieb immer auch ein ‚geistlicher' Gesamtrahmen, zunächst in der Allegorese, später in der ‚Andacht'.

5. Scholastik und Liturgie

Um die mittelalterliche Liturgie in ihrer ganzen Breite und Anwendung zu verstehen, muß man sich von der juridisch-neuzeitlichen Unterscheidung in eine offizielle Liturgie und in sogenannte volksfromme Bräuche freimachen. Das Mittelalter praktizierte hier ein großes Ganzes, denn das Verlangen nach möglichst vielfältiger Ritualität war ungleich breiter, als es die offizielle Liturgie auszufüllen vermochte. Daß dabei theologisch gesehen Ausuferungen geschahen, kann nicht überraschen, wenn beispielsweise Reliquien bedeutungsvoller waren als die Eucharistie[172]. Was irgendwie Sakralität zu besitzen schien, wurde real genutzt: Reliquien, Weihwasser, Kerzen und Amulette, selbst auch Gebete, Formeln und Texte[173]. Wo immer Himmelskraft vergegenwärtigt schien, da wurde sie in Anspruch genommen, ob nun fromm oder zauberisch. Im Vordergrund stand der Heilsstoff, weniger die devote Einstellung[174].

Hier ist schon eine erste wichtige Leistung der scholastischen Theologie anzusiedeln, nämlich die Eingrenzung der Sakramente, die zuvor zusammengezählt über dreißig ausgemacht hatten, auf

---

171 *Meyer*, Luther, S. 237–246.
172 *Snoek*, Piety.
173 *Franz*, Benediktionen.
174 *Angenendt*, Religiosität, S. 416–419.

jetzt nur noch sieben[175]. Die wirklich entscheidenden Heilsriten wurden herausgehoben, alle sonstigen zwar nicht abgelehnt, aber doch als ‚Sakramentalien' nachgeordnet. Eben hierin zeigt sich eine der theologischen Leistungen mittelalterlicher Theologie, nämlich die wesentlichen Heilsakte aus einer Unmenge von Sakralhandlungen herauszusondern. Nicht daß man alle jenseits der Sakramente praktizierten Heilshandlungen gänzlich abqualifizieren wollte oder auch nur konnte; doch fortan sollten die Nebenhandlungen eben nur noch ‚Sakramentalien' sein[176].

Das theologische Problem kann man sich gut an einem der bedeutendsten Frühscholastiker, an Hugo von St. Victor (†1141), verdeutlichen. Bei seiner Erläuterung der Taufe benennt er die verschiedenen Rituselemente, so die Kreuzsignierung an Stirn, Brust, Augen, Nase, Ohren und Mund, die Salzgabe, die Exsufflation, die Berührung mit Speichel, die Öffnung der Ohren, was jeweils als Heilsritus gilt und wobei die Ohrenöffnung sogar als „sacramentum apertionis" bezeichnet wird[177]. Eine aus Hugos Schule hervorgegangene ›Summa Sententiarum‹ sieht denn auch im Taufritus „viele Sakramente", um sich dann aber sofort zu korrigieren: Die einzelnen Riten seien eigentlich nur Teile des einen Sakramentes der Taufe und könnten als einzelne nicht Sakramente genannt werden; vielmehr bestehe dieses selbst – so wird nun geradezu apodiktisch gesagt – in der Wassereintauchung bei Anrufung der Dreifaltigkeit; alles andere diene „ad decorem et ad reverentiam" und enthalte nicht die „vis sacramenti"[178].

Eine weitere große Leistung vollbrachte die Scholastik darin, daß sie den Sakramentsbegriff wie ebenso die einzelnen Sakramente durchleuchtete und zu klären unternahm: Sakrament als Zeichen und Wort. Dabei ist deutlich auch wieder die innere Mitbeteiligung des Sakramentenempfängers hervorgehoben worden. Ob das freilich auch der Liturgie dienlich war, ist damit noch nicht ausgemacht, und tatsächlich ist eher das Gegenteil festzustellen. So ließ die Scholastik zum Beispiel die Problematik der vielen Messen ungelöst; weiterhin konnte in der Theologie die Frage erörtert werden, ob es besser sei, einen Monat bzw. ein Jahr hindurch täglich eine Messe zu feiern oder aber die 30 bzw. 365 Messen an einem Tag oder innerhalb einer Woche zu halten; allgemein sah man in der zweiten Weise, also in der Häufung, die schnellere Befreiung aus dem Fegefeuer[179].

---

175 *Finkenzeller*, Lehre, S. 123–125.

176 *Messner*, Sakramentalien.

177 Hugo von St. Victor, De sacramentis II,10 (PL 176), S. 174–618, S. 456f.

178 Ders., Summa Sententiarum V (PL 176), S. 42–174, S. 129D.

179 *Iserloh*, Messe, S. 385.

Wohl meldeten sich vereinzelte Bedenken gegen die Zählbarkeit. So findet sich schon im ›Decretum‹ Gratians der Kanon ‚Non mediocriter' mit der Aussage: „Wenn also für 100 Seelen ein Psalm oder eine Messe gesprochen wird, empfängt man nicht weniger, als wenn sie für einen von ihnen [den Verstorbenen] gesprochen würden"[180]. Damit sollte – wie Erwin Iserloh feststellt – mindestens so viel ausgesagt werden, „daß es auf die Zahl nicht ankommt"[181]. Tatsächlich sind vereinzelte Konsequenzen zu beobachten. Die Zisterzienser lehnten anfangs Stiftungen ab, die mit geistlichen Leistungen, etwa mit Meßfeiern oder namentlichem Totengedenken, zu entgelten waren[182]; zudem reduzierten sie das Psalmgebet[183]. Auch gebot zum Beispiel Franziskus seinen Brüdern, daß in einer Kommunität, selbst bei Anwesenheit mehrerer Priester, nur eine Messe am Tag zu feiern sei[184]. Gleichwohl lebte bald auch sein Orden zu einem guten Teil von Meßstipendien, und entsprechend häuften sich die Zelebrationen[185]. Sogar der Dominikaner-Orden, der sich doch in besonderer Weise der Theologie widmete, sicherte unter seinem Generalmagister Humbert von Romans dem französischen König Ludwig IX. insgesamt 30.000 Messen zu[186]. Thomas von Aquin vertrat erst in seiner ›Summa Theologica‹ die Ansicht, „daß sich die sühnende Kraft mehr nach der Gesinnung des Opfernden … richtet"[187]. Die Messe – so stellt Iserloh fest – hat zwar „unendlichen Wert, der sich aber nur begrenzt auswirken kann, weil der Glaube und die Opfergesinnung derer, die das Opfer darbringen und für die es dargebracht wird, nur begrenzt sind"[188].

Insgesamt blieb die Idee von der Selbstwirksamkeit so dominant, daß bis ins Spätmittelalter hinein gezählt wurde, wie Iserloh resümierend feststellt: „Aus alledem geht hervor, daß die Messe, die für viele dargebracht wird, schon *ex opere operato* dem einzelnen nicht soviel Frucht bringt, wie eine Messe, die für ihn allein gefeiert wird. Denn der satisfaktorische Wert der Messe kommt dem einzelnen im Verhältnis der Zahl derer, für die sie dargebracht wird, zugute. Je größer ihre Zahl, umso geringer die Frucht für den einzelnen"[189]. Theologisch bedeutete das: „Weil man nicht zwischen der Heilshandlung selbst und ihrer Auswirkung aufgrund der Disposition und Mitwirkung der Menschen unterschied, ja kaum zwischen dem Wert aufgrund des *opus operatum* und dem

180 Decretum Gratiani I, dist. 45, c. 5, S. 1418.
181 *Iserloh*, Messe, S. 377.
182 *Wollasch*, Quellen.
183 *Altermatt*, Liturgiereform.
184 *Holter*, Dienst, S. 148–158.
185 *Frank*, Ordensarmut.
186 *Neiske*, Frömmigkeit, S. 35.
187 *Iserloh*, Messe, S. 383.
188 Ebd., S. 384.
189 Ebd., S. 392f.

aufgrund *opus operantis* einen Unterschied machte, ließ sich die Praxis der Kirche nicht anders verstehen als unter der Voraussetzung eines in sich begrenzten Wertes der Messe. Dann war die möglichst häufige Feier der Messe nicht nur möglich, sondern in jedem Falle gefordert“[190].

So sehr die Scholastik die Glaubensverkündigung mit kritisch-argumentativem Denken hatte unterbauen wollen, sie brachte gleichwohl – wie A. Häußling feststellt – „keine Liturgiereform in Gang, sondern beläßt die überkommene Liturgie nach Gestalt und Verständnis in ihrem Stand, stützt sie sogar argumentativ, indem sie allgemein nachweist, es sei angemessen, in solcher Weise Gott die Ehre zu geben, baut aber ein eigenes System des Weltverständnisses aus dem Glauben neben der Liturgie auf, nicht mit dieser oder gar diese selbst kritisch sichtend und sie mit den neuen Erfahrungen von Glaube und Kirche reformierend und bereichernd ...“[191]. Das Fazit fällt ins Gewicht: „Die ausgebliebene Liturgiereform in der Gesamtkirche des hohen Mittelalters ist einer der tiefgreifenden Fakten der Liturgiegeschichte“[192]. Erstaunlich bleibt dieses Faktum allemal, hatte sich doch der große religiöse Aufbruch des 12. Jahrhunderts, aus dem auch die neue Theologie hervorging, durchaus zu Eigenständigkeit und Abkoppelung von den Autoritäten freigemacht. Für die Exegese etwa galt, „daß bei unversehrtem Glauben es jedem freistehen müsse, die Schrift nach eigenem Verstehen anders als die Väter zu erklären“[193]. Eben diese Freiheit wurde für die Liturgie nicht gewonnen, möglicherweise deswegen, weil sie als gottgeheiligtes Geschehen noch weniger berührbar erschien als die zweifelsohne gleichfalls heilige Bibelauslegung. Nur so ist es erklärbar, daß scholastische Theologen eher mit der Liturgie theologisch argumentierten als theologisch die Liturgie reformierten[194].

Das eigentliche Bemühen der Scholastik strebte nach alles erklärender Begrifflichkeit, nach einer Sprache der Werkzeuglichkeit, wie M.-D. Chenu (†1990) gesagt hat: Sie „gibt der Brauchbarkeit den Vorrang vor der Schönheit, der wirksamen Unterweisung vor dem Austausch von Gefühlen. Sie ist angelegt auf Unpersönlichkeit ...“[195]. Speziell für Thomas von Aquin (†1274) ist festzu-

---

[190] Ebd., S. 401.

[191] *Häussling,* Liturgiereform, S. 24.

[192] Ebd.

[193] St. Trudpeter Hohelied., S. 324.

[194] *Landgraf,* Liturgie.

[195] *Chenu,* Thomas, S.118.

stellen: „Sprachliche Antithese und Alliteration sind geächtet. Vergleiche werden strenger Zucht unterworfen. Die Metapher und alle analogen Bilder verschwinden“[196]. Das betraf gerade auch die Liturgie. Sie blieb, weil selbstverständlich weiterhin als effizienter Ritus (signum efficax) aufgefaßt, eine feste, aber in ihren einzelnen Riten nicht mehr verstehbare Größe, zumal nun die bis dahin geübte allegorische Auslegung der argumentativen Begrifflichkeit nicht länger standhalten konnte. So charakterisiert Otto H. Pesch als Thomas' Liturgie-Verständnis: „Alles Liturgisch-Zeremonielle verbleibt in der Funktion eines reinen Mittels zum Zweck, dessen sich der geistlich Erstarkte entledigen darf und soll“[197], und darum erfolgt auch „keine meditative Erschließung der liturgischen Zeichensprache, vielmehr hauptsächlich Darstellung und Legitimierung der kirchenrechtlichen Vorschriften für die ‚gültige' Eucharistiefeier“[198]. Thomas geht durchaus auch auf den subjektiven Vollzug ein, betont dabei das Lateinische und verändert nichts am Ritus[199].

Ja, generell ist von der Liturgiewissenschaft aus zu bedenken gegeben worden, „welche Katastrophe eine von der Hochscholastik veranlaßte Liturgiereform bedeutet hätte“; denn die Unfähigkeit der Scholastik, den Eigenwert von Zeichen und Symbolen, von Feier und Fest zu erkennen, „überhaupt ihre Unfähigkeit, Phänomene wie Sprache und Geschichte wahrzunehmen, Phänomene also, ohne die Liturgie gar ... nicht verstanden und sinnvoll gefeiert werden kann, hätte in die Geschichte der Liturgie einen völligen Traditionsbruch gebracht“[200].

Mindestens anhand einzelner Punkte läßt sich vergegenwärtigen, was eine scholastische Liturgiereform anzurichten imstande gewesen wäre: Unter dem zwingenden Druck des auf die Sakramente angewandten Prinzips ‚Form–Materie' und der Bestimmung der Form als des sakramentalen Einsetzungswortes hätte sich zum Beispiel für die Eucharistie ergeben, daß allein die Einsetzungsworte wesentlich seien und alles andere, also auch das Hochgebet, nur ‚ad decorem et reverentiam' diene; die Folge wäre eine Beschränkung auf die Einsetzungsworte gewesen[201]. Weiter, angesichts der überstarken Betonung der priesterlichen Konsekrationsvollmacht[202] und der gerade auch theologisch nun endgültig sanktionierten

[196] Ebd., S. 128.
[197] *Pesch*, Thomas, S. 346.
[198] Ebd., S. 347.
[199] *Berger,* Thomas; *Welsh*, Liturgy.
[200] *Häussling,* Liturgiereform, S. 24.
[201] *Landgraf*, Zugehörigkeit, S. 62–69.
[202] *Angenendt,* Religiosität, S. 444–446.

ego-Formeln in anderen Sakramenten (ego te baptizo, ego te absolvo, ego te linio) müßte man sich ein entsprechendes ‚ego consecro' für die Eucharistie vorstellen, wie es vereinzelt auch praktiziert wurde[203].

Insofern ist dem Traditionserhalt ein großer Gewinn zu danken. Aber der Preis war hoch. Denn ob der im einzelnen nicht mehr verstehbaren Ritualität entfaltete sich ein Sakramentenrecht, mußte doch der von sich her unverstehbare Ritus gesichert werden, und das vermochte jetzt nur noch der Rubrizist, der als „des liturgischen Rechts Kundiger eine entscheidende Rolle im liturgischen Leben der Kirche zu spielen begann"[204]. Seit Thomas von Aquin – so schon Adolph Franz – „mehrte sich die Zahl der ‚pericula contingentia in missa' ungebührlich in den theologischen Büchern"[205]. Im neuzeitlichen Katholizismus ist die Liturgik nicht selten von Moralisten und Kanonisten gelehrt worden, und eine Analyse ergibt zum Beispiel für Alfons von Liguori (†1787), daß über hundert mögliche Todsünden bei der Liturgie drohten, etwa eine Meßzelebration ohne Stola bzw. Talar oder bei Benutzung einer angebrochenen Hostie[206].

Man muß sich natürlich auch die Schwierigkeiten vergegenwärtigen, denen die Scholastik gegenüberstand. Abzulesen ist das zum Beispiel an der Auslegung des von Paulus im Römer-Brief verwendeten Begriffs der „logike latreia" (Röm 12,1), den Joseph Ratzinger als „die angemessenste Formel für die Wesensgestalt der christlichen Liturgie" bezeichnet[207]. Die Mahnung Pauli, „bei dem Erbarmen Gottes darzubringen eure Leiber als lebendiges, heiliges, wohlgefälliges Opfer dem Gott, euern vernünftigen Gottesdienst" – so die wörtliche Übersetzung[208] –, bedarf der genauen Exegese, besonders des Verständnisses von ‚Leib/soma'. Heinrich Schlier sieht hierin „ein leibhaftiges Opfer, ein Opfer meiner selbst", denn „‚soma' ist der Leib, sofern ich in ihm anzutreffen bin"[209]. Konkret bedeutet das dann: „Das Opfer der Christen ist nicht auf einen gottesdienstlichen Vollzug eingeengt, sondern besteht in der ganzen Gott dargebrachten christlichen Existenz"[210]. Diese Hingabe der Existenz wäre also die Wesensgestalt der

[203] *Holzem,* Konfessionsstaat, S. 288.
[204] *Klauser*, Liturgiegeschichte, S. 120.
[205] *Franz,* Messe, S. 506.
[206] *Peschke*, Sünde.
[207] *Ratzinger,* Liturgie, S. 42.
[208] Interliniarübersetzung, S. 698.
[209] *Schlier*, Römerbrief, S. 355.
[210] *Thüsing*, Studien, S. 173.

christlichen Liturgie und hätte demzufolge ihren eigentlichen Ort in der Eucharistie. Um so auffälliger ist die mittelalterliche Interpretation dieser Stelle, die von der Vulgata ausging, wo es heißt: „ut exhibeatis corpora vestra hostiam viventem“. Demzufolge wurde das Wort asketisch aufgefaßt, als Abtötung des Körpers. So deutete etwa Wilhelm von Saint-Thierry (†1148): „seinen Leib als … Opfer darzubringen, als geistigen Gottesdienst“, und das „betrifft den Körper und das Verhalten des äußeren Menschen“[211]. Aufwendiger, aber im Prinzip nicht anders deutete Thomas von Aquin, auch er ohne einen Bezug zur Eucharistie:

„Mit den folgenden Worten: daß ihr eure Leiber als ein lebendiges Opfer darstellet, geht dann der Apostel zur eigentlichen Ermahnung über. Was nun das Opfer angeht, muß man wissen, daß Augustinus Folgendes sagt: ‚Das sichtbare Opfer, welches Gott äußerlich dargebracht wird, ist ein Zeichen des unsichtbaren Opfers, wodurch jemand sich und das Seine in den Dienst Gottes stellt.‘ Nun besitzt der Mensch ein dreifaches Gut: Erstens das Gut der Seele, welches er Gott durch Verdemütigung in der Hingabe und Zerknirschung darbringt … Zweitens besitzt der Mensch äußere Güter, die er Gott durch Spendung von Almosen darbringt … Drittens besitzt der Mensch das Gut des eigenen Leibes; und in Bezug hierauf sagt der Apostel: daß eure Leiber, gleichsam als geistiges Opfer Gott darstellet … Nun bringt der Mensch seinen Leib in dreifacher Weise Gott als Opfer dar: Erstens sobald er seinen Körper für Gott dem Leiden und dem Tode aussetzt, wie es von Christus heißt: Er hat sich selbst Gott hingegeben als Gabe und Opfer … Zweitens bringt er sich als Opfer dar, indem er seinen Leib durch Fasten und Nachtwachen abtötet, um ihn Gott in Dienstbarkeit zu bringen … Drittens, indem der Mensch seinen Körper in den Dienst der werktätigen Gerechtigkeit und ausübenden Gottesverehrung stellt“[212].

Zu untersuchen wäre, ob und wie der paulinische Begriff von der „thysia logike“ dem Mittelalter zugänglich gewesen ist. Offenbar führte die Vulgata-Version von der Opferung des Leibes zu einer primär asketischen Auslegung. Damit aber war der Zugang zur „angemessensten Formel für die Wesensgestalt der Liturgie“[213] verbaut.

Insgesamt ist mit Josef A. Jungmann ein ernüchterndes Fazit zu ziehen: „Die scholastische Theologie ist für die Meßliturgie und das Meßverständnis ohne Ertrag geblieben“[214]. Angesichts unserer Gesamtthematik bedeutet das: Die vermeintliche Objektivität der vorgotischen Liturgie war oft weit, allzu weit von der neutestamentlich gebotenen und patristisch realisierten ‚Subjektivität‘ ent-

[211] Wilhelm von Saint-Thierry, Epistola aurea, S. 42.
[212] Thomas von Aquin, Römerbrief, S. 392f.
[213] *Ratzinger*, Liturgie, S. 42.
[214] *Jungmann,* Missarum Sollemnia 1, S. 168.

fernt, und selbst die Scholastik vermochte diese Devianz nicht eigentlich zu beheben.

6. *Spätmittelalterliche Frömmigkeit*

a) Neue Bewertung des Spätmittelalters

Der für die Deutung des Spätmittelalters als einer Verfallszeit so erfolgreiche Anwalt Johan Huizinga widmete gut die Hälfte seines ›Herbst des Mittelalters‹ der Religiosität. Sein anhand eines längeren Zitats von Jacob Burckhardt formuliertes Axiom besagt, daß eine mächtige Religion ihre Macht gerade darin zeige, daß sie alles und jedes zu durchdringen vermöge, sich dabei aber mit den Dingen des Lebens so sehr verflechte, daß ihr Kern erstickt werde[215].

Alles schien Huizinga ambivalent: „die an einen Krampf gemahnende Äußerung, leidenschaftlich, gewaltig, jedoch schnell wieder verflogen", die „krampfartige Ergriffenheit der Menge" gegenüber der „Innigkeit der Devoten", „Verzückungen der Mystik ... bei einem platten Symbolismus", das „Übermaß von Verbildlichung" und der „im Ausblühen stehende mittelalterliche Gedanke", bis die „symbolisierende Denkform ... schließlich verbraucht" und das „großartige Gebäude der gottgewollten Abhängigkeiten zur Nekropole" geworden war, dastehend „wie eine Kathedrale, die im Mondlicht schläft". Diese geradezu penetrant durchgeführte Polarisierung war übrigens nicht ohne eine gewisse völkische Sortierung: „Die Südländer nehmen einen Widerspruch weniger schwer, verspüren weniger den Drang, die volle Konsequenz zu ziehen, vermögen leichter die vertraute spottende Haltung des alltäglichen Lebens mit der hohen Erregung des begnadeten Augenblicks zu vereinen"[216].

Die Mediävistik hat in den letzten dreißig Jahren eine Neubewertung des Spätmittelalters vorgenommen. Nicht länger wird von einer Zeit des Zerfalls gesprochen, sondern mehr von „Erneuerungskräften"[217]. Kaspar Elm hat die von allen Orden durchgeführte Reform herausgearbeitet[218]; Erich Meuthen entdeckt eine Differenzierung und Individualisierung, die durchaus nicht ohne Ordnung und Richtung gewesen sei[219]; Berndt Hamm sieht den theolo-

---

[215] *Huizinga,* Herbst, S. 209.
[216] Ebd., S. 269f, S. 282, S. 286, S. 295, S. 303f, S. 247.
[217] *Rapp*, LÇéglise, S. 287.
[218] *Elm*, Reformbemühungen (Sammelband mit Gesamtübersicht).
[219] *Meuthen*, 15. Jahrhundert, S. 110.

gischen Lehrbetrieb auf Frömmigkeit hin ausgerichtet und spricht darum von „Frömmigkeitstheologie“, als deren großen Beförderer er den Pariser Universitätskanzler Johannes Gerson (†1429) ausmacht[220]; Bernhard Lohse lehnt unter ausdrücklicher Abwendung von Lortz eine generelle Zersetzung ab[221]; Hartmut Boockmann (†1998) bewertet die Reformation nicht länger als Quittung für Mißstände, sondern als Vorgang, „den man ... nicht als notwendig oder unvermeidlich darstellen sollte“[222]. Zusammenfassend läßt sich mit Heinz Schilling von einer „außerordentlichen Aufwertung des Spätmittelalters“ sprechen: „Spätmittelalterlicher Frömmigkeitsaufbruch, Reformation und Konfessionalisierung erhalten in dieser Perspektive wieder das Maß an Zusammengehörigkeit, das durch die – bereits zeitgenössische – Stilisierung der deutschen Reformation verlorenging“[223].

Nur in der Liturgieforschung zeigt sich bislang noch wenig von einer Neubewertung. Erst in jüngster Zeit beginnen wieder Beiträge zur spätmittelalterlichen Liturgie zu erscheinen, so etwa die Forschungen zu den ›Libri ordinarii‹[224] oder auch zum Rosenkranz[225]. Soeben ist auch ein bemerkenswerter Band über spätmittelalterliche Liturgie in Köln vorgelegt worden[226]. Faktisch aber scheint weiterhin zu gelten, was Theodor Klauser für das Spätmittelalter ausgab: „Periode der Auflösung und Wucherungen“[227], oder mit Josef A. Jungmann: „Zeit des Rückgangs, ja des Verfalls“[228]. Nur der als Außenseiter geltende Klaus Gamber (†1989) glaubte dagegen, „im Spätmittelalter eine Art erste ‚liturgische Bewegung‘“ entdecken zu können, wofür er das neue Selbstverständnis des Humanismus und das Beispiel auch eines „Volksmeßbuchs“ in deutscher Sprache aus Thüringen anführte[229]. In Wirklichkeit ist hier viel umfassender und intensiver anzusetzen. Berndt Hamm, der Gewährsmann für ‚Frömmigkeitstheologie‘, sieht in der spätmittelalterlichen Religiositätsgeschichte eine Sequenz folgender Art: „Das 14. Jahrhundert ist in dominierender

---

220 *Hamm*, Frömmigkeit; *Ders.*, Frömmigkeitstheologie.

221 *Lohse*, Bedeutung, S. 350.

222 *Boockmann*, Jahrhundert, S. 506.

223 *Schilling, Vita religiosa*, S. 787, S. 790.

224 *Kohlschein – Wünsche*, Raum; *Odenthal*, Liber; *Baertsch*, Feier.

225 *Klinkhammer*, Rosenkranz; *Heinz*, Zisterzienser; *ders.*, Variante; *Scherschel*, Rosenkranz.

226 *Gerhards – Odenthal*, Liturgie.

227 *Klauser*, Liturgiegeschichte, S. 95–116.

228 *Jungmann*, Stand, S. 87.

229 *Gamber*, Reform, S. 11.

Weise geprägt durch die Spannung … zwischen scholastischer und mystischer Theologie. Im 15. Jahrhundert verschiebt sich dieses Gegenüber zur dominierenden Polarität von scholastischer Theologie und Frömmigkeitstheologie. Die Reformation des 16. Jahrhunderts setzt schon in den zwanziger Jahren diese spätmittelalterliche Spannung außer Kraft durch den neuen Gegensatz zwischen einer exklusiv evangeliumszentrierten und einer den bisherigen Kirchenglauben fortführenden, dabei aber zugleich konfessionell-katholisch umformenden religiösen Literatur"[230]. Speziell die Frömmigkeitstheologie wollte die ‚einfachen' Priester und Ordensleute, überhaupt die ‚einfachen Leute' in ihrem Alltagsleben erreichen, und dafür erschienen nun auch Meß- und Liturgieerklärungen[231]. Ein Blick in Adolph Franz' ›Die Messe im deutschen Mittelalter‹ zeigt die Wirkung: „Meßerklärungen an den deutschen Universitäten im 14. und 15. Jahrhundert" – eine reiche Ansammlung von bislang nur wenig ausgeschöpften Texten[232]. Hier finden sich nun auch schon wirklich reformierende Gedanken, zum Beispiel in einer deutschsprachigen Meßerklärung, die „das Beste [ist], was damals gegen den vielgestaltigen Aberglauben geschrieben worden ist"[233]:

„Die mesz ist ein geistlich opfer, dar umb so gebirt sy süst nichtcz dann newr geistlich genaden; das ist ablas der sünden und merung der tugent und götlicher hulde. Was man süst pfligt zu biten durch die mesz, das gewert got ob die biter wirdig sein oder ob es in nucz bringt, süst aber versagt ers. Desgleichen leipplich gluck oder ungluck, schad oder nücz, das stet zu gotes gnaden und zu der messe krefften. Er mag solches affter glaubens wegen, so wirt dir gar wenig gnaden von der mesz"[234].

Die Messe ist hier als Quelle himmlischer Gnaden und Angebot geistlichen Nutzens verstanden.

b) Verinnerlichung und Meßandacht

Grundsätzlich meldete sich im Spätmittelalter ein neues Bedürfnis nach Verinnerlichung und Spiritualisierung. Nicht länger sollte um Leibliches und Irdisches gebetet werden. Der Mystiker Johannes Tauler (†1361) hat das pointiert ausgesprochen: „Und wenn der Heilige Geist kommt, so wird er euch alles lehren und alle künfti-

---

230 *Hamm*, Überlegungen, S. 9.
231 Ebd., S. 15.
232 *Franz*, Messe, S. 515–564.
233 Ebd., S. 305.
234 Zitiert nach ebd., S. 307.

gen Dinge (dazu). ‚Alles', das heißt nicht, daß er euch sagen wird, wie dieser oder jener Krieg beigelegt oder ob das Korn gut wachsen werde. Nein, nein, nicht so! Sondern ‚alles', das bedeutet das, was uns not ist zu einem wahren göttlichen Leben, zu einer verborgenen Erkenntnis der Wahrheit und der Bosheit (menschlicher) Natur"[235]. Eindrucksvoll hat diese Spiritualisierung Thomas Lentes an Theorie und Praxis des spätmittelalterlichen Betens herausgearbeitet[236], wie hier nämlich Verinnerlichung betrieben, ja regelrecht trainiert wurde und was sie bedeutete. Nach frühmittelalterlicher Auffassung setzte jedes Gebet mit seiner Rezitation eine bestimmte Wirkung frei; es besaß einen Wert in sich und vermittelte denselben beim Vollzug; folglich vergrößerte sich dieser Wert im Maße vermehrter Rezitation. Schon die Bußbücher hatten – wie bereits erwähnt – Gebetsleistungen gezählt und sie mit anderen geistlichen Werken verrechnet, etwa mit Fasttagen, Kniebeugen, Geißelhieben oder auch Meßfeiern[237]. Je weiter sich die Anzahl dieser Leistungen erhöhte, desto effektiver galt die Wirkung. Cluny hat sein Chorgebet bis zum täglichen Pensum von über zweihundert Psalmen gesteigert[238]. In gleicher Weise vermehrbar hatte man ja auch die Wirkung der Messe gedacht: Viele Meßfeiern steigerten den erhofften Wert. Auf diese Weise ergab sich für alle Frömmigkeit ein Zählen; ja so schreibt Thomas Lentes: „In der spätmittelalterlichen Frömmigkeit war das Zählen geradezu allgegenwärtig"[239].

„Die Konsequenz solcher Heilsarithmetik war, daß alle Zahlen des Heils auf das genaueste gezählt und ausgerechnet, aufgelistet und mit entsprechenden Frömmigkeitsakten verrechnet wurden. Die Gebetbücher boten regelrechte Listen, welche die einzelnen Zahlen des Heils auflisteten. So nennt eine Handschrift aus einem Kölner Frauenkloster auf 10 Seiten die folgenden Zahlen und gibt entsprechende Gebetsanweisungen: die Zahl der Monate, Wochen, Tage und Stunden, die Jesus im Mutterleib zugebracht hatte; die Zahl der Jahre, Monate, Wochen, Tage und Stunden, die er auf Erden verbracht hatte; die Zahlen der Passion – die Fußschritte, die Jesus zurückgelegt hatte, die Stunden zwischen seinem Gebet am Ölberg und seinem Tod; die Knechte, die ihn auf den einzelnen Stationen begleiteten; die Bespuckungen, Ohrfeigen, Dornen der Dornenkrone, die Juden, die das ‚Kreuzige ihn' schrien, die Geißel- und Hammerschläge bei der Kreuzesannagelung; die Monate, Wochen, Tage und Stunden, die er bis

---

[235] Tauler, Predigten 16, S. 112f.
[236] *Lentes*, Gebetbuch.
[237] *Angenendt*, Frömmigkeit.
[238] *Schmitz*, Cluny.
[239] *Lentes*, Frömmigkeit, S. 41.

zur Himmelfahrt noch auf der Erde verbrachte; seine Blutstropfen; die Zahl der Tränen Mariens usf. Wie sehr man bei solchen Auflistungen auf die genaue Erfassung der Zahlen achtete, belegen die unterschiedlichen Hochrechnungen und Summierungen. So wird am Ende dieser Kölner Liste etwa die Summe aller Wunden Jesu (30.000) ebenso errechnet wie die Summe der Schläge (70.000), die er erhielt"[240].

Dahinter steht „ein schon fast zweckrational erscheinendes Nutzenkalkül"[241], worüber man in der Forschung nur allzu oft Befremden geäußert hat, etwa als „phantastische Zahlenjägerei"[242]. Indes ist, religionsgeschichtlich gesehen, Zählen ältester Bestand[243]. Das allgemeine Gesetz des ‚do-ut-des' machte daraus sogar eine spezifische „intellektuelle Leistung: Zählen, Rechnen, Messen, Wägen", und hielt dafür „in gläserner Klarheit ... das rationale Prinzip bereit: ‚Maß um Maß'"[244]. Natürlich ist es richtig, daß Aufzählen und Anhäufen von Frömmigkeitsakten in ethischen Religionen eigentlich absurd sind, weil Herzensakte nicht quantifizierbar sind, weswegen auch Jesus mit seiner Aufforderung, siebenmalsiebzigmal zu verzeihen (vgl. Mt 18,21), das Zählen preisgab: „Sein Zahlenspiel weist die Grenze zurück und verlangt nicht endende Vergebungsbereitschaft"[245]. Daß aber Zählen auch in ethisierten Religionen noch Bedeutung haben kann, hat Paul Ricoeur mit seinem „nach-ethischen Ritualismus" aufgezeigt, wobei der Ritus zum Werkzeug der Genauigkeit werde: „Mit der Beobachtung des Ritus bewahrheitet das Gewissen seinen Willen, dem Gesetz zu gehorchen", und so „nimmt die Pflicht ein aufzählendes und aufhäufendes Wesen an"[246]. Genau auf diese Weise hat auch das Spätmittelalter das Zählen genutzt.

Wiederum Thomas Lentes stellt fest: „In diesem Sinn läßt sich der Gebrauch des Zählens als Hilfe zur Einübung von Tugenden und zur Schulung des inneren Menschen den Instrumenten der Zivilisation von Norbert Elias zur Seite stellen. Das Zählen diente ja dazu, die Affekte zu regulieren (etwa die *compassio*) und im Sinne der Tugendaneignung Formen der Selbstdisziplinierung und -regulierung (Demut, Beherrschung von Zorn und Ungeduld etc.) einzuüben. Gegenüber dem Gebrauch der Zahl wie des Zählens zum Quantifizieren religiöser Leistungen erscheinen beide bei diesem methodisch-moralischen Gebrauch als Medien, mit deren Hilfe

---

240 Ebd., S. 44.
241 *Schindler,* Leute, S. 76.
242 *Haimerl,* Frömmigkeit, S. 128.
243 *Colpe*, Mysterienkult, *S. 204.*
244 *Burkert*, Kulte, S. 161, S. 163.
245 *Gnilka*, Matthäusevangelium, S. 145.
246 *Ricoeur,* Symbolik, S. 156f.

das religiöse Leben im späten Mittelalter ethisiert werden sollte. Die Zahl diente nicht allein als Mittel des Quantifizierens, sondern mit ihr wurde dem einzelnen ein kontrolliertes Verfahren an die Hand gegeben, mit dem er sich in christliche Tugendideale einüben konnte"[247].

Indes waren die hochgezählten Liturgien unmöglich ‚innerlich' zu begreifen und noch weniger zu praktizieren. Tatsächlich begann das Spätmittelalter dieses Problem zu diskutieren: Der dem Gebetstext weiterhin unterstellte Wert werde nur fruchtbar, so hieß es nun, bei andächtigem Vollzug[248]. Meister Eckhart postulierte grundsätzlich: „Denn Gott sieht nicht an, welches die Werke seien, sondern einzig, welches die Liebe und die Andacht und die Gesinnung in den Werken sei"[249]. Wie schwierig aber die einzelnen Schritte dieser Verandächtigung zu vollziehen waren, zeigt eindrücklich das Beispiel des Dominikaners Gerhard von Frachet (†1271), des Verfassers der vielgelesenen dominikanischen ›Vitae fratrum‹[250], der sich die Frage stellen ließ: „Vater, ist denn das Paternoster, das wir Laien sprechen, ebensoviel wert, wie das Paternoster, das die Kleriker sprechen, die verstehen, was sie sagen?" Seine Antwort lautete, unter Berufung auf den zweiten Ordensgeneral Jordan von Sachsen (†1237): „Ein Edelstein hat genau so viel Wert in der Hand desjenigen, der den Wert nicht kennt, wie in der Hand desjenigen, der den Wert kennt"[251]. Hundert Jahre später hatte dieselbe Frage der anonyme Verfasser des ›Seelentrostes‹ zu beantworten: „Lieber Vater, ich frage euch, erklärt mir: ist das *Paternoster* genauso gut auf Latein wie auf Deutsch?" Die Antwort lautet zunächst wie bei Gerhard von Frachet und Jordan von Sachsen, geht dann aber darüber hinaus, weil Verstehen mehr Innigkeit wecke.

„Liebes Kind, das will ich dir erklären: Ein gutes Schwert, das ist in den Händen eines Krüppels genauso gut wie in den Händen eines Kämpfers. Aber es ist einem Kämpfer, der damit umgehen kann, nützlicher als einem Krüppel, der nicht damit umgehen kann. Ein Buch ist ebenso gut in der Hand eines Kindes wie in der Hand eines Lehrers. Aber der Lehrer kann es sich nützlicher machen als ein Kind, das das Buch nicht versteht. Ein Licht scheint ebenso klar in der Hand eines Blinden wie in der Hand eines sehenden Menschen. Aber es ist dem Sehenden nützlicher als dem Blinden. Ebenso ist das *Paternoster* auf Latein ebenso gut im Mund eines Lai-

---

247 *Lentes*, Frömmigkeit, S. 69.
248 *Ders.,* Andacht.
249 Meister Eckhart, Traktat 16, in: ders., Predigten, S. 77.
250 *Frank*, Gerhard.
251 Gerhard von Frachet, Vitae Fratrum 42,1, S. 137.

en wie eines Klerikers. Aber der Kleriker, der es versteht, der kann mehr Innigkeit dazu haben als ein Laie, der es nicht versteht, der nicht weiß, was er spricht. Deshalb rate ich dir zu verstehen, wenn du ein Gebet sprichst, damit du dadurch zu mehr Innigkeit in der Seele gelangst"[252].

Bei den Spiritualisten überwog deutlich die innerliche Erfahrung. Allgemein konnten geistliche Meister sogar empfehlen, die offiziellen Gebete zurücktreten zu lassen, sofern diese dem persönlichen geistlichen Nutzen hinderlich würden. Tauler zum Beispiel riet seinen Nonnen in Straßburg, das auferlegte Gebet beiseite zu lassen, wenn es dem eigenen geistlichen Leben hinderlich werde[253]. „Die neu entdeckte Subjektivität" – so der Germanist Otto Langer – „drängt nach außen und versucht sich in der Realität Raum zu schaffen. Die innere Freiheit will ihre Umwelt nach ihren Maßen gestalten"[254].

Am Ende ist festzuhalten: „Die Rationalisierungsschübe der spätmittelalterlichen Welt – bedingt durch Städte, Handel und Schriftlichkeit – schlugen sich dergestalt im Religiösen nieder, daß religiöses Wissen, verstehender Nachvollzug und innere Anteilnahme im Vergleich zu vorhergehenden Zeiten geradezu das Zentrum von Frömmigkeitskonzeptionen darstellen konnte"[255]. Eine der Folgen dieses subjektiven Mitvollzugs war die rasche Zunahme der volkssprachlichen Gebetsliteratur[256]. Auf jeden Fall wollte man verstehen. Wiederum der Verfasser des um die Mitte des 14. Jahrhunderts entstandenen Exempelwerkes ›Seelentrost‹ konnte schreiben:

„Du sollst auch wissen, als unser lieber Herr das Paternoster lehrte, lehrte er es nicht auf Latein, so wie die Priester über dem Altare es singen. Er lehrte es in der Sprache, die man in dem Land sprach, wo er war. Er war da in dem jüdischen Land. Deshalb lehrte er es in der jüdischen Sprache. Wäre er in deutschen Ländern gewesen, er hätte es deutsch gelehrt. Wäre er in Rußland gewesen, hätte er es russisch gelehrt. Er lehrte es genauso, daß die Leute es verstanden. Darum sollst du es sprechen, wie du es am allerbesten zu verstehen vermagst; das ist mein Rat"[257].

Konnte nun das, was für das Gebet galt, der Meßfeier verweigert werden? Tatsächlich kam es zur Übersetzung liturgischer Gebete, auch für die Messe, für diese neben direkten Übertragungen eben-

---

[252] Der große Seelentrost, c.IV/37, S. 157; *Lentes*, Andacht, S. 33–41.
[253] *Zekorn, G*elassenheit, S. 101–109.
[254] *Langer,* Erfahrung, S. 111.
[255] *Lentes*, Andacht, S. 32.
[256] Ebd., S. 35–38.
[257] Der große Seelentrost, c.IV/37, S. 157; *Palmer,* Seelentrost.

so volkssprachliche Begleitgebete, welche die Liturgie ‚andächtig' machen sollten[258]. So wurde weiterhin – wie Thomas Lentes feststellt – „der Ritus ... in lateinischer Sprache gehalten, doch sollten die volkssprachlichen Gebetbücher den verstehenden und inneren Nachvollzug ermöglichen"[259]. Das heißt: geboren war die ›Meßandacht‹, wie sie im Katholizismus bis ins 20. Jahrhundert fortlebte. In Buch-Illustrationen können jetzt Meßfeiern dargestellt werden, bei denen der Laie aus seinem privaten Buch mitbetet[260]. Weil der Ritus aus sich nicht mehr verständlich sprach und zudem in einer fremden Sprache gefeiert wurde, dabei aber die Mitfeiernden mitbeten wie auch – jetzt ganz unabdinglich – mitverstehen wollten, kam es zu der liturgisch gesehen unbefriedigenden, wenngleich verständlichen Aufspaltung von Ritus und Frömmigkeit: „Was für das private Gebet Geltung beanspruchte, daß das Verstehen die Andacht steigere, wurde so in der Liturgie nur indirekt durchgeführt"[261]. Theologische Probleme wurden in solchen Erklärungen nicht angesprochen, also nichts über Transsubstantiation oder Wirkungsweise der Konsekrationsworte[262]. Die Reformatoren haben dann die Konsequenzen gezogen und sowohl die Volkssprache in den Rang auch liturgischer Dignität überführt wie auch eine Theologie zu vermitteln gesucht.

c) Messe als Passionsfrömmigkeit

Angesichts der Gesamtentwicklung des frühen Mittelalters mit der quasi-automatisch gedachten Wirkung der Liturgie hatte die vielgescholtene Allegorese immerhin eine anschauliche und andächtige Vergegenwärtigung zu bieten vermocht: Bei aller Liturgie sollte die Heilsgeschichte, näherhin das Leben Jesu, vor allem dessen Passion und Auferstehung, ‚mitbedacht' werden. Dieser Ansatz hat sich fortentwickelt und ist keineswegs gänzlich in Verwirrung geraten, sondern hat im Spätmittelalter andere und neue Wege gesucht. Seitdem Bernhard von Clairvaux (†1153) neben der Brautmystik auch die Vergegenwärtigung des realen Lebens Jesu empfohlen hatte, rückte damit der schon von Paulus verkündete „gekreuzigte Christus" neu in den Vordergrund[263]. Frömmigkeit

[258] *Häussling*, Missale, S. 2–14, Nrr. 1–30.
[259] *Lentes*, Andacht, S. 37.
[260] *Ringbom*, Images, S. 165, Abb. 4.
[261] Ebd., S. 37f.
[262] *Reinburg*, Liturgy.
[263] *Ruh*, Mystik 1, S. 234–249.

bedeutete im Hoch- und Spätmittelalter die Einung mit dem „Christus passus", das emotionelle Sich-Einfühlen in die einzelnen Akte und Worte seiner Passion[264]. Historisch gesehen war das nicht irgendeine beliebige Variante, sondern gerade auch deswegen eine so fruchtbare Weise, weil die Passionsfrömmigkeit – was wir zuwenig bedenken – eine vertiefte Innerlichkeit hervorzubringen geeignet war. Während nämlich die Allegorese ihre Deutungen von einem höheren Verständnis her auf den buchstäblichen Sinn sozusagen aufsetzte und damit für das mehr textimmanente Verständnis der Scholastik als Fremddeutung erschien, folgte die Passionsmystik der Logik von Liebe und Leid, was ein sowohl am Literalsinn wie auch an eigener Innenerfahrung orientiertes Bewußtsein weckte. Wer spätmittelalterliche Passionsmystik liest, findet eben dies: reichlich Seufzer des Herzens, aber kaum mehr Allegorien. Innbild wurde die ‚Vera Icona', das Bild des in das Schweißtuch der Veronika eingedrückten Leidensgesichts Jesu, das Hans Belting in seinem großen Buch ›Bild und Kult‹ den mittelalterlichen „Archetypus aller Christusbilder" nennt: „Die Schau des Tuchbilds wird zur vorgezogenen Gottesschau, allerdings unter den Bedingungen des irdischen Blicks auf ein menschliches Antlitz", das damit zum „Archetyp des heiligen Porträts im Abendland" wurde[265]. Für die praktizierte Frömmigkeit bedeutete das, wie Berndt Hamm schreibt: „Der Passionschristus als normative Zentralgestalt ist im ausgehenden Mittelalter zusammen mit Maria, der anderen Zentralgestalt der göttlichen Barmherzigkeit, omnipräsent"[266].

In diese Passionsfrömmigkeit wurde nun auch die Liturgie einbezogen. Als bezeichnend kann man das vierte Buch der ›Nachfolge Christi‹ des Thomas von Kempen (†1471) ansehen, das der Kommunion gewidmet ist und dabei ganz auf eine gefühlvolle Verschmelzung mit Jesus Christus zielt: „Brunnen der Liebe", „Feuerstrahl der Güte", „Einladung des Bettlers", „Hort des Heils", „der Kranke vor dem Heiland", „Speise der Unsterblichkeit", „heilige Vereinigung", „heilbringendes Geheimnis", Bitte um „wachsende Liebe" und um „heiteren und reinen Sinn", dazu auch eine entsprechende Vorbereitung mit Klage über die „eigene Dürftigkeit" und „nachlässige Lauheit"[267]. Das sind geistlich-erbauliche Metaphern, aber keine Allegorien mehr. Die beklagte allegorische Will-

---

[264] *Angenendt,* Religiosität, S. 138–141.
[265] *Belting*, Bild, S. 251, S. 233.
[266] *Hamm*, Zentrierung, S. 172.
[267] Thomas von Kempen, De imitatione Christi, S. 89–138; Üb. *Endrös*, S. 187–227.

kür, daß beispielsweise die während des Hochgebets verhüllte und von einem hinter dem Hauptzelebranten stehenden Subdiakon gehaltene Patene das Sichverbergen der Jünger vor Jesu Leiden bezeichne[268], davon findet sich hier nichts mehr. Primär geschieht eine Begegnung mit dem leidenden Jesus, dazu eine voraufgehende Gewissenserforschung, selbstverständlich mit Reue und Leid sowie allen nötigen Vorsätzen. Die Kommunion selber ist essentiell mehr als nur Devotion. Denn es gelingt Thomas von Kempen die Wiederfindung eines zentralen Gedankens: des Selbstopfers, was die scholastische Theologie in solcher Klarheit nicht erreicht hatte. Die Stimme des Geliebten, der Christus ist, kann sagen:

„Was sollte Ich sonst von dir verlangen, als daß du dich aus dem Grunde deines Herzens Mir hinzugeben trachtest? Was du Mir außerhalb dir selbst noch gibst, das kümmert Mich nicht; denn nicht deine Gabe suche Ich, sondern dich selbst. Wie es dir nicht genügte, wenn du alles hättest, nur Mich nicht, so werde auch Ich nicht damit zufrieden sein können, wenn du Mir alles schenkst, dich selbst aber Mir vorenthälst. Weihe dich also Mir und bring dich Gott zur Gabe dar, und dein Opfer wird angenommen werden!“[269]

Auch ist diese Kommunionfrömmigkeit nicht schlechtweg privatisierend, nicht allein eine Begnung Jesu mit der Einzelseele. Der Gedanke einer Inkorporation in den Leib der Kirche findet sich sehr wohl ausgesprochen und wäre in seiner Gesamtbedeutung weiter zu untersuchen: „Möge ich würdig sein, in Deinen Leib eingegliedert zu werden, der die Kirche ist. Möge ich sein eines Deiner Glieder, und mögest Du mein Haupt sein …“[270].

Insgesamt ist deutlich zu sehen, daß die mittelalterliche Meßfrömmigkeit nicht als ganze und über alle Zeit hin ‚verfallen‘ und allegorisch ‚verwirrt‘ war. Vielmehr praktizierte man eine anhand der Passionsfrömmigkeit verinnerlichte Meßandacht. Das war gegenüber dem früheren Sakramentsautomatismus und auch gegenüber der Allegorese eine bis dahin so nicht gekannte Internalisierung. Man kann an dieser ‚Meßandacht‘ gewiß aussetzen, daß es nur eine individualistisch (miß-)verstandene Praxis war[271]. Vom historischen Kontext her ergibt sich allerdings eine eindeutig andere Bewertung: Wiedergewinnung von Innerlichkeit, und das war gegenüber den nur bestellten Messen eine dem christlichen Ansatz entschieden angemessenere Weise.

---

268 *Jungmann,* Missarum Sollemnia 2, S. 76f.
269 Thomas von Kempen, De imitatione Christi IV, S. 112; Üb. *Endrös*, S. 205.
270 *Duffy,* Stripping, S. 91–95 (mit Quellennachweis).
271 *Iserloh*, Kirchenfrömmigkeit.

d) Spiritualisierung versus Materialisierung

Die Eucharistiefrömmigkeit des Thomas von Kempen repräsentiert eine löbliche Mitte, aber keineswegs die ganze Breite. Insgesamt lassen sich zwei Stoßrichtungen beobachten: einmal die gerade im Spätmittelalter noch weiter gesteigerte Zahl der Meßfeiern mitsamt einem wundersüchtigen Gebrauch der Heilsmaterie, zum anderen der verinnerlichte und gläubig bewußte Vollzug, daß man sogar auf die äußeren Formen verzichten konnte. So wurde einerseits die sakramentale Dinghaftigkeit, obwohl oft genug als ‚ungeistlich' gescholten, weiterhin ‚realistisch' genutzt, indem man das wahre Fleisch und Blut Jesu Christi gerade dort ‚wirklich' bestätigt fand, wo Blut aus der Hostie tropfte, was dann als Ausweis für ihre Verwandlung und ihre göttliche Kraft galt[272]. Infolgedessen glaubte man Hostien für alle nur erdenklichen Zwecke anwenden zu können, sogar als Fruchtbarkeitsmittel etwa bei Vieh und Feldfrüchten[273]. Dagegen aber meldete sich der heftige Protest der Spiritualen. So konnte etwa Heinrich Seuse den Blutrealismus eine „Ungeschlachtheit" nennen: „Wer könnte von solcher Ungeschlachtheit sein, daß er ihn [Christus] unter der Form von Fleisch und Blut verzehren wollte"[274]. Besonders deutlich zeigte sich die Spiritualisierung in der geistlichen Kommunion, wofür man sich auf Augustins Wort berief: „crede et manducasti"[275]; mit diesem „glaube" vermeinte man einen Akt vollzogen zu haben, der die leibhaftige Kommunion aufzuwägen vermochte[276]. Meister Eckhart propagierte bereits „eine starke Relativierung des sakramentalen Empfangs", und für Tauler konnte die rechte Gelassenheit mehr Gnade erbringen als sakramentale Kommunion; Seuse hingegen empfahl den inneren und zugleich äußeren Empfang[277]. Zumal die Klosterfrauen, die nicht täglich kommunizieren durften, praktizierten die mystische Kommunion. Friedrich Sunder (†1328)[278], der Seelsorger der Dominikanerinnen von Engelthal, kannte eine imaginativ-visionäre Kommunion als „ständige Verquickung des sakramentalen Geschehens mit den Vorgängen mystischer Art"[279]. Dasselbe ist bei Gertrud von Helfta (†1301/02)

---

[272] *Browe*, Wunder.

[273] *Ders.*, Zaubermittel.

[274] Seuse, Horologium Sapientiae II 4, S. 555[22].

[275] Augustinus, In Johannis Evangelium XXV,12, S. 254[9].

[276] *Schlette,* Kommunikaton, S. 16–24; *Massa,* Eucharistiepredigt, S. 195–204.

[277] *Weiss,* Eucharistie, bes. S. 248–250, S. 249.

[278] *Ringler,* Sunder.

[279] *Ders.,* Offenbarungsliteratur, S. 282.

festzustellen. Ihre mystische Interaktion mit Jesus Christus war ihr „an Tagen des Kommunionempfangs von unvergleichlicher Intensität"; dabei blieb diese Begegnung „nicht auf liturgische Feiern begrenzt" und konnte „sehr wohl ohne die unmittelbare sakramentale Einwirkung konstituiert werden"[280]. Was die Wirkung betrifft, zeigen „die Eucharistie und die kontemplative Erfahrung ... eine derart weitgehende Strukturanalogie, daß sie innerhalb der geistlichen Erfahrung verschmelzen"[281].

Thomas von Kempen wiederum formulierte eher einen Mittelweg, wenn er über geistliche und sakramentale Kommunion sagt:

> „Geht es aber wirklich nicht anders, so bleibt einem immer noch der gute Wille und das fromme Verlangen nach dem heiligen Mahle, und so werden auch die Früchte des Sakraments nicht verloren sein. Denn wer auch immer die rechte Andacht in seinem Herzen trägt, kann jeden Tag und jede Stunde ungehindert zur geistlichen Vereinigung mit Christus gelangen und ihren ganzen Segen ernten. Freilich soll man gleichwohl an bestimmten Tagen und zur üblichen Zeit den Leib des Erlösers mit leidenschaftlicher Hingabe auch im Sakramente empfangen und dabei mehr Gottes Lob und Ehre als einen eigenen inneren Gewinn zum Ziele haben"[282].

So konnten im Spätmittelalter Sakramentsrealismus und Sakramentsspiritualismus unverbunden nebeneinander stehen, und das beeinträchtigte das Ineinander von Materie und Geist, von Leibhaftigkeit und Beseeltheit, theologisch gesprochen die inkarnatorische Struktur des Sakramentes. Ja, bald erschien das Kampfwort vom ‚leeren Ritual': Was nur rituell vollzogen und ohne innere Frömmigkeit bleibe, das sei eben ‚leer'. Die Humanisten begannen mit dieser Kritik und die Reformatoren realisierten sie[283].

e) Mystik und visionäre Liturgie

Wesentliches floß auch von der Mystik ein. Dafür ist der spätmittelalterliche Wandel von der Mystik zur Passionsfrömmigkeit zu vergegenwärtigen, wie er etwa in den Bänden von Kurt Ruh über die ›Geschichte der abendländischen Mystik‹ zum Ausdruck kommt[284]. Die Mystik lieferte mit ihren drei Stufen der Reinigung, Erleuchtung und Einung das allgegenwärtige Grundmuster. Ein bemerkenswertes Beispiel bietet hier wiederum Heinrich Seuse.

---

280 *Bangert,* Demut, S. 326f.
281 Ebd., S. 335.
282 Thomas von Kempen, De imitatione Christi, S. 118[22]; Üb. *Endrös*, S. 211.
283 *Muir,* Ritual, S. 165–181.
284 *Ruh*, Mystik.

Als junger Dominikaner studierte er bei Meister Eckhart, vollzog aber nach dessen Zensurierung eine Wende vom Lehrmeister zum Lebemeister. Nicht mehr begriffliche Theologie wollte er treiben, sondern geistliches Schmecken und Fühlen erstreben: Mit „dem Herzen innerlich zu empfinden ..., [was] aber keine Zunge ... in Worte zu fassen noch auszusprechen" vermag[285]. Dieses herzliche Empfinden zielte weniger auf Begriffe als vielmehr auf innere Bilder, von denen der Züricher Germanist Alois M. Haas treffend sagt, daß sie „das Seelenereignis mit figuraler Bedeutung" aufgeladen hätten[286]. Seuse, der mit der dominikanischen Spekulationsmystik als erster franziskanische Passionsfrömmigkeit verband, definierte zugleich die drei mystischen Stufen der Reinigung, Erleuchtung und Einung anhand von Bildlichkeit neu, nämlich als „Entbildung", „Einbildung" und „Überbildung"[287]. Die erste Stufe der „Entbildung" war die der Entsinnlichung; die mittlere Stufe der „Einbildung" geschah in der Weise, daß man sich mit dem leidenden Christus konfrontierte, ihn vergegenwärtigte und seine Passion im eigenen Leben nachvollzog. Die letzte Stufe der „Überbildung", die unsagbare Einung mit Gott, geriet mehr und mehr zur unerreichbaren Ausnahme. Umso stärker gewann die imaginativ-meditative „Einbildung" des Leidenden den Vorrang, praktisch den Charakter der Letztstufe[288].

Aus dieser seiner mystischen „Einbildung" entwickelte Seuse eine neuartige, imaginative Frömmigkeit. Er schuf dafür ein Verfahren, wie es heute in säkularisierter Form der französische Historiker Pierre Nora mit seinem „lieux de memoire" betreibt: Orte zu suchen bzw. zu schaffen, denen Erinnerung und Bildlichkeit anhaftet. Veranschaulichen kann man sich das an Seuses Passionsimitation im Kreuzgang seines Konstanzer Klosters. Hier hat er nämlich bestimmte Stellen ausgemacht, die jeweils eine Station auf Jesu Weg von der Verurteilung bis zur Kreuzigung markieren. Doch sind dafür keine Bilder angebracht oder etwa aufgestellt. Die Bilder bestehen vielmehr in Seuses Imagination und erheben sich in seinem Geiste, sobald er die einzelnen Stationen im Kreuzgang aufsucht; hier verweilt er dann, imaginiert das Geschehene, ja spielt es nach.

---

285 Seuse, Weisheit 7, S. 223; Üb. *Heller*, S. 207.

286 *Haas*, Gelassenheit, S. 202; nicht einschlägig ist *Wittmer-Butsch,* Bedeutung, S. 152–157.

287 *Haas*, Gelassenheit.

288 *Angenendt,* Liturgie.

So „kniete er nieder vor die zarte Mutter, die man in unergründlichem Herzeleid vor ihm dahinführte, und nahm wahr, wie kläglich sie sich gehub, und der heißen Zähren und der elenden Seufzer und ihrer traurigen Gebärde und gedachte ihrer mit einem ‚Salve Regina' und küßte ihre Fußstapfen". Am Ende erreichte er das Kreuz auf dem Lettner: „Als er so unter das Kreuz kam ..., da kniete er nieder in dem Anschauen des Abziehens seiner Kleider und des grimmen Annagelns seines Herrn an das Kreuz; da nahm er abermals eine Disziplin und nagelte sich mit herzlicher Begierde zu seinem Herrn an sein Kreuz und bat ihn, daß seinen Diener weder das Leben noch der Tod, weder Lieb noch Leid je von ihm scheiden möchten"[289].

Wohlgemerkt, das alles war und blieb Imagination, freilich bis zur quasi-realistischen Wahrnehmung intensiviert, denn ausdrücklich wird betont: „Das Bild war ihm zuweilen so gegenwärtig, recht als ob er leiblich an seiner [Jesu] Seite ginge"[290]. Aber Seuse tat noch ein Weiteres. Er rezipierte die antike und biblische Traumdeutung, derzufolge sich gerade in Halbschlaf und Traum die jenseitige Welt kundtat, was allerdings der Traum-Theorie des Aristoteles, auf den der Dominikaner-Orden eingeschworen war, zuwiderlief[291]. Über zehn Jahre lang habe er, so bekennt Seuse rückschauend, jeden Morgen nach den Metten geistliche Schauungen erfahren, in denen ihm die himmlische Welt eingespiegelt wurde, so daß er sie bildhaft wahrzunehmen vermochte[292]. Diese Bilder ermöglichten ihm auch die Mitfeier einer irgendwie himmlischen Liturgie[293]. So sah sich Seuse beispielsweise in eine visionäre Meßliturgie einbezogen, in der sich Himmel und Erde verbanden; obwohl eine imaginative Mitfeier, vermittelte sie Seuse doch die Wirkung, daß „seine Seele war voll lichter Gnaden"[294].

Nur ein Beispiel: „Am lichten Morgen, da man den fröhlichen Gesang von dem väterlichen Glanz der Ewigen Weisheit zur Messe singen sollte: ‚Lux fulgebit', da war der Diener in seiner Kapelle in ein stilles Ruhelein seiner äußeren Sinne gekommen. Da wars vor ihm in einem Gesichte, wie wenn er in einen Chor geführt würde, wo man Messe sang. In dem Chor war eine große Schar des himmlischen Ingesindes, von Gott hergeschickt, auf daß sie sängen eine süße Melodie ... Das taten sie und sangen ein neues, fröhliches Getön, das er nie mehr gehört hat, und das war so süß, daß ihm deuchte, seine Seele zerflösse von rechten Freuden. Aber sonderlich ward da das ‚Sanctus' so gar herrlich gesungen, und er hob auch an und sang mit

[289] Seuse, Leben I, 13, S. 35f; Üb. *Heller*, S. 37.
[290] Ebd.
[291] *Lerner,* Himmelsvision.
[292] Seuse, Leben II, 51, S. 183; Üb. *Heller*, S. 168f.
[293] *Angenendt,* Liturgie.
[294] Seuse, Briefbüchlein VIII, S. 385f; Üb. H*eller*, S. 351f.

ihnen. Als man kam an das Wort: ‚Benedictus qui venit', da erhoben sie ihre Stimmen gar hoch, und da hob auch der Priester unsern Herrn auf. Diesen sah der Diener an mit einer demütigen Darbietung an seine wahre leibliche Gegenwart, und es deuchte ihm, daß etwas wie minniglicher, übersinnlicher Glast von ihm zu seiner Seele dringe, daß allen Zungen unaussprechlich ist. Und so ward währenddem sein Herz und seine Seele so voll neuer, inhitziger Begierde und inneren Lichtes, daß es ihm zumal alle seine Kraft benahm; es war gewissermaßen, wie wenn sich Herz mit Herz in bloßer übersinnlicher Weise vereint. Und er kam also in eine Zerflossenheit seiner Seele, daß er dem kein leibliches Gleichnis geben konnte. ... Und er sank also hernieder auf die Erde wie ein Mensch, der vor Unkraft zusammengebrochen ist, und im Niedersinken kam er wieder zu sich selbst und tat die äußeren Augen auf; diese waren voll Tränen und seine Seele war voll lichter Gnaden. Und er ging hin vor den Altar, wo unsers Herrn Fronleichnam war, und tönte heimlich das Getön: ‚Benedictus, qui venit', wie die geistlichen Klänge damals noch in seiner Seele waren"[295].

So befremdlich das alles für Heutige klingt – festhalten wollte Seuse offenbar etwas Erstrangiges und auch genuin Liturgisches, nämlich das Theologumenon der himmlischen Liturgie, jene verewigte Opferung des Lammes vor dem Vater, derethalben der Hebräer-Brief die „Zuversicht" gegeben sieht, „durch das Blut Jesu in das Heiligtum einzutreten" (Hebr 10,19), und deswegen dazu aufruft: „Laßt uns mit aufrichtigem Herzen ... hinzutreten, das Herz durch Besprengung gereinigt ..." (Hebr 10,22). Der heutige exegetisch-liturgiewissenschaftliche Konsens zu dieser Stelle besagt, dass es ein „himmlischer Gottesdienst [ist], an dem die Gläubigen – das eschatologische ‚Eintreten ins Allerheiligste' kultisch-antizipierend – als ‚Hinzutretende' teilnehmen dürfen", näherhin „durch einen Aufstieg in das schon gegenwärtige himmlische Sanctissimum"[296]. So ist schlicht zu fragen, ob nicht Vorstellungen dieser himmlischen Liturgie auf Seuses Schauungen, die er als „Hinzutretender" erfuhr, und weiter auf seine Blutpraxis eingewirkt haben, bei der er sich immer wieder mit Bluttränken reinigte, seine Brust mit einem Griffel blutig beschriftete, ja sich bis aufs Blut geißelte[297], um eben sein Herz durch Besprengung zu reinigen. Das Entsetzen Huizingas darüber, daß bei einem so hochstehenden Theologen wie Seuse ob seiner Blutriten „der Abstand vom Erhabenen zum Lächerlichen recht gering" bleibe[298], zeigt nur Unverständnis.

---

[295] Ebd.

[296] *Messner*, Konzeptionen.

[297] *Angenendt,* Ablaß, S. 148–150.

[298] *Huizinga,* Herbst, S. 210.

Über die ‚mystische Liturgie' in den Frauenklöstern gibt es bislang keine eingehende Untersuchung. Vielfach aber bildeten „Visionen, Träume und Traumvisionen ... einen integralen Bestandteil dieser Religiosität", waren sogar die „spezifische Form einer sinnlich-geistigen Gotteserfahrung"[299], nahmen obendrein „einen beträchtlichen Teil des geistlichen Lebens"[300] ein und traten auch hier „insbesondere ‚nach mette' auf"[301]. Kurt Ruh hat für Mechthild von Hackeborn (†1298/99) darauf hingewiesen, „wie sehr es die Liturgie ist, die sie inspiriert"[302]. Niklaus Largier sieht bei den Visionen Mechthilds von Magdeburg (†1282) und der brabantischen Hadewijch (erste Hälfte des 13. Jahrhunderts) einen rituell-liturgischen Anlaß: „Die Liturgie induziert hier die Entfaltung einer Bilderwelt", so daß sich die Schauende „auf der sinnlichen und auf der geistigen Ebene als Teilnehmerin des in der Liturgie gegenwärtig gemachten heilsgeschichtlichen Dramas" erfährt[303]. Diese visionäre Liturgie, so wie sie bei Seuse und den Nonnen aufscheint, wäre noch weiter zu untersuchen, für Seuse übrigens auch deswegen, weil er hier offenbar mit der von seiner Ordenstradition gebotenen Skepsis gegenüber Träumen brechen mußte, während die Franziskaner sie wegen der Traum- und Visionserfahrungen ihres Gründers akzeptierten[304]. Die Nonnen verhielten sich insgemein ganz unbefangen: Sie sahen Meßfeiern im Himmel und erhielten von dort auch die Kommunion gereicht. Ein bemerkenswertes Beispiel bietet Gertrud von Helfta (†1302); als sie einmal während der Meßfeier das Evangelium von der wunderbaren Speisung der Fünftausend hörte (Joh 6,1–13), wurde ihr bei der Kommunion dieses Wunder ‚lebendig':

„Sie [Gertrud] sagte [zu Jesus]: ‚Auch wollte ich, wenn dies möglich wäre, mein Herz in so viele Teile zustücken, als Menschen leben, um davon einem jeden den guten Willen mitteilen zu können, daß er dir nach dem Wohlgefallen deines göttlichen Herzens diene.' Sogleich sah sie die ganze Kirche wunderbar geschmückt vor dem Angesicht des Herrn stehen. Und der Herr sprach: ‚Diese Menge wirst du heute bedienen'. Sogleich fiel sie ... zu Füßen des Herrn nieder und küßte die Wunde des linken Fußes. ... Und sieh! Sogleich wurde ihr die Wirkung ihres Gebetes zuteil in Gestalt eines Brotes, welches sie mit Dankbarkeit dem Herrn darreichte. Dieser nahm es gnädig an, erhob die Augen, sagte Gott dem Vater Dank,

299 *Langer,* Vision, S. 73.
300 *Haas,* Gottleiden, S. 116.
301 *Langer,* Vision, S. 74.
302 *Ruh*, Mystik 2, S. 307.
303 *Largier*, Hadewijch, S. 102.
304 *Lerner*, Himmelsvision.

segnete es und gab es ihr zurück, um es unter die ganze Kirche zu verteilen ... Bei den einzelnen Wunden aber empfing sie jedesmal ein Brot, das sie dem Herrn darreichte und das dieser ihr gesegnet zurückgab, um es an die Kirche auszuteilen“[305].

Christus ist der Vermittelnde, der das Brot zuerst dem Vater reicht und als verwandeltes dann Gertrud weitergibt, damit sie es wie eine priesterliche Mittlerin unter die Menschen austeilt. Solcherart Kommunion gegenüber blieb Seuse offenbar zurückhaltender: zwar eine Meßfeier mit Engeln – aber keine Kommunion vom Himmel her. Im 15. Jahrhundert konnte man solchen Visionen freilich auch kritisch begegnen[306].

f) Liturgie und Bild

Daß die imaginisierende Frömmigkeit mit der explosionsartigen Vermehrung der spätmittelalterlichen Bildkunst zu tun hat, tritt mehr und mehr ins Forschungsbewußtsein[307]. So finden sich Darstellungen, wo der Beter oder die Beterin in ihrem Gebetbuch lesen und zugleich als im Himmel vor der Gottesmutter betend portraitiert sind, was genau Seuses imaginäre Liturgie verbildlicht: das Gebet auf Erden öffnet die Augen der Seele und läßt am himmlischen Geschehen teilnehmen. So schreibt Hans Belting über ein Bild aus dem Stundenbuch der Katharina von Kleve:

„Das Fenster trennt den irdischen Raum, der *davor* liegt und der Ort ihres Körpers ist, von einem himmlischen Raum, der *dahinter* liegt und der Ort ihrer inneren Vorstellung ist. Die sichtbare Erfahrung endet zwar an der Schwelle des Fensters, aber der Maler lädt uns ein, diese Schwelle zu überwinden und den ‚doppelten Blick‘ anzuwenden, zu dem der Mensch fähig ist. So trennt sich am Fenster das Abbild, das immer zu unserer sinnlichen Wahrnehmung gehört, von der Metapher, die sich der Hilfe von Zeichen bedient: der Kirchenraum ist ein symbolischer Ort hinter der Schwelle des Fensters. Vor dem Fenster ist die Prinzessin mit ihrer leiblichen Existenz anwesend, während sie dahinter aus ihrem Körper abwesend ist und mit ihrer Seele an einem Ort weilt, an den sie die innere Schau entrückt hat“[308].

Und wie man sich selbst betend im Himmel wähnen konnte, so war es andererseits selbstverständlich, sich Jesus auf Erden vorzustellen, nicht im örtlich und zeitlich entfernten Jerusalem, sondern

[305] Gertrud von Helfta, Legatus, S. 198–202.
[306] *Williams-Krapp*, Bewertung, S. 70.
[307] *Ringbom*, Images.
[308] *Belting, E*rfindung, S. 56.

in der eigenen Stadt. Ein 1454 erschienener ›Gebetsgarten‹ empfiehlt:

„Um die Passionsgeschichte deinem Geist besser einzuprägen und jede Handlung daraus leichter erinnern zu können, ist es hilfreich und nützlich, dir die Orte und Personen im Geiste auszumalen: zum Beispiel eine Stadt, die die Stadt Jerusalem sein wird: zu diesem Zwecke wählst du eine Stadt, die du gut kennst. Finde in dieser Stadt die wichtigsten Orte heraus, an denen all die Ereignisse der Passionsgeschichte würden stattgefunden haben – zum Beispiel einen Palast mit dem Speisesaal, in dem Jesus das Abendmahl mit den Jüngern einnahm, dann das Haus der Anna und das des Kaiphas, dazu den Ort, an dem Jesus in der Nacht gefangengenommen wurde, und den Raum, in dem er vor den Kaiphas gebracht, beleidigt und geschlagen wurde. Auch den Wohnsitz des Pilatus, wo er mit den Juden sprach, und darin den Raum, in dem Jesus an die Säule gefesselt wurde. Auch die Stelle am Berg Golgatha, wo er ans Kreuz geschlagen wurde, und andere ähnliche Orte ... Auch mußt du dir einige Personen vorstellen, die du gut kennst, um dir ein Bild von den Personen zu machen, die an der Passionsgeschichte beteiligt waren – Jesus selbst, die Jungfrau Maria, Petrus, Johannes der Täufer, Maria Magdalena, Anna, Kaiphas, Pilatus, Judas und die anderen, die du alle im Geiste ausmalst. Wenn du das alles getan und deine ganze Vorstellungskraft hineingelegt hast, dann geh in dein Zimmer. Allein und einsam schließe alle äußeren Gedanken aus deinem Bewusstsein und beginne, an den Anfang der Passionsgeschichte zu denken, wie Jesus auf dem Esel in Jerusalem eintritt. Bewege dich langsam von Ereignis zu Ereignis, denke tief über jedes nach, verweile bei jeder einzelnen Phase und Stufe der Geschichte. Und wenn du an irgendeinem Punkt ein Gefühl der Andacht empfindest, halte ein: gehe nicht weiter, solange dieses süße und hingebungsvolle Gefühl anhält ...“[309].

Als Beispiel einer solchen Versetzung des Passionsgeschehens in den eigenen Lebensraum sei ein Altar-Retabel des Weseler Malers Derick Baegert angeführt, geschaffen 1470/80 als ‚volkreiche' Kreuzigung und gestiftet vom Klevischen Herzoghaus für die Dortmunder Dominikaner-Kirche, und zwar bei Gelegenheit einer Reform des Konvents und einer Memorialstiftung. Eine Reihe der auf diesem Retabel evident portraithaft gemalten Personen haben sich im Laufe der letzen Jahre identifizieren lassen, wobei die bedeutensten in je eigener Weise dem Passionsgeschehen eingegliedert sind.

Herzog Johann I. (†1481) erscheint als ‚miles Christi', dessen Gemahlin Elisabeth von Estampes-Nevers (†1483) als Maria Salome, dann Graf Adolf I. aus dem Hause Mark (†1394) als gläubiger Hauptmann und dessen Gemahlin Margarethe von Berg als Muttergottes in der Darstellung der Heiligen Sippe auf einer Nebentafel; ebenfalls auf einer Nebentafel er-

---

[309] Zitiert nach: *Schreiner*, Maria, S. 97f.

scheint in einer Anbetung der Heiligen Drei Könige das Portrait des Nikolaus von Kues (†1464); von den sonstigen eindeutig portraithaften, aber zumeist nicht mehr sicher identifizierbaren Gesichtern sei allein noch Erzbischof Dietrich von Moers (†1463) angeführt, der mit den Klevern in Feindschaft lag und nun auf der Kreuzigungstafel dem bösen Schächer zugewandt ist[310]. Aufs ganze legt sich die Deutung nahe, daß sich Herzogsfamilie und Hof in das Kreuzigungsgeschehen einordneten.

Üblicherweise werden solche Darstellungen als Selbstinszenierung und Repräsentation gedeutet, wie es ja auch zur Entstehungszeit der Tafel üblich wurde, Bildnisse der Herrscher etwa in Gerichts- und Sitzungssälen anzubringen, „um die Allgegenwart des Monarchen auszudrücken“[311]. Doch ist für die niederrheinischen Fürsten des 15. Jahrhunderts – und darunter gerade auch für die Klever – festzustellen, daß sie „persönlich frömmer gewesen, d. h. von religiösen Fragen innerlich stärker berührt worden sind, als ihre Vorfahren“[312]. Tatsächlich ist der religiöse Reformwille auf dem Dortmunder Altar schon durch das Portrait des Kusaners hervorstechend dokumentiert, und so wird man auch für die anderen Beteiligten ein religiöses Programm unterstellen dürfen. Dies gilt umso mehr, als die Stifter der Altartafel sich mit dem Konvent, nämlich mit einer zugleich gestifteten Memoria, geistlich verbanden. Beruhte schon jede Memorialstiftung auf dem Axiom: Gegenwart durch Namensnennung[313], so ist es hier eine Vergegenwärtigung durch Verbildlichung: die Dargestellten werden herbeizitiert und nehmen zugleich eine Rolle im Passionsgeschehen wahr; das ist durchaus mehr als nur repräsentatives Zitiertwerden, im Grunde eine Nachfolge Christi anhand einer Rolle im Passionsvorgang.

Die Bild-Imagination bzw. -Immission als Ausdruck der himmlisch-irdischen Liturgie hat Bedeutung noch für die Theorie des Andachtsbildes, das vorgeblich „der außerliturgischen, persönlichen Andacht dient“[314] und „dem betrachtenden Einzelbewußtsein die Möglichkeit zu einer kontemplativen Versenkung in den betrachteten Inhalt zu geben“ sucht[315]. Wenn nun aber die spätmittelalterliche Malerei die ‚geschaute‘ Liturgie darstellt, ist sie nicht wirklich außerliturgisch; eine solche Stigmatisierung rührt einzig daher, daß die ‚wirkliche‘ Liturgie eben nur die der ‚objektiven‘

[310] *Rinke,* Altar.
[311] *Kantorowicz,* Körper, S. 422.
[312] *Janssen*, Köln, S. 407.
[313] *Oexle*, Gegenwart.
[314] *von Simson*, Andachtsbild, S. 661.
[315] *Panofsky*, Imago, S. 264.

Periode vor der Gotik war. Nach diesem Deutungsschema ist ja auch Guardini verfahren. Im Grunde aber wurde dabei enthistorisiert, indem das ältere Verständnis von gnadentragendem Bild bzw. Figur zum Typus ‚Kultbild' und die aus der versubjektivierten Frömmigkeit hervorgegangene jüngere ‚persönliche' Form zum Typus ‚Andachtsbild' stilisiert wurde. Die in solcher Klassifikation mitschwingende Abwertung des Subjektiven verschloß den Zugang zu einem ganzen Forschungsfeld, das nun erst zugänglich gemacht wird: Hans Belting mit ›Bild und Kult‹[316], Thomas Lentes mit Analysen zu Bildtheorie und mystischer Frömmigkeit[317], Hartmut Boockmann mit Untersuchungen zum Bildgebrauch und ihrer didaktischen Funktion[318].

7. Mittelalterliche Liturgie als Forschungsaufgabe

Rückschauend auf die Liturgie des Mittelalters zeigt sich eine Verfestigung und doch auch eine große Vielfalt. Zweifellos herrschte hier ein fixierter Ritus vor, der selbst aber ganz vielfältig eingesetzt werden konnte, wie besonders die hochgerechneten Messen zeigen. Die mittelalterliche Fixierung verdankt sich zweifellos dem religionsgeschichtlichen Phänomen des Ritualismus, wie ihn die Alte Kirche nicht gekannt hat. Insofern unterscheidet sich die mittelalterliche Liturgie von der altkirchlichen. Ja, man möchte sich angesichts der mittelalterlichen Liturgie-‚Gewohnheiten' an Tertullians oft wiederholtes Wort gemahnt sehen, das Christentum sei nicht „consuetudo", sondern „veritas". Daß aber die mittelalterliche Liturgie dennoch keine gänzliche Erstarrung war, wird schon angesichts ihrer überaus vielfältigen Praktizierung deutlich. Im Mittelalter war Liturgie ‚Leben' und nie nur Text, und insofern bleibt eine Liturgiegeschichte der Texte, gerade auch beim Meßbuch, weit hinter der Realität zurück. Schon daß die Liturgietexte gesungen wurden – noch die Karolingerzeit spricht auch bei Privatmessen von „missam cantare", zeigt ein Mehr. Letztlich hat es den Anschein, daß dieses ‚Über-den-Text-hinaus' aus dem christlichem Ansatz herrührt, daß Liturgie nie nur Formel sein kann und einen Gesamtrahmen von Frömmigkeit einschließt bzw. evoziert. Diesen

[316] *Belting*, Bild; *ders*, Publikum.
[317] z. B. *Lentes*, Gebetbuch; *ders.*, Tauler; *ders.*, Suche.
[318] *Boockmann*, Belehrung; *Slenczka*, Bildtafeln.

hat das Mittelalter jeweils epochentypisch geschaffen, und in der Abfolge ist sogar eine gewisse Konsequenz zu erkennen: vom Zählen zum Verinnerlichen, vom Blutrealismus zur Herzenshingabe.

Dabei dürfte gerade die hier von verschiedenen Ansätzen her postulierte Erforschung der spätmittelalterlichen Liturgie ein durchaus neues und keineswegs nur ungeordnetes Bild ergeben. Wenn Josef A. Jungmann, den „Stand des liturgischen Lebens am Vorabend der Reformation" beleuchtend, neben Zeichen „des Rückgangs, ja des Verfalls", auch eine „Blüte der Liturgie"[319] entdeckte, so vermochte er doch nur „Volkstümliches" auszumachen, daß etwa die Feste des Kirchenjahres „noch am meisten im Volk lebendig" gewesen und „tief ins Gemüt aufgenommen" worden seien[320], daß offenbar der Heiligenkalender „die Volksseele angesprochen und das Volksgemüt erfüllt" habe[321]. So lautet denn auch Jungmanns abschließende Bewertung: „Aber es war eine herbstliche Blüte"[322]; im Ganzen sah er „Auflösung im innersten Kerngebiet des kirchlichen und liturgischen Lebens"[323]. Kein Wort zu den neuen Verinnerlichungsbemühungen, kein Wort auch zu den aufweisbaren neuen Frömmigkeitslogiken und darum auch kein Wort zu Forschungsdesideraten. Tatsächlich ist viel stärker noch, als K. Gamber es bereits getan hat, von „Liturgie-Bewegung" zu sprechen. Um so dringlicher gebietet sich daher, die immer noch nachwirkenden ideologischen Vorbehalte gegen das Spätmittelalter aufzugeben. Wenn diese Epoche heute allgemeines Interesse gewinnt und ein neues Bild lohnenswert erscheint, kann und darf die Liturgie nicht ausgeschlossen bleiben. Ob dabei auch für heutige Liturgie Neues zu erwarten ist, kann zunächst kein maßgeblicher Gesichtspunkt sein. Max Schelers Wort, daß die sittlichen Akte den Lohn auf ihrem Rücken trügen, gilt hier ebenso: Erst die tatsächliche Erfassung vermag den möglichen Ertrag zu erweisen, nicht aber die vorgängige Ablehnung.

Was hier an Forschung ansteht, verdeutlichen gerade auch Fakten, die heute die Profanhistorie präsentiert. Im Spätmittelalter erfolgte noch einmal ein Schub von Kirchen- und Kapellengründungen, im Kölner Sprengel um 25 Prozent, nämlich von 920 um 1300 auf 1.150 um 1500[324]. Da aber wegen der Pest die Bevölkerung zu-

[319] *Jungmann*, Stand, S. 87.
[320] Ebd., S. 98.
[321] Ebd., S. 101.
[322] Ebd., S. 105.
[323] Ebd., S. 107.
[324] *Janssen,* Köln, S. 375f.

rückgegangen war, können die Gründe nur in einer religiösen Intensivierung gesucht werden, und diese betrieben die Pfarrgemeinden größtenteils selbst, indem sie zum Beispiel einen wahren „Stiftungseifer“[325] bewiesen, um liturgisch besser versorgt zu sein. Dies zeigt sich schon bei den Pfründen niederer Ordnung, so den Altar- und Meßstiftungen, den Kurat- und Kaplaneipfründen, so daß die Zahl nicht nur der Meßpfründner, sondern auch der Seelsorgspriester kräftig anstieg. Vorangingen die Stadtgemeinden; Breslau hatte zum Beispiel an die 400 Altaristen; „das war mehr als die Zahl des gesamten Weltklerus in einem verhältnismäßig stadtarmen Bistum wie Ermland“[326]. Aber auch die Dörfler stifteten in erstaunlichen Ausmaßen und aus unverkennbar frommen Motiven. Sie wollten ständig am Ort einen Priester haben, damit die Kinder eine feierliche Taufe und die Toten eine liturgische Beerdigung erhielten; jeden Tag auch sollte die Messe gefeiert werden, „weil die Feier einer Messe mehr bewirkt als das flehentliche Gebet der ganzen Welt“[327] – wie die spätmittelalterlichen Stifter ihr Tun begründeten. Selbst auch die Bauern, so das Fazit von Peter Blickle, „betrieben in den 100 Jahren vor der Reformation über die Stiftungen ihre eigene Christianisierung“[328]. Das alles nur als volkstümliche Religiosität oder gar „Unordnung“ zu bezeichnen, verkennt den Ernst des Bemühens, den man sich zudem nicht wenig kosten ließ: Zwischen 1400 und 1525 sind zum Beispiel in Tirol mehr als 2.000 Flügelaltäre gestiftet worden, und die Gemeinden brachten dafür 100 bis 200, gelegentlich sogar 500 Gulden auf[329]. Am Ende freilich bleibt die Frage, wie sie wiederum Peter Blickle gestellt hat, „warum die Menschen 1515 die Hostie ‚sehen‘ wollen, und warum sie 1525 das reine Wort Gottes ‚hören‘ wollen“[330].

Und noch einmal zurück zu unserer Gesamtthematik! Die Befürworter einer ‚objektiven‘ Liturgie sahen in Subjektivierung und Mystik das schlechthinnige Übel. Gebannt schauten sie auf das spätere Mittelalter mit dem Aufkommen dieser in ihren Augen so verderblichen Phänomene und erklärten aus dieser Voreinstellung heraus alles Voraufgehende als ‚objektiv‘. In Wirklichkeit aber machten sie sich blind für die mittelalterliche Liturgie, sahen sie doch weder das Bedenkliche, das dem in ihren Augen objekti-

325 *Kurze*, Klerus, S. 283.
326 Ebd., S. 284.
327 *Janssen,* Köln, S. 392.
328 *Blickle,* Reformation, S. 25.
329 Ebd., S. 24f.
330 Ebd., S. 24.

ven Frühmittelalter mit dem Phänomen des selbstwirksamen Ritus anhaftet, noch auch vermochten sie das Positive des Spätmittelalters wahrzunehmen, das in der inneren Mitbeteiligung als einem notwendig subjektiven Moment zu suchen ist. Insbesondere Anton L. Mayer(-Pfannholz), der immer noch für seine angeblich höchstgelungene Synthese von Liturgie und Kulturgeschichte gerühmt wird, trumpfte in Wirklichkeit mehr mit einer beschwörenden und zuweilen sogar verunglimpfenden Sprache auf, statt wirklich zu argumentieren: „diese destruktive, zersplitternde, im Grunde genommen also gotische Geistesrichtung", „das subjektive Ausleben des Individuums"[331]. Allzusehr klingt es nach dem rundum abkanzelnden Antimodernisten Weiß, der für seine eigene Gegenwart wie oft auch für die Vergangenheit nur immer den Erzfeind Liberalismus ausmachen konnte. Wenn darum der Mayersche Ansatz keine Nachwirkung gehabt hat, ist das „tragisch"[332] nur insofern, als sich die Liturgieforschung im allgemeinen zu wenig um den größeren Zeitkontext bemüht hat.

8. Die katholische Reform und die protestantische Verflüchtigung

a) Tridentinische Reform

Die tridentinische Kirchenerneuerung mußte sich dringlichst auch mit der Liturgie befassen. Daß schon die liturgischen Bücher am Ende des Mittelalters – wie zum Beispiel Hubert Jedin (†1980) feststellt – „schwere Mängel" aufwiesen, legten zuerst die Humanisten offen. Beim Breviergebet „verging mehr Zeit damit, die einzelnen Teile aufzusuchen, als sie zu beten"[333]. Unter dem Ansturm der Reformation wie auch innerkatholischer Erneuerungsbestrebungen sind dann vielerlei Reformvorschläge gemacht worden, in Deutschland sogar auch von Reichstagen[334]. Bekanntlich hat das Trienter Konzil die Reform der liturgischen Bücher nicht selbst durchgeführt[335]. Vielmehr ging eine päpstliche Kommission an die Arbeit, und Pius V. machte das Ergebnis verbindlich: das Missale, dazu noch Brevier und Kalendarium als „römische" Bücher für die

---

331 *Mayer*, Liturgie, S.76f.
332 *Kranemann*, Zeitenwende, S. 371.
333 *Jedin*, Konzil, S. 500f.
334 *Ney*, Analekten; *ders.*, Analekten II.
335 *Jedin*, Konzil, S. 524.

ganze Kirche, freilich bei Respektierung alter Bräuche in einzelnen Kirchen und Orden. Das Ergebnis für das Missale war zeitbedingt und keineswegs mustergültig. Josef A. Jungmann wirbt eher um historisches Verständnis, als daß er voll zustimmt; zuviel erschien ihm unverbessert und ungeprüft.

„Daß das hochgesteckte Ziel damals nur im begrenzten Ausmaß erreicht worden ist, kann niemand wundernehmen. Selbst wenn noch reichere Quellen zur Verfügung gestanden hätten, konnte man von einer zur praktischen Arbeit berufenen Kommission von wenigen Männern nicht erwarten, daß sie in ein paar Jahren zugleich auch noch die liturgiegeschichtlichen Erkenntnisse vorwegnehme, die erst in Jahrhunderten aus der vereinigten Lebensarbeit vieler reifen sollten. So blieb im Meßbuch und auch im Meßordo vieles unverändert und wohl auch ungeprüft stehen, was sich in der fränkisch-deutschen Periode als kunstlose Übermalung über die herben Formen der alten stadtrömischen Messe gelegt hatte oder was im Zeitalter der Gotik auch in die Meßbücher secundum usum Romanae Curiae Aufnahme gefunden hatte; das Meßbuch dieses Typus und damit die vor allem in Italien gepflegte Überlieferung blieb namentlich für den Ordo Missae im allgemeinen maßgebend“[336].

Sein Innsbrucker Nachfolger Hans B. Meyer spricht dem Pius-Missale „nur den Stand der römisch-fränkischen Mischliturgie nach Gregor VII.“ zu[337]. Besonders eindringlich argumentiert der Jungmann-Schüler Angelus Häußling: „Die Trienter Reform hatte sich der Neuzeit zu stellen – und griff zu den Vorstellungen und Methoden des Mittelalters“, ja „die tridentinische Liturgiereform … hat die Tragweite des spezifisch Neuen der Situation, in die sie durch die Reformation gestellt war, nicht wahrgenommen“[338]. Besonders zwei Versäumnisse werden angeführt, daß angesichts des legitim reformatorischen Verlangens nach größerer Biblizität keine erweiterte Leseordung geschaffen worden sei und daß der neue Meßritus nicht zu einer häufigeren Kommunion angeregt habe[339]. So kann Häußling sagen: „Trient wollte faktisch die im Bereich der Liturgie im Mittelalter aufgekommenen, in der Reformation aufgedeckten Probleme, also die Probleme des 16. Jahrhunderts, mit den Methoden des 15. Jahrhunderts lösen“[340]. Ähnlich urteilt Klaus Gamber; ihm zufolge „stellt diese Reform eine Zementierung der liturgischen Formen dar, so wie sie sich bis da-

---

[336] *Jungmann,* Missarum Sollemnia 1, S. 181.
[337] *Meyer*, Eucharistie, S. 262.
[338] *Häussling,* Liturgiereform, S. 14.
[339] Ebd., S. 9f.
[340] Ebd., S. 31.

hin entwickelt haben, ohne daß dabei die Möglichkeit einer organischen Weiterentfaltung offen geblieben wäre“[341].

Die daraus ableitbaren Folgerungen sind nach mehreren Seiten hin zu bedenken. Die Texte des pianischen Meßbuchs mögen hauptsächlich einen altrömischen Bestand wiedergeben, repräsentieren aber keineswegs die altrömische Liturgie. Denn diese Texte, so wie sie die im 6. und 7. Jh. entstandenen römischen Sakramentare enthalten, waren – was etwa die tatsächliche und vielfach normgebende Papstmesse betrifft – in einen ganz aufwendigen Feierverlauf eingegliedert; Theodor Klauser hat das in seiner › Kleinen Abendländischen Liturgiegeschichte‹ eindrucksvoll anhand des Ordo Romanus I über Seiten hin beschrieben: „die römische Bischofsmesse um 700 [als] verwickelter und überladener Meßritus“[342]. Kurzum, die tatsächliche Feier ist anhand der Sakramentartexte nicht einmal zu erahnen; allein schon daß die Liturgietexte gesungen wurden, schuf eine besondere Feierlichkeit gegenüber dem späteren ‚Lesen‘ der Messe. So blieb auch die tridentinische Meßreform, trotz Streichung mittelalterlicher Zusätze, bei der Feierart des Mittelalters, ob nun gesungen oder gelesen wurde. Auch insofern war es nur eine ‚mittelalterliche‘ Reform. Daß sie dem Zeitempfinden ergänzungsbedürftig erschien, zeigt etwa die Barock-Musik, die der gefeierten Liturgie eine ungeahnte Bereicherung zuteil werden ließ. Ebenso vielfältig und neuartig gestaltete sich der Kirchbau mit Kuppeln und Deckengemälden. Die bereits spätmittelalterliche Verbildlichung entfaltete sich voll überhaupt erst in der barocken Himmelsglorie.

Als Grundlage diente der Traum Jakobs: „Er sah eine Treppe, die auf der Erde stand und bis zum Himmel reichte. ... Hier ist nichts anderes als das Haus Gottes und das Tor des Himmels“ (Gen 28,12.17b). In dieser Bibelstelle sah man seit der Entstehung eines eigenen Kirchweihritus ausgesagt, was jede Kirche sein sollte: Ort mit offenem Himmel und freier Kommunikation für die Menschen auf Erden. Die Deckenmalerei insbesondere der Kuppel sollte diese Offenheit veranschaulichen: „Die illusionistische Architekturmalerei führt die reale Architektur optisch so weiter, daß zwischen dem dargestellten Himmel und der Architektur bzw. dem Kirchengebäude jede Grenze aufgehoben scheint, oder anders formuliert, daß Existenzraum und illusionierter Bildraum (Himmel) eine Einheit bilden“[343]. Die Bilder also als Darstellung der Einheit von Himmel und Erde!

---

341 *Gamber*, Reform, S. 12.
342 *Klauser*, Liturgiegeschichte, S. 63—75, S. 74.
343 *Hawel*, Kirchbau, S. 304.

Man darf diese Verbildlichung keineswegs als dem geistlichen Leben abträgliche Artifizialität ansehen. Vielmehr dürfte sie selbstverständlicher Ausdruck voraufklärerischer Frömmigkeit gewesen sein. Josef Gülden (†1993), Mitglied des für die Liturgieerneuerung so wichtigen Leipziger Oratoriums, machte 1938 eine volksliturgische Erkundung in Polen und konnte dabei folgendes notieren: „An einem Nachmittag innerhalb der Fronleichnamsoktav knien die Leute in Mszana-Dolna Stunden um Stunden in der Kirche. Dabei singen sie, ohne zu ermüden, und scheinen in eine andere Welt versetzt“[344]. Nichts anderes wollte die Barockkunst: in eine Welt versetzen.

Die Wirkung der Aufklärung war einschneidend. Auf die Volksfrömmigkeit wirkte sie oft aggressiv ein[345]. In der Liturgie verfuhr sie schonender, ja wahrte durchaus den Gesamtrahmen. Neuere Forschungen machen deutlich, selbst bei dem gerade für aufklärerisches Denken so problematischem Ritus der Krankensalbung blieb „Stabilität bezüglich des Grundmusters des Formulars ... Neukonzeptionen der Liturgie gelten der Gestaltung einzelner Texte und ordnen sich ansonsten in das vorgegebene ‚Gerüst‘ ein; ... [ja, dieselben] werden zum Teil sogar sinnvoller eingesetzt“[346]. Die Reform zielte auf „die rechte Gewichtung von Opus operatum und Opus operantis“[347], und dabei war „ein ‚Sakramentsautomatismus‘ ... undenkbar“. Ähnliche Ergebnisse sind bei der Untersuchung der Taufritualien hervorgetreten[348].

b) Reformatorische Liturgien

Die Reformatoren machten sich an die tatsächliche Um-, ja Neugestaltung der Liturgie. Ohne hier sofort auf innerreformatorische Unterschiede einzugehen, setzte sich generell die im Spätmittelalter angebahnte Weckung von Innerlichkeit fort, jetzt als Offenheit primär für das Wort Gottes. Am beharrlichsten noch verfuhr Luther, der für das Abendmahl an der Realgegenwart festhielt, aber den Kanon wegen seiner Opferterminologie bis auf die Abendmahlsworte zusammenstrich und so gesehen eine mittelalterlich-scholastische Reform durchführte[349]. Radikaler brachen Zwingli

344 *Gülden*, Volksliturgie, S. 181.
345 *Goy*, Aufklärung.
346 *Kranemann*, Kankensalbung, S. 335.
347 Ebd., S. 337.
348 *Probst*, Ritus.
349 *Cornehl,* Gottesdienst, S. 54–61.

und Calvin mit der liturgischen Tradition; allein noch die innere Verbindung mit Gott, ein religiöses Leben rein aus Wort und Geist galt als heilswirksam[350]. Im Grunde erachtete man die Liturgie als äußerlich, ließ sie nur noch für Unvollkommene gelten, die in ihrer Sinnlichkeit noch etwas sehen, fühlen und schmecken wollten. In der ›Theologischen Realenzyklopädie‹ ist die Gesamttendenz folgenderweise zusammengefaßt:

„Der sonntägliche Hauptgottesdienst war Predigtgottesdienst. Die Abendmahlsfeier (als reines Gedächtnismahl) sollte nur viermal im Jahr stattfinden. Die meisten Zeremonien und jeder Gesang wurden abgeschafft. Im Predigt- wie im Abendmahlsgottesdienst wurden einzelne Bausteine einer zertrümmerten Liturgie zu einer einfachen neuen Ordnung zusammengefügt. Der Bruch mit der Tradition und die Forderung größtmöglicher Einfachheit finden sich auch in den von Calvin inspirierten Ordnungen ... Die von ihm erhobene Forderung der sonntäglichen Abendmahlsfeier wurde nicht verwirklicht. Predigt- wie Abendmahlsgottesdienst tragen ein stark lehrhaftes Gepräge“[351].

Die Aufklärung auferlegte der Liturgie eine letztmögliche Beschränkung. Sie „bedeutete in der evangelischen Liturgiegeschichte einen vorher so noch nicht feststellbaren Niedergang ... Zunächst wurde das liturgische Erbe als mit der Vernunft nicht vereinbar radikal abgebaut“; die Predigt wurde „nun ‚Kanzelrede‘ oder ‚Religionsvortrag‘“[352].

Immanuel Kant (†1804) gab dieser Auflösung die philosophische Konsequenz: Religion sei Sittlichkeit. Daß die kantische Religionsphilosophie gerade auch auf die protestantischen Gottesdiensttheorien eingewirkt hat, gilt als sicher, ist aber erst wenig erforscht[353].

In ›Die Religion innerhalb der Grenzen der bloßen Vernunft‹ schreibt Kant: „Von einem tungusischen Schaman bis zu dem Kirche und Staat zugleich regierenden europäischen Prälaten, oder (wollen wir statt der Häupter und Anführer nur auf die Glaubensanhänger nach ihrer eigenen Vorstellungsart sehen) zwischen dem ganz sinnlichen Wogulitzen, der die Tatze von einem Bärenfell sich des Morgens auf sein Haupt legt, mit dem kurzen Gebet: ‚Schlag mich nicht tot!‘ bis zum sublimierten Puritaner und Independenten in Connecticut ist zwar ein mächtiger Abstand in der Manier, aber nicht im Prinzip zu glauben; denn, was dieses betrifft, so gehören sie insgesamt zu einer und derselben Klasse, derer nämlich, die in dem,

---

350 *Kalb,* Liturgie, S. 363–373.
351 Ebd., S. 365.
352 Ebd., S. 367.
353 *Ehrensperger*, Motive, S. 365–369.

was an sich keinen besseren Menschen ausmacht (im Glauben gewisser statutarischer Sätze oder Begehen gewisser willkürlicher Observanzen), ihren Gottesdienst setzen. Diejenigen allein, die ihn lediglich in der Gesinnung eines guten Lebenswandels zu finden gemeint sind, unterscheiden sich von jenen durch den Überschritt zu einem ganz anderen und über das erste weit erhabenen Prinzip, demjenigen nämlich, wodurch sie sich zu einer (unsichtbaren) Kirche bekennen, die alle Wohldenkenden in sich befaßt und ihrer wesentlichen Geschaffenheit nach allein die wahre allgemeine sein kann“[354].

Wie katholischerseits die Liturgie von der Kanonistik beherrscht wurde, so protestantischerseits von der Homiletik: „In protestantischer Sicht wurde das liturgische Amt auch bei den Sakramenten Taufe und Abendmahl als Predigtamt verstanden“; die Predigt sollte „mehr der Belehrung“, die Liturgie „mehr der Erbauung dienen“[355]; wie die Predigt zu aktualisieren hatte, so sollte die Liturgie „erbauen“ und „belehren“[356]. Dafür wollte man „den öffentlichen Gottesdienst von der geistigen, sozialen und kulturellen Situation her ... überdenken“[357]. Wenn in diesem Sinne seit 1770 auch von „Liturgik“[358] gesprochen wurde, so überwog doch „die homiletische Literatur bei weitem gegenüber der liturgischen“[359].

9. Die größte Liturgiereform: das Zweite Vatikanische Konzil

a) Im Vorfeld

Schon Josef A. Jungmann, der 1939 nach Auflösung der Innsbrucker theologischen Fakultät durch das NS-Regime, also gezwungenermaßen, seine „nun freiwerdende Kraft einer Darstellung der Meßliturgie“ widmete und „anfangs Mai 1945, [als] die Wogen des Krieges ... sozusagen vor unsern Mauern von Osten und Westen her zusammenschlugen, ... eben die letzten Seiten des Manuskriptes ins Reine“[360] schrieb, vermeldete als persönliche Einsicht: „Es wäre das Ideal, dem alle Weiterentwicklung zustreben müßte, daß eine Meßliturgie bei aller Treue zum Erbe der Vorzeit so durchge-

---

354 Kant, Religion, S. 197f.
355 *Ehrensperger*, Motive, S. 333.
356 Ebd., S. 343f.
357 Ebd., S. 332.
358 Ebd., S. 320–324.
359 Ebd., S. 307.
360 *Jungmann,* Missarum Sollemnia 1, S.Vff.

staltet wäre, daß sowohl Gesamtplan wie Einzeldurchführung in allem Wesentlichen aus sich selbst und ohne Rückgriff auf die Geschichte überschaubar und verständlich wäre“[361]. Und tatsächlich, wer Jungmanns zwei Bände gelesen hatte, konnte nicht mehr anders als eine Reformierung verlangen: eine Liturgie, die aus sich selbst sprechen sollte und keiner historischen Erklärung mehr bedurfte. Eben das bekräftigte Jungmann noch am Vorabend des Zweiten Vatikanischen Konzils im Vorwort zur 5. Auflage: „Möge das Konzil jener Wendepunkt werden, von dem an alle historischen Erklärungen der Liturgie nur mehr eine herabgesetzte Bedeutung haben, weil die Liturgie eine Gestalt empfängt, die durch sich selber spricht und umständlicher Erklärungen nicht mehr bedarf“[362].

Den historisch-reformerischen Druck verstärkten noch neue Seelsorgskonzepte. Daß die französischen Bischöfe 1943 ihr Liturgie-Institut Centre de Pastorale Liturgique nannten, zielte bewußt auf eine neue Ausrichtung: Liturgie als Zentrum der Seelsorge; nicht nur sollte alle Pastoral zur Liturgie hinführen, sondern umgekehrt auch die Pastoral aus der Liturgie ihre Kraft und Form gewinnen. Für den deutschen Sprachbereich ist an das Programm von Pius Parsch (†1954) aus Klosterneuburg bei Wien zu erinnern[363]. So wurde auch für Deutschland das Schlagwort ‚Pastoralliturgie‘ leitend[364]: nämlich die Liturgie in einem umfassenden Sinne ‚verständlich‘ und dem geistlichen Nutzen dienlich zu machen. Nicht daß man das ‚Geheimnis‘ hätte auflösen wollen, sehr wohl aber alle aufgesetzte Geheimniskrämerei, wie sie etwa aus der mittelalterlichen Allegorese überlebt hatte und für die Gegenwart nur hinderlich schien. Das wahre Mysterium wollte man feiern können, das doch der Kern christlicher Verkündigung und überhaupt christlichen Lebens sei.

Weiteres kam von anderen theologischen Disziplinen hinzu. So wirkte die Wiederentdeckung des Sakramentalen seitens der Göttinger Religionsgeschichtlichen Schule bestätigend und aneifernd auf die Exegese, ersichtlich etwa an Rudolf Bultmanns 1953 vorgelegter ›Theologie des Neuen Testaments‹ mit einem eigenen Abschnitt über „Die Sakramente“, und katholischerseits an Rudolf Schnackenburgs Münchener Habilitationsschrift über ›Das Heilsgeschehen bei der Taufe nach dem Apostel Paulus‹. Joseph Rat-

---

361 Ebd., S. 2.
362 Ebd., S. XI.
363 *Häuslinger*, Parsch.
364 *Lengeling*, Liturgie.

zinger beschreibt in seinen ›Erinnerungen‹, wie seine Generation beim Studieren direkt nach dem Zweiten Weltkrieg die theologische Wende nach dem Ersten Weltkrieg nachvollzogen habe, dabei gerade auch „die Wende, die Bultmann und Barth auf je verschiedene Weise für die Exegese gebracht hatten“[365]. Mit dieser Rezeption traten allerdings Serien von Folgeproblemen ins Bewußtsein: ‚der historische Jesus‘, die ‚Formgeschichte‘, die ‚Naherwartung‘, der ‚Jesus von unten und von oben‘. Bald stand man überhaupt vor den radikalen Problemen der Aufklärung, insbesondere in der Frage nach der Transzendenz. Dennoch, die „Notwendigkeit der historischen Methode“[366] ist unumgänglich und mit ihr auch ein Gewinn evident, daß nämlich „der menschliche Faktor der heiligen Geschichte immer plastischer hervortrat ... [und] sich zugleich auch Gottes Handeln größer und näher“[367] zeigte. Ebenso ist aber auch gefragt worden, ob dadurch nicht der „Hiatus zwischen Exegese und Dogma total geworden ist“[368] und „die Aufteilung der neutestamentlichen Schriften, vor allem der Evangelien, in Bestandteile verschiedener Herkunft und Ausdrücke verschiedener Tendenzen ein offenbares Schwinden der Bedeutung dieser Schriften zur Folge gehabt hat“[369]. Daß dann die Rezeption der kritischer Exegese mit der neuen Leseordnung der postkonziliaren Liturgiereform nahezu ineinsfiel, ist gewiß mit ein Grund für die Klage über Intellektualisierung und Verwortung von Predigt und Gottesdienst.

Zusätzlich ist die Dogmatik anzuführen, vollzog sie doch auf ihre Weise eine anthropologische Wende. Daß die ›Theologische Realenzyklopädie‹ „Theologie sich nicht (wiederum) als dialektische Theologie etablieren“ lassen will, ist bezeichnend[370]. Schon von langer Hand war eine „Anthropologisierung des Gottesgedankens in der philosophischen Theologie der Neuzeit“ zu beobachten gewesen[371]. Franz Rosenzweig (†1929) schrieb gegen Karl Barths Aufbruch: „Die theologischen Probleme wollen ins Menschliche übersetzt werden und die menschlichen bis ins Theologische vorgetrieben“[372]. Dieses Bestreben brach nach dem Zweiten Weltkrieg stark auch in die katholische Theologie ein, wie es

365 *Ratzinger*, Leben, S. 57.
366 *Ders.*, Schriftauslegung, S. 19.
367 Ebd., S. 15.
368 Ebd., S. 21.
369 *Riesenfeldt*, Geschichtswissenschaft, S. 161.
370 *Härle*, Theologie, S. 694.
371 *Pannenberg*, Wissenschaftstheorie, S. 310.
372 *Rosenzweig*, Denken, S. 389.

erstmals der Artikel „Anthropozentrik“ von Karl Rahner in der Nachkriegsausgabe des ›Lexikon für Theologie und Kirche‹ zeigt[373]. Das alles mußte die Forderung nach einer pastoralen Liturgie nur weiter verstärken. Nicht zuletzt kam Zeitspezifisches hinzu, eine allgemeine Aufbruchstimmung in den 60er Jahren, daß auf einmal Kirchenleute wie Politiker, John F. Kennedey so gut wie Willy Brandt oder auch Johannes XXIII., in fast gleichartigen Metaphern vom Aufstoßen neuer Türen und frischem Wind sprachen[374].

So geriet die Liturgiereform, die das Zweite Vatikanische Konzil als erstes beschlossen hatte, sofort in die Fahrwasser verschiedenster Strömungen. Kirchlicherseits hegte man in Deutschland wie anderen westeuropäischen Ländern beträchtliche Hoffnungen, den immer mehr spürbaren Rückgang des gottesdienstlichen Lebens stoppen zu können. Doch haben in Wirklichkeit weder Konzil noch Liturgiereform – das sei hier schon vorausgreifend gesagt – an dem seit 1950 statistisch feststellbaren Abwärtstrend etwas zu verändern vermocht, weder beschleunigend noch verlangsamend[375].

b) Liturgie-Konstitution

Die Liturgiereform des Zweiten Vatikanischen Konzils steht historisch gesehen „bisher ohne Vergleich“[376], ist doch nie zuvor eine so umfassende und so rasche Änderung vorgenommen worden. Die Liturgie-Konstitution „war das am längsten und intensivsten vorbereitete Projekt des Konzils“; sie wurde mit 2158 Ja-Stimmen bei nur 19 Gegenstimmen angenommen, und der Konzilsabschluß bereits nach der reformierten Liturgie gefeiert[377]. Ausgehend vom allgemeinen Heilswillen Gottes und vom Erlösungswerk Jesu Christi, der in den von ihm gestifteten Sakramenten und im von ihm verkündeten Wort gegenwärtig sei, ist „Liturgie der Höhepunkt, dem das Tun der Kirche zustrebt, und zugleich die Quelle, aus der all ihre Kraft strömt.“[378] Weiter benennt die Konstitution als Reformpunkte: Vertiefung des christlichen Lebens, Anpassung an die Notwendigkeiten der eigenen Zeit, Förderung der Einheit

[373] *Rahner*, Anthropozentrik.
[374] *Damberg*, Konzil.
[375] *Ders.*, Abschied, S. 615–625.
[376] *Häussling*, Paradigmenwechsel, S. 243.
[377] *Pesch,* Konzil, S. 105–131, S. 109.
[378] Sacrosanctum Concilium 10.

aller Christgläubigen und Stärkung der missionarischen Sendung. Aus der Liturgie, dem Mittelpunkt und der Quelle allen kirchlichen Tuns erwachse den Gläubigen Gewinn erwachse, sofern sie vollbewußt und tätig teilnähmen. Insgesamt sei eine Erneuerung in die Wege zu leiten und mit gebührender Unterweisung umzusetzten. In der Danksagung, der Eucharistie, sollten alle sich selber darbringen lernen, wofür der Meß-Ordo zu überarbeiten und auch die Muttersprache gebührend zu berücksichtigen sei[379]. In den lateinischen Riten solle zwar die lateinische Sprache erhalten bleiben, bei freilich breiter Ermöglichung der Muttersprachen.

Nach Meinung des für die Durchführung zuständigen Sekretärs Annibale Bugnini „war die Absicht der Reform: in einer behutsamen und rücksichtsvollen Erneuerung, in einer rationalen und doch zugleich menschlichen Weise den Gebetsausdruck der Kirche, ihre Gesten und Riten, ihre Worte und Formen der heutigen Zeit anzupassen und in eine neue Jugend zu führen. Sie wird zuweilen auch Neues schaffen, dabei aber von Bestehendem ausgehen, um Risse zu schließen und keine neuen aufzureißen. Sie will Möglichkeiten bieten für eine kluge Anpassung, die auf die Erwartungen und Empfindungen der verschiedenen Völker eingeht"[380].

Inzwischen hat die katholische Liturgie-Reform beispielgebend auch auf andere Konfessionen eingewirkt, so etwa auf in Anlehnung an katholische Hochgebete neugeschaffene „Eucharistiegebete"[381] oder auch bei neuen Leseordnungen.

c) Für und Wider

Mit der Reform erhob sich ein innerkatholischer Streit, der heute, nach über 30 Jahren, noch keineswegs abgeklungen ist. Da melden sich die Enthusiasten wie die Verletzten, einerseits der Jubelruf: „das Ende des Mittelalters in der Liturgie"[382] und andererseits der Schmerzensschrei der „an den Zerstörungsphänomenen ... im verwüsteten Weinberg der Kirche Leidenden"[383]. Von den vielfältigen Argumenten und Motiven seien hier hauptsächlich die liturgiehistorischen angeführt. Denn die tatsächliche Reform berief sich gerade auch auf die altkirchliche Liturgie, arbeitete also insofern historisch. Für all diejenigen, die der Erneuerung zustimmen, bedeutet das: „Die Tradition des jüdisch-christlich-altkirchlichen

[379] Ebd. 50, 54.
[380] *Bugnini*, Liturgiereform, S. 16.
[381] *Richter,* Hochgebet.
[382] *Lengeling*, Liturgiekonstitution, S. 111.
[383] *Prantner*, Einfluß, S. 216.

Gottesdienstes ist … von solch überzeugender Logik, daß jeder christliche Gottesdienst, wollte man ihn ganz vom Nullpunkt aus entwerfen, nachweislich – Experimente haben es bewiesen – bei dem bekannten Grundmuster ankäme: Einleitung, Wortgottesdienst aus Lesung, Gebet, Gesang, Predigt, dann Abendmahlsgottesdienst mit dem Gedächtnis des Todes und der Auferstehung Christi, eingebettet in eine Gedächtnishandlung, Entlassung in den Alltag"[384]. Die Befürworter sahen und sehen sich zudem dadurch bestätigt, daß „unsere Gemeinden … mit überwältigender Mehrheit die Liturgiereform angenommen [haben] und … sich grundsätzlich keinen anderen Gottesdienst mehr [wünschen]"[385]. Unzählbar sind die Bemühungen, die neue Liturgie zu erklären[386] und auch die vom Konzil geforderte „gebührende Unterweisung" umzusetzen; als Beispiel sei nur eine viel gerühmte Artikel-Serie von Klemens Richter angeführt[387]. Ebenso sind vielerlei theologische Bemühungen zu registrieren[388].

Die Kritiker äußerten sich unterschiedlich. Gleich nach Konzilsabschluß ließ sich Romano Guardini vernehmen, überraschenderweise mit fragender, sogar bedenklicher Stimme. Zu einem 1964 in Mainz anberaumten liturgischen Kongreß schrieb er einen inzwischen vielzitierten Brief, und die darin aufgeworfene Frage nach heutiger Kultfähigkeit wollte er grundsätzlich verstanden wissen: „Ist vielleicht der liturgische Akt, und mit ihm überhaupt das, was ‚Liturgie' heißt, so sehr historisch gebunden – antik, oder mittelalterlich, oder barock –, daß man sie der Ehrlichkeit wegen ganz aufgeben müßte?"[389] Es klingt fast wie der Abschied vom eigenen Lebenswerk.

Zunächst ist es die alte Fragestellung, die Frage nach dem „Kult-Akt", daß schon „der typische Mensch des neunzehnten Jahrhunderts zu diesem Akt nicht mehr fähig gewesen [ist]; … für ihn war religiöses Verhalten einfachhin das individuell-innerliche", und so bleibe die Gefahr, „daß alles Gesagte als künstliches Getue abgewiesen werde, besonders von Solchen, deren Veranlagung von individualistischer, rationalistischer und vor allem, ans Herkommen gebundener Art ist". Die Frage aber müsse doch sein: Wie wird das Geschehen selbst zum religiösen Akt, so daß nichts mehr „dazugesagt oder dazugedacht" werden müsse, „sondern das Symbol …

384 *Pesch,* Konzil, S. 128.
385 Ebd., S. 125.
386 *Richter,* Liturgie; *Kranemann – Ders. – Tebartz-van Elst,* Gott.
387 *Richter,* Kirchenjahr.
388 *Ders.,* Liturgie; *Kranemann – Ders.,* Christologie.
389 *Guardini,* Kultakt, S. 106.

vom Ausübenden als religiöser Akt ‚getan‘ und vom Anwohnenden in einem analogen Akt ‚gelesen‘ [werde]“[390].

Joseph Lortz glaubte sich noch ein letztes Mal aufgrund des „siebenhundertjährigen Zerstörungsprozesses“ zu mahnenden Worten berechtigt, als er nach dem Konzil ein „wildes Durcheinander in der heutigen Theologie“[391] meinte ausmachen zu müssen: „So bedrohlich wie heute war die Lage in der Kirche noch nie“[392]. Schärfstens urteilte der Mainzer Kirchenrechtler Georg May, sah er doch „schwere Geburtsfehler“, ja „Nichtwissen bzw. Irrtum der Konzilsväter über die Reichweite dessen, worüber sie abstimmten“[393], sogar noch deren bewußte Täuschung; die von der Liturgiereform verursachten Schäden seien allesamt vorausgesehen worden und prompt auch eingetreten: vor allem sei „die Zahl der Gottesdienstbesucher ... in den vergangenen 25 Jahren drastisch zurückgegangen“[394]. Gegenläufige Argumente, die solche Behauptungen mit einem Schlage entkräften würden, werden verschwiegen, daß – wie schon erwähnt – die Liturgie- und Jugendbewegung der Zwischenkriegszeit die Kirchenpraxis sichtlich intensiviert haben, daß andererseits weder Konzil noch Liturgiereform den seit 1950 statistisch zu beobachtenden Abwärtstrend weder beschleunigt noch gestoppt haben.

Negativ urteilt auch der Münchener Philosoph Robert Spaemann: „Wesentliche Beschlüsse des Konzils, die Liturgie betreffend, wurden bei der späteren Reform rücksichtslos beiseite geschoben“[395]; direkt angegriffen wird der Laacher Liturgiker Angelus Häußling für weitergehende Reform-Überlegungen, denn obwohl „Liturgiehistoriker ... unersetzliche Informanten für jede heutige Reform der Liturgie“[396] sind, ist doch „nicht der Theologieprofessor mit seinen historischen Kenntnissen ... der Prototyp des Christen“[397]. Trotz zugestandener „Wandlungen“ werden historisch begründbare Veränderungen minimalisiert.

Ein von Laien gehaltener Wortgottesdienst mit Kommunionausteilung soll es „in der katholischen Tradition überhaupt nicht“ gegeben haben[398]; tat-

[390] Ebd., S. 101f, S. 104.
[391] *Lortz*, Kirche, S. 10.
[392] Ebd., S. 11.
[393] *May*, Liturgiereform, S. 79.
[394] Ebd., S. 109.
[395] *Spaemann*, Liturgie, S. 37.
[396] Ebd., S. 39.
[397] Ebd., S. 70.
[398] Ebd., S. 59.

sächlich findet man einen solchen in der Regula Magistri (einer von Benedikt teilweise ausgeschriebenen Kloster-Regel), die genau diesen priesterlosen und von Laien-Mönchen praktizierten Gottesdienst schildert[399]. Die Empfehlung, der Priester solle „gelegentlich ... allein zelebrieren“[400], steht im Widerspruch zum altkirchlichen und noch in der Karolingerzeit eingeschärften Verbot, ein Priester dürfe die Messe niemals alleine feiern[401]; die Streichung der in Ich-Form gehaltenen Priestergebete als „unersetzlichen Verlust“[402] zu beklagen widerspricht dem Faktum, daß diese Gebete samt und sonders nachträgliche, aus einem sogar problematisierbaren Schuldverständnis resultierende „Wuchergewächse“[403] sind; wenn die Autorität des Beichtvaters an der Formel „Ich spreche dich los ...“[404] festgemacht werden soll, dann hat es eine solche Autorität vor der Scholastik, die mit dieser indikativen die alte deprekative Lossprechungsformel ersetzte, für mehr als ein Jahrtausend nicht gegeben, sucht man doch für die Zeit zuvor „eine feste Absolutionsformel vergeblich“[405]. Einzelheiten werden mit letzten Konsequenzen aufgeladen, ob nun der Priester am Ende der Messe sagt: ‚Es segne uns ...‘ oder: ‚Es segne euch ...‘, daß nur im letzten Fall Wort und Ritus übereinstimmten[406].

Abwägend hat sich Joseph Ratzinger geäußert. Grundsätzlich und im Ganzen stimmt er der Reform zu: „Wenn man den vom Konzil ermöglichten tätigen Vollzug der Liturgie heute wegnähme, würde man plötzlich bemerken, was da gewachsen ist“[407]. Doch äußert er sich „bestürzt über das Verbot des alten Missale“, das Paul VI. 1973 aussprach; zwar bringe das neue Missale eine Verbesserung und Berreicherung; „aber daß man es als Neubau gegen die gewachsene Liturgie stellte, diese verbot und damit Liturgie nicht mehr als lebendiges Wachsen, sondern als Produkt von gelehrter Arbeit und juristischer Kompetenz erscheinen ließ, das hat uns außerordentlich geschadet ... Ich bin überzeugt, daß die Kirchenkrise, die wir heute erleben, weitgehend auf dem Zerfall der Liturgie beruht“[408].

In der Diskussion brechen Polemik und Ressentiment auf: Es sei doch „abenteuerlich, daß man durch Beschlüsse von Bischofskonferenzen, die ihrerseits auf professoralen Gutachten beruhen würden, sozusagen über

399 *de Vogüé,* Regula, S. 195–197.
400 *Spaemann*, Liturgie, S. 60.
401 *Brommer*, Gesetzgebung, S. 81.
402 *Spaemann*, Liturgie, S. 60.
403 *Jungmann,* Missarum Sollemnia 1, S. 103–106; Zitat in: ebd. 2, S. 66.
404 *Spaemann*, Liturgie, S. 61.
405 *Poschmann,* Buße, S. 79; *Vorgrimmler,* Buße, S. 124–126.
406 *Spaemann*, Liturgie, S. 57.
407 *Ratzinger*, Fest, S. 80.
408 *Ders.,* Leben, S. 172ff.

Nacht missionarische Liturgien schaffen könnte", ja, „einer der Mängel der nachkonziliaren Liturgiereform ist zweifellos in dem professoralen Eifer zu suchen, mit dem man vom Schreibtisch her konstruiert hat, was lebendiges Wachstum voraussetzen würde"[409]. Bei allen Vorzügen des neuen Missale müsse man „kritisch feststellen, daß es herausgegeben wurde, als wäre es ein von Professoren neu erarbeitetes Buch und nicht eine Phase in einem kontinuierlichen Wachstum"[410]. Das Missale Pius' V. habe sich „nur in Winzigkeiten von der rund hundert Jahre früher erschienenen ersten Druckausgabe des Missale Romanum" unterschieden und nur „die spätmittelalterlichen Wucherungen" beseitigt[411]. In Deutschland zumal, dem „Kernland der liturgischen Bewegung", sei man darangegangen, „mit einem ebenso bewundernswerten wie verfehlten Eifer von Woche zu Woche eigene ‚Liturgien' [zu] basteln"[412]. Bisweilen gibt auch ein neuer und rechthaberischer Ritualismus den Ton an, daß etwa bei der Kommunion der Priester zuerst austeilt und selber am Ende kommuniziert, vermeintlich „in Anwendung der bürgerlichen Höflichkeitsformen"[413]. Diese, zuerst 1970 vorgetragenen Invektiven wiederholen sich noch heute, 30 Jahre später: daß „in professoralen Kommissionen" Liturgie erdacht wird, „daß sich Liturgiekreise für den Sonntag selber die Liturgie zurechtbasteln" und daß „die Ächtung der bis 1970 gültigen Form von Liturgie aufhören muß"[414].

Im vielfach sogar vergiftenden Streit über Mund- oder Handkommunion sollte zur Kenntnis genommen werden, daß die uralte Religionsvorstellung von den „reinen Händen" im Mittelalter – ganz entgegen dem Neuen Testament und der Alten Kirche – wieder auf Berührung mit Sexualstoffen zurückgeführt wurde, infolgedessen Laien immer unreine Hände hatten und darum nicht mehr mit ihren Händen die Kommunion entgegennehmen konnten; Hubertus Lutterbach hat das soeben eindrucksvoll herausgearbeitet[415]. Überhaupt kann die historische Argumentation bis zur Willkür entarten, hat doch der Kurienkardinal Alfons Stickler zu der Frage, wie der nichtbiblische Zusatz „mysterium fidei" in das Kelch-Wort gelangt sei, geantwortet: „Was sagt … die historische Forschung, die vom Konzil für jede Änderung vorgeschrieben worden war? Die beiden Worte gehen zurück auf den Anfang der uns bekannten Traditionen der römischen Kirche, der sie vom hl. Petrus gegeben worden sei"[416].

---

[409] *Ders.*, Fest, S. 73.
[410] Ebd., S. 77.
[411] Ebd., S. 76.
[412] Ebd., S. 75.
[413] Ebd., S. 76.
[414] *Ders.*, Gott, S. 356f.
[415] *Lutterbach*, Sexualität, S. 80–96.
[416] *Stickler*, Erinnerungen, S. 173.

Wichtig ist die Stellungnahme von Klaus Gamber, hat sie doch in besonderer Weise nachgewirkt. Ob und wie weit seine historische Gedankenführung als konsistent gelten kann, mögen einige Zitate kundtun:

Die Gotik erscheint wieder „mit ihrer subjektiven Frömmigkeit", wobei Liturgie „immer mehr als alleinige Aufgabe des Klerus" galt und die Gläubigen „stumme Zuschauer" wurden, weswegen „das Herz des Volkes ... in den außerliturgischen Feiern" schlug. Auch die „Zementierung der liturgischen Formen" durch die tridentinische Reform ließ „das Volk in der Barockzeit die offizielle Liturgie nicht aktiv mitvollziehen" und darum „blühten neue Formen der Volksfrömmigkeit"; die Aufklärung sah „im Gottesdienst in erster Linie eine normbildende Kraft", und die „Neuerungen" haben „sich nicht lange halten können". Indem man aber heute „fast sämtliche Formen der außerliturgischen Frömmigkeit und des kirchlichen Brauchtums abgeschafft hat, ist der Schaden ... kaum abzuschätzen". Der Leser fragt sich am Ende, wann denn überhaupt ‚richtig' Liturgie gefeiert worden ist[417].

Zur nachkonziliaren Liturgie-Situation schreibt Gamber: Kein Papst habe sich vor Pius V. in Angelegenheiten der Liturgie eingemischt, und es gebe heute noch in der gesamten Kirche durchaus verschiedene Riten. Die weitere Frage, ob sich die derzeitige „radikale Neugestaltung ... im Rahmen der kirchlichen Tradition"[418] bewege, wird zunächst einmal damit beantwortet, „daß bis auf Papst Paul VI. kein einziger Papst eine so umfassende Änderung der liturgischen Formen ... vorgenommen hat"[419] und daß es weiter „sicher nicht Aufgabe des Apostolischen Stuhls [ist], Neuerungen in der Kirche einzuführen"[420]. Gegen die Schaffung des neuen ›Ordo missae‹ wäre nichts einzuwenden, wenn „dadurch der bisherige Ritus nicht zerstört, sondern belebt und ... organisch weiterentwickelt worden wäre"[421]. Doch nichts anderes als „einen völligen Bruch mit der Tradition stellen ... die drei neuen ‚Canones' dar"[422]. Dabei brauche die Kirche von heute gar „keinen neuen Ordo missae"[423], und tatsächlich stünden wir „vor den Trümmern einer fast 2000jährigen Überlieferung"[424]. Dabei ist sich doch die Liturgieforschung seit langem darüber im Klaren, daß der bis zur

---

417 *Gamber*, Reform, S. 10–15.
418 Ebd., S. 24.
419 Ebd., S. 25.
420 Ebd., S. 26.
421 Ebd., S. 31.
422 Ebd., S. 34.
423 Ebd., S. 42.
424 Ebd., S. 56.

Reform des Zweiten Vatikanums allein gebräuchliche Kanon, also das Kernstück des Ordo missae, „eine nicht sehr überzeugende Abfolge von Einzelgebeten“[425] aufweist, ja im Grunde ein aufgesprengter und mit Einschüben aufgefüllter Text ist. Wie nun dieses zesprengte Hochgebet „organisch“ weiterzuentwickeln wäre, bleibt auch bei Gamber ein Postulat. Eine Lösung möchte er darin sehen, daß „der bisherige Ritus romanus und der Ritus modernus … beide als legitim gelten“ sollten[426]. Gambers als Manuskript gedrucktes Heft erhielt bei seiner französischen Edition die Belobigung gleich zweier Kurienkardinäle, von J. Ratzinger und A. Stickler[427]. Sachlich scheint dieses Plädoyer zugunsten des alten ‚Ordo missae‘ den Weg gewiesen zu haben für den Ausgleich mit der Petrus-Bruderschaft und überhaupt für die Wiederzulassung des tridentinischen Ritus[428].

d) Religionssoziologische und -psychologische Aspekte

Was bei der Liturgiereform – wie ihre Durchführung rasch zeigen sollte – unterschätzt wurde, war zunächst einmal das religionspsychologische Phänomen des ‚beständigen Ritus‘, daß nämlich ein Ritual, selbst wenn es im einzelnen nicht verständlich ist, Dauer garantiert, darum Ewigkeitswürde besitzt und infolgedessen so verehrungswürdig wie intangibel ist. Angesichts der Rätselhaftigkeit und Geworfenheit des menschlichen Lebens bietet ein als sakral akzeptierter Ritus Halt und Zuversicht; indem er nur schon gefeiert wird, wirkt er als Heilmittel und Tröstung. Ja, es hat den Eindruck, je verwirrter und zerstörerischer die Lebensverhätlnisse sind, um so größer wird das Verlangen nach solch durchhaltender Ritualität. Im Blick auf solche stabile Ritualität und Devotionalität wird heute sogar von „paläopsychischen Determinanten“ gesprochen: „Aufgrund der in der menschlichen Natur angelegten Grundbedürfnisse pflegen alle Kulturen zu allen Zeiten ähnliche Objekte zu sakralisieren, nämlich die konstanten Minimalbedingungen des Überlebens: die dominante Nahrung, die primären Schutzbereiche und die zentralen Steuerfunktionen“[429].

So hat der Schweizer Zeithistoriker Urs Altermatt gerade für den „Dienstboten-Katholizismus“ in den protestantischen Städten des 19. und 20.

[425] *Meyer*, Eucharistie, S. 349; *Ders.*, Struktur.
[426] *Gamber*, Reform, S. 53.
[427] *Ders.*, Liturgique, S. 6–10.
[428] *Pesch*, Konzil, S. 128–131.
[429] *Baudy*, Kultobjekte, S. 28.

Jahrhunderts herausgestellt: „Je undurchschaubarer und labiler die Welt wurde, desto aggressiver propagierte der katholische Klerus das stabile katholische Weltbild als Gegenmittel ... Wie nie zuvor gelang es der Amtskirche, einheitliche Vorstellungen durchzusetzen und die Masse der kleinen Leute zu disziplinieren. Damals vereinheitlichten sich die religiösen Volksbräuche endgültig. Bei den frommen Leuten ... bürgerte sich die tägliche Messe mit häufigem Sakramentsempfang ein. Es entstanden neue Kultformen wie Andachten und Prozessionen, Wallfahrten und Heiligenfeste ... Die katholische Religiosität wandelte sich von einer populären Volks- zu einer popularisierten Massenreligion ...“[430]. Man wird sich fragen müssen, ob es nur die Propaganda des Klerus war oder nicht vielmehr das Verlangen der Leute selbst. Dem Zeithistoriker Werner K. Blessing zufolge hat sogar die Entkirchlichung zunächst nur der Gebildeten und dann immer größerer Kreise weiterhin eine ‚Sehnsucht' nach religiöser Daseinsversicherung belassen: „Sie reicht heute vom Glauben an Horoskope über die Spielarten esoterischer Lebensdeutung bis zu allerlei ‚naturgemäßen' Selbsterlösungstherapien. Ohne derartige Bräuche lassen sich Ängste und Hoffnungen keiner Gesellschaft erfassen, einer fortschreitend säkularisierten schon gar nicht“[431]. Von der Soziologie her, etwa von Hans-Georg Soeffner, kann gesagt werden, „daß wir in Bräuchen und Ritualen den Kultus des alltäglichen Lebens formen“, „daß die jeweiligen Muster und Darstellungsformen nicht zu einer bestimmten Ordnung führen, sondern daß sie diese bestimmte Ordnung *sind*; es gebe einen „Eigensinn der Formen und Rituale“[432]. Selbst auch moderne Großveranstaltungen, ob nun solche von Friedensmarschieren, Sport-Fans oder auf Kirchentagen, haben ihre Ritualität: „Das Zusammenspiel von Rhythmus, strophischer Form der Gesänge, Invarianz und Wiederholung der Rituale verleihen der Flüchtigkeit und zeitlichen Begrenztheit der Gemeinschaft den Anschein nicht nur von Dauer, sondern auch von Wiederholbarkeit. Auf diese Weise wird die – strukturell gegebene – Vergänglichkeit des Charismas, das die Gemeinschaft sich selbst gab, überhöht zum Charisma des dauerhaft Einzigartigen und Außergewöhnlichen ...“[433].

Der Volkskatholizismus zumal praktizierte eine popularisierte Religiosität und Ritualität. Schon ein nur flüchtiger Blick in die vorkonziliaren ‚Meßbüchlein für Kinder' belehrt darüber, daß dort die Messe anhand der Handlungen und Stellungen des zelebrierenden Priesters erläutert wurde, was den Ritus samt Einzelheiten von Kindesbeinen an bedeutungsgeladen machte. Einzubeziehen sind ferner die gerade im Volkskatholizismus so zahlreichen Devotionalien: das Kreuz in jedem Zimmer, das Bild der Heiligen Fami-

---

[430] *Altermatt*, Katholizismus, S. 43, S. 45.
[431] *Blessing*, Kirchengeschichte, S. 54.
[432] *Soeffner*, Rituale, S. 11f.
[433] Ebd., S. 116f.

lie, die Wallfahrtsandenken, die Heiligenbildchen, die Andenken an Taufe, Erstkommunion, Kirchweihe, Namens- und Pfarrpatron, das Weihwasser, überhaupt die zahlreichen Segnungen. Gemäß dem ‚Ewigkeits-Verständnis' müssen derartige Details gar nicht ‚erklärbar' oder ‚nützlich' sein. Wiederum Soeffner: „In der Wiederholung verlieren sich die Hinweise auf Entstehungszeit und ‚Gründe' der Formen. Die ‚Alltagshandelnden' würden auf die Frage, warum sie bestimmte Routinen, Formen und Rituale ‚benutzen', mit neuen, oft ad hoc erfundenen ‚praktischen Erklärungen' antworten"[434]. Es geht primär um Permanenz und Lebenssicherung. Aus der Liturgie kann man dafür die Wendung anführen: „Wie es war im Anfang so auch jetzt und allezeit und in Ewigkeit"[435]. Diese in der Spätantike mit der Doxologie verbundene Formel drückt die urreligiöse Sehnsucht nach Aufgehobensein in einem Ewig-Bleibenden aus. Freilich stellt sich christlicherseits die Frage, wie eine solche Aussage mit der altliturgischen Formel des ‚in melius reformare' zu vereinbaren ist, der im Erlösungswerk Jesu Christi ‚verbesserten' Schöpfung. Auch ist an den bereits erwähnten Befund der ‚freien' Liturgie zu erinnern, daß die ersten Jahrhunderte keine festverschriftlichte oder rubrizierte Gottesdienstpraxis kannten. Gewiß gab es bald ‚Ordnungen' und ‚Abfolgen' ritueller Dignität und Verbindlichkeit, aber eben keine Wort für Wort zu rezitierende und in allen Gesten festgelegte Liturgie. Religionshistorisch war diese christliche Freiheit angesichts der sonst zu beobachtenden ‚Formstrenge' ungewöhnlich, zumal auch die antik- römische Religion auf buchstäbliche Genauigkeit bestanden hatte.

Eine fixierte Ritualität ist christlicherseits also durchaus anfragbar, hat jedoch – wie wir gesehen haben – im Laufe des Mittelalters die Oberhand gewonnen und behauptete auch in der Moderne durchaus ihre Plausibilität. Liturgie wurde als Ganzes rezipiert und bejaht, und Einzelheiten brauchten dabei keinen direkt evidenten Sinn zu enthalten, ja bildeten Freiräume, in denen man sich subjektiv festmachen konnte. Verständlich also, daß sich Protest und Verletztheit meldeten, als im Zuge der Liturgiereform so viele Bräuche und Kirchenausstattungen verändert oder auch beseitigt wurden. Schon in den Anfängen der liturgischen Bewegung hatte Anton Baumstark in der Publikation seiner 1921 in Laach gehaltenen Vorträge damit gerechnet, daß sich manche „durch

[434] Ebd., S. 12.
[435] *van der Lans*, Gloria.

eine rückhaltlos historische Behandlung der Liturgie religiös ... verletzt fühlen“ könnten[436].

Proteste kamen auch von außen, etwa von dem sich als Atheisten bezeichnenden Psychoanalytiker und Soziologen Alfred Lorenzer mit seinem reißerisch betitelten Buch ›Das Konzil der Buchhalter‹[437]. Worum es dem Autor geht, hat er noch einmal im Abstand und auf knappe Weise wiederholt:

„Kirche, Religion und Glaubensvertrauen lassen sich nicht auf das rational Sagbare reduzieren. Solche Reduzierung widerspricht – so denke ich – dem Selbstverständnis des Glaubens notwendig. Und sie widerspricht auch der kulturellen Funktion von Religion und Glauben, weil das, worauf diese sich beziehen (ganz unabhängig von der Wahrheitsfrage betrachtet), ‚Grenzerfahrungen‘ sind“ und darum gelte: „Rituale sind diachron wie synchron, und d. h. sowohl als Teile eines geschichtlichen Durchgangs wie auch in ihrer zeitgleichen Gestalt Ergebnisse einer kollektiven Formung. Das Merkmal des Rituals ist ja eben, daß es nicht nur den individuellen Ausdruck mit den Ausdruckswünschen des Kollektivs vermittelt – das gilt für jede Kunstform –, sondern daß es ausdrücklich in die individuelle Phantasie in eine kollektive Gestaltung einbindet, das Individuelle als Kollektives ausweist“. Dabei haben Kirchenraum und -kunst eine besondere Aufgabe: nämlich „das Unsagbare zum Ausdruck zu bringen ... Es dürfte deutlich werden, daß die sakrale Kunst eine konstitutive Bedeutung für die religiöse Botschaft hat – und die Bildhaftigkeit nicht herabgesetzt werden kann zur ‚biblia pauperum‘, wie uns der elitäre und sinnenfeindliche Hochmut der Intellektuellen aller Jahrhunderte vormachen will. Dazuhin wird aber auch einsichtig, daß die sinnlich-bildhaft-spielerische Aussageform der Religion nicht äußerlich ist, nicht einfach von außen zur religiösen Aussage hinzugefügt werden kann“. Hier müsse nun auch die Kritik an der Liturgiereform ansetzen: „Nun äußert sich gerade in der Leichtfertigkeit, mit der kollektive Kulturbildungen per Dekret außer Geltung gesetzt werden, der Verfall an fatale Positionen des Zeitgeistes. Und zwar ganz unmittelbar als einer der letzten umfassenden Ausbrüche eines unreflektierten Individualismus: Der Allmachtsphantasie des freischwebenden Riteningenieurs. Freischwebend, ohne Bindung an alte Formen und eben damit als Agent jener Banalitäten, die im Alltagsgemüt bereitliegen und sich allenthalben bei Sportvereins- und Betriebsfesten als Formen des ‚geselligen Beisammenseins‘ breitmachen. ... Es wäre zu naiv, das Ensemble der sakralen Kunst von den romanischen Domen bis zu den Barockmessen lediglich politökonomisch als Herrschaftsausdruck zu sehen und nicht auch als Niederschlag menschlicher Sehnsucht. Aber ebensolche Naivität hat der konziliare und nachkonziliare Vandalismus an den Tag gelegt. Gleichgültig, wie es mit dem Erscheinungsbild eines

---

436 *Baumstark*, Werden, S. VIII.

437 *Lorenzer.*, Buchhalter.

Kirchenraumes bestellt war, der Altar mußte ohne Rücksicht auf den Raum massiv und dauerhaft da aufgerichtet werden, wo es dem konziliaren Schema paßte"[438].

Hier wird eine soziale und tiefenpsychologische Fundierung der Liturgie angesprochen, die nicht einfach Kultkonservativismus will, noch weniger nur Nostalgie, wiewohl Kultvorgänge „leicht depotenziert werden [können], das heißt ihres sakralen Mehrwertes entkleidet und dennoch weiterverwendet werden, sei es aus einer nostalgischen Erinnerung an eine früher erlebte Glaubensgeborgenheit heraus oder aufgrund eines unbewußten Kalkulierens mit der Eventualität einer Heilswirkung"[439].

Hilfreich dürfte ein erneuter Hinweis auf Paul Ricoeurs Stichwort von der post-ethischen Ritualität sein[440]. Religionsgeschichtlich erscheint der Ritus zunächst meist als vorethisch, und seine Ethisierung gilt als entwicklungsgeschichtlicher Durchbruch. Sobald dieser Durchbruch aber ‚progressiv' und ‚emanzipatorisch' verstanden wird, schlägt er in Antiritualität um, so daß ein festgelegter Ritus – nicht anders als alle Institutionalität – als ‚überholt', ja ‚zurückgeblieben' gilt und darum sofort zu eliminieren ist. Ricoeurs Stichwort erinnert daran, daß der Ritus, sobald er ‚verandächtigt' worden ist, eine neuartige Intensität erlangt, die wieder auf minutiöse Sorgfalt achtet, weil sich Wichtiges auch in Einzelheiten ausdrückt, sofern diese zu Bedeutungsträgern geworden sind und von daher als heilig und intangibel gelten. Insofern können bei Veränderungen religionspsychologische Verletzungen nicht verwundern.

e) Religionsgeschichtliche Befunde

Mit dem Konzil hoffte sich der Katholizismus zu entrümpeln, sich schlank und fit zu machen für die Moderne. Alles ‚unmoderne Zeug' sollte beiseitegeschafft und das Aggiornament hergestellt werden. Derzeit freilich zeigt sich eher ein umgekehrter Effekt: Während die Gottesdienste der reformerischen Liturgie leere Bänke zeigen, ist allenthalben eine Renaissance ‚volkstümlicher' Religiosität zu beobachten. Vieles, was an vermeintlich Überholtem abgeschafft war, wird neu praktiziert: Wallfahrten, Patronatsfeste, kindertümliche Lambertus- und Martinusfeste; im Reform-

---

438 *Ders.*, Concilium, S. 157, S. 159f.
439 *Baudy*, Kultobjekte, S. 25.
440 *Ricoeur*, Symbolik, S. 156.

eifer ausgeräumte Statuen und Bilder sind wieder zurückgekehrt; Amateure kaufen Reliquien-Sammlungen zusammen, und deren Ausstellungen ziehen in Massen Besucher an; die Santiago-Pilgerschaft bringt mehr Leute denn je auf die Beine (oder aufs Fahrrad), darunter nicht wenige, die dem kirchlichen Christentum abgesagt haben. Schwerlich ist zu übersehen, daß sich hier Desiderate melden, die gewiß auch ‚paläopsychisch' zu erklären sind, aber eben doch heutige Desiderate artikulieren.

Hatten für die Liturgie-Bewegung nach dem Ersten Weltkrieg gerade auch Impulse aus der Religionsgeschichte, etwa bei Peterson, Bultmann und Casel, mitgewirkt, so ist Vergleichbares für die Liturgiereform des Zweiten Vatikanischen Konzils nicht festzustellen. Dabei haben Religionsgeschichte und Ethnologie Forschungen vorgelegt, die durchaus bemerkenswert sind, auch manche Diskussionen zu klären vermöchten und Polemiken abbauen könnten. Als Beispiel sei hier die Debatte um das Opfer aufgegriffen, wird doch von mehr beharrend-konservativer Seite die Herausstellung des eucharistischen Mahlcharakters und die Vernachlässigung der Opfercharakters kritisiert. Eine Debatte darüber fand aber eher jenseits der Liturgiewissenschaft statt, nämlich in der Dogmatik, und zwar um René Girards Buch ›Das Heilige und die Gewalt‹[441]. Hier erscheint nun, zweifellos als Reflex der Gewaltdiskussion in den 70er Jahren, das Opfer als Entladung gesellschaftlicher Spannungen in der Tötung eines Sündenbocks, nicht aber als geistliches Opfer.

Girards These beruht auf mehreren Setzungen. Am Anfang steht: „Die ungestillte Gewalt sucht und findet auch immer ein Ersatzopfer“[442], nämlich den in Reichweite greifbaren „Sündenbock“[443]. Dabei geschieht „eine eigentlich kollektive Übertragung, die zu Lasten des Opfers geht und interne Spannungen und Groll, Rivalitäten und ... gegenseitige Aggression innerhalb der Gesellschaft betrifft“; immer „gehört es zur Funktion des Opfers, interne Gewalttätigkeiten zu besänftigen und das Ausbrechen von Konflikten zu verhindern“. Die Auffassung, das Opfer diene einer Beziehung zu den Göttern, kann „nicht ernst genommen werden“, vielmehr ist „Gegenstand des Religiösen ... der Mechanismus des versöhnenden Opfers“ mit der Gesellschaft. In dem Maße aber, wie ein verbindliches Gerichtswesen mit staatlichem Gewaltmonopol aufgebaut wird, erübrigt sich das Opfer des Sündenbocks, „daß es dort immer verschwindet, wo sich das Gerichtswesen entwickelt“. Notwendig folgt eine „Krise des Opferkults“, wofür Girard die wichtigsten Belege der griechischen Opferkri-

[441] *Girard*, Gewalt.
[442] Ebd., S. 11.
[443] *Ders.*, Sündenbock.

tik und der alttestamentlichen Kultkritik zitiert, daß damals das Opfer eigentlich seine Funktion verloren habe[444].

Der Innsbrucker Dogmatiker R. Schwager hat im deutschen Sprachraum Girards Thesen in die Theologie überführt: Die alt- und neutestamentlichen Schriften könnten in ein anderes Licht gestellt und neue Einsicht in die innere Einheit der großen biblischen Themen erreicht werden[445]. Die Folge war, daß seither von Opfer erst gar nicht mehr gesprochen wird.

Soeben schreibt etwa der Aachener Religionspädagoge Georg Baudler: „Folgt man den religiösen Mythen der Menschheit, kommt als erstes grundlegend religiöses Verhalten der Versuch in den Blick, die Schicksalsmacht ... durch Opfer zu besänftigen und günstig zu stimmen. So ... ist doch eines für den Opfervorgang charakteristisch: Die Macht, der ich opfere, hat immer etwas Großes und Bedrohliches an sich. Es geht um Gewalt und um Gewaltiges ... Die lateinischen Ausdrücke für ‚opfern', ‚sacrificare' oder ‚immolare', lassen sich nicht in ... [folgendem] Sinne verwenden: Die Mutter liebt ihr Kind und will deshalb, daß es gesund wird; dafür setzt sie alle Mittel ein, die ihr zur Verfügung stehen. Man kann dieses Verhalten als ‚Liebe' und ‚Hingabe' bezeichnen, aber in religionsgeschichtlichem Sinne ist dies eher das Gegenteil von Opfer. Denn Opfer beinhaltet Zerstörung. Im religiösen Opfer annuliere, zerstöre ich eine Wirklichkeit, um sie einer höheren, mir überlegenen und deshalb bedrohlichen Macht zu übergeben"[446].

Weitreichender ist die These von Walter Burkert, der – von einer anderen Forschungstradition herkommend – als Grundformel für das Opfer herausstellt: „Leben für Leben"[447]. Diese Definition gewährleistet, die Opfervorstellung über alle Verwandlungen bis zu Formen der Gegenwart durchzuhalten. Während nämlich bei Girard und seinen Adepten das Phänomen der Spiritualisierung des Opfers mit ihrer Ablehnung der Blutkulte nur noch wie angehängt, ja zur Opfergeschichte nicht mehr zugehörig erscheint[448], trägt die Burkertsche Definition weiter durch, öffnet sich für verwandelnde Aspekte und schließt gerade auch den personalen Einsatz der „Aufopferung" ein. Burkert zitiert genau wie Girard dieselben opferkritischen Worte, sieht darin aber kein Ende, sondern gerade den Wandel, die Heraufkunft der ‚thysia logike'.

---

444 *Ders.*, Gewalt, Zitate, S. 18, S. 27, S. 135, S. 139, S. 33, S. 62.
445 *Schwager*, Sündenbock, S. 11.
446 *Baudler*, Zurück, S. 4.
447 *Burkert*, Kulte, S. 70.
448 *Seiwert*, Opfer, S. 283.

Ihm zufolge resultiert das Opfer, bei dem ursprünglich ein Tier getötet und zugleich dessen Blut „geopfert" wurde, aus der „Idee der Restitution", der Rückgabe des lebenstragenden Blutes an die Götter, also „der Rückgabe an einen Herrn oder eine Herrin des Lebens"[449]; hier zeige sich die „Bereitschaft zu Wiedergutmachung und Anerkennung einer Ordnung"[450]. Dies ist das Erste, und insofern ist „das Opfer ganz den Göttern zugewandt"[451]. Für die Religion bedeutet das: „Grunderlebnis des ‚Heiligen' ist die Opfertötung. Der homo religiosus agiert und wird sich seiner selbst bewußt als homo necans"[452]. Das heißt: Er wird sich seiner bewußt als vom Töten lebend. Ein Zweites kommt hinzu: Sobald der Mensch Großtierjäger geworden war, verfügte er über Waffen, die effektiver als je zuvor auch Artgenossen zu treffen vermochten. „Wenn der Mensch ... überlebt, ja sich ausgebreitet hat, so darum, weil an Stelle angeborener Instinkte die Regeln kultureller Tradition traten"[453]. In Jagd und Tötung „konstituiert sich die solidarische Gemeinschaft"[454], und insofern hat das Opfer auch eine sozial verdichtende und befriedigende Wirkung. Noch für die Antike sieht Burkert es als geläufig an, daß es „um eine Bestätigung des Lebens aus dem Tod"[455] ging; am direktesten sei die „Verbindung von Zerstörung und Aufbau des Lebens ... im Vorgang des Essens" erfahren worden[456]. Von hier aus deutet Burkert die zentrale und durchhaltende Idee des Opfers: „Das Leben setzt den Tod voraus und erhebt sich gerade aus diesem"[457], oder kürzer: „Leben um Leben"[458]. Der Mensch bezieht sein Leben aus anderem Leben.

Die griechische Philosophie vergeistigte das Opfer und führte dabei – das ist das Übergreifende von Burkerts These – die ursprüngliche Grundaussage auf neuartige Weise weiter: Gott sei nur mit wahren Gedanken und sittlicher Gutheit zu dienen, und nötigenfalls müsse für diese Wahrheit und Sittlichkeit der Einsatz des Lebens gewagt werden. Eine sühnende Reinigung durch Blut, die ursprünglich in den Blutopfern mit intendiert war, gilt nun als Besudelung. Der Philosoph Heraklit von Ephesus spottete: „Aber Reinigung von (Blutschuld) suchen sie, indem sie sich mit Blut besudeln ..."[459]; seine neue Forderung heißt: „Bei den Opfern sind zwei Arten zu unterscheiden. Die einen werden dargebracht von

---

449 *Burkert,* Anthropologie, S. 23.
450 Ebd., S. 31f.
451 *Ders.,* Kulte, S. 181.
452 *Ders.,* Homo, S. 9.
453 Ebd., S. 27.
454 *Ders.,* Anthropologie, S. 31.
455 Ebd., S. 33.
456 *Ders.,* Homo, S. 343.
457 *Ders.,* Mysterien, S. 94.
458 *Ders.,* Anthropologie, S. 35.
459 Herakleitos, Fragment 5, in: Fragmente der Vorsokratiker, S. 151.

innerlich vollständig gereinigten Menschen ... Die anderen aber sind materiell"[460]. Dabei möchte Burkert „auch an die christliche Opfer-Theologie ... erinnern: das freiwillige, stellvertretende Sterben, damit andere leben"[461]. So kulminiert die philosophische Opferdeutung in der ‚thysia logike'. Davon ist wesentlich auch Paulus beeinflußt, führt er doch ausdrücklich die ‚logike latreia' (Röm 12,1) an. Joseph Ratzinger beruft sich auf dieses Wort und sieht darin die „Wesensgestalt der christlichen Liturgie"[462].

Aber das erklärt noch nicht alles. Gleichzeitig mit der griechischen Philosophie hatten auch die israelitischen Propheten ein neues Opferverständnis propagiert: statt der Blut- und Brandopfer nunmehr Hörbereitschaft gegen Gott und Sozialbereitschaft gegenüber den Armen. In Psalm 40 heißt es zum Hören: „An Schlacht- und Speiseopfern hast Du kein Gefallen, Brand- und Sündopfer forderst Du nicht. Doch das Gehör hast Du mir eingepflanzt; darum sage ich: Ja, ich komme ... Deinen Willen zu tun ..." (Ps 40,7f). Das Soziale findet sich im Jesaia-Buch: „Das Blut der Stiere, der Lämmer und Böcke ist mir zuwider! Sorgt für das Recht! Helft den Unterdrückten! Verschafft den Waisen Recht, tretet ein für Witwen!" (Jes 1,11;17). Gefordert sind – wie man übersetzt hat – „Hörsamkeit und Brudersinn"[463].

Joseph Ratzinger hat – die ‚logike latreia' als „Wesensgestalt der christlichen Liturgie" wieder hervorhebend – auch auf das Alte Testament zurückverwiesen, so auf die berühmte Hoseia-Stelle: „Liebe will ich, nicht Schlachtopfer, Gotteserkenntnis statt Brandopfer" (Hos 6,6), eine Aussage, die bei Matthäus zweimal zitiert ist (Mt 9,13; 12,7). Aber anders als die Einheitsübersetzung interpretiert Ratzinger: „Bundestreue ist mir lieber als Schlachtopfer, Erkenntnis Gottes lieber als Brandopfer"[464]. Dadurch wird ein entscheidender Anteil der ‚logike latreia' unterschlagen; während nämlich im Griechischen die ‚logike latreia' die Hingabe an die Wahrheit bedeutet, ist die biblisch-prophetische Auffassung vom geistigen Opfer hier zweidimensional: Sie meint vertikal den Gehorsam gegenüber Gottes Wort und horizontal die Sozialverpflichtung, wie es zahlreiche Stellen mit der Ersetzung der Blutopfer zugunsten der Hilfe für Witwen, Waisen, Arme und Unterdrückte zum Ausdruck bringen. Weil beide Dimensionen einschließend, die (Nächsten-)Liebe wie die Gotteserkenntnis, ist das zitierte Hoseia-Wort gerade von besonderer Prägekraft.

---

[460] Ders., Fragment 69, in: ebd., S. 166f.
[461] *Burkert,* Anthropologie, S. 35.
[462] *Ratzinger*, Liturgie, S. 42.
[463] *Deissler,* Opfer, S. 33.
[464] *Ratzinger*, Liturgie, S. 33.

Derzeit regt sich ein neues Interesse am Opfer, sind doch in den letzten Jahren gleich mehrere Publikationen dazu erschienen. Schon 1982 hatte der ökumenische Sammelband ›Das Opfer Jesu Christi und seine Gegenwart in der Kirche‹ in der Reihe ›Dialog der Kirchen‹ die Bedeutung des eucharistischen Selbstopfers hervorgehoben[465]. Speziell gegen die Girard-These hat bald schon Robert Spaemann Bedenken angemeldet: Das Gerichtsmonopol des Staates als Ende der Opfer anzusehen, scheint ihm als „ziemlich naiver Optimismus"[466]; denn so argumentiert er im Gleichklang mit Burkert: „Alles Existierende existiert auf Kosten von anderem ... Der Tod ist der Preis für die Gewalttätigkeit des Lebens"[467], und die „Sünde scheint eine anthropologische Konstante zu sein"[468]. Für das Christentum verweist Spaemann auf die philosophische und prophetische Opferkritik, aber auch auf das geistliche Opfer, um dann zu postulieren: „Das Christentum steht und fällt mit der Idee dieses Opfers"[469]. Für die Liturgie bedeutet das eine „bleibende Bedeutung in der stets sich wiederholenden rituellen Vergegenwärtigung dieses Opfers, also im Meßopfer"[470], in „der erinnernden Vergegenwärtigung eines in der Vergangenheit ein für alle mal zur Vergebung der Sünden vergossenen Blutes"[471]. Die Tübinger Theologen Bernd Janowski und Michael Welker haben soeben einen Sammelband herausgebracht, in dem B. Gladigow „den Einfluß christlicher Vorstellungen auf die ethnologischen und ethologischen Opfertheorien beklagt" und dann definiert: Es „lassen sich praktisch alle Opfertypen von ihrer Funktion her zunächst als kommunikative Rituale bezeichnen, bei denen ein bestimmter Modus des Transportes und der Transformation von Material eine Rolle spielt ..." [472]. Ebenso liegt jetzt ein Sammelband von den deutschen Liturgikern vor, veranlaßt durch die „Aktualität eines alten Themas aus liturgiewissenschaftlicher Sicht" und mit dem Eingeständnis: „Gehörten die Verfechter des ‚Opfercharakters' lange Zeit eher in das rechte Spektrum der Kirche, so scheint aufgrund gewandelter Rahmenbedingungen einer neuen Generation derzeit eine Neubesinnung auf das Opfer stattzufinden"[473].

---

[465] *Lehmann – Schlink*, Opfer.
[466] *Spaemann*, Bemerkungen, S. 17.
[467] Ebd., S. 19.
[468] Ebd., S. 21.
[469] Ebd.
[470] Ebd., S. 15.
[471] Ebd., S. 16.
[472] *Gladigow*, Opfer, S. 86f.
[473] *Gerhards – Richter*, Opfer, S. 8.

10. Am Ende: Was ist organische Liturgieentwicklung?

a) Argumente der Diskussion

Angesichts der evidenten Kirchenkrise und der sich nicht beruhigenden Querelen um die neue Liturgie ist noch einmal auf das Postulat einer ‚organischen Entwicklung' zurückzukommen. Wie kann eine solche Formel angesichts der vielfältigen Umbrüche in der Liturgiegeschichte verstanden werden, wie obendrein für heute richtungsweisend sein? Ein erster Sinn läßt sich mit J. Ratzinger formulieren: als Protest einerseits gegen „Verwüstung", andererseits doch auch gegen „die extreme Konservierung ritueller Form ..., deren Größe immer wieder bewegt; aber wo sie Ausdruck eigensinniger Absonderung ist, hinterläßt sie am Ende nur Traurigkeit"[474].

Doch sind damit nicht alle Fragen beantwortet. Wenn Ratzinger sein von Guardini inspiriertes Liturgiebuch damit beginnt, daß die Liturgie „von einer späteren Übertünchung fast verdeckt" und infolgedessen „weithin ... verborgen" gewesen sei[475], könnte es scheinen, es bedürfe allein der Rückkehr zum Ursprung – was natürlich richtig ist, sofern es sich auf die neutestamentliche Stiftung bezieht, auf deren „Unbeliebigkeit"[476]. Aber das beantwortet nicht die Frage nach der geschichtlichen Ausgestaltung dieser Ursprungsstiftung. Denn hierfür liegt eine evident wechselhafte Geschichte vor, sowohl mit Zugewinn wie mit Defizienzen. Dies hebt auch Ratzinger hervor, ja er argumentiert mit Seitenhieb auf eine vorgeblich altertümelnde Liturgiewissenschaft damit, „daß nicht das Alte an sich und als solches Maßstab sein kann und daß das später Gewordene nicht automatisch als ursprungsfremd eingestuft werden darf"[477]; darum stehe uns „die Verfallstheorie, die Kanonisierung des Anfänglichen und die Romantik des 1. Jahrtausends im Weg"[478]. Das bedeutet: so sehr es „Verluste im christlichen Bewußtsein gegeben hat, die wir heute versuchen müssen, wieder wettzumachen, so hat es doch auch eine Gewinnseite des Ganzen gegeben"[479]. Zu dieser Gewinnseite zählt Ratzinger recht vieles, etwa das pianische Meßbuch. Wir haben aber bereits gesehen, daß hier

---

474 *Ratzinger*, Geleitwort, S. 13.
475 *Ders.*, Liturgie, S. 7.
476 Ebd., S. 18.
477 Ebd., S. 71f.
478 Ebd., S. 74.
479 Ebd., S. 76.

die Forschung kritisch urteilt, daß auch der Streit um den römischen Kanon und seine Interpretation kein Ende finden will.

Wie kontrovers und zuweilen auch emotinell Einzelheiten diskutiert werden, sei an ein paar Gegenüberstellungen demonstriert. Ratzinger wendet sich, um die altkirchliche Gebetsostung neu zu beleben, gegen die Stellung des Priesters ‚versus populum' und zitiert dafür Louis Bouyer, der diese Zelebrationsweise als unhistorisch hingestellt hat: „Niemals und nirgends zuvor [das heißt vor dem 16. Jahrhundert] findet sich ein Hinweis darauf, daß der Frage, ob der Priester mit dem Volk vor oder hinter sich zelebrierte, die geringste Bedeutung beigemessen ... worden sei“[480]. Bouyers Buch erschien 1967 in englischer Version noch vor Otto Nußbaums zwei Jahre später publizierter Habilitationsschrift ›Der Standort der Liturgie am christlichen Altar vor dem Jahre 1000‹; diese bestätigt die zeitweilige Tendenz zur Ostung, stellt aber auch fest: „Seit der Errichtung eigener christlicher Kultbauten hat es keine strenge Regel darüber gegeben, an welcher Altarseite der Liturge seinen Platz haben soll. Er konnte bald vor, bald hinter dem Altar stehen. Als sich die Apsisostung dann zu Beginn des 5. Jahrhunderts durchzusetzten begann, änderte das zunächst nichts an den beiden bereits vorhandenen Möglichkeiten der Ausrichtung von Liturgie und Gemeinde“[481]. Oder noch eine andere Beobachtung: „Mit Ausnahme des Kirchbaus in Griechenland und Nordafrika bevorzugte man in den großen Bischofskirchen, von wenigen Ausnahmen abgesehen, bis ins 6. oder sogar 8. Jahrhundert hinein die Eucharistiefeier versus populum“[482]. Doch dürfte diese Einschätzung zu hoch angesetzt sein[483]. Aber auch Bouyer hatte, trotz besagter Bedenken, „die Zelebration versus populum auf Wunsch [für] möglich“ gehalten, ja „nicht als eine grundsätzliche Frage betrachten“[484] wollen. Weiter zählt Ratzinger es „zu den wahrhaft absurden Erscheinungen der letzten Jahre ..., daß man das Kreuz auf die Seite stellt, um den Blick zum Priester freizugeben“[485]. Bouyer hinwiederum möchte die Stellung des Kreuzes flexibel gehandhabt sehen: „Die Verbindung zwischen Kreuz und Meßfeier kann nie genug betont werden. Es ist [freilich] nicht nötig, das Kruzifix auf den Altar selbst zu stellen. Wird die Messe zum Volk hin gelesen, aber auch sonst, ist ein großes von der Decke hängendes oder auf einem Triumphbogen über dem Altar oder davor aufgerichtetes Kreuz oder ein auf die dahinterliegende Wand gemaltes vorzuziehen“[486].

---

480 *Bouyer*, Liturgie, S. 56.
481 *Nussbaum*, Standort, S. 408.
482 Ebd., S. 449.
483 *de Blaauw,* Architecture, S. 5.
484 *Bouyer*, Liturgie, S. 100, 103.
485 *Ratzinger*, Liturgie, S. 73.
486 *Bouyer*, Liturgie, S. 109.

b) Die christliche Synthese von ‚Außen' und ‚Innen'

Um das Problem einer organischen Entwicklung zu bedenken, ist weit auszuholen. Wenn heute gesagt werden kann, „daß Religion mindestens seit dem Jungpaläolithikum besteht, also seit rund 40.000 Jahren"[487], so scheint das Ritual noch älter zu sein, jedenfalls „älter ... als die artikulierte Sprache", und zudem auch biologisch verankert in „festen Verhaltensprogrammen"; insofern gilt das Ritual als „Komplex vorsprachlicher Prä-Religion"[488]. Zu recht wird deswegen der Mensch ein rituelles Wesen genannt, und die moderne Soziologie beschreibt die bleibende Bedeutung: Ritualität ist ‚paläopsychisch'. Sofern aber die vorhominiden Verhaltensprogramme eine Kultivierung erfahren haben, wird man auch Ritualität für ‚steigerbar' halten. Noch in historischer Zeit sind solche Schritte beobachtbar: vom Ritus zur Ratio, vom Mythos zum Logos, von der Selbstwirksamkeit zur Dialogizität, vom objektiven zum zugleich subjektiven Ritus. Die Gegenwart zeigt mit ihrer Säkularisierung eine zugespitzte Antinomie: einerseits einen bindungslosen Individualismus und zugleich eine Entsubjektivierung, sogar eine Dekonstruktion des Subjekts; andererseits stellt sich die Frage, „durch welche Ordnungs- und Orientierungsleistungen individualistisch organisierte (angeblich atomisierte) Gesellschaften zusammengehalten werden"[489]. Schon hierbei wird deutlich, daß selbst im Alltag „sich Begrüßungs- und Abschieds-, Beerdigungs- und Verliebtheitsrituale [nicht unbedingt] beliebig vertauschen" lassen[490]; sie sind anerkannte und eingeschliffene Formen, und dadurch „erhalten die großen und kleinen Rituale und ‚Muster' ihre Unverwüstlichkeit"[491].

Religionsgeschichtlich gelten Rituale als gottgesetzt, als von der Ewigkeit in die Zeit hineinwirkend. Das heißt freilich nicht, es bliebe alles beim Gleichen. Vielmehr zeigt diese vorgeblich bleibende Ritualität geradezu wesensverändernde Schübe. Der wichtigste dürfte der zur Innerlichkeit sein: der Ritus nicht nur als gottgesetzte Handlungsform, sondern als Ausdruck auch menschlicher Innerlichkeit. Christliche Ritualität will beides verbinden: einerseits Gottes Wort und Tat, andererseits menschliches Antworten und Reagieren, weil es darum geht, „Gott zu lieben mit ganzem Herzen und ganzer Seele, mit all deinen Gedanken und all deiner

487 *Burkert*, Kulte, S. 14.
488 Ebd., S. 35.
489 *Soeffner*, Rituale, S. 7f.
490 Ebd., S. 12.
491 Ebd., S. 13.

Kraft" (Mk 12,30). Insofern sind die inneren Kräfte mit konstitutiv für allen Gottesdienst. Ja mehr noch, sie können und müssen die Ritualität so stark durchdringen, daß deren Formen zum ‚Ausdruck' werden. Solche gefüllten Formen können dann aber zuletzt ‚platzen', oder religiös gesprochen: charismatisch werden. So ist es im frühen Christentum geschehen: ‚freie' Liturgie bei selbstverständlich verpflichtender Bindung an die Überlieferung der Heilshandlungen Jesu Christi, eben an Offenbarungswort und Sakrament. Und sogar noch dort, wo das Innerliche ‚geregelt' wird, kann die Wirkung Formen-auflösend sein. Jesu Verbot des Eides ist dafür ein Beispiel: „Schwört überhaupt nicht ... Euer Ja sei ein Ja, euer Nein ein Nein; alles andere stammt vom Bösen" (Mt 5,34.37). Das klare, von innen her formulierte Wort ersetzt den Eid. Wer sich den ungeheuerlichen Ritus-Apparat, der sich religionsgeschichtlich mit dem Eid verbindet, übrigens auch in der Christen-Geschichte, vor Augen führt, ermißt erst richtig die auflösende Wirkung dieses Jesus-Wortes. Ähnliches gilt für den Toten-Kult: „Laßt die Toten die Toten begraben" (Mt 8,22). Wiederum betraf und betrifft ein solches Wort wesentlich die Liturgie, hat diese doch seit alters in der Totensorge eines ihrer wirksamsten Antriebsmomente gehabt und im Mittelalter zu „une usage obsessionelle de messe" geführt. Kurzum, dadurch, daß die christliche Liturgie mit der Gott-gesetzten Sakramentalität konstitutiv auch die innere menschliche Mitbeteiligung erfordert, kommt ein sprengendes Moment hinein. Geschichtlich haben sich dabei die Gewichtungen kräftig verschoben, so daß die christliche Liturgie eine erhebliche historische Breite zeigt: vom freien, nicht verschriftlichten Ritus zur festgeschriebenen und quasi-automatisch wirkenden Ritualität. Erst im Mittelalter ist Liturgie stark formgebunden gesehen und benutzt worden, um möglichst viele religiöse und lebensweltliche Erfordernisse zu ritualisieren. Das mußte bei beginnender Neuzeit einen Umbruch, sogar einen Abbruch bewirken. Tatsächlich wurde die Liturgie immer mehr zum Ausdruck menschlicher Innerlichkeit und Religiosität. Hier nun hat die religionsgeschichtliche Forschung der Jahrhundertwende eine Neuentdeckung bewirkt: die Wiederentdeckung der Sakramente als eines Handelns Gottes in kultisch-liturgischen Akten. Gemäß dem Neuen Testament ist christliche Liturgie zurückgebunden an die Offenbarung Jesu Christi; schon Paulus betont das „Empfangenhaben vom Herrn". Für die konkrete Ausgestaltung obwaltet dennoch kein fraglos repetitives Muster.

Einzubeziehen sind die zivilisatorischen Vorbedingungen, die sich Religion zu schaffen pflegt und benutzt, auch die christliche. Insofern ist die Liturgiegeschichte aufs engste mit Kultur- und Kunstgeschichte verbunden. Nicht nur das Buch ist anzuführen, ebenso die Bau- und Bildkunst wie auch die Musik. Die anfängliche Scheu im Christentum gegen Bilder, Sakralbauten und Musik ist geradezu revolutionär überwunden worden, so daß der christliche Kult in vielfältigster und intensivster Weise kunst- und kulturschöpferisch werden konnte. Man vergegenwärtige sich nur den virtuosen Aufwand des Barock mit seinen Himmelsgemälden, Schaugeprängen, Bildkulissen und Feuerwerken, auch noch mit seiner aufwendigen Musikkultur bis hin zu einer Orgel in jeder Kirche. Dieses als organische Entwicklung zu bezeichnen, geht nur, wenn man den heutigen Bestand rückwärtsblickend als ‚logische' Gewordenheit deutet. Hermeneutisch ist dabei aber Obacht zu geben, daß nicht heutig Bestehendes und derzeit als richtig Geltendes allzu selbstverständlich in den Anfang zurückprojiziert wird. Beispiele für solch rückschauende Supponierug heutiger Selbstverständlichkeiten bietet etwa die Bildverehrung, wie es Hans Belting pointiert herausstellt: „Die meisten heutigen Bücher übernehmen diese Argumente [für eine Bildverehrung] mit der gleichen andächtigen Scheu, mit der ihre Autoren vor den Ikonen stehen. Sie fördern damit den Irrtum, es handele sich hierbei um genuin christliche und genuin intellektuelle Deutung des Bildes"[492].

Die Gegenprobe, vom Anfang her voranzuschreiten, zeigt ein deutlich anderes Bild: Vom frühen Christentum und seiner Liturgiepraxis her waren Barockkuppeln, Altargemälde, Orchestermessen, Orgelgebraus, Priestergewänder und vieles sonst unausdenkbar, ja erstaunlich und – etwa in der Bilderfrage – sogar befremdlich. Folglich werden all solche Ausgestaltungen immer wieder neu auf Gewinn oder Verlust hin abgewogen werden müssen. Sofern zugegeben wird, daß positive Zugewinne zu verzeichnen sind, kann man eine pure Rückkehr zu den ältesten erreichbaren Gestalten nur als verfehlt ansehen. Darum gilt zugleich auch immer, Offenheit für Kommendes zu wagen. So bietet der von Ratzinger zu Rate gezogene L. Bouyer nicht wenige Beispiele dafür, „daß die Tradition in bezug auf den Gottesdienst in den Kirchen des Westens durch das ganze Mittelalter hindurch bis in die moderne Zeit weit geschmeidiger war, als wir es heute annehmen

---

[492] *Belting*, Bild, S. 164.

möchten"[493]. Folglich stellt sich gerade für heute die Frage, ob angesichts derzeitiger Umbrüche und neuer Medien die Liturgie herausgehalten werden kann. Soeben schreibt der Vorsitzende der Deutschen Bischofskonferenz, Karl Lehmann, zur Krise des Gottesdienstbesuchs: „Ich glaube, daß wir auch ganz neue Versuche machen müssen"[494]. Dies gilt um so mehr, als ja mit Guardini ganz neu nach ‚Liturgiefähigkeit' zu fragen ist[495].

d) Epochenhaftigkeit

Obendrein ist die Epochenhaftigkeit, die sich in der Liturgiegeschichte zeigt, neu zu bedenken. Im Gesamtverlauf zeigen sich weitausschwingende Verständnisamplituden: die altkirchliche Eucharistie und die mittelalterliche Messe, das tridentinische Meßopfer und die Guardinische Mahlgemeinschaft. Das läßt nach dem durchgetragenen Kern fragen. Die Urteile der Forschung sind teilweise recht entschieden.

So beklagt etwa L. Bouyer die Trennung von Klerus und Volk schon seit der Spätantike: „Denn nun waren der Bischof und der Klerus nicht mehr nur für den ersten Teil des Gottesdienstes von der Versammlung getrennt, sie blieben auch während der Eucharistie in ihrer erhabenen Isolierung. Sogar der Altar wurde in den ausschließlich für sie bestimmten Bereich verlegt ... Eine der großen Leistungen Gregors des Großen war es, den römischen Basiliken monastische Gemeinschaften beizugesellen, die täglich eine immer kunstvollere Liturgie feierten, aber nicht sosehr für die Gläubigen als vielmehr an ihrer Stelle. Zu dieser Zeit läßt sich feststellen, daß der Gottesdienst nicht mehr länger eine öffentliche gemeinsame Angelegenheit der ganzen Kirche war, sondern zur halbprivaten Feier einer Gemeinschaft von Mönchen und des Klerus geworden war, in einer kaum noch von Laien besuchten Kirche. Das Verschwinden der päpstlichen Homilie lange vor Gregor dem Großen und der halbmonastische Charakter seiner eigenen Homilien, als er den Brauch wieder einzuführen versuchte, spricht deutlich für diese Tatsache"[496].

Aus solchen Varianzen kann man die Folgerung ableiten, daß eben jede Zeit ihre epochenspezifische Auffassung realisiert habe und es deshalb in der Gegenwart nicht an Mut zur Verheutigung fehlen dürfe. Da zudem ein gegenüber früher durchaus differenzierteres historisches Erkenntnisinstrumentarium zur Verfügung steht, können sich wohlüberlegte Möglichkeiten der Verheutigung eröffnen. Zugleich

---

[493] *Bouyer*, Liturgie, S. 78.
[494] *Lehmann*, Zeit, S. 11.
[495] *Klöckener,* Freiheit.
[496] *Bouyer*, Liturgie, S. 50–52.

aber zeigt uns dieses Instrumentarium auch neue Einblicke in das verpflichtende Erbe, bindet uns insofern stringenter und schützt vor naiver und vorschneller Veränderung. Folglich spricht eine hohe Plausibilität für einen historischen Ausgleich oder besser: für die ‚longue durée', gerade auch christlicherseits und speziell katholischerseits. Das ganze Feld der ‚religionsgeschichtlichen Universalien', von denen heute gesprochen wird, zeigt die Bedeutung des Andauernden, aber doch auch die christlicherseits notwendigen Veränderungen. Wiederum ein Beispiel aus dem Munde Jesu: das Gesetz des Ausgleichs. Es ist mit Marcel Mauss der uralte Gedanke, daß alles Weltgeschehen sich im Ausgleich vollziehe und dementsprechend alles menschliche Handeln zu ‚vergelten' habe: Gleiches um Gleiches.[497] Jesus bewegte sich in dieser Denkbahn und hob dennoch dieses Vergeltungsgesetz auf: „Nach dem Maß, mit dem ihr meßt und zuteilt, wird auch euch zugeteilt werden" (Mt 7,2). Ist es zunächst wie ein selbstverständliches Rechnen mit diesem Gesetz, so erfolgt doch zugleich seine Aushebelung. Ganz zentral für die Liturgie ist die altkirchliche Betonung des ‚unblutigen Opfers', wiederum ein religionsgeschichtlicher Bruch mit ältesten Religionsvorstellungen.

Seit der Neuzeit ist sodann der Pendelschlag der Generationen zu bedenken: zum Beispiel die antiliberale Generation nach dem Ersten Weltkrieg mit ihrem Verlangen nach neuer Objektivität als Gegenschlag gegen die liberale Theologie. Ist das nun ein dauerndes Hin und Her, bei dem man sich am besten gleich in die Mitte stellt und das Pendel anhält? Doch zeigt gerade die Liturgiegeschichte der letzten hundert Jahre, daß mit der Wendung zum Objektiven Wichtiges und Richtiges neu ins Bewußtsein getreten ist, was bei Anhalten des Pendelschlags nicht zum Vorschein gekommen wäre. Doch stellen sich sofort auch neue Fragen. Die Leistung der Guardini-Generation als Rückführung zum Zentralen zu interpretieren, läßt nämlich nach dem Vorher fragen: War es zuvor eine Zeit ohne dieses Zentrale? Konnte eine Liturgie, der das Zentrale eigentlich nicht bewußt war, noch ihre Vollgestalt behaupten? Je höher darum eine Wiederentdeckung veranschlagt wird, desto verschärfter sind die Folgeprobleme.

e) Offene Zukunft

Weiter, wer immer die Möglichkeit zentraler Wiederentdeckungen bejaht, wird nicht ausschließen dürfen, daß solche auch in Zukunft

---

497 *Mauss,* Gabe.

geschehen können. Wer hätte sich im traditionellen Katholizismus zum Beispiel vorzustellen vermocht, daß ein Papst die römische Synagoge besucht oder sein Einvernehmen zum Bau einer Moschee in Rom erklärt? Beides wird heute als vom Kern des Christlichen her als selbstverständlich hingestellt. Warum dann aber dasselbe nicht auch früher schon, etwa unter Pius IX.? Ja, daß Johannes Paul II. solche Schritte tat, ist sicherlich auch Auswirkung des Holocaust, zeigt dadurch aber, daß sogar außerkirchliche Zeitereignisse einen Kairos eröffnen, der Wesentliches im Christentum neu sehen lehrt und doch nicht im Vorhinein ausrechenbar ist. Wenn folglich in der Christentumsgeschichte immer mit dem Kairos zu rechnen ist, so dürfte dasselbe auch für die Liturgie gelten, obwohl sie doch wesentlich an die Stiftung Jesu gebunden bleibt.

In solchen und vielen anderen Punkten wird deutlich, daß das Christentum sich als ‚unruhige', ja religionsgeschichtlich als eine ‚umstürzlerische' Religion gebärdet. Daraus konnte und kann die Liturgie nicht herausgehalten werden. Sie vermittelt Ewiges und ist doch auch der wechselnden Geschichte und ihrem Kairos verpflichtet. Das Wort von der ‚ecclesia semper reformanda' gilt – da die Liturgie eminent Kirche-erbauend ist – ebenso von dieser selbst. Natürlich bleibt das Postulat der Kontinuität dort gültig, wo die Fortsetzung und Durchhaltung des in und mit Jesus Christus gestifteten Auftrags ansteht. Die Verwirklichung dieses Auftrags in der Zeit aber hat ihre unvorhersehbaren Konkretisierungen, denen Raum zu geben ist. Von hierher zeigt sich, daß ein Verharren bei einer vorgeblich unveränderlichen Liturgieform zwar das zweifellos starke religionspsychologische Verlangen nach Bleibendheit zu befriedigen vermag, nicht aber das Erfordernis, die ‚Gunst der Stunde' wahrzunehmen. Die Liturgiepraxis steht hier vor einer schwierigen, weil immer neu zu lösenden Aufgabe: die Stiftung Jesu Christi durchzuhalten in einer wechselnden, ob nun wachsenden oder defizitären Geschichte und nunmehr sogar in der „beschleunigten Neuzeit" (R. Kosselek). Auch in künftiger Liturgiegeschichte wird sich derzeit noch Unabsehbares vollziehen. Weiterhin wird sich ereignen, was die Liturgie-Konstitution des Zweiten Vatikanischen Konzils für die Gegenwart anmahnt: Ziel sei, „das christliche Leben unter den Gläubigen mehr und mehr zu vertiefen, die dem Wechsel unterworfenen Einrichtungen den Notwendigkeiten unseres Zeitalters besser anzupassen"[498].

---

[498] Sacrosanctum Concilium 1.

Quellenverzeichnis

Die in den Anmerkungen verwendeten Kurztitel sind im Quellen- und Literaturverzeichnis kursiv gesetzt. Die Abkürzungen folgen S. M. Schwertner, Theologische Realenzyklopädie, Abkürzungsverzeichnis, Berlin [2]1994.

Admonitio generalis (MGH.Cap 1).

Augustinus, *De civitate Dei* (CChr.SL 48); Üb. WILHELM THIMME, Aurelius Augustinus. Vom Gottesstaat, 2 Bde., München 1977/78.

Ders., *In Johannis Evangelium* (CChr.SL 36).

Beda Venerabilis, *Historia ecclesiastica* gentis Anglorum, ed. BETRAM COLGRAVE – R.A.B. MYNORS, Oxford [6]1992.

Caeremoniae nigrorum monachorum ordinis Sancti Benedicti de observantia Bursfeldensi. Lat./dt., üb. v. LEO TRUNK, Münsterschwarzach 1985.

Capitula de causis cum episcopis et abbatibus tractandis (MGH.Cap 1).

Capitulare missorum (MGH.Cap 1).

Concilium Lateranense I, in: Conciliorum Oecumenicorum Decreta, ed. GUISEPPE ALBERIGO, Freiburg 1973, S. 187–194.

Concilium Toledanum ed. JOSÉ VIVES, Concilios Visigóticos. E Hispano – Romanos (EspCrist.T 1), Barcelona 1963.

Consuetudines canonicorum regularium Rodenses (lat./dt.), üb. u. eingel. v. HELMUT DEUTZ (FC 11,1), Freiburg u. a. 1993.

Decretum Gratiani I, ed. EMIL FRIEDBERG, (CIC(L) 1), ND Graz 1955.

Der große Seelentrost. Ein niederdeutsches Erbauungsbuch des vierzehnten Jahrhunderts, ed. MARGARETE SCHMITT (Niederdeutsche Studien 5), Graz 1959.

Die *Fragmente der Vorsokratiker.* Gr./dt., ed. HERMANN DIELS – WALTER KRANZ, 3 Bde., Berlin [6]1951f.

Gerhard von Frachet, *Vitae Fratrum* Ordinis Praedicatorum, ed. BENEDICTUS M. REICHERT, (Monumenta Ordines Praedicatorum Historia I), Rom – Stuttgart 1897.

Gertrud von Helfta, *Legatus* divinae pietatis, Buch IV, ed. J.-M. CLEMENT – B. DE VREGITTE (SC 255), Paris 1978.

Gregor der Große, *Registrum epistolarum* (CChr.SL 140 A).

Honorius Augostodunensis, *Gemma animae* II (PL 172).

Hugo von St. Victor, *De sacramentis* fidei Christianae (PL 176), Sp. 174–618.

Iohannes Busch, Chronicon Windeshemense und Liber de reformatione monasteriorum, ed. Karl Grube (Geschichtsquellen der Provinz Sachsen und angrenzender Gebiete 19), Halle 1886.

Kant, Immanuel, Die *Religion* innerhalb der Grenzen der bloßen Vernunft, hg. v. Karl Vorländer (PhB 45), Hamburg ^{9}1990, S. 197f.

Meister Eckhart, Deutsche *Predigten* und Traktate, ed. u. üb. v. Josef Quint, München ^{5}1978.

Das Neue Testament. *Interlinearübersetzung*. Gr./dt, üb. v. Ernst Dietzfelbinger, Neuhausen – Stuttgart ^{5}1994.

Rupert von Deutz, *De divinis officiis* (CChr.CM 7).

Ders., *De vita vere apostolica* (PL 170).

Das *Sacramentarium Gregorianum* nach dem Aachener Urexemplar (LQ 3), ed. Hans Lietzmann, Münster 1921.

Sacramentarium Rhenaugiense, ed. Anton Hänggi – Alfons Schönherr (SpicFri 15) Fribourg 1970.

Sacrosanctum Concilium, in: Das Zweite Vatikanische Konzil. Konstitutionen, Dekrete und Erklärungen. Lat-dt. Kommentare 1 (LThK^{2} 12), Freiburg 1966, S. 9–109.

Seuse, Heinrich, *Briefbüchlein*, ed. Karl Bihlmeyer, Heinrich Seuse. Deutsche Schriften, ND Frankfurt a. M. 1961; Üb. Nikolaus Heller, Des Mystikers Heinrich Seuses O. Pr. Deutsche Schriften, Heidelberg 1926.

Ders., Büchlein der Ewigen *Weisheit*, ed. Karl Bihlmeyer, Heinrich Seuse. Deutsche Schriften, ND Frankfurt a. M. 1961; Üb. Nikolaus Heller, Des Mystikers Heinrich Seuses O. Pr. Deutsche Schriften, Heidelberg 1926.

Ders., *Horologium Sapientiae*, ed. Pius Künzle (SpicFri 23), Freiburg/ Schweiz 1977.

Ders., *Leben* Seuses, ed. Karl Bihlmeyer, Heinrich Seuse. Deutsche Schriften, ND Frankfurt a. M. 1961; Üb. Nikolaus Heller, Des Mystikers Heinrich Seuses O. Pr. Deutsche Schriften, Heidelberg 1926.

Sicardus von Cremona, *Mitrale* sive de officiis Ecclesiasticis summa (PL 213), Sp. 4–434; Üb. Friedrich Ohly, Kathedrale als Zeitenraum. Zum Dom von Siena, in: Ders., Schriften zur mittelalterlichen Bedeutungsforschung, Darmstadt 1977, S. 171–274.

Das *St. Trudpeter Hohelied*. Eine Lehre der liebenden Gotteserkenntnis, ed. Friedrich Ohly (Bibliothek des Mittelalters 2), Frankfurt/M. 1998.

Tauler, Johannes, *Predigten*, ed. Georg Hofmann, Freiburg – Basel – Wien 1961.

Thomas von Aquin Kommentar zum *Römerbrief*, ed. u. üb. Helmut Fahsel, Freiburg 1927.

Thomas von Kempen, *De imitatione Christi*, ed. Michael Joseph Pohl, Opera omnia 2, Freiburg i. Br. 1903, S. 89–138; Üb. Hermann Endrös,

Nachfolge Christi des Thomas Hemerken aus Kempen genannt Thomas von Kempen, München 1949, S. 187–227.
Traditio Apostolica – Apostolische Überlieferung Lat./dt., üb. WILHELM GEERLINGS, in: FS 1, Freiburg – Basel – Wien 1991, S. 212–313.
Wilhelm von Saint-Thierry, *Epistola aurea* ed. u. üb. BERNHARD KOHOUT-BERGHAMMER, Goldener Brief. Brief an die Brüder vom Berge Gottes (Texte der Zisterzienser-Väter 5), Eschenbach 1992.

Literaturverzeichnis

ACKEN, JOHANNES VAN, Christozentrische *Kirchenkunst*. Ein Entwurf zum liturgischen Gesamtkunstwerk, Gladbeck 1922.

ACKERMANN, MARION, Eine *Sprache*, die besser wirkt als Esperanto. Überlegungen zum Einfluß des Spiritismus auf Kandinsky, in: MORITZ BASLER (HILDEGARD CHÂTELLIER, Mystique, mysticisme et modernité en Allemagne de 1900. Mystik, Mystizismus und Moderne in Deutschland um 1900 (Faustus/Études germaniques), Straßburg 1998, S. 187–201.

ADAM, KARL, Das Wesen des *Katholizismus* (Veröffentlichungen des Verbandes kath. Akademiker zur Pflege der kath. Weltanschauung), Düsseldorf 1925.

ADRIAN, JOSEF, Art. *Anthropozentrisch*, in: LThK 1 (^{1}1930), S. 482.

ALAND, KURT (Hg.), *Glanz* und Niedergang der deutschen Universität. 50 Jahre deutscher Wissenschaftsgeschichte in Briefen an und von Hans Lietzmann (1892–1942), Berlin (New York 1979.

ALTERMATT, ALBERICH MARTIN, Die erste *Liturgiereform* von Citeaux (ca. 1099–1133), in: RoJKG 4 (1985), S. 119–148.

ALTERMATT, URS, *Katholizismus*: Antimodernismus mit modernen Mitteln?, in: DERS. – HEINZ HÜRTEN – NIKOLAUS LOBKOWICZ (Hg.), Moderne als Problem des Katholizismus (EichB 28), Regensburg 1995, S. 3–50.

ALTHOFF, GERD, *Amicitiae* und Pacta. Bündnis, Einung, Politik und Gebetsgedenken im beginnenden 10. Jahrhundert (SMGH 37), Hannover 1992.

DERS., *Otto* III., Darmstadt 1996.

DERS., *Spielregeln* der Politik im Mittelalter. Kommunikation in Friede und Fehde, Darmstadt 1997.

DERS., *Verwandte*, Freunde und Getreue. Zum politischen Stellenwert der Gruppenbindungen im frühen Mittelalter, Darmstadt 1990.

ANGENENDT, ARNOLD, *Bonifatius* und das Sacramentum initiationis. Zugleich ein Beitrag zur Geschichte der Firmung, in: RQ 72 (1977), S. 133–183.

DERS., Das *Frühmittelalter*. Die abendländische Christenheit von 400 bis 900, Stuttgart – Berlin – Köln ^{2}1995.

DERS., Die *Liturgie* bei Heinrich Seuse, in: FRANZ J. FELTEN – NIKOLAS JASPERT (Hg.), Vita Religiosa im Mittelalter. FS Kasper Elm (BHSt 31 Ordensstudien XIII), Berlin 1999, S. 877–897.

DERS., Die *Reliquien* und ihre Verehrung im Mittelalter, in: LUDGER HONNEFELDER – NORBERT TIPPEN – ARNOLD WOLF (Hg.), Dombau und Theologie im mittelalterlichen Köln. FS Kölner Dom und Joachim Meisner (Studien zum Kölner Dom 6), Köln 1998, S. 309–322.

DERS., Geschichte der *Religiosität* im Mittelalter, Darmstadt ²2000.

DERS., *Heilige* und Reliquien. Die Geschichte ihres Kultes vom frühen Christentum bis zur Gegenwart, München ²1997.

DERS., *Kaiserherrschaft* und Königstaufe. Kaiser, Könige und Päpste als geistliche Patrone in der abendländischen Missionsgeschichte (AFMF 15), Berlin – New York 1984.

DERS., *Karl* der Große als ‚rex et sacerdos', in: RAINER BERNDT (Hg.), Das Frankfurter Konzil. Kristallisationspunkt karolingischer Kultur, Frankfurt a.M. 1997, S. 255–278.

DERS., *Libelli* bene correcti. Der „richtige Kult" als ein Motiv der karolingischen Reform, in: PETER GANZ (Hg.), Das Buch als magisches und als Repräsentationsobjekt, Wiesbaden 1992, S. 117–135.

DERS., *Missa* specialis. Zugleich ein Beitrag zur Entstehung der Privatmessen, in: FMSt 17 (1983), S. 153–221.

DERS., „Mit reinen Händen". Das Motiv der kultischen *Reinheit* in der abendländischen Askese, in: GEORG JENAL (Hg.), Herrschaft, Kirche, Kultur. Beiträge zur Geschichte des Mittelalters. FS Friedrich Prinz (MGMA 37), Stuttgart 1993, S. 297–316.

DERS., Peter *Abaelard*, in: GK 3, S. 148–160.

DERS., Rex et Sacerdos. Zur Genese der *Königssalbung*, in: NORBERT KAMP – JOACHIM WOLLASCH (Hg.), Tradition als historische Kraft. Interdisziplinäre Forschungen zur Geschichte des frühen Mittelalters. FS Karl Hauck, Berlin – New York 1982, S. 100–118.

DERS., *Säkularisation* der Vergangenheit und ihre Folgen für Bau- und Kunstwerke, Vortrag im September 2000 vor ›Deutsches Nationalkommitee für Denkmalschutz‹, [im Druck].

DERS., Seuses Lehre vom *Ablaß*, in: REMIGIUS BÄUMER (Hg.), Reformatio Ecclesiae. Beiträge zu kirchlichen Reformbemühungen von der Alten Kirche bis zur Neuzeit. FS Erwin Iserloh, Paderborn u. a. 1980, S. 143–154.

DERS. u. a., Gezählte *Frömmigkeit*, in: FMSt 29 (1995), S. 1–71.

ARBEITSKREIS FÜR KIRCHLICHE ZEITGESCHICHTE (AKKZG) Münster (Hg.), *Katholiken* zwischen Tradition und Moderne. Das katholische Milieu als Forschungsaufgabe, in: WF 43 (1993), S. 588–654.

ARNOLD, CLAUS, *Katholizismus* als Kulturmacht. Der Freiburger Theologe Joseph Sauer (1872–1949) und das Erbe des Franz Xaver Kraus (VKZG.F 86), Paderborn u. a. 1999.

ART. Dold, Alban, in: BBKL 1 (1975), S. 1351–1353, o.V.

ASSMANN, JAN, Das kulturelle *Gedächtnis*. Schrift, Erinnerung und politische Identität in frühen Hochkulturen, München ²1997.

DERS., *Moses* der Ägypter. Entzifferung einer Gedächtnisspur, Darmstadt 1998.

AUBERT, ROGER, Zwischen der *Revolution* von 1830 und der Krise von 1848, in: HKG(J) VI/1 (1971), S. 311–504.

AUFSATZSAMMLUNG ‚In memoriam Odo *Casel* OSB (1886–1948)', in: ALW 28 (1986), S. 1–42, S. 173–234, S. 357–395.

BANGERT, MICHAEL, *Demut* in Freiheit. Studien zur Geistlichen Lehre im Werk Gertruds von Helfta (SSTh 21), Würzburg 1997.

BAERTSCH, JÜRGEN, Die *Feier* des Osterfestkreises im Stift Essen (Quellen und Studien des Bistums Essen 6), Münster 1997.

BARTH, KARL, Theologische *Existenz* heute (ZZ.B 2), München ^{7}1933.

BAUDLER, GEORG, *Zurück* zu den Ursprüngen! Christen auf dem Weg ins neue Jahrtausend, in: ThRv 96 (2000), S. 3–10.

BAUDY, GERHARD, Art. *Kultobjekte*, in: HRWG 4 (1998), S. 17–32.

BAUER , JOHANNES B.– FELBER, ANNELIESE, Art. *Herz*, in: RAC 14 (1988), S. 1093–1131.

BAUMGARTNER, ALOIS, *Sehnsucht* nach Gemeinschaft. Ideen und Strömungen im Sozialkatholizismus der Weimarer Republik (BkathF.B), München u. a. 1977.

BAUMSTARK, ANTON, Das *Gesetz* der Erhaltung des Alten in liturgisch hochwertiger Zeit, in: JLW 7 (1927), S. 1–23.

DERS., *Liturgie* COMPARÉE. Princeps et méthodes pour l'étude historique des liturgies chrétiennes, Chevetogne ^{3}1953.

DERS., Vom geschichtlichen *Werden* der Liturgie (EcOra 10), Freiburg i.Br. 1923.

BECK, HANS GEORG, Die griechische Kirche im Zeitalter des *Ikonoklasmus*, in: HKG(J) III/1 (1966), S. 31–61.

BELTING, HANS, *Bild* und Kult. Eine Geschichte des Bildes vor dem Zeitalter der Kunst, München 1990.

DERS., Bild und *Publikum* im Mittelalter, Berlin 1981.

DERS., Die *Erfindung* des Gemäldes. Ästhetik und Weltbezug des neuen Staffeleibildes, in: DERS. (CHRISTANE KRUSE (Hg.), Die Erindung des Gemäldes. Das erste Jahrhundert der niederländischen Malerei, München 1994, S. 33– 93.

BENZ, KARL J., *Untersuchung* zur politischen Bedeutung der Kirchweihe unter Teilnahme der deutschen Herrscher im hohen Mittelalter (Regensburger Hist. Forschungen 4), Kalmünz 1975.

BENZ, RICHARD, Die *Renaissance*, das Verhängnis der deutschen Cultur (Blätter für deutsche Art und Kunst 1), Jena 1915.

BERGER, DAVID, *Thomas* von Aquin und die Liturgie (Editiones Thomisticae), Köln ^{2}2000.

BERGER, RUPERT, Art. *Braun*, in: LTK 2 (^{3}1994), S. 660.

BERGER, THERESA, *Liturgie*, Spiegel der Kirche. Eine systematisch-theologische Analyse des liturgischen Gedankenguts im Traktarianismus (FSÖTh 52), Göttingen 1986.

BERNING, VINCENT (Hg.), Hermann *Platz* (1880–1945). Eine Gedenkschrift, Düsseldorf 1980.

BERTRAM, ERNST, *Nietzsche*. Versuch einer Mythologie, Bonn ^{8}1965.

DERS., Wie *deuten* wir uns?, in: DERS., Dichtung als Zeugnis. Frühe Bonner Studien zur Literatur, Bonn 1967, S. 119–135.

BEYER, OSKAR, *Romanik*. Sinn und Wesen früher mittelalterlicher Kunst, Berlin 1926.

BIHLMEYER, KARL, *Kirchengeschichte* auf Grund des Lehrbuches von F. X. Funk 3: Die Neuzeit und die neueste Zeit, Paderborn $^{8/9}$1934.

BIRNBAUM, WALTER, Das *Kultusproblem* und die liturgische Bewegung des 20. Jahrhunderts 1: Die deutsche katholische liturgische Bewegung, Tübingen 1966.

BISCHOFF, BERNHARD, Die *Hofbibliothek* Karls des Großen, in: DERS. (Hg.), Mittelalterliche Studien. Aufsätze zur Schriftkunde und Literaturgeschichte, Bd 3, Stuttgart 1981, S. 149–169.

BITTER, GOTTFRIED, Art. *Jungmann*, in: LThK 5 (^{3}1996), S. 1099f.

BLAAUW, SIBLE DE, Architecture and Liturgie, in: ALW 33 (1991), S. 1–34.

BLESSING, WERNER K., *Kirchengeschichte* in historischer Sicht. Bemerkungen zu einem Feld zwischen den Disziplinen, in: ANSELM DOERING-MANTEUFFEL (KURT NOWAK (Hg.), Kirchliche Zeitgeschichte. Urteilsbildung und Methoden, Stuttgart u. a. 1996, S. 14–59.

BLICKLE, PETER, Die *Reformation* und kommunaler Geist, in: DERS. (JOHANNES KUNISCH (Hg.), Kommunalisierung und Christianisierung. Voraussetzungen und Folgen der Reformation 1400(1600 (Zeitschrift für hist. Forschung. Beiheft 9), Berlin 1989, S. 9–28.

BOOCKMANN, HARTMUT, *Belehrung* durch Bilder, in: DERS., Wege ins Mittelalter. Historische Aufsätze, ed. DIETER NEITZERT – UWE ISRAEL – ERNST SCHUBERT, München 2000, S. 205–299.

DERS., Das fünfzehnte *Jahrhundert* in der deutschen Geschichte, in: HZ.B NF 20, S. 485–511.

BORGOLTE, MICHAEL, *Sozialgeschichte* des Mittelalters. Eine Forschungsbilanz nach der deutschen Einheit (HZ.B NF 22), München 1996.

BOULEY, ALLEN, From *Freedom* to Formula. The Evolution of the Eucharistic Prayer from Oral Improvisation to Written Texts (SCA 21), Washington DC 1982.

BOUYER, LOUIS, Liturgical *Piety*, Notre Dame 1955.

DERS., *Liturgie* und Architektur (Theologia Romanica 18), Einsiedeln 1993.

BRADSHAW, PAUL E., The *Homogenization* of Christian Liturgy, in: StLi 26 (1996), S. 1–15.

BRANDENBURG, HUGO, Art. *Kirchenbau* I, in: TRE 18 (1989), S. 421–442.

DERS., Roms frühchristliche *Basiliken* des 4. Jahrhunderts, München 1979.

BRAUNGART, WOLFGANG, *Ritual* und Literatur (Konzepte der Sprach- und Literaturwissenschaft 53), Tübingen 1996.

Breuer, Stefan, Stefan *George* und der ästhetische Fundamentalismus, in: Sinn und Form 49 (1997), S. 858–866.

Breuning, Klaus, Die *Vision* des Reiches. Deutscher Katholizismus zwischen Demokratie und Diktatur (1929–1934), München 1969.

Brommer, Peter, Die bischöfliche *Gesetzgebung* des Theodulf von Orléans, in: ZSRG.K 60 (1974), S. 1–120.

Browe, Peter, Die Eucharistie als *Zaubermittel*, in: AkuG 20 (1930), S. 134–154.

Ders., Die eucharistischen *Wunder* des Mittelalters (BSHT.NF 4), Breslau 1938.

Brülls, Holger, Neue *Dome*. Wiederaufnahme romanischer Bauformen und antimoderne Kulturkritik im Kirchenbau der Weimarer Republik und der NS-Zeit, Berlin 1994.

Brunhölzl, Franz, Art. *Blume*, in: LThK 2 (^{3}1994), S. 530.

Bugnini, Annibale, Die *Liturgiereform* 1948–1975. Zeugnis und Testament, Freiburg – Basel – Wien 1988.

Bultmann, Rudolf, *Theologie* des Neuen Testaments, ed. Otto Merk, Tübingen ^{8}1980.

Burkert, Walter, *Anthropologie* des religiösen Opfers. Die Sakralisierung der Gewalt (Carl Friedrich von Siemens Stiftung, Themen XL), München ^{2}1987.

Ders., Antike *Mysterien*. Funktionen und Gehalt, München ^{2}1991.

Ders., Griechische *Religion* der archaischen und der klassischen Epoche (RM 15), Stuttgart u. a. 1977.

Ders., *Homo* necans. Interpretation altgriechichischer Opferriten und Mythen, Berlin (New York ^{2}1997.

Ders., Klassisches *Altertum* und antikes Christentum. Probleme einer übergreifenden Religionswissenschaft (Hans-Lietzmann-Vorlesungen 1), Berlin – New York 1996.

Ders., *Kulte* des Altertums. Biologische Grundlagen der Religion, München 1998.

Buschmann, Johanna, Beuroner *Mönchtum.* Studien zu Spiritualität, Verfassung und Lebensformen der Beuroner Benediktinerkongregation von 1863 bis 1914 (BGAM 43), Münster 1994.

Cabrol, Fernand, Die *Liturgie* der Kirche, Kempten – München 1906.

Ders., *Introduction* aux Études Liturgiques, Paris 1907.

Cairns, Douglas L., *Aidós*. The Psychology an Ethics of Honour and Shame in Ancient Greek Literature, Oxford 1993.

Cantor, Norman F., *Inventing* the Middle Ages. The Lives, Works and Ideas of the Great Medievalists of the Twentieth Century, New York 1991.

Casel, Odo, Das christliche *Kultmysterium*, Regensburg ^{4}1960.

Ders., Das *Mysteriengedächtnis* der Meßliturgie im Lichte der Tradition, in: JLW 6 (1926), S. 113–204.

DERS., Die *Liturgie* als Mysterienfeier (EcOra 9), Freiburg 1921.
DERS., *Mysterienfrömmigkeit*, in: BZThS 4 (1927), S. 101–117.
DERS., *Mysterium* der Ekklesia. Von der Gemeinschaft aller Erlösten in Christus Jesus. Aus Schriften und Vorträgen, Mainz 1961.
DERS., *Religionsgeschichte* und Liturgiewissenschaft, in: JLW 14 (1934), S. 197–224.
DERS. U. A., Zur *Einführung*, in: JLW 1 (1921), S. 1–3.
CASSIRER, ERNST, *Philosophie* der symbolischen Formen 2: Das mythische Denken, Darmstadt ^{9}1994.
CHADWICK, HENRY, Art. *Gewissen*, in: RAC 10 (1978), S. 1025–1107.
CHAUSSY, Y., *Festugière*, in: Catholicisme 4 (1956), S. 1214.
CHENU, MARIE-DOMINIQUE, Das Werk des hl. *Thomas* von Aquin (DThA ErgBd. 2), Heidelberg u. a. 1960.
DERS., L'eveil de la *conscience* dans la civilisation médiéval, Montreal (Paris 1969.
CLAUDE, DIETRICH, *Adel*, Kirche und Königtum im Westgotenreich (VKAMAG.S 8), Sigmaringen 1971.
COLPE, CARSTEN, *Mysterienkult* und Liturgie. Zum Vergleich heidnischer Rituale und christlicher Sakramente, in: DERS. (LUDGER HONNEFELDER – MATTHIAS LUTZ-BACHMANN (Hg.), Spätantike und Christentum. Beiträge zur Religions- und Geistesgeschichte der griechisch-römischen Kultur und Zivilisation der Kaiserzeit, Berlin 1992, S. 203–228.
CONZEMIUS, VICTOR, Joseph *Lortz* – ein Kirchenhistoriker als Brückenbauer. Vom leichtfertigen Umgang mit Ideengeschichte und theologischer Geschichtsdeutung, in: Geschichte und Gegenwart 4 (1990), S. 247–278.
CORNEHL, PETER, Art. *Gottesdienst* VIII, in: TRE 14 (1985), S. 54–85.
DAMBERG, WILHELM, *Abschied* vom Milieu? Münster und die Niederlande 1945–1980 (VKZG.F 79), Paderborn u. a. 1997.
DERS., Das *Spätmittelalter*. Wandel eines Epochenbildes und Konsequenzen für die Reformationsdeutung von Joseph Lortz, in: HJ 117 (1997), S. 168–180.
DERS., *Kirchengeschichte* zwischen Demokratie und Diktatur. Georg Schreiber und Joseph Lortz im Münster 1933–1950, in: LEONORE SIEGELE-WENSCHKEWITZ – CARSTEN NICOLAISEN (Hg.), Theologische Fakultäten im Nationalsozialismus (AKZG B 18), Göttingen 1993, S. 145–164.
DERS., *Konzil* und politischer Wandel. Johannes XXIII, John F. Kennedey und das Godesberger Programm, in: Orientierung 61 (1997), S. 253–258.
DERS., *Liturgie* und Welt, in: BENEDIKT KRANEMANN – KLEMENS RICHTER, Zwischen römischer Einheitsliturgie und diözesaner Eigenverantwortung. Gottesdienst im Bistum Münster (MthA 48), Altenberge 1997, S. 167–188.
DAN, JOSEPH, Art. *Scholem*, in: TRE 30 (1999), S. 370–374.
DASSMANN, ERNST, Theodor *Klauser*, in: JAC 27/28 (1984/85), S. 5–23.
DEHIO, GEORG, *Geschichte* der Deutschen Kunst 1. Das frühe und hohe

Mittelalter bis zum Ausgang der Staufer. Die Kunst des romanischen Stils, Berlin – Leipzig [4]1930.

DEICHMANN, FRIEDRICH-WILHELM, Vom *Tempel* zur Kirche, in: ALFRED STUIBER – ALFRED HERMANN (Hg.), Mullus. FS Theodor Klauser (JAC.E1), Münster1964, S. 52–59.

DEISSLER, ALFONS, Das *Opfer* im Alten Testament, in: KARL LEHMANN (EDMUND SCHLINK (Hg.), Das Opfer Christi und seine Gegenwart in der Kirche, Freiburg i.Br. 1983, S. 17–35.

DEMPF, ALOIS, Albert *Ehrhard*. Der Mann und sein Werk in der Geistesgeschichte um die Jahrhundertwende, Kolmar o.J.

DERS., Fortschrittliche *Intelligenz* nach dem Ersten Weltkrieg, in: Hochland 61 (1969), S. 234–242.

DIE BETENDE KIRCHE. Ein Liturgisches Volksbuch, ed. Abtei Maria Laach, Berlin [2]1927.

DILCHER, GERHARD, Mittelalterliche *Rechtgewohnheit* als methodisch-theoretisches Problem, in: DERS., Gewohnheitsrecht und Rechtsgewohnheiten im Mittelalter (Schriften zur Europ. Rechts- und Verfassungsgesch. 6), Berlin 1992, S. 21–65.

DIRKS, WALTER, Das christliche *Abendland*. Sein Nachwirken in den Konfessionen der Bundesrepublik, in: DERS. – KLAUS VON BISMARCK, Christlicher Glaube und Ideologie, Berlin – Mainz 1964, S. 118–125.

DITSCHE, MAGNUS, Das ‚*Richtscheit* der apostolischen Kirche' beim Leipziger Religionsgespräch von 1539, in: ERWIN ISERLOH – KONRAD REPGEN (Hg.) Reformata Reformanda 1. FS Hubert Jedin (RGST.S 1,1), Münster 1965, S. 466 – 475.

DODDS, ERIC ROBERTSON, Die *Griechen* und das Irrationale, Darmstadt 1970.

DOERNER, AUGUST, Sentire cum *Ecclesia*! Ein dringender Aufruf und Weckruf an Priester, Mönchen-Gladbach 1941.

DOHMEN, CHRISTOPH, Art. *Bild*, Bilderverehrung, Bilderverbot, Bilderstreit II, in: LThK 2 ([3]1994), S. 441–443.

DORPALEN, ANDREAS, Gerhard *Ritter*, in: HANS-ULRICH WEHLER (Hg.), Deutsche Historiker 1, Göttingen 1971, S. 86–99.

DOUGLAS, MARY, *Reinheit* und Gefährdung. Eine Studie zu Vorstellungen von Verunreinigung und Tabu, Frankfurt a.M. 1988.

DIES., *Ritual*, Tabu und Körpersymbolik. Sozialanthropologische Studien in Industriegesellschaft und Stammeskultur, Frankfurt a.M. 1981.

DREHSEN, VOLKER – SPARN, WALTER (Hg.), Vom *Weltbildwandel* zur Weltanschauungsanalyse. Krisenwahrnahmung und Krisenbewältigung um 1900, Berlin 1996.

DUFFY, EAMON, The *Stripping* of the Altars. Traditional Religion in England c.1400 – c1580, New Haven – London 1992.

EBERAN, BARBRO, Luther? Friedrich der Große? Wagner? Nietzsche? Wer war an Hitler Schuld? Die Debatte um die *Schuldfrage* 1945–49, München 1983.

Edsman, C.-M., Art. *Söderblom*, in: LThK 9 (²1964), S. 844f.

Ehrensperger, Alfred, *Motive* und Tendenzen zur Bildung einer Gottesdiensttheorie im deutschsprachigen späten Aufklärungsprotestantismus, in: Franz Kohlschein – Peter Wünsche (Hg.), Liturgiewissenschaft – Studien zur Wissenschaftsgeschichte (LQF 78), Münster 1996, S. 305–369.

Ehrhard, Albert, Der *Katholizismus* und das zwanzigste Jahrhundert im Lichte der kirchlichen Entwicklung der Neuzeit, Stuttgart – Wien 1902.

Eichmann, Eduard, Die *Kaiserkrönung* im Abendland. Ein Beitrag zur Geistesgeschichte des Mittelalters. Mit besonderer Berücksichtigung des kirchlichen Rechts, der Liturgie und der Kirchenpolitik 1, Würzburg 1942.

Eliade, Mircea, Im *Mittelpunkt.* Bruchstücke eines Tagebuches, Wien – München – Zürich 1977.

Ders., *Kosmos* und Geschichte, Der Mythos der ewigen Wiederkehr, Frankfurt a.M. 1984.

Elm, Kaspar (Hg.), *Reformbemühungen* und Observanzbestrebungen im spätmittelalterlichen Ordenswesen (BHSt 14. Ordensstudien VI), Berlin 1989.

Engemann, Josef, *Deutung* und Bedeutung frühchristlicher Bildwerke, Darmstadt 1997.

Erler, Adalbert, Art. *Stutz*, in: HDRG 5 (1998), S. 66–68.

Faber, Richard, Art. Archaisch/*Archaismus*, in: HRWG 2 (1990), S. 51–56.

Ders., Politischer *Katholizismus.* Die Bewegung von Maria Laach, in: Hubert Cancik (Hg.), Religions- und Geistesgeschichte der Weimarer Republik, Düsseldorf 1982, S. 136–158.

Felbecker, Sabine, Die *Prozession.* Historische und systematische Untersuchung zu einer liturgischen Ausdruckshaltung (MThA 39), Altenberge 1995.

Festugière, Maurice, La *liturgie* catholique. Essai de synthèse, Maredsous 1913.

Finkenzeller, Josef, Die *Lehre* von den Sakramenten im allgemeinen. Von der Schrift bis zur Scholastik (HDG IV,1), Freiburg i.Br. u. a., 1980.

Fischer, Balthasar, Art. *Andrieu*, in: LThK 1 (³1993), S. 636.

Ders., Art. *Beauduin*, in: LThK 2 (³1994), S. 110.

Ders., Art. *Bishop*, in: LThK 2 (³1994), S. 508.

Ders., Art. Henry Bradshaw *Society*, in: LThK 4 (³1995), S. 1427.

Ders., Art. *Leroquais*, in: LThK 6 (²1961), S. 976.

Flasch, Kurt, *Augustin.* Einführung in sein Denken, Stuttgart ²1994.

Flasche, Rainer, Der *Irrationalismus* in der Religionswissenschaft und dessen Begründung in der Zeit zwischen den Kriegen, in: Hans G. Kippenberg – Brigitte Luchesi (Hg.), Religionswissenschaft und Kulturkritik. Beiträge zur Konferenz The History of Religion and Critique of Culture in the Days of Gerardus van der Leeuw (1890–1950), Marburg 1991, S. 243–257.

DERS., *Religionsmodelle* und Erkenntnisprinzipien in der Religionswissenschaft in der Weimarer Zeit, in: HUBERT CANCIK (Hg.), Religions- und Geistesgeschichte der Weimarer Republik, Düsseldorf 1982, S. 261–276.

FRANK, ISNARD W., Art. *Gerhard* von Frachet, in: LThK 4 ([3]1995), S. 511.

DERS., *Ordensarmut* und missae speciales bei den spätmittelalterlichen Mendikantenorden, in: BERND JOCHEN HILBERATH – DOROTHEA SATTLER (Hg.), Vorgeschmack. Ökumenische Bemühungen um die Eucharistie. FS Theodor Schneider, Mainz 1995, S. 208–224.

FRANK, KARL SUSO, Dom Germain *Morin* OSB und die Freiburger Theologische Fakultät, in: FDA 106 (1986), S. 173–186.

FRANZ, ADOLPH, Die kirchlichen *Benediktionen* im Mittelalter, 2 Bde., ND Graz 1976.

DERS., Die *Messe* im deutschen Mittelalter. Beiträge zur Geschichte der Liturgie und des religiösen Volkslebens, Freiburg 1902.

FRIED, JOHANNES, Die *Kunst* der Aktualisierung in der oralen Gesellschaft. Die Königserhebung Heinrichs I. als Exempel, in: GWU 44 (1993), S. 493–503.

DERS., Vom *Zerfall* der Geschichte zur Wiedervereinigung. Der Wandel der Interpretationsmuster, in: OTTO GERHARD OEXLE (Hg.), Stand und Perspektiven der Mittelalterforschung am Ende des 20. Jahrhunderts (GGG 2), Göttingen 1996, S. 45–72.

FRÜHWALD, WOLFGANG, Deutscher „renouveau catholique“. Zur *Einordnung* des Werkes, in: HEDWIG BACH (Hg.), Dichtung ist eine Form der Liebe. Begegnung mit Gertrud von le Fort, München 1976, S. 60–73.

FUNKE, HERMANN, Art. *Götterbild*, in: RAC 11 (1981), S. 659–828.

GAISBAUER, ADOLF, Art. *Heer*, LThK 4 ([3]1995), S. 1238.

GAMBER, KLAUS, Die *Reform* der römischen Liturgie. Vorgeschichte und Problematik (als Manuskript gedruckt), Regensburg 1979.

DERS., La réforme *liturgique*. En question, o. O. 1992.

GEERLINGS, WILHELM, *Einleitung* zur Traditio Apostolica, in: FC 1 (1991), S. 141–208.

GEISS, IMANUEL, *Studien* über Geschichte und Geschichtswissenschaft, Frankfurt a.M. 1972.

GERHARDS, ALBERT – ODENTHAL, ANDREAS (Hg.), Kölnische *Liturgie* und ihre Geschichte. Studien zur interdisziplinären Erforschung des Gottesdienstes im Erzbistum Köln (LQF 87), Münster 2001.

DERS. – OSTERHOLT-KOOTZ, BIRGIT, *Kommentar* zur ›Standortbestimmung der Liturgiewissenschaft‹, in: LJ 42 (1992), S. 122–138.

DERS. – RICHTER, KLEMENS, Das *Opfer* – Aktualität eines alten Themas aus liturgiewissenschaftlicher Sicht. Eine Einführung, in: DIES., Das Opfer. Biblischer Anspruch und liturgische Gestalt (QD 186), Freiburg i.Br. 2000, S. 7–10.

GERL, HANNA-BARBARA, Romano *Guardini*. 1885–1968. Leben und Werk, Mainz [3]1987.

Dies., Unerbitterliches *Licht*. Edith Stein – Philosophie, Mystik, Leben, Mainz ^{2}1998.

Gerl-Falkovitz, Hanna-Barbara, *Weltanschauung* in Romano Guardinis Konzeption, in: Antonio Autiero – Karl-heinz Menke, Brückenbauer zwischen Kirche und Gesellschaft – A. Rosmini, J.H. Newman, M. Blondel und R. Guardini, Münster 1999, S. 77–96.

Gerlitz, Peter, Art. *Mystik* I, in: TRE 23 (1994), S. 533–547.

Geuenich, Dieter – Oexle, Otto G. (Hg.), *Memoria* in der Gesellschaft des Mittelalters (VMPIG 111), Göttingen 1994.

Ghysens, Gisbert – Verbraken, Pierre-Patrick, La carrière scientifique de Dom Germain *Morin* (1861–1946) (IP 15), Denhaag 1986.

Gilchrist, John, The Canonostic *Treatment* of Jews in the Latin West in the Eleventh and Early Twelfth Centuries, in: ZSRG.K 75 (1989), S. 70–106.

Girard, René, Das Heilige und die *Gewalt*, Frankfurt a.M. 1992.

Ders., Der *Sündenbock*, Zürich 1988.

Gladigow, Burkhard, Art. *Gottesvorstellungen*, in: HRWG 3 (1993), S. 32–49.

Ders., Art. *Kultbild*, in HRWG 4 (1998), S. 9–14.

Ders., *Opfer* und komplexe Kulturen, in: Bernd Janowski – Michael Welker (Hg.), Opfer. Theologische und kulturelle Kontexte, Frankfurt a.M. 2000, S. 86–107.

Gnilka, Joachim, Das *Matthäusevangelium* 2 (HThK 1,2), Freiburg – Basel – Wien 1988.

Ders., Die frühen *Christen*. Ursprünge und Anfang der Kirche (HThK.S 7), Freiburg – Basel – Wien 1999.

Godel, Willibrord, Irisches *Beten* im frühen Mittelalter, in: ZKTh 85 (1963), S. 261–321, S. 389–439.

Goerich, Knut, *Otto* II. öffnet das Karlsgrab in Aachen. Überlegungen zu Heiligenverehrung, Heiligsprechung und Traditionsbildung, in: Gerd Althoff – Ernst Schubert (Hg.), Herrschaftsrepräsentation im ottonischen Sachsen (VKAMAG 46), Sigmaringen 1998, S. 381–430.

Goetz, Hans-Werner, Moderne *Mediävistik*. Stand und Perspektiven der Mittelalterforschung, Darmstadt 1999.

Gonda, Jan, Die *Religionen* Indiens 1. Veda und älterer Hinduismus (Die Religionen der Menschheit 11), Stuttgart ^{2}1978.

Gorceix, Paul, Maurice *Maeterlinck*, vecteur du concept „mystique“ chez H. Bahr, H. von Hoffmannsthal et R. M. Rilke, in: Moritz Basler – Hildegard Châtellier, Mystique, mysticisme et modernité en Allemagne de 1900. Mystik, Mystizismus und Moderne in Deutschland um 1900 (Faustus/Études germaniques), Straßburg 1998, S.223–238.

Goy, Barbara, *Aufklärung* und Volksfrömmigkeit in den Bistümern Würzburg und Bamberg (QFGBW 21), Würzburg 1969.

Graf, Friedrich Wilhelm, Das *Laboratorium* der religiösen Moderne. Zur ›Verlagsreligion‹ des Eugen Diederichs Verlag, in: Gangolf Hübinger

(Hg.), Versammlungsort moderner Geister. Der Eugen Diederichs Verlag (Aufbruch ins Jahrhundert der Extreme, S. 243–298.

DERS., Die „antihistorische *Revolution*“ in der protestantischen Theologie der zwanziger Jahre, in: JAN ROHLS – GUNTHER WENZ (Hg.), Vernuft des Glaubens. Wissenschaftliche Theologie und kirchliche Lehre. FS Wolfhart Pannenberg, Göttingen 1988, S. 377–405.

DERS., Moderne *Modernisierer*, modernitätskritische Traditionalisten oder reaktionäre Modernisten? Kritische Erwägungen zu Deutungsmustern der Modernismusforschung, in: HUBERT WOLF (Hg.), Antimodernismus und Modernismus in der katholischen Kirche. Beiträge zum theologiegeschichtlichen Vorfeld des II. Vatikanums (Programm und Wirkungsgesch. des II. Vatikanums 2), Paderborn u. a. 1998, S. 67–106.

GRAUS, FRANTISEK, *Pest* – Geißler – Judenmorde. Das 14. Jahrhundert als Krisenzeit (VMPIG An 86), Göttingen 1987.

GRETHLEIN, CHRISTIAN, Abriß der *Liturgik*. Ein Studienbuch der Gottesdienstgestaltung, Gütersloh 1989.

GROPPE, CAROLA, Die *Macht* der Bildung. Das deutsche Bürgertum und der George-Kreis 1890–1933 (Bochumer Schriften zur Bildungsgangforschung 3), Köln u. a. 1997.

GRUNDMANN, HERBERT, *Geschichtsschreibung* im Mittelalter. Gattung – Epochen – Eigenart, Göttingen 1965.

GRÜNEWALD, ECKHART, Ernst *Kantorowicz* und Stefan George. Beiträge zur Biographie des Historikers bis zum Jahre 1938 und zu seinem Jugendwerk „Kaiser Friedrich der Zweite“ (Frankfurter Hist. Abhandlungen 25), Wiesbaden 1982.

DERS., „Übt an uns *mord* und reicher blüht was blüht!“, in: ROBERT L. BENSON – JOHANNES FRIED (Hg.), Ernst Kantorowicz (Frankfurter Hist. Abhandlungen 39), Stuttgart 1997, S. 57–76.

GUARDINI, ROMANO, *Berichte* über mein Leben. Autobiographische Aufzeichnungen (SKAB 116), Düsseldorf ^{4}1985.

DERS., Briefe an den Laacher Abt Ildefons *Herwegen* aus den Jahren 1917 bis 1934, ed. ANGELUS A. HÄUSSLING, in: ALW 27 (1985), S. 205–262.

DERS., *Briefe* vom Comer See, Mainz 1927.

DERS., Das *Erwachen* der Kirche in der Seele, in: Hochland 19/2 (1922), S. 257–267.

DERS., Das Objektive im *Gebetsleben*. Zu P. M. Festugières „Liturgie catholique“, in: JLW 1 (1921), S. 117–125.

DERS., Der *Kultakt* und die gegenwärtige Aufgabe der liturgischen Bildung. Ein Brief, in: LJ 14 (1964), S. 101–106.

DERS., Ende der *Neuzeit*. Ein Versuch zur Orientierung, in: DERS., Werke ed. FRANZ HENRICH, Mainz – Paderborn 1986, S. 7–94.

DERS., *Kultbild* und Andachtsbild. Brief an einen Kunsthistoriker, Würzburg o.J.

DERS., Liturgische *Bildung*. Versuche, Burg Rothenfels a.M. 1923.

DERS., Neue *Jugend* und katholischer Geist, Mainz ^{4}1924.

DERS., Papst *Pius* XII. und die Liturgie, in: LJ 6 (1956), S. 125–138.
DERS., Über die systematische *Methode* in der Liturgiewissenschaft, in: JLW 1 (1921), S. 97–108.
DERS., Um das ‚*Jahrbuch* für Liturgiewissenschaft'. Briefe an Odo Casel OSB 1920–21, ed. ANGELUS A. HÄUSSLING, in: ALW 28 (1986), S. 184–192.
DERS., *Verantwortung*. Gedanken zur jüdischen Frage. Eine Universitätsrede, München 1952.
DERS., Vom Geist der *Liturgie* (EcOra 1), Freiburg i. Br. ¹⁹1957.
DERS., Vom *Sinn* der Kirche, Mainz 1923.
GÜLDEN, JOSEF, Polnische *Volksliturgie*. Tagebuchaufzeichnungen aus dem Jahre 1938, in: LJ. 4 (1954), S. 149–186.
GUNDLACH, GUSTAV, *Konservativismus* und antiliberale Konjunktur, in: StZ 123 (1932), S. 289–299.
GUSSONE, NIKOLAUS, Ernst *Kantorowicz* (Manuskript).
DERS., *Herrschaftszeichen* und Staatssymbolik. Zum 100. Geburtstag von Percy Ernst Schramm, in: Majestas 2 (1994), S. 93–99.
GY, PIERRE-MARIE, Les ›*Origines* du culte chrétien‹, une grande date dans les études liturgiques, in: MD 181 (1990), S. 35–50.
HAAS, ALOIS M., *Gottleiden* – Gottlieben. Zur volkssprachlichen Mystik im Mittelalter, Frankfurt a.M. 1989.
DERS., Kunst rechter *Gelassenheit*. Themen und Schwerpunkte von Heinrich Seuses Mystik, Bern u. a. 1995.
HAIMERL, FRANZ XAVER, Mittelalterliche *Frömmigkeit* im Spiegel der Gebetbuchliteratur Süddeutschlands (MThS.H 4), München 1952.
HALLMANN, HANS, Fritz Kern, 1884–1950, in: 150 Jahre Rheinische Friedrich-Wilhelms-Universität zu Bonn. 1818–1968. Bonner Gelehrte (Beiträge zur Geschichte der Wissenschaften in Bonn. Geschichtswissenschaft), Bonn 1968, S. 351–375.
HAMACHER, ELISABETH, Gershom *Scholem* und die allgemeine Religionsgeschichte (RGVV 45), Berlin – New York 1999.
HAMM, BERNDT, *Frömmigkeit* als Gegenstand theologiegeschichtlicher Forschung. Methodisch-historische Überlegungen am Beispiel von Spätmittelalter und Reformation, in: ZThK 74 (1977), S. 464–497.
DERS., *Frömmigkeitstheologie* am Anfang des 16. Jahrhunderts. Studien zu Johannes von Paltz und seinem Umkreis (BHTh 65), Tübingen 1982.
DERS., Normative *Zentrierung* im 15. und 16. Jahrhundert. Beobachtungen zu Religiosität, Theologie und Ikonologie, in: Zeitschrift für Historische Forschung 26 (1999), S. 163–202.
DERS., Was ist Frömmigkeitstheologie? *Überlegungen* zum 14. bis 16. Jahrhundert, in: HANS-JÖRG NIEDEN – MARCEL NIEDEN (Hg.), Praxis Pietatis. Beiträge zu Theologie und Frömmigkeit in der frühen Neuzeit. FS Wolfgang Sommer, Stuttgart 1999, S. 9–45.
HAMPE, KARL (Hg.), *Karl* der Große oder Charlemagne? Acht Antworten deutscher Geschichtsforscher, Berlin 1935.

HAQUIN, ANDRÉ, Dom Lambert *Beauduin* et le renouveau liturgique (RSSR.H 1), Gembloux 1970.

DERS., *Histoire* de la liturgie et renouveau liturgique, in: MD 181 (1990), S. 99–118.

HÄRLE, WILFRIED, Art. Dialektische *Theologie*, in: TRE 8 (1981), S. 683–696.

HARNACK, ADOLF VON, Die *Aufgabe* der theologischen Fakultäten und die allgemeine Religionsgeschichte, nebst einem Nachwort (1901), in: DERS., Reden und Aufsätze 2, Gießen [2]1906, S. 159–187.

DERS., Rezension zu Heinrich *Weinel*, Die Wirkungen des Geistes und der Geister im nachapostolischen Zeitalter bis auf Irenäus, in: ThLZ 24 (1899) S. 513–515.

DERS., Rezenzion zu Rudolf *Otto*, Das Heilige, Breslau u. a. [8]1922, in: DLZ.NS 1 (1924), S. 993.

HATTENHAUER, HANS, Europäische *Rechtsgeschichte*, Heidelberg 1992.

HAUSBERGER, KARL, Thaddäus *Engert*, 1875–1945. Leben und Sterben eines deutschen „Modernisten" (Quellen und Studien zur neueren Theologiegesch. 1), Regensburg 1996.

HAUSHERR, REINER, Wir sehen jetzt durch einen *Spiegel* in einem dunklen Wort. Encomium für Otto von Simson, in: Trigon 5. Kunst, Wissenschaft und Glaube im Dialog, ed. Guardini-Stiftung, Berlin 1996, S. 9–16.

HÄUSLINGER, NORBERT W., Art. *Parsch*, in: LThK 7 ([3]1998), S. 1392.

HÄUSSLING, ANGELUS A., *Alkuin* und der Gottesdienst der Hofkapelle, in: DA 25 (1969), S. 223–229.

DERS., Art. *Dreves*, in: LThK 3 ([3]1995), S. 372.

DERS., Art. *Gallikanismus* II, in: LThK 4 ([3]1995), S. 279f.

DERS., Art. *Liturgie*, in: LThK 6 ([3]1997), S. 969f.

DERS., Art. *Liturgie I*, in: LMA 5 (1991), S. 2026–2029.

DERS., Art. *Michels*, in: NDB 17 (1994), S. 452f.

DERS., Das *Missale* deutsch. Materialien zur Rezeptionsgeschichte der lateinischen Meßliturgie im deutschen Sprachgebiet bis zum Zweiten Vatikanischen Konzil 1: Bibliographie der Übersetzungen in Handschriften und Drucken (LQF 66), Münster 1984.

DERS., Die *Gabendarbringung*, in: EMMANUEL SEVERUS (Hg.), Ecclesia Lacensis (BGAM, Veröffentl. des Abt-Herwegen-Instit. Maria Laach Suppl.Bd. 6), Münster 1993, S. 272–302.

DERS., Einhundert Jahre ‚*Schott*', in: EuA 59 (1983), S. 342–352.

DERS., Kirchliche *Erneuerung* aus dem Geist der Liturgie. Die betende Kirche Maria Laach und die deutsche Liturgische Bewegung, in: EuA 68 (1992), S. 22–33.

DERS., *Liturgiereform*. Materialien zu einem neuen Thema der Liturgiewissenschaft, in: ALW 31 (1989), S. 1–32.

DERS., *Mönchskonvent* und Eucharistiefeier. Eine Studie über die Messe in der abendländischen Klosterliturgie des frühen Mittelalters und zur Geschichte der Meßhäufigkeit (LQF 58), Münster 1973.

Ders., Nachkonziliäre *Paradigmenwechsel* und das Schicksal der Liturgiereform, in: ThG 32 (1989), S. 243–254.

Ders., *Rechtssymbolik* in der Liturgie – gestern und heute. Relecture einer Publikation von Ildefons Herwegen aus dem Jahre 1914, in: Jürgen Brand – Max Busch (Hg.), Marginalien zur unsichtbaren Universität. FS Josef Maria Häußling, Otterbach 1990, S. 98–107.

Hawel, Peter, Der spätbarocke *Kirchbau* und seine theologische Bedeutung. Ein Beitrag zur Ikonologie der christlichen Sakralarchitektur, Würzburg 1987.

Heer, Friedrich, *Aufgang* Europas. Eine Studie zu den Zusammenhängen zwischen politischer Religiosität, Frömmigkeitsstil und dem Werden Europas im 12. Jahrhundert, Wien – Zürich 1949.

Hefele, Herman, Das *Gesetz* der Form. Briefe an Tote, Jena 1928.

Ders., Der *Katholizismus* in Deutschland, Darmstadt 1919.

Heiber, Helmut, *Universitäten* unterm Hakenkreuz *1*: Der Professor im Dritten Reich. Bilder aus der akademischen Provinz, München u. a. 1991.

Ders., *Universitäten* unterm Hakenkreuz *2/2*: Die Kapitulation der Hohen Schulen. Das Jahr 1933 und seine Themen, München u. a. 1994.

Heinz, Andreas, Die *Zisterzienser* und die Anfänge des Rosenkranzes. Das bisher unveröffentlichte älteste Zeugnis für den Leben-Jesu-Rosenkranz in einem Zisterziensergebetbuch aus St. Thomas a. d. Kyll (um 1300), in: ACi 32 (1976), S. 262–309.

Ders., Eine *Variante* des ‚Trierer Kartäuserrosenkranzes‘ aus dem Jahr 1482, in: Kurtrierer Jb. 30 (1990), S. 33–53.

Heinz, Gerhard, Art. *Gerbert*, in: LThK 4 (^{3}1995), S. 498.

Henche, Heinz, Art. *Michaelsbruderschaft*, in: TRE 22 (1992), S. 714–717.

Henning, John, Die bleibende Stadt. *Autobiographie*, Privatdruck, Bremen 1987.

Herwegen, Ildefons, *Antike*, Germanentum und Christentum. Drei Vorlesungen (BSH 1), Salzburg 1932.

Ders., Das *Pactum* des Hl. Fruktuosus von Braga. Ein Beitrag zur Geschichte des suevisch-westgothischen Mönchtums und seines Rechtes (KRA 40), Stuttgart 1907.

Ders., Germanische *Rechtssymbolik* in der römischen Liturgie (Libelli 66), Darmstadt 1962 (= Deutschrechtl. Beiträge VIII, 4 1913).

Ders., *Liturgie* und Volksandacht, in: Hochland 16/2 (1919), S. 618–625.

Ders., *Lumen* Christi, Gesammelte Aufsätze (Der Kathol. Gedanke. Veröffentl. des Verbandes der Vereine Kathol. Akademiker zur Pflege der Kathol. Weltanschauung 8), München 1924.

Ders., *Sinn*, Geist und Ziel der liturgischen Erneuerung, in: BiLi 12 (1937/38), S. 386–396.

Ders., Zur *Einführung*, in: Romano Guardini, Vom Geist der Liturgie (EcOra 1), Freiburg i. Br. ^{19}1957, S. VII-XIII.

Hippel, Ernst von, Die *Krieger* Gottes, Paderborn ^{2}1953.

HIRSCH, HANS, Der mittelalterliche *Kaisergedanke* in den liturgischen Gebeten, in: DERS, Aufsätze zur mittelalterlichen Urkundenforschung, Darmstadt 1965, S. 1–20.

HÖHN, HANS-JOACHIM, Wider das Schwinden der Sinne! Impulse für eine zeitkritische *Ästhetik* des Glaubens, in: BENEDIKT KRANEMANN – KLEMENS RICHTER – FRANZ-PETER TERBARTZ-VAN ELST (Hg.), Gott feiern in nachchristlicher Gesellschaft. Die missionarische Dimension der Liturgie, Stuttgart 2000, S. 45–59.

HOFFMANN, DANIEL, Die *Wiederkehr* des Heiligen. Literatur und Religion zwischen den Weltkriegen, Paderborn u. a. 1998.

HOLL, KARL, Der *Protestantismus* in seiner Kulturbedeutung, in: DERS., Gesammelte Aufsätze zur Kirchengeschichte 3: Der Westen, ND Darmstadt 1965, S. 514–519.

HOLTER, BERNHARD, „Zum besonderen *Dienst* bestellt“. Die Sicht des Priesteramtes bei Franz von Assisi und die Spuren seines Diakonats in den „Opuscula“ (FrFor 36), Werl 1992.

HOLZEM, ANDREAS, Der *Konfessionsstaat* 1555–1802 (Geschichte des Bistums Münster 4), Münster 1998.

HÜBINGER, PAUL EGON, Das Historische *Seminar* der Rheinischen Friedrich-Wilhelms-Universität zu Bonn. Vorläufer – Gründung – Entwicklung. Ein Wegstück deutscher Universitätsgeschichte, Bonn 1963.

DERS. (Hg.), *Kulturbruch* oder Kulturkontinuität im Übergang von der Antike zum Mittelalter (WdF 201), Darmstadt 1968.

HÜGEL, FRIEDRICH VON – NATHAN SÖDERBLOM – FRIEDRICH HEILER, *Briefwechsel* 1909–1931. Mit Einleitung und Kommentar ed. PAUL MISNER (KKSMI 14), Paderborn 1981.

HUGHES, JOHN JAY, Absolut Null und Nichtig. Zur *Ablehnung* der anglikanischen Weihen durch die Bulle Leos XIII. „Apostolicae curae“ vom 13. September 1896 (StAng 2), Trier 1970.

HUIZINGA, JOHAN, *Herbst* des Mittelalters. Studien über Lebens- und Geistesformen des 14. und 15. Jahrhunderts in Frankreich und in den Niederlanden, ed. KURT KÖSTER, Stuttgart [11]1975.

HÜRTEN, HEINZ, Der *Topos* vom christlichen Abendland, in: ALBRECHT LANGNER (Hg.), Katholizismus, nationaler Gedanke und Europa seit 1800 (BKathF, Reihe B), Paderborn u. a. 1985, S. 131–154.

HUSSERL, EDMUND, *Philosophie* als strenge Wissenschaft, in: Logos 1 (1910/11), S. 289–341.

IGGERS, HANS G., *Geschichtswissenschaft* im 20. Jahrhundert. Ein kritischer Überblick im internationalen Zusammenhang, Göttingen 1993.

DERS. U. A. (Hg.), Die DDR-Geschichtswissenschaft als *Forschungsproblem* (HZ.B NF 27), München 1998.

ISERLOH, ERWIN, Der Wert der *Messe* in der Diskussion der Theologen vom Mittelalter bis zum 16. Jahrhundert, in: DERS., Kirche – Ereignis und Institution. Aufsätze und Vorträge 2 (RGST.S 3,2), Münster 1985, S. 375–413.

DERS., Die *Kirchenfrömmigkeit* in der „Imitatio Christi", in: DERS., Kirche – Ereignis und Institution. Aufsätze und Vorträge 1 (RGST.S 3,1), Münster 1985, S. 151–167.

JAEGER, FRIEDRICH – RÜSEN, JÖRN (Hg.), *Geschichte* des Historismus. Eine Einführung, München 1992.

JAEGER, PAUL, Art. „*Germanisierung* des Christentums" in: RGG 2 (1910), S. 1336–1339.

JAMES, MERVYN, *Ritual*, Drama and Social Body in the late medieval English Town, in: Post and Present 98 (1983), S. 3–29.

JANSSEN, WILHELM, Das Erzbistum *Köln* im späten Mittelalter 1191–1515. Erster Teil (Geschichte des Erzbistums Köln II/1), Köln 1995.

JASPERS, KARL, Vom *Ursprung* und Ziel der Geschichte, München 1949.

JEDIN, HUBERT, Das *Konzil* von Trient und die Reform der liturgischen Bücher, in: DERS., Kirche des Glaubens (Kirche der Geschichte. Ausgewählte Aufsätze und Vorträge 2: Konzil und Kirchenreform, S. 499–525.

JEGGLE-MERZ, BIRGIT, *Erneuerung* der Kirche aus dem Geist der Liturgie. Der Pastoralliturgiker Athanasius Wintersig / Ludwig A. Winterswyl (LQF 84), Münster 1998.

JOHNSON, CUTHBERT, Prosper *Guéranger* (1805–1875): A Liturgical Theologian. An Introduction to his liturgical writings and work (StAns 89. ALit 9), Rom 1984.

JENNY, MARKUS, Art. *Kirchenlied* I, in: TRE 18 (1989), S. 602–629.

JOEST, CHRISTOPH, Spiritualität evangelischer *Kommunitäten.* Altkirchlich-monastische Tradition in evangelischen Kommunitäten von heute, Göttingen 1995.

JUNGMANN, JOSEF A., Der religiöse und geistige *Umbruch* um das 12. Jahrhundert, in: LOUIS CARLEN – FRITZ STEINEGGER (Hg.), FS Nikolaus Grass 1: Abendländische und deutsche Rechtsgeschichte. Geschichte und Recht der Kirche. Geschichte und Recht Österreichs, Insbruck – München 1974, S. 213–225.

DERS., Der *Stand* des liturgischen Lebens am Vorabend der Reformation, in: DERS., Liturgisches Erbe und pastorale Gegenwart, Innsbruck 1960, S. 87–107.

DERS., Die *Abwehr* des germanischen Arianismus und der Umbruch der religiösen Kultur im frühen Mittelalter, in: DERS., Liturgisches Erbe und pastorale Gegenwart. Studien und Vorträge, Innsbruck – Wien – München 1960, S. 3–78.

DERS., *Grundanliegen* der liturgischen Erneuerung, in: LJ 11 (1961), S. 129–141.

DERS., *Missarum Sollemnia.* 2 Bde., Wien ^{4}1958.

JUSSEN, BERNHARD, *Patenschaft* und Adoption im frühen Mittelalter. Künstliche Verwandtschaft als soziale Praxis (VMPIG 98), Göttingen 1991.

KACZYNSKI, REINER, Die Sterbe- und *Begräbnisliturgie*, in: GDK 8 (1984), S. 191–232.

KAELBLE, HARTMUT, *Europabewußtsein*, Gesellschaft und Geschichte. Forschungsstand und Forschungschancen, in: DERS. – RAINER HUDMANN – KLAUS SCHWABE (Hg.), Europa im Blick der Historiker (HZ.B NF 21), München 1995, S. 1–29.

KAHLES, WILHELM, Abt Ildefons *Herwegen*, in: LuM 1 (1948), S. 7–17.

KALB, FRIEDRICH, Art. *Liturgie* I, in: TRE 21 (1991), S. 358–377.

KANTOROWICZ, ERNST H., Das Geheime *Deutschland*, in: ROBERT L. BENSON – JOHANNES FRIED (Hg.), Ernst Kantorowicz (Frankfurter Hist. Abhandlungen 39), Stuttgart 1997, S. 77–93.

DERS., Die zwei *Körper* des Königs. Eine Studie zur politischen Theologie des Mittelalters, München 1990.

DERS., *Laudes Regiae*. A Study of Liturgical Acclamations and Mediaeval Ruler Worship (UCPH 33), Berkeley – Los Angeles [2]1958.

KARANT-NUNN, SUSAN C., The *reformation* of ritual. An interpretation of early modern Germany, London – New York 1997.

KASSIEPE, MAX, *Irrwege* und Umwege im Frömmigkeitsleben der Gegenwart, Kevelaer 1939.

KAUFMANN, EKKEHARD, Art. *Formstrenge*, in: HDRG 1 (1971), S. 1163–1168.

KELLER, HAGEN, Die *Investitur*. Ein Beitrag zum Problem der ‚Staatssymbolik' im Hochmittelalter, in: FMSt 27 (1993), S. 51–86.

DERS., *Reichsorganisation*, Herrschaftsformen und Gesellschaftsstrukturen im Regnum Teutonicum, in: Il secolo di ferro: mito e realtà del secolo X (SSAM 38/1), Spoleto 1991, S. 159–195.

KIENAST, WALTHER, *Nekrolog* Ludwig Dehio, in: HZ 198 (1964), S. 263f.

KILMARTIN, EDWARD J., Early African *Legislation* concerning Liturgical Prayer, in: EL 99 (1985), S. 105–127.

KIPPENBERG, HANS G., Die *Entdeckung* der Religionsgeschichte. Religionswissenschaft und Moderne, München 1997.

DERS., *Einleitung*: Religionswissenschaft und Kulturkritik. Die Zeit des Geradus van der Leeuw, in: DERS. – BRIGITTE LUCHESI (Hg.), Religionswissenschaft und Kulturkritik. Beiträge zur Konferenz The History of Religion and Critique of Culture in the Days of Gerardus van der Leeuw (1890–1950), Marburg 1991, S. 13–28.

KLAUS, BERNHARD, Art. *Fendt*, in: TRE 11 (1983), S. 78–81.

KLAUSER, THEODOR, Franz Joseph *Dölger* 1879–1940. Sein Leben und sein Forschungsprogramm „Antike und Christentum" (JAC.E 7), Münster 1980.

DERS., Henri *Leclercq* 1869–1945. Vom Autodidakten zum Kompilator grossen Stils (JAC.E 5), Münster 1977.

DERS., Kleine Abendländische *Liturgiegeschichte*. Bericht und Besinnung, Bonn 1965.

DERS., *Vorwort*, in: RAC 1 (1950), ohne Paginierung.

KLEMENT, ANNETTE, *Versöhnung* des Verschiedenen. Friedrich Heilers Ringen um die EINE Kirche im Spiegel seiner Korrespondenz mit katholischen Theologen (Beiträge zur Kirchen- und Kulturgesch. 4), Frankfurt a.M. u. a. 1997.

Klinkhammer, Karl Josef, Adolf von Essen und seine Werke. Der *Rosenkranz* in der geschichtlichen Situation seiner Entstehung und in seinem bleibenden Anliegen. Eine Quellenforschung (FTS 13), Frankfurt a.M. 1972.

Klöckener, Martin, Art. *Sakramentar*, in: LMA 7 (1995), S. 1273–1275.

Ders., Das eucharistische *Hochgebet* bei Augustinus. Zu Stand und Aufgaben der Forschung, in: Adolar Zumkeller (Hg.), Signum Pietatis. FS Cornelius Petrus Mayer, Würzburg 1989, S. 461–495.

Ders., Die *Auswirkung* des „Baumstarkschen Gesetztes" auf die Liturgiereform des II. Vaticanum, dargestellt anhand des Triduum Paschale, in: Emmanuel Severus (Hg.), Ecclesia Lacensis (BGAM, Veröffentl. des Abt-Herwegen-Instit. Maria Laach Supplementband 6), Münster 1993, S. 371–402.

Ders., *Freiheit* und Ordnung im Gottesdienst, in: FZPhTh 43 (1996), S. 388–419.

Ders., *Sakramentarstudien* zwischen Fortschritt und Sackgasse. Entschlüsselung und Würdigung des zusammenfassenden Werkes von Antoine Chavasse über die Gelasiana des 8. Jahrhunderts, in: ALW 32 (1990), S. 207–230.

Klönne, Arno, Die Liturgische *Bewegung*: ‚erblich' belastet? Historisch-soziologische Fragestellungen zur Vorgeschichte der Liturgiekonstitution, in: Hansjakob Becker – Bernd Jochen Hilberath – Ulrich Willers (Hg.), Gottesdienst – Kirche – Gesellschaft. Interdisziplinäre und ökumenische Standortbestimmungen nach 25 Jahren Liturgiereform (PiLi 5), St. Ottilien 1991, S. 13–22.

Klotz, Sebastian, *Herrscherakklamation* und serielle Musik. Zur Studie über die laudes regiae von Ernst H. Kantorowicz und Manfred F. Bukofzer, Berkeley 1946, in: Wolfgang Ernst – Cornelia Vismann (Hg.), Geschichtskörper. Zur Aktualität von Ernst H. Kantorowicz, München 1998, S. 161–170.

Knoll, Alfons, *Glaube* und Kultur bei Romano Guardini, Paderborn u. a. 1993.

Kocka, Jürgen, Zwischen *Nationalsozialismus* und Bundesrepublik. Ein Kommentar, in: Winfried Schulze – Otto G. Oexle (Hg.), Deutsche Historiker im Nationalsozialismus, Frankfurt a.M. 1999, S. 340–357.

Koenen, Andreas, Der Fall Carl *Schmitt*. Sein Aufstieg zum „Kronjuristen des Dritten Reiches", Darmstadt 1995.

Kohl, Karl-Heinz, Art. *Durkheim*, in: HRWG 1 (1988), S. 280.

Ders., Art. *Eliade*, in: HRWG 1 (1988), S. 280.

Ders., Art. *Leeuw*, in: HRWG 1 (1988), S. 287.

Ders., Art. *Lévy-Bruhl*, in: HRWG 1 (1988), S. 288.

Ders., *Geschichte* der Religionswissenschaft, in: HRWG 1 (1988), S. 217–262.

KOHLMANN, GÜNTER – KRIELE, MARTIN, Ernst von *Hippel* (1895–1984) zum Gedächtnis. Reden anläßlich der Akademischen Trauerfeier für Herrn Professor Dr. Ernst von Hippel am 7. Februar 1985 (als Manuskript gedruckt).

KOHLSCHEIN, FRANZ, Zur *Geschichte* der Liturgiewissenschaft im katholischen deutschsprachigen Bereich, in: DERS. (PETER WÜNSCHE (Hg.), Liturgiewissenschaft – Studien zur Wissenschaftsgeschichte (LQF 78), Münster 1996, S. 1–72.

DERS. – WÜNSCHE, PETER (Hg.), Heiliger *Raum.* Architektur, Kunst und Liturgie in mittelalterlichen Kathedralen und Stiftskirchen (LQF 82), Münster 1998.

KÖPF, ULRICH, *Kirchengeschichte* oder Religionsgeschichte des Christentums? Gedanken über Gegenstand und Aufgabe der Kirchengeschichte um 1900, in: FRIEDRICH WILHELM GRAF – HANS M. MÜLLER (Hg.), Der deutsche *Protestantismus* um 1900, Gütersloh 1996, S. 42–66.

KÖSTERS, CHRISTOPH, Katholische *Verbände* und moderne Gesellschaft. Organisationsgeschichte und Vereinskultur im Bistum Münster 1918 bis 1945 (VKZG.F 68), Paderborn u. a. 1995.

KOTTJE, RAYMUND, *Oratio* periculosa – Eine frühmittelalterliche Bezeichnung des Kanons?, in: ALW 10/1 (1967), S. 165–168.

DERS., *Studien* zum Einfluß des Alten Testamentes auf Recht und Liturgie des frühen Mittelalters (6.–8. Jahrhundert) (BHF 23), Bonn ^{2}1970.

KRANEMANN, BENEDIKT, Art. *Liturgiewissenschaft*, in: LThK 6 (^{3}1997), S. 989–992.

DERS., Die *Kankensalbung* in der Zeit der Aufklärung. Rituralien und pastoralliturgische Studien im deutschen Sprachgebiet (LQF 72), Münster 1990.

DERS., *Grenzgängerin* zwischen den theologischen Disziplinen. Die Entwicklung einer deutschsprachigen Liturgiewissenschaft im 19. und 20. Jahrhundert, in: TThZ 108 (1999), S. 253–272.

DERS., Liturgiewissenschaft angesichts der „*Zeitenwende*". Die Entwicklung der theologischen Disziplin zwischen den beiden vatikanischen Konzilien, in: HUBERT WOLF (Hg.), Die katholisch-theologischen Disziplinen in Deutschland 1870–1962. Ihre Geschichte, ihr Zeitbezug (Programm und Wirkungsgeschichte des II. Vatikanums 3), Paderborn u. a. 1999, S. 351–375.

DERS. – RICHTER, KLEMENS (Hg.), *Christologie* der Liturgie. Der Gottesdienst der Kirche – Christusbekenntnis und Sinaibund (QD 159), Freiburg – Basel – Wien 1995.

DERS. – RICHTER, KLEMENS – TERBARTZ-VAN ELST, FRANZ-PETER (Hg.), *Gott* feiern in nachchristlicher Gesellschaft. Die missionarische Dimension der Liturgie, Stuttgart 2000

KRAUS, FRANZ XAVER, Liberaler *Katholizismus.* Biographische und kirchenhistorische Essays (BDHIR 57), ed. CHRISTOPH WEBER, Tübingen 1983.

KRECH, VOLKHARD – TYRELL, HARTMANN (Hg.), *Religionssoziologie* um 1900 (Religion in der Gesellschaft 1), Würzburg 1995.

KURTH, BRUNO, Das ethische *Denken* Romano Guardinis. Gehorsam gegenüber Gott und Freiheit des Geistes. Eine moraltheologische Studie, Paderborn 1998.

KURZE, DIETRICH, Der niedere *Klerus* in der sozialen Welt des späten Mittelalters, in: KNUT SCHULZ (Hg.), Beiträge zur Wirtschafts- und Sozialgeschichte des Mittelalters. FS Herbert Helbing, Köln (Wien 1976, S. 273–305.

LACHEISSERIE, RENÉ-HUGUES DE, Dom Jean *Deshusses* OSB (1908–1997), in: ALW 40 (1998), S. 42–48.

LADNER, GERHART B., *Erinnerungen*, ed. HERWIG WOLFRAM – WALTER POHL (DÖAW.PH 617), Wien 1994.

LANCZKOWSKI, GÜNTER , Art. *Heiler*, in: TRE 14 (1985), S. 638–641.

LANDAU, PETER, Frei und Unfrei in der *Kanonistik* des 12. und 13. Jahrhunderts am Beispiel der Ordination der Unfreien, in: JOHANNES FRIED, (Hg.), Die abendländische Freiheit vom 10. zum 14. Jahrhundert. Der Wirkungszusammenhang von Idee und Wirklichkeit im europäischen vergleich (VKAMAG 39), Sigmaringen 1991, S. 177–196.

LANDERSDORFER, ANTON, Albert Maria *Weiß* OP (1844–1925). Ein leidfenschaftlicher Kämpfer wider den Modernismus, in: HUBERT WOLF (Hg.), Antimodernismus und Modernismus in der katholischen Kirche. Beiträge zum theologiegeschichtlichen Vorfeld des II. Vatikanums (Programm und Wirkungsgesch. des II. Vatikanums 2), Paderborn u. a. 1998, S. 195–216.

LANDGRAF, ARTUR M., *Liturgie* und Dogma, in: Ders., Dogmengeschichte der Frühscholastik II/1, Regensburg 1953, S. 31–55.

DERS., Die Frage der *Zugehörigkeit* des BAPTIZO TE zur Form der Taufe, in: DERS., Dogmengeschichte der Frühscholastik III/2, Regensburg 1955, S. 47–86.

LANDSBERG, PAUL L., Die *Welt* des Mittelalters und wir. Ein geschichtsphilosophischer Versuch über den Sinn eines Zeitalters, Bonn 1922.

LANG, BERNHARD, Art. *Kult*, in: HRWG 3 (1993), S. 474–488.

DERS., Art. *Ritual*/Ritus, in: HRWG 4 (1998), S. 442–458.

LANGBAHN, STEFAN K., Art. *Dix*, in: LThK 3 (^{3}1995), S. 276.

LANGBEHN, JULIUS, *Rembrandt* als Erzieher. Von einem Deutschen, Neuausgabe o.O. 1936.

LANGEMEYER, GEORG, Art. *Anthropozentrik* I, in: LThK 1 (^{3}1993), S. 741–743.

LANGER, OTTO, Mystische *Erfahrung* und spirituelle Theologie. Zu Meister Eckharts Auseinandersetzung mit der Frauenfrömmigkeit seiner Zeit (MTUDL 91), München – Zürich 1987.

DERS., *Vision* und Traumvision in der spätmittelalterlichen dominikanischen Frauenmystik, in: RUDOLF HIESTAND (Hg.), Traum und Träumen.

Inhalt, Darstellung, Funktionen einer Lebenserfahrung in Mittelalter und Renaissance (Studia humanioria 24), Düsseldorf 1994, S. 67–84.

LANS, D. VAN DER, Art. *Gloria* Patri, in: Liturgisch Woordenboek, Roermond 1958–1962, S. 870–873.

LARGIER, NIKLAUS, Von *Hadewijch*, Mechthild und Dietrich zu Eckhart und Seuse? Zur Historiographie der ‚deutschen Mystik' und der ‚deutschen Dominikanerschule', in: WALTER HAUG – WOLFRAM SCHNEIDER-LASTIN (Hg.), Deutsche Mystik im abendländischen Zusammenhang. Neu erschlossene Texte, neue methodische Ansätze, neue theoretische Konzepte, Tübingen 2000, S. 93–117.

LATTE, KURT, Römische *Religionsgeschichte* (HAW 5,4), München 1960.

LAUTENSCHLÄGER, GABRIELE, Joseph *Lortz* (1887–1975). Weg, Umwelt und Werk eines katholischen Kirchenhistorikers (SKNZ 1), Würzburg 1987.

LECLERCQ, JEAN, Le *renouveau* solesmien et le renouveau religieux du XIXe Siècle, in: StMon 9 (1976), S. 157–195.

LE FORT, GERTRUD VON, Der *Kranz* der Engel, München ^{11}1980.

DIES., *Hymnen* an die Kirche, München ^{5}1947.

LEGOFF, JACQUES, Das *Hochmittelalter* (Fischer Weltgeschichte 11), Frankfurt a.M. 1965.

LEHMANN, KARL, Es ist *Zeit*, an Gott zu denken. Ein Gespräch mit JÜRGEN HOEREN, Freiburg – Basel – Wien 2000.

DERS. – SCHLINK, EDMUND (Hg.), Das *Opfer* Jesu Christi und seine Gegenwart in der Kirche. Klärungen zum Opfercharakter des Herrenmahles (Dialog der Kirchen 3), Freiburg i.Br. – Göttingen 1983.

LENGELING, EMIL J., Die *Liturgiekonstitution* des II. Vatikanischen Konzils: I. Grundlinien und kirchengeschichtliche Bedeutung, in: LJ 14 (1964), S. 107–121.

DERS., *Liturgie* – Dialog zwischen Gott und Mensch, ed. KLEMENS RICHTER, Freiburg – Basel – Wien 1981.

LENTES, THOMAS, „*Andacht*" und „Gebärde". Das religiöse Ausdrucksverhalten, in: BERNHARD JUSSEN – CRAIG KOSLOFSKY (Hg.), Kulturelle Reformation. Sinnformationen im Umbruch 1400–1600 (VMPIG 145), Göttingen 1999, S. 29–67.

DERS., Auf der *Suche* nach dem Ort des Gedächtnisses, in: K. KRÜGER – A. NOVA (Hg.), Imagination und Wirklichkeit. Zum Verhältnis von mentalen und realen Bildern in der frühen Neuzeit, Mainz 2000, S. 1–35.

DERS., *Gebetbuch* und Gebärde. Religiöses Ausdrucksverhalten in Gebetbüchern aus dem Dominikanerinnen-Kloster St. Nikolaus in undis zu Straßburg (1350–1550), Münster (Diss. masch.) 1996 (im Erscheinen VMPIG).

DERS., Gezählte *Frömmigkeit* im späten Mittelalter, in: ARNOLD ANGENENDT u. a., Gezählte Frömmigkeit, in: FMSt 29 (1995), S. 1–71, S. 40–69.

DERS., Nikolaus Paulus (1853–1930) und die ‚Geschichte des Ablasses im Mittelalter'. *Einleitung* zur 2. Auflage, in: NIKOLAUS PAULUS, Geschichte des Ablasses im Mittelalter. Mit einer Einleitung und einer Bibliographie von THOMAS LENTES, Darmstadt ^{2}2000, S. VII- XXXIX.

DERS., „*Tauler* im Fegefeuer" oder der Mystiker als Exempel. Modelle der Mystik-Rezeption im 15. Jahrhundert. Mit einem Anhang zum Sterbeort Taulers und Textabdruck, in: CLAUDIA BRINKER u. a. (Hg.), Contemplata aliis tradere. Studien zum Verhältnis von Literatur und Spiritualität. FS Alois M. Haas, Bern u. a. 1995, S. 111–151.

LERNER, ROBERT E., *Himmelsvision* oder Sinnendelirium. Franziskaner und Professoren als Traumdeuter im Paris des 13. Jahrhunderts, in: HZ 259 (1994), S. 337–367.

LEYSER, KARL, *Ritual*, Zeremonie und Gestik: das ottonische Reich, in: FMSt 27 (1993), S. 1–26.

LIETZMANN, HANS, *Messe* und Herrenmahl. Eine Studie zur Geschichte der Liturgie (AKG 8), Berlin ^{3}1955.

LOHSE, BERNHARD, Die bleibende *Bedeutung* von Joseph Lortz' Darstellung „Die Reformation in Deutschland", in: ROLF DECOT – RAINER VINKE (Hg.), Zum Gedenken an Joseph Lortz (1887–1975). Beiträge zur Reformationsgeschichte und Ökumene (VIEG Beiheft 30, Abteilung Religionsgeschichte), Stuttgart 1989, S. 337–351.

LOHSE, EDUARD, *Paulus*. Eine Biographie, München 1996.

LÖNNE, KARL-EGON, Carl *Schmitt* und der Katholizismus der Weimarer Republik, in: BERND WACKER (Hg.), Die eigentlich katholische Verschärfung ... Konfession, Theologie und Politik im Werk Carl Schmitts, München 1994, S. 11–35.

LORENZER, ALFRED, Das Konzil der *Buchhalter*. Die Zerstörung der Sinnlichkeit. Eine Religionskritik, Frankfurt a.M. 1984.

DERS., ‚Sacrosanctum *Concilium*': Der Anfang der ‚Buchhalterei'. Betrachtungen aus psychoanalytisch-kulturkritischer Perspektive, in: HANSJAKOB BECKER – BERND JOCHEN HILBERATH – ULRICH WILLERS (Hg.), Gottesdienst – Kirche – Gesellschaft. Interdisziplinäre und ökumenische Standortbestimmungen nach 25 Jahren Liturgiereform (PiLi 5), St. Ottilien 1991, S. 153–162.

LORTZ, JOSEPH, *Geschichte* der Kirche in ideengeschichlicher Betrachtung. Eine Sinndeutung der christlichen Vergangenheit in geschichtlichen Grundzügen, Münster, mehrere Auflagen 1933–1964.

DERS., *Kirche* und wir in der Krise, in: LebZeug 29 (1974), S. 9–30.

DERS., *Reich* und Kirche. Eine Schriftenreihe. Katholischer Zugang zum Nationalsozialismus, Münster ^{2}1934.

LÖTHER, ANDREA, *Prozessionen* in spätmittelalterlichen Städten. Politische Partizipation, obrigkeitliche Inszenierung, städtische Einheit (Norm und Struktur 12), Köln – Weimar – Wien 1999.

LOTTER, FRIEDRICH, „Tod oder Taufe". Das Problem der *Zwangstaufen* während des Ersten Kreuzzuges, in: ALFRED HAVERKAMP (Hg.), Juden und Christen zur Zeit der Kreuzüge (VKAMAG 47), Sigmaringen 1999, S. 107–152.

LOUTH, ANDREW, Art. *Mystik* II, Kirchengeschichtlich, in: TRE 23 (1994), S. 547–580.

LÜDEMANN, GERD – ÖZEN, ALF, Art. Religionsgeschichtliche *Schule*, in: TRE 28 (1997), S. 618–624.

LUTTERBACH, HUBERTUS, Die *Liturgie* und ihre Theologie in der ultramontanen Epoche. Schlüssel zu einem Neuaufbruch?, in: ALW (im Druck).

DERS., *Sexualität* im Mittelalter. Eine Kulturstudie anhand von Bußbüchern des 6. bis 12. Jahrhunderts (BAKG 43), Köln – Weimar – Wien 1999.

DERS., The *Mass* and Holy Communion in the Medieval Penitentials (600–1200). Liturgical and Religio-Historical Perspectives, in: CHARLES CASPERS – GERHARD LUKKEN – GERARD ROUWHORST (Hg.), Bread of Heaven, o.O. 1995, S. 61–82.

LUTZ-BACHMANN, MATTHIAS, Christlicher *Glaube* und Weltanschauung, in: HERMANN JOSEF SCHUSTER (Hg.), Guardini Weiterdenken (Schriftenreihe des Forum Guardini 1), Berlin 1993, S. 49–59.

MAAS-EWERD, THEODOR, „*Anwalt* des liturgischen Anliegens", in: W. SEIDEL (Hg.), Christliche Weltanschauung, Würzburg 1985, S. 163–183.

DERS., Art. *Franz*, in: LThK 4 (^{3}1995), S. 28f.

DERS., Die *Krise* der Liturgischen Bewegung in Deutschland und Österreich. Zu den Auseinandersetzungen um die „liturgische Frage" in den Jahren 1939 bis 1944 (StPaLi 3), Regensburg 1981.

DERS., *Liturgie* und Pfarrei, Einfluß der liturgischen Erneuerung auf Leben und Verständnis der Pfarrei im deutschen Sprachgebiet, Paderborn 1969.

DERS., „Mediator Dei" – vor 50 Jahren ein *Signal*. Die Liturgie-Enzyklika Papst Pius' XII. vom 20. November 1947, in: LJ 47 (1997), S. 129–150.

DERS., Was wollte die Liturgische *Bewegung*? Zu den liturgischen Entwicklungen in den Jahren zwischen den beiden Weltkriegen, in: EuA 69 (1993), S. 223–246.

DERS. – RICHTER, KLEMENS, Die Liturgische *Bewegung* in Deutschland, in: BENEDIKT KRANEMANN – MARTIN KLÖCKENER (Hg.), FS Angelus A. Häußling, S. 581–600. [im Druck].

MAASS, FRITZ-DIETER, *Mystik* im Gespräch. Materialien zur Mystik-Diskussion in der katholischen und evangelischen Theologie Deutschlands nach dem Ersten Weltkrieg (STGL 4), Würzburg 1972.

MADER, WILHELM, Max *Scheler*. In Selbstzeugnissen und Bilddokumenten dargestellt, Reinbeck bei Hamburg 1980.

MAGER, ALOIS, Alte und neue *Wege* in der Mystik, in: BenM 1 (1919), S. 305–326.

MALCHEREK, REINHOLD, *Liturgiewissenschaft* im 19. Jahrhundert. Valentin Thalhofer (1825–1891) und sein „Handbuch der katholischen Liturgik" (LQF 86), Münster 2001.

MARITAIN, JACQUES, *Antimodern*. Die Vernunft in der modernen Philosophie und Wissenschaft und in der aristotelisch-thomistischen Erkenntnisordnung, Augsburg 1930.

MASSA, WILLI, Die *Eucharistiepredigt* am Vorabend der Reformation. Eine material-kerygmatische Untersuchung zum Glaubensverständnis von Altarssakrament und Messe am Beginn des 16. Jahrhunderts als Beitrag zur Geschichte der Predigt (VMStA 15), Steyl 1966.

MAUSS, MARCEL, Die *Gabe*. Form und Funktion des Austausches in archaischen Gesellschaften, Frankfurt a.M. ^{3}1984.

MAY, GERHARD, Art. *Kunst* und Religion IV, in TRE 20 (1990), S. 261–267.

MAY, GEORG, Die *Liturgiereform* des Zweiten Vatikanischen Konzils. Bemerkungen eines Kirchenrechtlers, in: HANSJAKOB BECKER – BERND JOCHEN HILBERATH – ULRICH WILLERS (Hg.), Gottesdienst – Kirche – Gesellschaft. Interdisziplinäre und ökumenische Standortbestimmungen nach 25 Jahren Liturgiereform (PiLi 5), St. Ottilien 1991, S. 77–116.

MAYER, ANTON L., Die Liturgie in der europäischen *Geistesgeschichte*. Gesammelte Aufsätze, ed. E. v. SEVERUS, Darmstadt 1971.

DERS., Die *Liturgie* und der Geist der Gotik, in: JLW 6 (1926), S. 68–97.

DERS., *Probleme*, Ziele und Grenzen der Geschichtsrevision, Nürnberg u. a. 1947.

MESSNER, REINHARD, Art. *Sakramentalien*, in: TRE 29 (1998), S. 648–663.

DERS., Unterschiedliche *Konzeptionen* des Meßopfers im Spiegel von Bedeutung und Deutung der Interzessionen des römischen Canon missae, in: ALBERT GERHARDS – KLEMENS RICHTER (Hg.), Das Opfer. Biblischer Anspruch und liturgische Gestalt (QD 186), Freiburg i.Br. 2000, S. 128–184.

DERS., Was ist systematische *Liturgiewissenschaft*? Ein Entwurf in sieben Thesen, in: ALW 40 (1998), S. 257–274.

DERS., Zur *Hermeneutik* allegorischer Liturgieerklärung in Ost und West, In: ZKTh 115 (1993) S. 284–391, S. 415–434.

METZ, JOHANN BAPTIST, Christliche *Anthropozentrik*. Über die Denkform des Thomas von Aquin, München 1962.

METZGER, MARCEL, *Histoire* de la liturgie. Les grandes étapes, Paris 1994; dt.: *Geschichte* der Liturgie, Paderborn u. a. 1998.

MEUTHEN, ERICH, Das *15. Jahrhundert* (Oldenbourg-Grundriß der Geschichte 9), München ^{2}1984.

DERS., Gab es ein spätes *Mittelalter*?, in: JOHANNES KUNISCH (Hg.), Spätzeit. Studien zu Problemen eines historischen Epochenbegriffs (Hist. Forschungen 42), Berlin 1990, S. 91–135.

MEYER, HANS B., *Alkuin* zwischen Antike und Mittelalter. Ein Kapitel frühmittelalterlicher Frömmigkeitsgeschichte, in: ZKTh 81 (1959), S. 306–350, S. 405–454.

DERS., Das Werden der literarischen *Struktur* des Hochgebetes. Hinweise zu einer wichtigen Neuerscheinung, in: Ders., Zur Theologie und Spiritualität des christlichen Gottesdienstes. Ausgewählte Aufsätze (Liturgica Oenipontana 1), Münster 2000, S. 165–185.

DERS., *Eucharistie*. Geschichte, Theologie und Pastoral (GDK 4), Regensburg 1989.

DERS., *Luther* und die Messe. Eine liturgiewissenschaftliche Untersuchung über das Verhältnis Luthers zum Meßwesen des späten Mittelaters (KKTS 11), Paderborn 1965.

MOHLBERG, KUNIBERT, Die *Aufgabe* der liturgischen Forschung in Deutschland, in: ThRv 17 (1918), S. 145–151.

DERS., *Ziele* und Aufgaben der liturgiegeschichtlichen Forschungen (LF 1), Münster 1919.

MOOS, PETER VAN DER, Wolfram von den Steinen, ein *Historiker* des Überhistorischen, in: MLJb 28 (1993), S. 1–14.

MOWINKEL, SIGMUND, *Religion* und Kultus, Göttingen 1953.

MUIR, EDWARD, *Ritual* in Early Modern Europe (New Approaches in European History 11), Cambridge 1997.

MÜLLER, KARL FERDINAND – BLANKENBURG, WALTER (Hg.), *Leiturgia*. Handbuch des evangelischen Gottesdienstes, 5 Bde., Kassel 1954–70.

MÜLLER, KLAUS E., Der gesprungene *Ring*. Wie man seine Seele gewinnt und verliert, Frankfurt a.M. 1997.

MÜLLER, MICHAEL, *Ethik* und Recht in der Lehre von der Verantwortlichkeit. Ein Längsschnitt durch die Geschichte der katholischen Moraltheologie, Regensburg, 1932.

MUMM, REINHARD, Art. Hochkirchliche *Bewegung* II, in: TRE 15 (1986), S. 420f.

MUSCH, HANS (Hg.), *Musik* im Gottesdienst. Ein Handbuch zur Grundausbildung in der katholischen Kirchenmusik 1. Historische Grundlagen – Liturgik – Liturgiegesang, Regensburg 1993.

MUSCHIOL, GISELA, *Famula Dei*. Zur Liturgie in merowingischen Frauenklöstern (BGAM 41), Münster 1994.

MUTH, CARL, Moderne Kunst in Kirchen, in: Hochland 5/1 (1907/8), S.743–745.

NEISKE, FRANZ, *Frömmigkeit* als Leistung? Überlegungen zu den großen Zahlen im mittelalterlichen Totengedenken, in: HELMUT KREUTZER (Hg.), Frömmigkeit im Mittelalter (LiLi 80), Göttingen 1991, S. 35–48.

NEUFELD, KARL H., Adolf von Harnacks *Theologie* als Suche nach der Kirche. „Tertium Genus Ecclesiae“ (KKTS 41), Paderborn 1977.

NEUNHEUSER, BURKHARD, In memoriam L. Cuniberti *Mohlberg*. 1878–1983, in: EL 78 (1964), S. 58–62.

DERS., *Liturgiewissenschaft*: Exakte Geschichtsforschung oder (und) Theologie der Liturgie?, in: EO 4 (1987), S. 87–102.

DERS., Objektive *Frömmigkeit*. Ein Beitrag zur Geschichte und Systematik dieses Begriffs, in: GIUSTINO FARNEDI (Hg.), Paschale Mysterium. In memoria Salvatore Marsili (StAns 91/ALit 10), Rom 1986, S. 97–114.

DERS., Prosper *Guéranger* (1805–1875). Werk und Bedeutung nach der Studie von Cuthbert Johnson, in: ALW 33 (1991), S. 77–86.

NEY, J., *Analekten* zur Geschichte des Reichstags zu Speier im Jahre 1526, 2 Teile, in: ZKG 8 (1886), S. 300–317 und ZKG 9 (1888), S. 137–181.

NICHTWEISS, BARBARA, Erik *Peterson*. Neue Sicht auf Leben und Werk, Freiburg – Basel – Wien ^{2}1994.

NIEBERGALL, ALFRED, Art. *Agende*, in: TRE 1 (1977), S. 755–784.

NIPPERDEY, THOMAS, Deutsche *Geschichte* 1866–1918, *1*: Arbeitswelt und Bürgergeist, München 1990.

DERS., Wehlers *Gesellschaftsgeschichte*, in: GeGe 14 (1988), S. 403–415.

NOTA, JAN H., Max *Scheler*. Der Mensch und seine Philosophie, Fridingen a. D. 1995.

NOWAK, KURT, Art. Deutschgläubige *Bewegungen*, in: TRE 8 (1981), S. 554–559.

NUSSBAUM, OTTO, Der *Standort* des Liturgen am christlichen Altar vor dem Jahre 1000. Eine archäologische und liturgiegeschichtliche Untersuchung. Teil 1: Text (Theophaneia 18), Bonn 1965.

ODENTHAL, ANDREAS, Der älteste *Liber* odinarius der Stiftskirche St. Apostel in Köln (Studien zur Kölner Kirchengeschichte 28), Siegburg 1994.

OEXLE, OTTO G., Das *Mittelalter* als Waffe. Ernst H. Kantorowicz' „Kaiser Friedrich der Zweite“ in den politischen Kontroversen der Weimarer Republik, in: DERS., Geschichtswissenschaft im Zeichen des Historismus. Studien zu Problemgeschichten der Moderne (KSGW 116), Göttingen 1996, S. 163–215.

DERS., Die *Gegenwart* der Toten, in: HERMANN BRAET – WERNER VERBEKE (Hg.), Death in the Middle Ages (ML.St 9), Leuven 1983, S. 19–77.

DERS., Die *Moderne* und ihr Mittelalter. Eine folgenreiche Problemgeschichte, in: PETER SEGL (Hg.), Mittelalter und Moderne. Entdeckung und Rekonstruktion der mittelalterlichen Welt, Sigmaringen 1997, S. 307–364.

DERS., *Geschichte* als Historische Kulturwissenschaft, in: WOLFGANG HARDTWIG – HANS-ULRICH WEHLER (Hg.), Kulturgeschichte Heute (GeGe Sonderheft 16) Göttingen 1996, S. 14–40.

DERS., *Mahl* und Spende im mittelalterlichen Totenkult, in: FMSt 18 (1984), S. 401–420.

DERS., *Memoria* in der Gesellschaft und in der Kultur des Mittelalters, in: JOACHIM HEINZLE (Hg.), Modernes Mittelalter. Neue Bilder einer alten Epoche, Frankfurt a.M. 1994,S. 297–323.

DERS., Memoria und *Memorialüberlieferung* im frühen Mittelalter, in: FMSt 10 (1976), S. 70–95.

OHLY, FRIEDRICH, *Metaphern* für die Sündenstufen und die Gegenwirkungen der Gnade (RhWAW.G 302), Opladen 1990.

ORLANDIS, JOSÉ – RAMOS-LISSON, DOMINGO (Hg.), Die *Synoden* auf der Iberischen Halbinsel bis zum Einbruch des Islam (711) (KonGe A 2), Paderborn 1981.

PALMER, NIGEL F., Art. *Seelentrost*, in: VerLex 8 (^{2}1992), Sp. 1030–1040.

PANNENBERG, WOLFHART, *Wissenschaftstheorie* der Theologie, Frankfurt a.M. 1987.

PANOFSKY, ERWIN, *Imago* Pietatis. Ein Beitrag zur Typengeschichte des ‚Schmerzenmanns' und der ‚Maria Mediatrix', in: DERS. (Hg.), Imago Pietatis. FS Max J. Friedländer, Berlin 1927, S. 261–308.

PEHNT, WOLFGANG, Rudolf *Schwarz* 1897–1961. Architekt einer anderen Moderne, Ostfildern-Ruit 1997.

PESCH, OTTO HERMANN, Das Zweite Vatikanische *Konzil*. Vorgeschichte – Verlauf – Ergebnisse – Nachgeschichte, Würzburg ^{2}1994.

DERS., Theologische *Überlegungen* zum „Subjektivismus" Luthers, in: ROLF DECOT – RAINER VINKE (Hg.), Zum Gedenken an Joseph Lortz (1887–1975). Beiträge zur Reformationsgeschichte und Ökumene (VIEG, Abteilung Religionsgeschichte. Beiheft 30), S. 106–140.

DERS., *Thomas* von Aquin. Grenze und Größe mittelalterlicher Theologie. Eine Einführung, Mainz 1988.

PESCHKE, KARL-HEINZ, Die *Sünde* in den Traktaten über die Sakramente, in: In verbo tuo. FS zum 50jährigen Bestehen des Missionspriesterseminars St. Augustin bei Siegburg, Rheinl. 1913 – 1963, ed. Lektoren in St. Augustin, St. Augustin 1963, S. 235–246.

PETERSOHN, JÜRGEN, Über monarchische *Insignien* und ihre Funktion im mittelalterlichen Reich, in: HZ 266 (1998), S. 47–96.

PETZOLT, STEPHAN KLAUS, Die Gründungs- und Entwicklungsgeschichte der Abtei *Beuron* im Spiegel ihrer Liturgie (1863–1908), Würzburg 1990.

PEUCKERT, WILL-ERICH, Die große *Wende*. Das apokalyptische Saeculum und Luther 1, Darmstadt 1966.

PFLEGER, LUZIAN, Nikolaus *Paulus* (1853 – 1930), in: HJ 50 (1930), S. 205–226.

DERS., Nikolaus Paulus. Ein Priester- und *Gelehrtenleben* (1853–1930) (Lebensbilder elsässischer Katholiken 4), Kevelaer 1931.

PIEPER, JOSEF, Noch nicht aller Tage *Abend*. Autobiographische Aufzeichnungen 1945–1964, München 1979.

POELZIG, HANS, *Werkbundrede* 1919, in: DERS., Gesammelte Schriften und Werke ed. JULIUS POSENER, Berlin 1970, S.111–121.

POSCHMANN, ANDREAS, Das Leipziger *Oratorium*. Liturgie als Mitte einer lebendigen Gemeinde (EThS 81), Leipzig 2001.

POSCHMANN, BERNHARD, *Buße* und Letzte Ölung (HDG IV/3), Freiburg 1951.

PRANTNER, ROBERT, *Einfluß* der liturgischen Praxis, in: FRANZ BREID (Hg.), Die heilige Liturgie. Referate der „Internationalen Theolgischen Sommerakademie 1997" des Linzer Priesterkreises in Aigen/M., Steyr 1997, S. 216–251.

PRASSL, FRANZ K., Art. *Hymnologie*, in: LThK 5 (^{3}1996), S. 359–361.

PROBST, MANFRED, Der *Ritus* der Kindertaufe. Reformversuche der katholischen Aufklärung des deutschen Sprachbereches (TThSt 39), Trier 1981.

PRÜMM, KARL, Religionsgeschichtliches *Handbuch* für den Raum der altchristlichen Umwelt. Hellenistisch-römische Geistesströmungen und Kulte mit Beachtung des Eigenlebens der Provinzen, Rom 1954.

PRZYWARA, ERICH, Religiöse *Bewegungen*, in: StZ 104 (1923), S. 445–455.

QUIRIN, HEINZ, *Einführung* in das Studium der mittelalterlichen Geschichte, Stuttgart ^{4}1985.

RAHNER, KARL, Art. *Anthropozentrik*, in: LThK 1 (^{2}1957), S. 632–634.

RAPP, FRANCIS, *L'église* et la vie religieuse en occident a la fin du Moyen Age (NC(C) 25), Paris 1971.

RATSCHOW, CARL HEINZ, Art. *Otto*, in: TRE 25 (1995); S.559–563.

RATZINGER, JOSEPH, Aus meinem *Leben*. Erinnerungen (1927–1977), Stuttgart 1998.

DERS., Das *Fest* des Glaubens. Versuche zur Theologie des Gottesdienstes, Einsiedeln 1981.

DERS., Der Geist der *Liturgie*. Eine Einführung, Freiburg – Basel – Wien 2000.

DERS., Die sakramentale *Begründung* der christlichen Existenz, Meitingen 1966.

DERS., *Geleitwort*, in: WILHELM NYSSEN (Hg.), Simandron. Der Wachklopfer. Gedenkschrift für Klaus Gamber (1919–1989), Köln 1989, S. 13–15.

DERS., *Gott* und die Welt. Glauben und Leben in unserer Zeit. Ein Gespräch mit Peter Seewald, Stuttgart – München 2000.

DERS. (Hg.), *Schriftauslegung* im Widerstreit (QD 117), Freiburg – Basel – Wien 1989.

REIFFERSCHEIDT, GERHARD, Das Bistum *Ermland* und das Dritte Reich (BoBKG 7), Köln 1975.

REINBURG, VIRGINIA, *Liturgy* and the Laity in Late Medieval an Reformation, in: Sixteenth Century Journal 23 (1992), S. 526–547.

RICHTER, KLEMENS, Das Eucharistische *Hochgebet* – ein Durchbruch zu ökumenischer Gemeinsamkeit, in: BERND JOCHEN HILBERATH – DOROTHEA SATTLER (Hg.), Vorgeschmack. Ökumenische Bemühungen um die Eucharistie. FS Theodor Schneider, Mainz 1995, S. 308–325.

DERS., Heilige *Räume*. Eine Kritik aus theologischer Perspektive, in: LJ 48 (1998), S. 249–264.

DERS. (Hg.), *Liturgie* – ein vergessenes Thema der Theologie? FS Joseph Lengeling (QD 107), Freiburg – Basel – Wien 1986.

DERS., Was ich vom *Kirchenjahr* wissen wollte. Zu Fragen aus der Gemeinde von heute, Freiburg – Basel – Wien 1982.

RICOEUR, PAUL, *Symbolik* des Bösen. Phänomenologie der Schuld 2, Freiburg – München 1971.

RIESENFELD, HARALD, *Geschichtswissenschaft* und Exegese, in: URS ALTERMATT – HEINZ HÜRTEN – NIKOLAUS LOBKOWICZ (Hg.), Moderne als Problem des Katholizismus (EichB 28), Regensburg 1995, S. 157–177.

RINGBOM, SIXTEN, Devotional *Images* and imaginative Devotions. Notes on the Place of Art in Late Medieval private Piety, in: GBA 73 (1969), S. 159–170.

RINGLER, SIEGFRIED, Art. *Sunder*, in: VerLex 9 (1995), S. 532–536.

DERS., Viten- und *Offenbarungsliteratur* in Frauenklöstern des Mittelalters. Quellen und Studien (MTUDL 72), München 1980.

RINKE, WOLFGANG, Der *Altar* in der Probsteikirche zu Dortmund. Ein Werk des Malers Derick Baegert aus Wesel. Geschichte – Kunstgeschichte – Bildbeschreibung – Bilddeutung, Dortmund o. J.

ROSENZWEIG, FRANZ, Das neue *Denken*, in: DERS., Kleinere Schriften, Berlin 1937, S. 373–398.

RUBIN, MIRI, *Symbolwert* und Bedeutung von Fronleichnamsprozessionen, in: KLAUS SCHREINER (Hg.), Laienfrömmigkeit im späten Mittelalter. Formen, Funktionen, politisch-soziale Zusammenhänge (Schriften des Hist. Kollegs: Koll. 20), München 1992, S. 309–318.

RUH, KURT, Geschichte der abendländischen *Mystik*, 4 Bde., München 1990–99.

RUSTER, THOMAS, Die verlorene *Nützlichkeit* der Religion. Katholizismus und Moderne in der Weimarer Republik, Paderborn u. a. 1994.

DERS., Theologische *Wahrnehmung* von Kultur im ausgehenden Kaiserreich, in: HUBERT WOLF (Hg.), Antimodernismus und Modernismus in der katholischen Kirche. Beiträge zum theologiegeschichtlichen Vorfeld des II. Vatikanums (Programm und Wirkungsgeschichte des II. Vatikanums 2), Paderborn u. a. 1998, S. 267–279.

SÆB, MAGNE, Art. *Mowinkel*, in: TRE 23 (1994), S. 384–388.

SAFRANSKI, RÜDIGER, Ein Meister aus Deutschland. Heidegger und seine Zeit, München – Wien 1994.

SALMANN, ELMAR, *Gnadenerfahrung* im Gebet. Zur Theorie der Mystik bei Anselm Stolz und Alois Mager (Diss. masch.), Münster 1978.

SANDMANN, MECHTHILD, *Literaturbericht*, in: ALW 25 (*1983*), S. 335–375.

DIES., *Literaturbericht*, in: ALW 29 (*1987*), S. 298–320.

SAXER, VICTOR, Art. *Duchesne*, in: LThK 3 (^{3}1995), S. 395f.

SCHAAFHAUSEN, F.W., Der *Eingang* des Christentums in das deutsche Wesen 1: Von der Antike bis zum Zeitalter der romanischen Dome, Jena 1929.

SCHABER, JOHANNES, Max Scheler in Beuron und Maria Laach, in: EuA 77 (2001), S. 42–60.

SCHÄFERDIEK, KNUT, Art. *Eigenkirchen*, in: RGA 6 (1986), S. 559–561.

SCHEFFLER, KARL, Der Geist der *Gotik*, Leipzig 1921.

DERS., Deutsche *Kunst*, Berlin 1915.

SCHELER, DIETER, Inszenierte *Wirklichkeit*: Spätmittelalterliche Prozessionen zwischen Obrigkeit und ‚Volk‘, in: BEA LUNDT – HELMA REIMÖLLER (Hg.), Von Aufbruch und Utopie. Perspektiven einer neuen Gesellschaftsgeschichte des Mittelalters. FS Ferdinand Seibt, Köln – Weimar – Wien 1992, S. 119–129.

SCHERSCHEL, RAINER, Der *Rosenkranz* (Das Jesusgebet des Westens (FThSt 116), Freiburg i. Br. u. a. 1979.

Schieder, Theodor, Ludwig *Dehio* zum Gedächtnis, in: HZ 201 (1965), S. 1–12.

Schieffer, Rudolf, Art. *Eigenkirchenwesen*, in: LMA 3 (1986), S. 1706–1708.

Schieffer, Theodor, *Europa* im Wandel von der Antike zum Mittelalter, in: HEG 1(1976), S. 22–50.

Ders., *Reichskirche* und Landeskirchen des 7. Jahrhunderts, in: HEG 1 (1976), S. 504–526.

Schilling, Heinz, Die *Konfessionalisierung* von Kirche, Staat und Gesellschaft – Profil, Leistung, Defizite und Perspektiven eines geschichtswissenschaftlichen Paradigmas, in: Ders. – Wolfgang Reinhard (Hg.), Die katholische Konfessionalisierung. Wissenschaftliches Symposion der Gesellschaft zur Herausgabe des Corpus Catholicum und des Vereins für Reformationsgeschichte (SVRG 198), Gütersloh 1995, S. 1–49.

Ders., *Vita religiosa* des Spätmittelalters und frühneuzeitliche Differenzierung der christianitas – Beobachtungen zu Wegen und Früchten eines Gesprächs zwischen Spätmittelalter- und Frühneuzeithistoriker, in: Franz J. Felten – Nikolas Jaspert (Hg.), Vita Religiosa im Mittelalter. FS Kaspar Elm (BHSt 31, Ordensstudien XIII), Berlin 1999, S. 785–796.

Schilson, Arno, Die Liturgische *Bewegung*. Anstöße – Geschichte – Hintergründe, in: Ders. – Klemens Richter, Den Glauben feiern. Wege liturgischer Erneuerung (Rothenfelser Reihe), Mainz 1989, S. 11–48.

Ders., *Erneuerung* aus dem Geist der Restauration. Ein Blick auf den Ursprung der Liturgischen Bewegung bei Prosper Guréanger, in: RoJKG 12 (1993), S. 35–56.

Ders., Kirchliche Erneuerung aus dem Geist der *Liturgie*. III. Kulturelle Dimension kirchlicher Liturgie. Liturgische Bewegung und Öffnung der Kirche zur Welt, in: EuA 68 (1992), S. 125–136.

Ders., *Perspektiven* theologischer Erneuerung. Studien zum Werk Romano Guardinis, Düsseldorf 1986.

Ders., Romano *Guardini* und die liturgische Bewegung, in: Ders. – Klemens Richter, Den Glauben feiern. Wege liturgischer Erneuerung (Rothenfelser Reihe), Mainz 1989, S. 49–77.

Ders., *Theologie* als Sakramententheologie. Die Mysterientheologie Odo Casels (TTS 18), Mainz 1982.

Schindler, Norbert, Widerspenstige *Leute*. Studien zur Volkskultur in der frühen Neuzeit, Frankfurt a.M. 1992.

Schlette, Heinz Robert, *Kommunikaton* und Sakrament. Theologische Deutung der geistlichen Kommunion, (QD 8), Freiburg i.Br. u. a. 1959.

Schlier, Heinrich, Der *Römerbrief* (HThK 6), Freiburg – Basel – Wien ^{2}1979.

Schmid, Karl – Wollasch, Joachim (Hg.), *Memoria*. Der geschichtliche Zeugniswert des liturgischen Gedenkens im Mittelalter (MMAS 48), München 1984.

SCHMIDT, SUSANNA, „*Handlanger* der Vergänglichkeit". Zur Literatur des katholischen Milieus 1800–1950, Paderborn 1994.

SCHMIDT-EPPENDORF, PETER, Benedikt *Momme Nissen*. Maler und Mönch (†1943). Lebensbild eines nordfriesischen Konvertiten, in: Verein für katholische Kirchengeschichte in Hamburg und Schleswig-Holstein e.V. (Hg.), Beiträge und Mitteilungen, Husum 1999, S. 183–210.

SCHMIDT-LAUBER, HANS-CHRISTOPH, Art. *Liturgiewissenschaft*/Liturgik, in: TRE 21 (1991), S. 383–401.

DERS., Art. Liturgische *Bewegungen*, in: TRE 21 (1991), S. 401–406.

SCHMITT, CARL, Politische *Theologie*. Vier Kapitel zur Lehre von der Souveränität, München – Leipzig, 1922.

DERS., Römischer *Katholizismus* und Politische Form (Der Katholische Gedanke 13), München 1925.

SCHMITT, JEAN CLAUDE, Die *Logik* der Gesten im europäischen Mittelalter, Stuttgart 1992.

SCHMITZ, PHILIBERT, La liturgie de *Cluny*, in: Spiritualità Cluniacense (CCSSM 2), Todi 1960.

SCHMITZ, RUDOLF MICHAEL, *Aufbruch* zum Geheimnis der Kirche Jesu Christi. Aspekte der katholischen Ekklesiologie des deutschen Sprachraumes von 1918 bis 1943 (MThS.S 46), Sankt Ottilien 1991.

SCHNITZER, JOSEF, *Legenden-Studien*, in: Süddeutsche Monatshefte 5,1 (1908), S. 209–216.

SCHÖLLGEN, GREGOR, Franz Josef *Dölger* und die Entstehung des Forschungsprogramms ‚Antike und Christentum', in: JAC 36 (1993), S. 7–27.

SCHREINER, KLAUS, Art. *Toleranz*, in: GGB 6 (1990), S. 455–605.

DERS., *Maria*. Jungfrau, Mutter, Herrscherin, München – Wien 1994.

SCHUBERT, HANS VON, *Geschichte* der christlichen Kirche im Frühmittelalter. Ein Handbuch, Tübingen 1921 (ND Darmstadt 1976).

SCHUBERT, URSULA – WARLAND, RAINER, Art. *Dura Europos*, in: LThK 3 (^{3}1995), S. 409f.

SCHÜLER, BARBARA, „Im Geiste der Gemordeten ...". Die „*Weiße Rose*" und ihre Wirkung in der Nachkriegszeit (Politik- und Kommunikationswissenschaftliche Veröffentlichungen der Görres-Gesellschaft 19), Paderborn 2000.

SCHULTE-UMBERG, THOMAS, *Profession* und Charisma. Herkunft und Ausbildung des Klerus im Bistum Münster 1776–1940 (VKZG.F 85), Paderborn u. a. 1999.

SCHULZE, WINFRIED, Deutsche *Geschichtswissenschaft* nach 1945 (HZ.B NF 10), München 1989.

DERS., *Institut* für Europäische Geschichte Mainz 1950–2000. Eine Dokumentation, Mainz 2000.

DERS. – DEFRANCE, CORINE, Die *Gründung* des Instituts für Europäische Geschichte Mainz (VIEG. Beiheft 36), Mainz 1992.

SCHWAGER, RAYMUND, Brauchen wir einen *Sündenbock*? Gewalt und Erlösung in den biblischen Schriften, München 1978.

SCHWEDT, HERMANN H., Liberaler *Katholizismus*, in: LThK 6 (^{3}1997), S. 885–888.

SCHWEIZER, H.R., Art. *Archaisch*, in: HWP 1 (1971), S. 495–497.

SEE, KLAUS VON, Deutsche *Germanen-Ideologie*. Vom Humanismus bis zur Gegenwart, Frankfurt a.M. 1980.

DERS., *Kulturkritik* und Germanenforschung zwischen den Weltkriegen, in: HZ 245 (1987), S. 343–362.

SEEBERG, REINHOLD, Lehrbuch der *Dogmengeschichte* 3: Die Dogmenbildung des Mittelalters, Darmstadt 1974.

SEIWERT, HUBERT, Art. *Opfer*, in: HRWG 4, S. 268–284.

SEPE, CRESCENZIO, *Einführungswort*, in: FRANZ BREID (Hg.), Die heilige Liturgie. Referate der „Internationalen Theolgischen Sommerakademie 1997" des Linzer Priesterkreises in Aigen/M., Steyr 1997, S. 13–15.

SEVERUS, EMMANUEL VON, Art. *Herwegen*, in: NDB 8 (1969), S. 723.

DERS., P. Kunibert *Mohlberg*. Zum Gedächtnis, in: ALW 8 (1963), S. V-VIII.

DERS., Was haltet ihr von der *Kirche*? Die Frage des Abtes Ildefons Herwegen an seine und unsere Zeit. Beiträge und Würdigungen aus Anlaß seines Geburtstages vor hundert Jahren am 27. November 1874 (BGAM.S 3), Münster 1976.

SHAKED, SHAUL, ‚Innen' und ‚Außen' in der *Religionsgeschichte*. Einige typologische Beobachtungen, in: JAN ASSMANN (Hg.), Die Erfindung des inneren Menschen (Studien zum Verstehen fremder Religionen 6), Gütersloh 1993, S. 15–27.

SHERIDAN, GILLEY, Art. Hochkirchliche *Bewegung* I, in: TRE 15 (1986), S. 413–420.

SIEBENMORGEN, HARALD, *Avantgarde* und Restauration. Die Verbindlichkeit des ideellen Bildthemas um 1900, in: WOLFGANG BRAUNGART u. a. (Hg.), Ästhetische und religiöse Erfahrungen der Jahrhundertwenden. II: um 1900, Paderborn 1998, S. 233–265.

DERS., Die Anfänge der ‚Beuroner *Kunstschule*'. Peter Lenz und Jakob Wüger. 1850–1875. Ein Beitrag zur Genese der Formabstraktion in der Moderne (BSB 27), Sigmaringen 1983.

SIERCK, MICHAEL, *Festtag* und Politik. Studien zur Tagewahl karolingischer Herrscher (BAKG 38), Köln u. a. 1995.

SIMSON, OTTO VON, Art. *Andachtsbild* I, in: TRE 2 (1978), S. 661–668.

DERS., Das abendländische *Vermächtnis* der Liturgie, in: DERS, Von der Macht des Bildes im Mittelalter. Gesammelte Aufsätze zur Kunst des Mittelalters, ed. REINER HAUSSHERR, Berlin 1993, S. 11–55.

SLENCZKA, RUTH, Lehrhafte *Bildtafeln* in spätmittelalterlichen Kirchen (Pictura et poesis 10), Köln – Weimar – Wien 1998.

SMITMANS, ADOLF, Die christlicher *Malerei* im Ausgang des 19. Jahrhunderts – Theorie und Kritik. Eine Untersuchung der deutschsprachigen Periodica für christliche Kunst 1870–1914 (Kölner Forschungen zu Kunst und Altertum 2), Sankt Augustin 1980.

DERS., Jan/Willibrord *Verkade*. Kunst, jenseits von Natur und Gesetz, in: EuA. BenM 75/5 (1999), S. 361–374.

SNOEK, GODEFRIDUS J., Medieval *Piety* from Relics to the Eucharist. A Process of Mutal Interaction (SHCT 63), Leiden 1995.

SOEFFNER, HANS-GEORG, Die Ordnung der *Rituale* (Die Auslegung des Alltags 2), Frankfurt a.M. ^{2}1995.

SPAEL, WILHELM, Das katholische *Deutschland* im 20. Jahrhundert. Seine Pionier- und Krisenzeiten 1890–1945, Würzburg 1964.

SPAEMANN, ROBERT, Einleitende *Bemerkungen* zum Opferbegriff, in: RICHARD SCHENK (Hg.), Zur Theorie des Opfers. Ein interdisziplinäres Gespräch (Collegium Philosophicum 1), S. 11–24.

DERS., *Liturgie* als Ausdruck des Glaubens, in: FRANZ BREID (Hg.), Die heilige Liturgie. Referate der „Internationalen Theolgischen Sommerakademie 1997" des Linzer Priesterkreises in Aigen/M., Steyr 1997, S. 36–71.

SPEYER, WOLFGANG, Art. *Fluch*, in: RAC 7 (1969), S. 1160–1288.

SPÖRL, UWE, Gottlose *Mystik* in der Literatur um die Jahrhundertwende, Paderborn 1997.

STAPPER, RICHARD, Katholische *Liturgik*. Zum Gebrauch bei akademischen Vorlesungen sowie zum Selbstunterricht, Münster ^{6}1931.

STEIMER, BRUNO, Art. *Botte*, in: LThK 2 (^{3}1994), S. 614.

DERS., Art. *Gasquet*, in: LThK 4 (^{3}1995), S. 297f.

STEINEN, WOLFRAM VON DEN, Vom heiligen *Geist* des Mittelalters. Anselm von Canterbury, Bernhard von Clairvaux, Darmstadt 1968.

STENZEL, ALOIS, Art. *Beissel*, in: LThK 2 (^{2}1958) , S. 136.

DERS., Art. *Browe*, in: LThK 2 (^{2}1958), S. 710.

STERN, FRITZ, *Kulturpessimismus* als politische Gefahr. Eine Analyse nationaler Ideologie in Deutschland, Bern u. a. 1963.

STICKLER, ALFONS MARIA, *Erinnerungen* und Erfahrungen eines Konzilsperitus der Liturgiekomission, in: FRANZ BREID (Hg.), Die heilige Liturgie. Referate der „Internationalen Theolgischen Sommerakademie 1997" des Linzer Priesterkreises in Aigen/M., Steyr 1997, S. 160–195.

STRUPP, CHRISTOPH, *Kulturgeschichte* als Methode. Johan Huizingas Beitrag zur Neuorientierung der Geschichtswissenschaft im 20. Jahrhundert (Magisterarbeit am Historischen Seminar der Universität Köln), Düsseldorf 1994.

SUNTRUP, RUDOLF, Die *Bedeutung* der liturgischen Gebärden und Bewegungen in lateinischen und deutschen Auslegungen des 9. bis 13. Jahrhunderts (MMAS 37), München 1978.

DERS., *Zahlenbedeutung* in der mittelalterlichen Liturgieallegorese, in: ALW 26 (1984), S. 321–346.

TAFT, ROBERT F., Über die *Liturgiewissenschaft* heute, in: ThQ 177 (1997), S. 243–255.

TELLENBACH, GERD, Römischer und christlicher *Reichsgedanke* in der Liturgie des frühen Mittelalters (SHAW.PH 25), Heidelberg 1934.

THALHOFER, VALENTIN, *Handbuch* der katholischen Liturgik 1 (ThBib), Freiburg i. Br. 1883.

DERS. – EISENHOFER, LUDWIG, *Handbuch* der katholischen Liturgik 1, Freiburg i. Br. ^{2}1912.

THEUNISSEN, MICHAEL, Falscher *Alarm.* Wiedergelesen: Romano Guardinis ‚Das Ende der Neuzeit', in: FAZ Nr. 52, 3. März 1977, S. 19.

THRAEDE, KLAUS, Art. *Antike* und Christentum, in: LThK 1 (^{3}1993), S. 755–759.

THÜSING, WILHELM, *Studien* zur neutestamentlichen Theologie, ed. THOMAS SÖDING (WUNT 82), Tübingen 1995.

TRAPP, WALDEMAR, *Vorgeschichte* und Ursprung der liturgischen Bewegung. Vorwiegend in Hinsicht auf das deutsche Sprachgebiet, Regensburg 1940.

TREITINGER, OTTO, Die oströmische Kaiser- und *Reichsidee*. Vom oströmischen Staats- und Reichsgedanken, Darmstadt ^{2}1956.

TRIPPEN, NORBERT, *Theologie* und Lehramt im Konflikt. Die kirchlichen Maßnahmen gegen den Modernismus im Jahre 1907 und ihre Auswirkungen in Deutschland, Freiburg 1977.

TROELTSCH, ERNST, Die *Bedeutung* der Geschichtlichkeit Jesu für den Glauben (1911), in: DERS., Die Absolutheit des Christentums und die Religionsgeschichte und zwei Schriften zur Theologie, Gütersloh ^{2}1985, S. 132–162.

DERS., Gesammelte *Schriften 1*: Die Soziallehren der christlichen Kirchen und Gruppen, ND Aalen ^{3}1977.

DERS., *Katholizismus* und Reformismus, in: IWW 2 (1908), S. 16–26.

TURNER, VICTOR, Das *Ritual*, Struktur und Anti-Struktur (Theorie und Gesellschaft 10), Frankfurt – New York 1989.

UEBERWEG, FRIEDRICH, *Grundriß* der Geschichte der Philosophie 4: Die deutsche Philosophie des XIX. Jahrhunderts und der Gegenwart, Basel ^{13}1951.

VEIT, LUDWIG ANDREAS, Die *Kirche* im Zeitalter des Individualismus 1648 bis zur Gegenwart. Im Zeichen des vordringenden Individualismus 1648–1800 (KG 4/1), Freiburg 1931.

VETUS LATINA. *41. Arbeitsbericht*, ed. Gemeinnützige Stiftung zur Förderung der Herausgabe einer vollständigen Sammlung aller erhaltenen Reste der altlateinischen Bibelübersetzungen aus Handschriften und Zitaten, Freiburg 1997.

VLOET, JAN VAN DER, Romano *Guardini* und die (Nach-)Neuzeit. Ansätze einer theologischen Kritik der Moderne, in: ARNO SCHILSON (Hg.), Konservativ mit Blick nach vorn: Versuche zu Romano Guardini, Würzburg 1994, S. 115–130.

VOGEL, CYRILLE, Art. *Cabrol*, in: LThK 2 (^{3}1995), S. 869f.

DERS., Medieval *Liturgy*. An Introduction to the Sources, ed. WILLIAM G. STOREY – NIELS KROGH RASMUSSEN, Washington 1986.

VOGÜÉ, ADALBERT DE, Die *Regula* Benedicti. Theologisch-spiritueller Kommentar (RBS.S 16), Hildesheim 1983.

DERS., *Septies* in die laudem dixi tibi. Aux origines de l'interprétation bénédictine d'un texte psalmique, in: DERS., Le Maître, Eugippe et Saint Benoît. Recueil d'articles (RBS.S 17), Hildesheim 1984, S. 518–522.

VOLK, LUDWIG, Der heilige *Stuhl* und Deutschland 1945–1949, in: ANTON RAUSCHER (Hg.), Kirche und Katholizismus 1945–1949 (BkathF, Reihe B), München 1977.

VORGRIMMLER, HERBERT, *Buße* und Krankensalbung (HDG IV/3), Freiburg ^{2}1978.

WAGNER, JOHANNES, Das *Anliegen* der Liturgiereform von Pius X bis zum Codex Rubricarum, in: LJ 11 (1961), S. 142–157.

WALLMANN, JOHANNES, Art. *Holl*, in: TRE 15 (1986), S. 514–518.

WEBER, CHRISTOPH, Heinrich *Finke* zwischen akademischer Imparität und kirchlichem Antiliberalismus, in: ANVNRh 186 (1983), S. 139–165.

DERS., *Kirchengeschichte*, Zensur und Selbstzensur. Ungeschriebene, ungedruckte und verschollene Werke vorwiegend liberal-katholischer Kirchenhistoriker aus der Epoche 1860–1914 (KVRG 4), Köln – Wien 1984.

WEBER, MAX, *Wirtschaft* und Gesellschaft. Grundriß der verstehenden Soziologie, ed. JOHANNES WINKELMANN, Tübingen ^{5}1976.

WEISS, ALBERT M., *Liberalismus* und Christentum, Trier 1914.

WEISS, BARDO, Die *Eucharistie* in der Deutschen Mystik des Mittelalters, in: BERND JOCHEN HILBERATH – DOROTHEA SATTLER (Hg.), Vorgeschmack. Ökumenische Bemühungen um die Eucharistie. FS Theodor Schneider, Mainz 1995, S. 225–257.

WEISS, OTTO, Der katholische *Modernismus*. Begriff – Selbstverständnis – Ausprägungen – Weiterwirken, in: HUBERT WOLF (Hg.), Antimodernismus und Modernismus in der katholischen Kirche. Beiträge zum theologiegeschichtlichen Vorfeld des II. Vatikanums (Programm und Wirkungsgeschichte des II. Vatikanums 2), Paderborn u. a. 1998, S. 107–139.

DERS., Der Modernismus in *Deutschland*. Ein Beitrag zur Theologiegeschichte, Regensburg 1995.

DERS., „Sicut mortui. Et ecce vivimus." *Überlegungen* zur heutigen Modernismusforschung, in: HUBERT WOLF (Hg.), Antimodernismus und Modernismus in der katholischen Kirche. Beiträge zum theologiegeschichtlichen Vorfeld des II. Vatikanums (Programm und Wirkungsgeschichte des II. Vatikanums 2), Paderborn u. a. 1998, S. 42–63.

WEITLAUFF, MANFRED, „History or Apologetics". Edmud *Bishop* (1846–1917): „a modernist of before modernism", in: HUBERT WOLF (Hg.), Antimodernismus und Modernismus in der katholischen Kirche. Beiträge zum theologiegeschichtlichen Vorfeld des II. Vatikanums (Programm und Wirkungsgeschichte des II. Vatikanums 2), Paderborn u. a. 1998, S. 163–192.

WELSH, LIAM G., *Liturgy* in the Theology of St. Thomas, in: The Thomist 38 (1974), S. 557–583.

WENDENBOURG, DOROTHEA, Die alttestamentlichen *Reinheitsgesetze* in der frühen Kirche, in: ZKG 95 (1984), S. 149–170.

WEST, FREDERICK S., Anton Baumstark's Comparative *Liturgy* in its Intellectual Context, Notre Dame 1988.

WIEFEL-JENNER, KATHARINA, Rudolf Ottos *Liturgik* (Veröffentlichungen zur Liturgik, Hymnologie und theologischen Kirchenmusikforschung 31), Göttingen 1997.

WILLIAMS-KRAPP, WERNER, „Diese ding sint dennoch nit ware zeichen der heiligkeit". Zur *Bewertung* mystischer Erfahrungen im 15. Jahrhundert, in: HELMUT KREUTZER (Hg.), Frömmigkeit im Mittelalter (LiLi 80), Göttingen 1991, S. 61–71.

WINKLER, GABRIELE – MESSNER, REINHARD, *Überlegungen* zu den methodischen und wissenschaftstheoretischen Grundlagen der Liturgiewissenschaft, in: ThQ 178 (1998), S. 229–243.

WINTERSIG, ATHANASIUS, *Pfarrei* und Mysterium, in: JLW 5 (1925), 136–143.

DERS., Über liturgische *Buchkunst* und ein neues Altarmissale, in: Die Schildgenossen. Zeitschrift aus der katholischen Lebensbewegung 9 (1929) S. 515–522.

WINTERSWYL, LUDWIG A., Das *Vermächtnis* des Herrn im Erbe der Kirche. Über die Geschichte der Meßfeier, in: Die Schildgenossen. Zeitschrift aus der katholischen Lebensbewegung 14 (1934/35), S. 500–510.

WITTIG, JOSEPH, *Jesus* in Palästina, Schlesien und anderswo, in: Hochland 20/2 (1923), S. 40–57, 142–157, 245–267, 363–389, 485–508, 616–633.

WITTMER-BUTSCH, MARIA ELISABETH, Zur *Bedeutung* von Schlaf und Traum im Mittelalter (Medium Aevum Quotidianum Sonderband 1), Krems 1990.

WOLF, HUBERT, Der *Historiker* ist kein Prophet. Zur theologischen (Selbst-) Marginalisierung der katholischen deutschen Kirchengeschichtsschreibung zwischen 1870 und 1960, in: DERS. (Hg.), Die katholisch-theologischen Disziplinen in Deutschland 1870–1962. Ihre Geschichte, ihr Zeitbezug (Programm und Wirkungsgeschichte des II. Vatikanums 3), Paderborn u. a. 1999, S. 71–93.

WOLFF, PAUL, Der katholische *Akademikerverband*, in: Hochland 55 (1962/63), S. 473–474.

WOLLASCH, JOACHIM, Neue *Quellen* zur Geschichte der Cisterzienser, in: ZKG 84 (1973), S. 188–232.

WORRINGER, WILHELM, *Formprobleme* der Gotik, München [2]1922.

WÜNSCHE, PETER, Franz Xaver *Schmid* (1800–1871) als Verfasser des ersten katholischen Lehrbuchs der „Liturgik" in deutscher Sprache, in:

DERS. – FRANZ KOHLSCHEIN (HG.), Liturgiewissenschaft (Studien zur Wissenschaftsgeschichte (LQF 78), Münster 1996, S. 188–233.

WUST, PETER, Die *Rückkehr* des deutschen Katholizismus aus dem Exil, in: KARL HOEBER (Hg.), Die Rückkehr aus dem Exil. Dokumente der Beurteilung des deutschen Katholizismus der Gegenwart, Düsseldorf 1926, S. 16–35.

DERS., Gesammelte *Werke* 7: Aufsätze und Briefe, ed. WILHLEM VERNEKOHL, Münster 1966.

ZEKORN, STEFAN, *Gelassenheit* und Einkehr: Zu Grundlage und Gestalt geistlichen Lebens bei Johannes Tauler (Studien zur systematischen und spirituellen Theologie 10), Würzburg 1993.

Personenverzeichnis

Abaelard 45, 65, 93, 110
Acken, Johannes van 66
Adam, Karl 44, 46, 83
Aicher, Otl 87
Albert der Große 19
Alfons von Liguori 147
Alkuin 97, 122
Altermatt, Urs 186
Althoff, Gerd 11, 101, 102
Amalar von Metz 82, 139
Andreas, Willy 58
Andrieu, Michel 18
Angelus Silesius 31
Anselm von Caterbury 93
Aristoteles 162
Arnulf 101
Augustinus 136, 159
Augustinus 69, 119, 121, 136
Baegert, Derick 166
Barth, Karl 15, 37, 39, 51, 69, 178
Baudler, Georg 192
Baumstark, Anton 21, 22, 51, 52, 56, 85, 87, 188
Beauduin, Lambert 27, 70
Beck, Hans-Georg 126
Beda 122
Beißel, Stephan 21
Belting, Hans 127, 157, 165, 168
Benedikt 60
Benz, Richard 57, 76
Bernhard von Clairvaux 60 93, 96, 156
Bernhart, Joseph 44
Bertram, Ernst 79
Bestelmeyer, German 66
Bihlmeyer, Karl 86
Bishop, Edmund 23
Blessing, Werner K. 104, 187
Blickle, Peter 170
Blume, Clemens 21
Blumenberg, Hans 95
Böhm, Dominikus 66
Böhme, Jakob 31
Bonifatius 122
Boockmann, Hartmut 150, 168
Bosslet, Albert 66
Botte, Bernhard 27
Bousset, Wilhelm 38
Bouyer, Louis 197, 201
Bradshaw, Henry 23
Brandenburg, Hugo 130
Brandt, Willy 179
Braun, Joseph 21, 22
Browe, Peter 21, 108
Brüning, Heinrich 47
Buber, Martin 33, 67
Bultmann, Rudolf 40, 51, 118, 120, 177, 178, 191
Burckhardt, Jacob 57, 149
Burkert, Walter 33, 34, 38, 116, 118, 192
Busch, Joahnnes 103
Büttner, Heinrich 89
Cabrol, Fernand 17, 20, 54, 56
Calvin, Jean 175
Casel, Odo 20, 21, 50, 51, 63, 70, 84, 87, 190
Cassierer, Ernst 33
Chagall, Marc 67
Chavasse, Antoine 18
Chenu, Marie-Dominique 110, 145
Conzemius, Victor 86

Curtuius, Ernst Robert 27
Dehio, Goerg 76
Dehio, Ludwig 37
Deichmann, Friedrich-Wilhelm 129
Deshusses, Jean 17
Diederichs, Eugen 31, 46
Dirks, Walter 92
Dix, Gregory 23
Dodds, Eric R. 112
Dold, Alban 20
Dölger, Franz Josef 22, 48, 49
Döllinger, Ignatz von 41
Dönhoff, Marion Gräfin 80
Douglas, Mary 111, 116, 139
Dreves, Guido M. 21
Duchesne, Louis 17
Duns Scotus 60
Durkheim, Emil 29
Ehrhard, Albert 42, 43, 65, 97
Eichmann, Eduard 35
Eisenhofer, Ludwig 19
Eliade, Mircea 29, 111
Elm, Kaspar 149
Engemann, Josef 125
Engert, Thaddäus 48, 87
Erasmus von Rotterdam 41, 59
Ewig, Eugen 89
Feldbecker, Sabine 104
Fendt, Leonhard 44, 48
Festugiére, Maurice 60, 61
Fischer, Anton 66
Flasch, Kurt 95
Franck, Sebastian 31
Franz, Adolph 19, 147, 151
Franziskus 69, 144
Fried, Johannes 34, 98, 101
Friedrich II. 79, 80
Gamber, Klaus 150, 169, 172, 185, 186
Gasquet, Aidan 23
Geiss, Immanuel 90
George, Stefan 35, 79, 82
Gerhard von Frachet 154
Gerson, Johannes 150
Gertrud von Helfta 24, 159, 164
Gertrud von le Fort 48
Girard, René 190, 192, 195
Gladigow, Burkhard 111, 195
Godel, Willibrord 97
Goetz, Hans-Werner 14, 98
Gollwitzer, Heinz 89
Göring, Hermann 80
Graf, Friedrich W. 87
Gratian 144
Graus, Frantisek 12, 133
Gregor der Große 56, 96, 109, 122, 201
Gregor VII. 172
Gregor XVI. 85
Guardini, Romano 21, 25, 52, 53, 54, 61, 62, 63, 67, 68, 69, 71, 72, 73, 74, 81, 82, 87, 94, 95, 105, 128, 181, 196, 201
Guéranger, Prosper 17, 24, 25, 55, 56
Gülden, Josef 174
Gundlach, Gustav 84
Gunkel, Hermann 38
Günter, Heinrich 44
Haas, Alois M. 161
Hadewijch 164
Haecker, Theodor 87
Hamm, Berndt 149, 150, 157
Hampe, Karl 36
Harnack, Adolf von 29, 38, 39, 49
Hattenhauer, Hans 117
Häussling, Angelus 97, 137, 145, 172, 182
Heer, Friedrich 92
Hefele, Hermann 26, 46, 81
Heidegger, Martin 26
Heiler, Friedrich 29, 30, 44, 46, 53, 75
Heiming, Odilo 20
Heinrich I. 101
Heinrich VIII. 23
Henning, John 22
Heraklit von Ephesos 193

Herwegen, Ildefons 26, 47, 49, 61, 62, 64, 71, 76, 81, 82, 84, 87, 93
Hesse, Hermann 67
Himmler, Heinrich 80
Hippel, Ernst von 36
Hippolyt von Rom 27, 120
Hirsch, Hans 34
Hitler, Adolf 80, 87
Hofmannsthal, Hugo von 67
Holl, Karl 68, 69
Honorius Augustodunensis 141
Hugo von St. Viktor 143
Huizinga, Johan 56, 57, 59, 65, 149, 163
Humbert von Romans 144
Husserl, Edmund 30, 39
Iggers, Hans 98
Ignatius von Loyola 60, 61
Ihering, Rudolf 53
Iserloh, Erwin 134, 144
Jaeger, Freidrich 28
Janowski, Bernd 195
Janssen, Johannes 94
Jaspers, Karl 90
Jedin, Hubert 171
Johannes Paul II. 203
Johannes XXIII. 179
Jordan von Sachsen 154
Jungmann, Josef Andreas 21, 73, 95, 97, 107, 110, 140, 148, 150, 169, 172, 176, 177
Justin 52
Kahles, Wilhelm 62
Kandinsky, Wassily 67
Kant, Immanuel 175
Kantorowicz, Ernst 14, 15, 34, 35, 79, 80, 90
Karl der Große 36, 93, 101, 122
Katharina von Kleve 165
Keller, Hagen 100
Kennedy, John Fitzgerald 179
Keppler, Paul Wilhelm 26
Kern, Fritz 37, 88
Klauser, Theodor 12, 49, 65, 78, 150, 173
Klemperer, Otto 27
Klönne, Arno 72
Köhler, Oskar 89
Köpf, Ulrich 41
Kosselek, Reinhard 203
Kraus, Franz Xaver 41, 72
Ladner, Gerhard 35, 36, 86
Landau, Peter 138
Landsberg, Paul Ludwig 58, 62
Langbehn, Julius 31
Langer, Otto 155
Largier, Niklaus 164
Latte, Kurt 117
Leclercq, Henri 17, 49
Leeuw, Gerardus van der 29, 39
LeGoff, Jacques 99
Lehmann, Karl 201
Lentes, Thomas 127, 153, 156, 168
Lenz, Peter 25
Leo XIII. 23, 85
Leroquais, Victor-Martial 17
Levison, Wilhelm 20
Lévy-Bruhl, Lucien 29
Leyser, Karl 12
Lietzmann, Hans 22, 40
Lohse, Bernhard 92, 150
Loisy, Alfred 49
Lorenzer, Alfred 189
Lortz, Joseph 59, 77, 85, 86, 89, 91, 92, 182
Löther, Andrea 103
Ludwig der Deutsche 135
Luther, Martin 19, 69, 77, 92, 174
Lutterbach, Hubertus 184
Maeterlinck, Maurice 67
Mager, Alois 67, 69
Maritain, Jacques 60, 87
Mauss, Marcel 202
May, Georg 182
Mayer(-Pfannholz), Anton L. 64, 65, 93, 110, 171
Mechthild von Hackeborn 164
Mechthild von Magdeburg 164
Meister Eckhart 31, 67, 69, 154, 159, 161

Metz, Johann Baptist 104
Metzger, Marcel 13
Meuthen, Erich 149
Meyer, Hans Bernhard 97, 172
Michels, Thomas 35, 47
Mohlberg, Kunibert 20
Montalembert, Charles von 41
Morin, Germain 27
Mowinkel, Sigmund 40
Müller, Klaus E. 117, 118
Müller, Michael 107, 108, 110
Münch, Franz Xaver 47
Muth, Carl 45, 87
Narr, Karl Josef 89
Nietzsche, Friedrich 79
Nilsson, Martin 34
Nipperdey, Thomas 28, 90
Nissen, Benedikt Momme 25
Nora, Pierre 161
Norden, Eduard 33
Occam, Wilhelm 60
Oexle, Otto G. 14, 28, 58, 98, 99
Ohly, Friedrich 140
Otto, Rudolph 29, 30, 53
Panofsky, Erwin 128
Parsch, Pius 177
Paul VI. 183, 185
Paulus 129, 147, 156
Paulus, Nikolaus 19
Pesch, Otto Hermann 92, 146
Petersohn, Jürgen 101
Peterson, Erik 34, 39, 51, 83, 84, 86, 191
Petry, Ludwig 89
Peuckert, Will-Erich 58, 59
Phillip der Gute von Burgund 135
Pieper, Josef 113
Pippin 101
Pius IX. 85, 203
Pius V. 24, 171, 185
Pius X. 45, 54, 59, 74
Pius XII. 75
Platz, Hermann 47
Poelzig, Hans 57
Prümm, Karl 117
Przywara, Erich 69
Quirin, Heinz 13
Rahner, Karl 104, 179
Ratzinger, Joseph 47, 51, 52, 105, 126, 147, 178, 183, 186, 194, 196, 197
Reitzenstein, Richard 33, 39, 51
Rhabanus Maurus 135
Richter, Klemens 181
Ricoeur, Paul 115, 153, 190
Rilke, Rainer M. 67
Ritter, Gerhard 37, 88
Rosenzweig, Franz 178
Rostovtzeff, Michail 49
Rubin, Miri 103
Rücker, Adolf 22
Ruh, Kurt 160, 164
Rüsen, Jörg 28
Sauer, Joseph 42, 72
Schaafhausen, F. W. 78
Scheffler, Karl 76, 78
Scheler, Dieter 103
Scheler, Max 25, 27, 30, 47, 53, 159
Schell, Hermann 49
Schieffer, Theodor 89, 91
Schilling, Heinz 90, 150
Schilson, Arno 71
Schlier, Heinrich 147
Schmid, Franz X. 18
Schmid, Karl 14
Schmitt, Carl 35, 36, 47, 83
Schmittlein, Raymond 89
Schnabel, Franz 88, 90
Schnackenburg, Rudolf 177
Schnitzer, Joseph 44
Scholem, Gerschom 33
Schott, Anselm 69
Schramm, Percy E. 14, 34, 101
Schreiber, Georg 48
Schreiner, Klaus 127
Schubert, Hans 77
Schulze, Winfried 89, 91
Schuman, Robert 47
Schwager, Raymund 192
Schwarz, Rudolf 67

Seeberg, Reinhold 77
Seuse, Heinrich 31, 159, 160, 161, 162, 163, 164, 165
Severus, Emmanuel von 64
Sicardus von Cremona 141
Simson, Otto von 37
Smith, Robertson 113
Söderblom, Nathan 29, 30
Soeffner, Hans-Georg 187, 188
Spaemann, Robert 182, 195
Stadtmüller, Georg 89
Stapper, Richard 51
Stein, Edith 25, 30
Steinen, Wolfram von den 34, 35
Stern, Fritz 31
Stickler, Alfons 184, 186
Stolz, Anselm 69
Stutz, Ulrich 26
Sunder, Friedrich 159
Taft, Robert F. 13
Tauler, Johannes 31, 151, 155, 159
Tellenbach, Gerd 14, 35
Thalhofer, Valentin 18, 19, 136
Theunissen, Michael 95
Thomas von Aquin 39, 133, 144, 145, 146, 147
Thomnas von Kempen 157, 158, 159, 160
Tönnies, Ferdinand 58, 72
Treitinger, Otto 35
Troeltsch, Ernst 29, 32, 38, 39, 53
Turner, Victor 99
Usener, Hermann 33
Veit, Ludwig, A. 59, 86
Verkade, Jan / Willibrord 25
Vogel, Cyrille 18
Wamba 131
Weber, Max 28, 53, 90, 113
Weiß, Albert M. 45
Welker, Michael 195
Wellhausen, Julius 113
Wilhelm von Saint-Thierry 148
Wintersig, Athanasius (= Winterswyl, Ludwig A.) 71, 74, 86, 123, 124
Wittig, Joseph 69
Wollasch, Joachim 14
Wolter, Maurus 25
Wolter, Placidus 25, 27
Wolters, Friedrich 35
Worringer, Wilhelm 57, 76, 78
Wührer, Wilhelm 88
Wulfila 96
Wust, Peter 47, 82
Zeiger, Ivo 75
Zorn, Wolfgang 89
Zwingli, Ulrich 174

QUAESTIONES DISPUTATAE

134 **Othmar Keel / Christoph Ühlinger, Göttinnen, Götter und Gottessymbole**
Neue Erkenntnisse zur Religionsgeschichte Kanaans und Israels aufgrund bisher unerschlossener ikonographischer Quellen 528 Seiten. ISBN 3-451-02134-X

137 **Christoph Dohmen / Manfred Oeming, Biblischer Kanon – warum und wozu?**
144 Seiten. ISBN 3-451-02137-4

141 **Karl Gabriel, Christentum zwischen Tradition und Postmoderne**
224 Seiten. ISBN 3-451-02141-2

144 **Das neue Europa.** Herausforderung für die Kirche und Theologie
P. Hünermann (Hg.) 128 Seiten. ISBN 3-451-02144-7

146 **Der neue Bund im Alten.** Zur Bundestheologie der beiden Testamente
E. Zenger (Hg.) 216 Seiten. ISBN 3-451-02146-3

150 **Weltgericht und Weltvollendung.** Zukunftsbilder im Neuen Testament
H.-J. Klauck (Hg.) 268 Seiten. ISBN 3-451-02150-1

151 **Der Glaubenssinn des Gottesvolkes – Konkurrent oder Partner des Lehramts?**
Dietrich Wiederkehr (Hg.) 216 Seiten. ISBN 3-451-02151-X

153 **Moraltheologie im Abseits? Antwort auf die Enzyklika ?Veritatis splendor?**
Dietmar Mieth (Hg.) 320 Seiten. ISBN 3-451-02153-6

154 **Hans-Joachim Höhn, Gegen-Mythen**
Religionsproduktive Tendenzen der Gegenwart 152 Seiten. ISBN 3-451-02154-4

155 **Osterglaube ohne Auferstehung?** Diskussion mit Gerd Lüdemann
Hansjürgen Verweyen (Hg.) 144 Seiten. ISBN 3-451-02155-2

156 **Anerkennung der Anderen.**
Eine theologische Grunddimension interkultureller Kommunikation
Edmund Arens (Hg.) 208 Seiten. ISBN 3-451-02156-0

157 **Geschieden – Wiederverheiratet – Abgewiesen?** Antworten der Theologie
Theodor Schneider (Hg.) 448 Seiten. ISBN 3-451-02157-9

158 **Bertram Stubenrauch, Dialogisches Dogma.** Der christliche Auftrag zur inter-religiösen Begegnung 264 Seiten. ISBN 3-451-02158-7

159 **Christologie der Liturgie**
Der Gottesdienst der Kirche – Christusbekenntnis und Sinaibund
K. Richter und B. Kranemann (Hgg.) 304 Seiten. ISBN 3-451-02159-5

160 **Christus allein?** Der Streit um die pluralistische Religionstheologie
R. Schwager (Hg.) 208 Seiten. ISBN 3-451-02160-9

161 **Sünde und Erlösung im Neuen Testament**
H. Frankemölle (Hg.) 224 Seiten. ISBN 3-451-02161-7

162 **Das Kreuz im Widerspruch.** Der Kruzifix-Beschluß des Bundesverfassungsgerichts in der Kontroverse 160 Seiten. ISBN 3-451-02162-5

163 **Hans-Joachim Schulz, Bekenntnis statt Dogma.** Kriterien der Verbindlichkeit kirchlicher Lehre 424 Seiten. ISBN 3-451-02163-3

164 **Philipp Schmitz, Forschritt ohne Grenzen**
Christliche Ethik und technische Allmacht 256 Seiten. ISBN 3-451-02164-1

165 **Gott – ein Fremder in unserem Haus?** Die Zukunft des Glaubens in Europa
P. Hünermann (Hg.) 224 Seiten. ISBN 3-451-02165-X

166 **Dialog als Selbstvollzug der Kirche?**
G. Fürst (Hg.) 344 Seiten. ISBN 3-451-02166-8

167 **Gott – mehr als Ethik?** Der Streit um LER und Religionsunterricht
A. Biesinger und J. Hänle (Hgg.) 188 Seiten. ISBN 3-451-021167-6

168 **Armin Kreiner, Gott im Leid**
Zur Stichhaltigkeit der Theodizee-Argumente 432 Seiten. ISBN 3-451-0268-4

169 **Mit Gott streiten. Neue Zugänge zum Theodizee-Problem**
H. Wagner (Hg.) 160 Seiten. ISBN 3-451-02169-2

170 **Relativierung der Wahrheit?** Kontextuelle Christologie auf dem Prüfstand
R. Schwager (Hg.) 248 Seiten. ISBN 3-451-02170-6

171 **Wie weit trägt das gemeinsame Priestertum?** Liturgischer Leitungsdienst zwischen Ordination und Beauftragung
M. Klöckener und K. Richter (Hgg.) 288 Seiten. ISBN 3-451-02171-4
172 **Der ungekündigte Bund.** Antworten des neuen Testaments
H. Frankemölle (Hg.) 224 Seiten. ISBN 3-451-02172-2
173 **Bindung an die Kirche oder Autonomie?** Theologie im gesellschaftlichen Diskurs.
A. Franz (Hg.) 272 Seiten. ISBN 3-451-02173-0
174 **Wenn Gott verloren geht.** Die Zukunft des Glaubens in der säkularisierten Gesellschaft
Th. Faulhaber und B. Stillfried (Hgg.) 320 Seiten. ISBN 3-451-02174-9
175 **Gerd Neuhaus, Kein Weltfrieden ohne christlichen Absolutheitsanspruch.**
Zu Hans Küngs „Projekt Weltethos" 320 Seiten. ISBN 3-451-02175-7
176 **Communio – Ideal oder Zerrbild von Kommunikation?**
B. J. Hilberath (Hg.) 304 Seiten. ISBN 3-451-02176-5
177 **Gott – ratlos vor dem Bösen?** Herausgegeben von Wolfgang Beinert. Mit einer Stellungnahme Kardinal Ratzingers zum Motu proprio „Ad tuendam fidem"
240 Seiten. ISBN 3-451-02177-3
178 **Hans Joachim Sander, Macht in der Ohnmacht.**
Eine Theologie der Menschenrechte 174 Seiten. ISBN 3-451-02178-1
179 **Hermann J. Pottmeyer, Die Rolle des Papsttums im Dritten Jahrtausend**
258 Seiten. ISBN 3-451-02179-X
180 **Worum geht es in der Rechtfertigungslehre?** Das biblische Fundament der „Gemeinsamen Erklärung" von katholischer Kirche und Lutherischem Weltbund
Th. Söding (Hg.) 248 Seiten. ISBN 3-451-02180-3
181 **Thomas Ruster, Der verwechselbare Gott** Theologie nach der Entflechtung von Christentum und Religion 228 Seiten. ISBN 3-451-02181-1
182 **Bénézet Bujo, Wider den Universalanspruch westlicher Moral** Grundlagen afrikanischer Ethik 256 Seiten. ISBN 3-451-02182-X
183 **Wieviel Theologie verträgt die Öffentlichkeit?**
E. Arens und H. Hoping (Hgg.) 200 Seiten. ISBN 3-451-02183-8
184 **Einheit – aber wie?** Zur Tragfähigkeit der ökumenischen Formel vom „differenzierten Konsens"
H. Wagner (Hg.) 144 Seiten. ISBN 3-451-02184-6
185 **Wieviel Systematik erlaubt die Schrift?** Auf der Suche nach einer gesamtbiblischen Theologie
F.-L. Hossfeld (Hg.) 240 Seiten. ISBN 3-451-02185-4
186 **Das Opfer** Biblischer Anspruch und liturgische Gestalt
A. Gerhards und K. Richter (Hgg.) 296 Seiten. ISBN 3-451-02186-2
187 **Rudolf Pesch, Die biblischen Grundlagen des Primats**
112 Seiten. ISBN 3-451-02187-0
188 **John R. Quinn, Die Reform des Papsttums** 168 Seiten. ISBN 3-451-02188-9

Herder Freiburg · Basel · Wien